休闲学研究之回顾与展望

庞学铨 主编

吉林大学出版社
·长春·

图书在版编目（CIP）数据

休闲学研究之回顾与展望 / 庞学铨主编 . -- 长春 : 吉林大学出版社 , 2021.2
ISBN 978-7-5692-7365-6

Ⅰ . ①休… Ⅱ . ①庞… Ⅲ . ①闲暇社会学—研究 Ⅳ . ① C913.3

中国版本图书馆 CIP 数据核字 (2020) 第 203834 号

书　　名	休闲学研究之回顾与展望
	XIUXIANXUE YANJIU ZHI HUIGU YU ZHANWANG
作　　者	庞学铨 主编
策划编辑	黄国彬
责任编辑	赵雪君
责任校对	周鑫
装帧设计	采薇阁
出版发行	吉林大学出版社
社　　址	长春市人民大街 4059 号
邮政编码	130021
发行电话	0431-89580028/29/21
网　　址	http://www.jlup.com.cn
电子邮箱	jdcbs@jlu.edu.cn
印　　刷	北京虎彩文化传播有限公司
开　　本	787mm×1092mm 1/16
印　　张	23.75
字　　数	350 千字
版　　次	2021 年 5 月第 1 版
印　　次	2021 年 5 月第 1 次
书　　号	ISBN 978-7-5692-7365-6
定　　价	118.00 元

版权所有　翻印必究

编者的话

当我们在思考休闲研究如何深入、试图建构休闲学理论时，首先必须了解，我们的前人和同时代人在这个领域的研究已经有了什么样的成果，知道他们曾经去过哪里、现在何处、未来将要去向何方。这里说的前人和同时代人，当然包括中国和西方；这里说的已经取得的成果，既涉及各相关学科对休闲问题的研究，也指对休闲问题的基础性的元理论研究。

西方思想史上论及休闲（闲暇）问题的思想家最早可以上溯到古代希腊时期的亚里士多德，晚期希腊罗马时期的哲学家们对休闲生活更有比较集中的讨论。此后，西方许多思想家都关注休闲（闲暇）及其意义问题。现代意义的休闲研究，在西方，开始于20世纪上半叶，以 de Grazia 于1962年发表的《时间：工作和休闲》一书为标志进入发展期；在中国，可以说是从于光远先生1996年发表的文章《论普遍有闲的社会》开始；近三十年来，国内引进和出版了不少休闲研究论著，举办了各种形式的休闲学术论坛，有力地促进了休闲事业和产业的发展，但整体上尚处于译介（主要是北美学者的著作）、引述或模仿西方学者研究成果、路径与方法的阶段，对休闲问题的学理性探讨不多，缺乏具有中国文化标识和话语系统的研究成果。因此，国外休闲研究取得的成就和存在的问题，大体上可以反映和代表整个休闲研究的现状。

半个多世纪来，国外休闲研究发展迅速、成果丰硕。概括地说，一是出现了一大批休闲学者，著名的如 G. Godbey、K. A. Henderson、R. A. Stebbins、T. Blackshaw、K. Spracklen、C. Rojek、H. Mommaas、F. Coalter、A. J. Veal 等，出版了不少有影响的论著，其中有一些已成为西方休闲理论的经典，为建构休闲学理论与话语体系做出了重要贡献。截至2019年底，Web of Science核心合集收录了32 054篇以"Leisure"为主题的文章，作者来自各国16 675个机构，其中美、英、加占比居前三位。二是创办了一批专门的休闲学术出版社，较有影响的如：Venture Publishing、Sagamore Publishing、Palgrave Macmillan等；发行了一批有影响的休闲学术刊物，如：*Leisure Studies*、*Leisure Sciences*、*Annals of Leisure Research*、*World Leisure Journal*等。三是至20世纪80年代末，北美大多数以及英国、荷兰、澳大利亚部分公立、私立大学（学院）都设立了休闲学相关专业及硕、博士研究生方向。可以说在西方发达国家，休闲研究有了建制化的学术研究、出版、教育机构和专门研究队伍。存在的问题也很明显。主要是：其一，理论研究的碎片化。现有的休闲学研究大多从某个社会科学学科的视角、领域或方向入手，概念、术语和方法往往不一致甚至相互冲突，缺乏理论和概念的整合，对休闲学的元理论和基础理论的系统研究更少。其二，北美学者是国际休闲研究的主要力量，但其实用性和应用性特征突出，休闲理论与文化研究之间的界限变得易流动甚至模糊；相比而言，欧洲的休闲学者比较关注理论思考，但碎片化现象仍然是其主要问题；但总体上，主要成就集中在社会学和社会心理学领域。其三，研究方法上的多元化。许多休闲学者认为，这与休闲研究的跨学科跨文化特征相适应，不存在占支配地位的方法论范式。

一直以来，大多数西方休闲学者对休闲研究和休闲学的前景持乐观态度。20世纪末开始，一些休闲学者从研究基础、学科焦点、学科特性及研究方法等角度对休闲研究进行了学科反思。1997年，由荷兰学者H. Mommaas和英国学者F. Coalter分别发表的《处于十字路口的欧洲休闲研究？——欧洲休闲研究的历史》（*European Leisure Studies at the Crossroads？A History of Leisure Research in Europe*）和《休闲科学与休闲研究：不同的概念，同样的危机？》（*Leisure Sciences and Leisure Studies：Different Concept，Same Crisis？*）论文，引发了第一次关于休闲学"乐观论"和"危机论"的讨论。2002年，同样的讨论再次在英国和澳大利亚学者间展开。2010年以后，一些休闲学者进一步分析了休闲学研究的状况并力图寻找解决问题的出路。出现上述讨论的内在原因是休闲学的跨学科性和交叉性。这一特性使休闲研究者可以从不同的视角进行审察，从不同的学科介入研究，自然而方便地将休闲研究与其他领域和学科相链接，呈现出文献丰富、观点各异、方法多样的状态，既推动了休闲学从无到有的发展，又使它面临难以进行明确学科划界的困难，这正是休闲学发展的悖论，由此导致了休闲学研究仿佛穿梭于各学科之间、没有自身牢固的学科根基和明确的学科归属的状况。

这一令休闲研究者感到迷惘困惑的状况，并非证明休闲研究必须而且只能游移飘浮于这样一种多学科交叉的、没有自身学科根基因而也难以成为独立学科的境况之中。相反，厘清休闲学的范畴边界，明确休闲学的学科根基与归属，构建规范系统的休闲学理论，正是休闲学学科发展的迫切需要，也是走出这种迷惘困惑状况、突破休闲学悖论的唯一出路。

然而，就笔者所阅读和了解的中外资料而言，尚未见到已有这样一种规范系统的休闲学理论著作，甚至专门讨论这个意义上的休闲学的文章也不多；即使有若干明确讨论这一论题的文章，也是观点各异。我们应该了解这种状况，这便是选编本书的缘起和意图。

本书围绕"休闲学"研究的主题，选编了若干篇国内外涉及该主题的评论和观点的文章，其中包括本人几篇与该主题直接相关的讨论文章。就本人有限的阅读范围看，这些文章大体能反映目前对休闲学研究现状的评价及关于休闲学作为学科的不同观点。有兴趣探讨作为休闲基础理论的休闲学的研究者和读者，从阅读本书选编的文章中，或许会产生一个严肃的问题：休闲学可能吗？

比这个问题更重要的，首先是休闲学有必要吗？在笔者看来，休闲学是必要的，其必要性主要在于：

首先，随着我国经济和社会的不断发展，人们闲暇时间大量增多，追求美好生活、提升生活质量的愿望催生了丰富多样的休闲需求，拉动了消费增长和休闲产业的发展，进而改善了城乡基础设施，保护了生态环境，孵化了新兴服务行业，带动了其他产业的转型升级。当前，在创新、协调、绿色、开放、共享发展理念的指引下，发展休闲旅游业已成为国家战略。与此相适应，我国休闲事业呈现蓬勃发展的态势，休闲产业已成为国民经济的支柱产业。实践的发展，需要继续推进休闲研究，更需要系统的休闲学作为观念引领和理论支撑。

其次，休闲是个体在相对自由的状态下，以自己喜爱的方式选择相应的活动，并获得身心放松与自由体验的生活。当人的生活处于休闲状态，休闲便是一种生活状态；当人喜爱某种方式的休闲并成为自己的习惯时，休闲就成为一种生活方式。休闲生活中包含着个人性与社会性、身体感受与心灵愉悦、感性活动与生命体验的共生和统一，成为人的一种生存状态和生命实存形式。因此，休闲生活是现实生活世界的重要构成部分，对人类生存生活具有存在论的意义和其他多重价值。亚里士多德曾说："幸福存在于闲暇之中"；（《尼各马可伦理学》卷10）"闲暇是全部人生的唯一本原"。（《政治学》卷8）对这样一个与人类生存生活直接且息息相关的重要领域，理所当然应该给予高度关注与深入研究。

第三，休闲使生活更美好。休闲产业已成为现代经济发展的核心竞争力之一，发展休闲事业是未来的必然趋势；同时，教育本来是人类享受休闲的一种特有方式，也是人类创造的一种新的休闲方式，但当前学校的休闲教育严重缺失。因此，开展休闲教育，培养休闲研究、管理、策划和运营的新型人才，将是社会的重大需求和学校的重要责任。目前国内高校在休闲专门人才培养上仅有浙江大学于2008年自主设立的作为哲学二级学科的休闲学硕、博士学科点，在研究生培养、课程体系建设上进行了有益探索并积累了一定经验。休闲学可以为休闲及相关领域的人才培养提供系统理论和核心课程。

假如认可以上关于休闲学必要性的观点，那就可以合逻辑地肯定其可能性。于是，问题便转化为如何使这种可能性变成现实。

笔者认为，休闲学是关于休闲及其价值的存在与变化的理论，它要研究一般意义的休闲，探讨休闲对人和社会的价值意义，呈现休闲的整体图景，进而达到对休闲生活综合的深层次的理解。这样界定的休闲学，显然不同于从诸如社会学、心理学、经济学等视角出发对休闲问题的研究，更不同于对各种具体休闲活动和内容的广义的休闲研究。休闲学的这种要求，只有从哲学视角进行研究才能满足，其他社会科学视角则难以做到。因此，尽管休闲学具有明显的跨学科交叉性特征，但其学科根基是哲学，休闲学是一种（休闲）生活哲学。构建作为生活哲学的休闲学，是一种创新性的探索。通过这种探索，有可能突破休闲学发展的悖论，使人们更好地认识休闲、引导休闲生活、促进休闲事业健康发展；也为哲学学科拓展研究领域、面向生活世界、获得新发展活力找到一个新的方向。

这需要我们盯住目标，努力学习，不断探索。

本书选编的文章，有一部分已经与作者联系并征得同意，有一部分则由于各种原因未能联系上作者或刊载该文章的刊物编辑部。对于编入本书的所有文章的作者，表示诚挚的感谢。涉及版权问题的，请联系本人。

庞学铨
2020 年 2 月于西子湖畔浙大

目 录

休闲学研究评述

休闲学科建设十年：回顾与展望 ………………………………… 1

意义缺失的困境
　　——对北美休闲科学与英国休闲研究的本体论思考 ……… 34

国内高校休闲学专业建设与发展现状浅析
　　——兼评三种休闲学教材 …………………………………… 51

北美国家休闲专业化发展之路及启示 …………………………… 58

休闲研究的学术特征、前沿争辩与未来趋势 …………………… 70

休闲学：挑战、希望与出路 ……………………………………… 100

休闲学在西方的发展：反思与启示 ……………………………… 120

处于十字路口的欧洲休闲研究？
　　——欧洲休闲研究的历史 …………………………………… 134

千禧年的休闲研究：知识危机还是成熟的自满？ ……………… 156

休闲研究：有关知识、权力和理论"危机"的话语 …………… 170

休闲科学与休闲研究：不同的概念，同样的危机？ …………… 195

二十一世纪的休闲研究：天空正在塌下来吗？ ………………… 217

休闲研究的前方之路 ……………………………………………… 233

休闲学学科探索

论我国休闲科学的研究对象、性质与任务……………………244
休闲学研究的内在本质…………………………………………251
休闲哲学是如何可能的…………………………………………254
关于休闲学科几个基本问题的思考……………………………263
休闲学的学科界定及使命………………………………………271
休闲学的学科解读………………………………………………298
休闲研究的问题域和学科建设刍议……………………………309
对休闲学基础理论的初步探讨…………………………………322
休闲学研究的几个理论问题……………………………………333
休闲研究面临的四个挑战………………………………………354
转换休闲研究的思维范式………………………………………359

休闲学科建设十年：回顾与展望 [1]

庞学铨

内容摘要：本文对休闲学科设置以来 10 年的学科建设与探索做了简要总结回顾。浙大自主设置休闲学硕、博士学位授予点，适应了社会经济发展和人民群众追求美好生活的需要，是培养休闲研究、管理和运作人才的需要，是推进新型交叉学科建设的重要举措，也有较好的理论研究和学科建设基础。10 年来，本学科点在学科方向、培养目标、课程设置、理论研究和社会服务等方面，不断探索与实践，取得了预期的成效。文章对目前的发展现状、存在问题作了简要概括，进行了一些思考，特别是对为何把休闲学作为哲学一级学科下的二级学科来设置与建设问题，做了比较具体的思考与分析。

浙江大学哲学系休闲学博、硕士学位授权点 2007 年批准设立、2008 年开始招收研究生，至今已经十年，有必要对十年来休闲学科建设做一次简要的回顾，以便总结可行经验、找准存在问题、明确未来思路，推进该学科更好的发展。

一、学科设立的前置基础

2004 年 11 月 26 日，世界休闲组织、杭州市政府、浙江大学联合组建的"浙江大学亚太休闲教育研究中心"（以下简称"中心"，英文缩写为 APCL）在"2004 中国杭州世界休闲经济论坛"开幕仪式上，由时任世界休闲组织秘书长、首届世界休闲博览会执行官杰拉德·凯尼恩和本人共同揭牌，宣告正式成立。时任浙大校长潘云鹤院士从杭州市政府提出联合

---

[1] 本文选自 2018 年 9 月在杭州举办的《浙江大学休闲学设置十周年暨休闲学科发展研讨会论文集》

建立该中心的建议到筹备过程，以创新的意识给予了有力支持，并亲自担任中心首届理事会理事长。此后，学校领导和有关部门也一直关心和支持中心的健康发展。中心作为杭州首届世界休闲博览会组委会的智囊机构和世界休闲组织在亚太地区的代表机构而建立，既是浙大与杭州市战略合作的学术平台之一，也被认为是首届世界休闲博览会的最重要遗产。休闲理论及应用研究是典型的交叉研究。中心是一个多学科交叉、开放型、非营利性、非实体性的学术研究与教育培训机构，依托浙江大学的学科优势，聚集了一批来自哲学、中文、外国语言、传媒、旅游、体育和经济等各学科对休闲学有浓厚兴趣和较好研究的教师，他们在自己的专业和工作之外，以对传播休闲理论、发展休闲事业的很大热情，义务性地为中心的发展做出了贡献。

中心成立伊始，就面临着休闲理论研究与实践应用的两个重要条件和机遇：一是杭州本来就是一座美丽的城市，21世纪之初市委市政府又确定了建设生活品质之城和东方休闲之都的战略目标；二是正值筹备首届世界休博会。休博会于2006年下半年召开，持续184天，有26个国家和地区的88个城市在"休博园"建百城馆，是杭州历史上规模最大、规格最高、参与人数最多的一次盛会，确立了杭州"东方休闲之都"的城市定位，对中国旅游休闲事业产生重大影响，被誉为"开启中国休闲元年"。由于这种得天独厚的条件和机遇，中心成立后，与世界休闲组织、杭州市政府密切合作，充分发挥学校优势，在没有专门编制和学校经费支持的情况下，在休闲理论研究和实践应用推广方面做了大量开创性、有成效的工作。

1. 组织休闲学术会议

杭州于2001年举办首届休闲经济发展国际论坛。自2004年开始，该论坛由浙江大学与杭州市政府、世界休闲组织共同主办，中心与杭州市"休博办"承办，2005年改名为"中国（杭州）休闲发展国际论坛"。至2017年，已连续成功举办13次。各次论坛围绕相关主题，进行深入探讨和广泛交流，学术研讨不断深入，社会影响不断扩大，成为研究交流休闲理念与信息、推广传播现代生活方式的重要平台，对国内外休闲理论研究和休闲事业发展起到了积极的推进作用，产生了重要的学术影响。论坛的学术组织和专家邀请工作均由中心负责；论坛一直得到了国内休闲研究界的学者和同仁的积极参与和支持，我们深表感谢。

2. 开展广泛的国际合作

凭借休闲发展国际论坛这个平台，与美国、加拿大、英国、澳大利亚、荷兰和我国香港、台湾地区的多所高校和休闲研究机构，与国内许多高校和研究机构从事休闲、旅游、体育和美学教学与研究的专家以及有关政府部门建立起广泛的学术和工作联系，邀请国外知名休闲研究专家来中心讲学，先后向美国、加拿大、法国等浙大合作伙伴高校派出多名博士研究生，或访学进修，或联合培养，同时组织中心师生出国出境，参加学术活动、进行学习考察。中心目前的外文书籍和资料均由包括世界休闲组织理事会专家在内的国外学者捐赠，中心的研究和活动得到了许多学者和朋友的热情支持与帮助，其中特别要感谢世界知名休闲研究专家、美国宾夕法尼亚大学荣休教授杰弗瑞·戈比先生对中心提供的大力支持与帮助。杰弗瑞·戈比教授受聘浙大包玉刚讲座教授，来中心为研究生授课并开展合作。他本人多次为中心捐赠图书杂志，还发动北美其他十多名知名学者捐赠个人藏书，并表示，将把他全部藏书捐给中心。

3. 深度参与杭州市"生活品质之城、东方休闲之都"建设

（1）承担杭州市政府委托的《杭州建构"东方休闲之都"战略研究》、杭州首届休博会总结评估报告及第二届休博会策划建议、"十一五"杭州文化发展战略研究、立足城市细节、提升杭州形象等许多重要课题；其中首届休博会评估报告梳理并形成了作为休闲博览会的基本概念、内容架构、展示方式、运作机制和需要改善的问题，新华社发专稿进行报道，充分肯定了评估的成效，并指出政府邀请第三方学术机构对重要工作进行评估，是杭州市政府执政理念与执政行为民主化的一个重要体现。

（2）受杨卫校长的指派，中心本身并协调浙大相关学科、机构与杭州市国际城市学研究中心密切合作，参与对城市学相关问题的研究，特别是对21世纪以来杭州城市发展与管理创新经验的研究总结；杭州市委政研室、杭州市旅委等合作，深度、全面开展生活品质点评工作和研究，并推动全国性的城市生活品质点评活动；与杭州市品牌办等单位合作，广泛开展杭州城市品牌形象的研究与宣传工作，使之成为国内推广健康生活方式，提升国民生活品质的重要窗口和平台。杭州城市发展的创新观念和实践也为中心提供了良好的条件，使休闲学作为生活哲学的社会文化功能有可能得到更好的体现和提升。

4. 编辑出版休闲书系，开展休闲理论研究

中心编辑出版了《休闲书系》包括引进翻译国外休闲研究的重要论著，国内休闲学者的研究成果和以休闲国际论坛的论文为主要内容的《休闲评论》，以及即将出版的休闲书系《博士论丛》。中心主要成员始终重视休闲学术研究，承担各级各类社科基金数十项，发表了许多高质量的休闲理论及相关著作和论文。

5. 组建休闲学术机构

（1）发起成立浙江省休闲学会

2008年10月20日，由中心与杭州市休博办、杭州师范大学联合发起成立浙江省休闲学会，并担任会长单位。学会旨在整合省内休闲研究和休闲产业资源，推动了学科建设，并在学界、政府、业界和社会之间构筑信息通道和合作平台，全面支持和推动了浙江省休闲事业的发展。后又陆续建立了隶属学会的运动休闲、旅游休闲、客栈民宿和城市休闲四个专业委员会，扩大了学会休闲研究与实践推广的覆盖面。

（2）倡导成立"长三角休闲发展学术联盟"

2010年2月中心倡议与长三角相关高校、科研机构共同发起成立"长三角休闲发展学术联盟"（简称"联盟"），担任联盟主任单位，并发布了休闲发展"杭州共识"。联盟宗旨是：研究休闲基本理论，探讨国内外休闲发展趋势，捕捉与把握休闲发展热点问题，切入休闲产业与休闲经济，促进长三角休闲学术、管理和产业机构间的互动合作等。

6. 举办休闲文化与产业研究生课程进修班，培养社会人才

迄今已举办三届"中国文化与旅游研究生同等学力课程进修班"，两届"休闲文化与产业研究生同等学力课程进修班"，一届"休闲与瑜伽文化研究生同等学力课程进修班"。部分学员已正式获得同等学力硕士学位。

7. 为社会与企业休闲发展提供咨询、策划、规划服务

中心主要成员在杭州、宁波、温州、绍兴、舟山、台州、衢州、金华及福建泰宁、湖北襄阳、安徽黄山、江西三清山、上海松江等地接受多种政府和企业的休闲产业发展咨询、策划、规划等服务项目。

2010年10月，浙江大学学报以《传统文科跃变的现代张力》为题对中心的发展做了长篇幅报道。中心的上述工作，为休闲学科的设置和设置后的建设提供了良好的理论准备、经验积累和学科依托。

二、学校批准设立休闲学学科点

由于旅游、体育和文化创意与休闲具有密切相关性，有些同事提出建议，有否可能把休闲与这些学科和专业方向整合，建立一个组合校内上述学科和专业的休闲学院。2006年10月，我向时任浙大校长杨卫院士汇报并提出这个想法。杨校长认为，建立一个本科学院，必须要考虑招生和就业的可能与前景，休闲的交叉面太广，招生对象和就业出路都会存在一些具体问题；而且，休闲的实践性应用性比较强，也与浙大学生培养的要求与目标不太一致。他提出，是否可以主要作为研究的新领域和学科新方向来考虑。我非常佩服杨校长的学术眼光和学科判断力，也赞成他的观点，于是萌生了申请建立休闲学学科点,培育和发展新的学科研究方向的想法。中心经过认真讨论，于2007年1月向学校提交了《自主设置学位授予权学科、专业申请表》。2007年5月，浙江大学学位委员会评审同意，在哲学一级学科下设置目录外二级学科"休闲学"，并经国务院学位办备案同意，2008年秋季正式开始招收休闲学硕士、博士研究生。

休闲学学科点的设立和建设并不是一时的心血来潮，而是有迫切的现实需要。

1. 社会经济高质量发展的需要。 世界上发达国家已经进入休闲时代；在中国，休闲已成为居民对美好生活的一种新追求和新生活方式，在沿海发达城市，也开始迈向休闲时代。休闲对社会的全面发展与进步，对人类自身的健康发展，显示出越来越重要的作用。休闲将成为人类高质量生活的重要组成部分。休闲理论的研究和休闲学科的构建已成为我国高校哲学社会科学回应社会需求必须面对的世纪性课题。

2. 休闲事业发展的人才需要。 休闲产业将成为下一个经济大潮席卷世界各国。休闲活动所涉及的体验经济和文化产业前景十分广阔，人才需求大量而迫切。由于国内休闲活动和休闲研究起步较晚，无论是高校、科研机构的休闲研究人才，政府主管部门的休闲管理人才，还是企业的休闲产业营运和服务人才，目前都十分缺乏，休闲专门人才的供应与休闲发展对人才的需求极不适应。因此，培养休闲领域的专门人才已是适应当前社会经济发展的重要使命。

3. 学科建设的需要。 国外、境外高校中开设休闲学及其相关学科的专业已经有四十年左右的历史，但目前大陆高校尚无正规的休闲学专业，只有少部分高校有选择性地在管理、经济、旅游、体育等系开设了休闲课程，课程和所编教材也还缺乏应有的水准，更谈不上系统规范。顺应社会休闲发展的趋势，满足培养休闲事业发展的人才需要，建设系统、规范的休闲学科，已是中国大陆高校学科建设的迫切任务。就包括哲学在内的人文学科自身发展而言，如何积极主动地适应社会经济发展的现实需要，拓展研究领域，更切实地发挥应有的社会文化功能，是学科发展必须思考的问题。

4. 有较好的学科基础。 哲学一级学科博士点已涵盖了八个二级学科，加上"浙江大学语言与认知研究中心""浙江大学基督教与跨文化研究中心"两个国家"985"创新基地，将为休闲学科点的设置及休闲学的研究提供良好的学术和学科支撑。休闲学科点以中心为依托，中心成立两年多来，在休闲理论研究和休闲活动组织与参与方面所做的工作，也为该学科点的设置提供了良好的理论准备和经验积累。

休闲学作为哲学一级学科下的二级学科，一方面，与旅游管理、休闲体育和文化创意等专业既有密切联系又有基本区别。前者作为哲学的一个分支学科，应遵循哲学的思维范式和研究方法，着力于理论研究；后者作为应用性、实用性较强的社会科学学科，必须重视实践与应用问题，其研究也主要具有实证性特征。另一方面，也有别于其他的哲学二级学科，休闲学是哲学走向生活、回归生活的一个现实切入点，是哲学理论与社会现实需要对接的恰当通道。休闲学这一"顶天立地"的特征，是确定休闲学学科方向、研究生培养目标和设置研究生课程的基本依据。然而，由于休闲学是一门教育部学科目录外的新兴交叉学科，目前也仍是国内高校唯一的硕、博士学位授予点，所以，该学科的各方面，包括理论体系建构、学科方向设置、师资队伍建设、研究生培养目标和课程的设定，有着广阔的发展空间和可能，更需要以创新意识和不懈努力进行探索与完善。

1. **学科方向**。休闲涉及的领域十分宽泛，休闲学以哲学为学科根基，与社会学、心理学、经济学、（旅游）管理学、体育学和康乐保健等各个相关学科或方向密切联系，是一门真正意义上的交叉学科。休闲学以人的休闲生活为基本研究对象，主要围绕四方面的内容展开：一是研究人的休闲观念、休闲需求、休闲心理、休闲体验等意识观念问题；二是研究人的休闲行为、休闲方式、休闲活动等现实活动内容；三是研究休闲对人的生存生命意义的人本价值问题；四是研究休闲与经济发展及社会进步相互关系的社会价值问题。休闲学学科点批准设立时，根据师资队伍的现状，学科点设置了两个研究方向：一是休闲的元理论研究。主要研究奠基于哲学、文化学的以休闲范畴为中心展开的理论，属于休闲学的基础理论研究；二是休闲文化产业学。主要研究休闲学的现实品格、应用价值及产业运作，是属于休闲学的实践应用研究。待师资队伍充实和改善后，可考虑增加新的研究方向。

2. 师资队伍。休闲理论研究和大学休闲教育,在休闲事业和产业发达的西方国家尤其是北美,已有较长的时间,有一大批理论成果丰硕、教学经验丰富的学者专家,国内近年重视休闲发展和休闲研究,实际上也是从引进介绍西方学者的成果开始的。新建立的休闲学学科点,主要由"半路出家"的我与潘立勇二位作为招收和培养研究生工作的教师,没有这方面的教材准备和教学经验。就我本人而言,开始接触休闲理论研究和实践应用是因为当时工作的需要,为时也不长,更说不上有多少休闲学的理论造诣了。因此,在新学科建设过程中,与国外高校和研究机构,特别是北美学者建立学术联系与合作,以国际化的合作和师资力量,开设视野宽阔、内容前沿、起点较高的休闲学课程,提高研究生培养质量、带动师资队伍水平的提升,成为我们着重进行探索的方面,也是学科点建设的明显优势与重要特色。十多年来,中心和以中心为依托的学科点,与美国、加拿大、英国、德国、荷兰、澳大利亚及我国的港、台地区一些高校的休闲相关院系和机构,与世界休闲组织理事会成员单位和个人,建立了广泛的联系与合作;聘任戈比教授为浙大包玉刚讲座教授来中心任教,邀请美国加州大学伯克利分校、得克萨斯农工大学、加拿大阿尔伯特大学、荷兰布雷达应用技术大学等高校许多知名休闲研究专家前来访问交流,共同开设专业学位课程《休闲发展国际视野》,使学科的研究领域和方向、学生的知识结构和学术视野,跟上国际休闲研究的前沿问题和发展趋势。感谢刘慧梅教授在中心和学科点开展国际合作方面所付出的辛劳。

3. 培养目标。经过几年的研究生教育与培养实践,2014年,我们对原来设计的培养方案做了进一步修订完善。[1] 总的来说,通过专业课程和选修课程的学习,学生将了解、掌握休闲学科的基本原理,主要研究方向及其领域,以及基本研究方法等,并将理论研究与实践应用相结合,对休闲活动和休闲产业的相关领域有了较全面的了解。要求学生对中外休闲思想史,对当代休闲文化所涉及领域的主要理论与方法,有深入的了解,培养扎实的学术功底和研究态度,最后通过学位论文写作的系统训练,达到

[1] 参见附件1

如下培养目标：对本学科有相当的理论素养和应用能力，具有休闲理论研究和实践应用复合才能的高层次、复合型人才。其中博士生主要培养为高校和科研机构的休闲教学和研究人才，或政府休闲事业和大型休闲产业企业的管理、策划、运营人才；硕士生主要培养为中等或专科学校教学人才，或相关政府部门和社区、媒体、企业（如旅游、娱乐、体育保健、会展、会所、俱乐部）的策划、管理和营运人才。这也表明，与传统哲学学科的研究生培养目标的差别在于，休闲学的培养目标突出了理论与实践的结合，不仅要培养教学与研究人才，还要培养政府休闲事业机构的管理人才和企业策划、运营人才。这一培养目标是与休闲学科的特征相适应的。随着教育与培养经验的积累，以及毕业研究生就业和工作状况的跟踪了解，还需要继续探索、修订与完善。

4. **课程设置**。在国内，其他高校目前尚没有休闲学的本科或研究生的专业设置，因而没有可以借鉴的课程设置规范或内容。但在北美与欧洲有不少高校设置了与休闲相关的本科专业和硕士、博士学位项目，还相应地开设了不同的课程。但查阅了相关资料发现，目前没有一所高校设置了以理论研究为主的休闲学本科和研究生专业，所开设的课程（含硕、博）大都是与休闲相关的实证问题，部分学校有少量的理论课程，如休闲科学、休闲哲学、休闲研究方法论等；相关教师的专业背景和研究方向也是多元交叉的。[1] 我国台湾地区有的高校设置有休闲事业管理系、研究所这样的机构，但大部分高校所设置的院、系、所和开设的课程与国外高校类似。因此，作为休闲学学科的研究生课程，没有现成可以使用或借鉴的模式。这一情况实际上也提出了一个值得认真思考的问题：在休闲研究和休闲事业发达的国家，为何没有设置休闲学学科或专业，进行休闲理论的教学与研究？与此相关，在高校的学科序列和结构中，休闲学为何可以作为一门独立学科来设置。[2] 目前，休闲学学科点的课程设置如下表：

---

[1] 参见附件2
[2] 这是一个严肃的学科依据问题，需要专文讨论。

课程设置

类别	课程编号	课程名称	学分	学时	上课学期	备注
公共课	0510001	博士生英语	2	72	秋冬春夏	
	0210001	马克思主义与当代社会思潮	2	32	秋冬	
专业学位课	0411001	休闲学导论	2	32	秋	
	0411002	休闲文化与产业	2	32	冬	
	0411003	中外休闲思想史	2	32	夏	
	0411004	休闲相关学科与领域	2	32	春	邀请校内相关学科的教师授课
	0411005	休闲发展国际视野	2	32	秋	邀请国内外知名休闲研究专家和管理者授课
专业选修课	0413001	德国哲学专题	1	16	冬	
	0413002	中国审美哲学专题	1	16	秋	
	0413003	休闲管理	1	16	冬	
	0413005	公共关系专题研究	1	16	春	
	0413006	旅游规划研究	1	16	冬	
	032314	休闲体育	1	16	夏	
	0413001	专业外语（哲学）	1	16	冬	
	234100401	媒介前沿研究	1	16	春	
	42304501	影视文化研究	1	16	夏	
	313042001	社会学研究设计	1	16	冬	
	32301801	健康科学概论	1	16	冬	

显然，这样的课程设置强调了休闲学的理论维度，着重在培养研究生的休闲学理论素养和拓展学术视野，这基本符合作为哲学学科下的二级学科对研究生的培养要求，也与浙大研究生培养的总体要求相一致。当然，同样也需要在实践中继续调整和完善，比如：区分硕士、博士课程的差异性；增加休闲研究方法论、休闲社会心理学课程等。

三、现状、问题与思考

自主设置本学科点以来，我们除了继续做好理论研究、国内外合作、社会服务等基本工作外，主要着力于提高研究生培养质量的工作。

1. **考生生源质量不断提高**。至目前为止，学科点主要承担招生工作的是潘立勇教授和本人两位实职教授和一位非本校在职的兼职博导、原浙江省委常委、杭州市委书记、知名城市学研究专家王国平，原则上每人每年招收硕、博研究生各一名（不计少数民族计划和留学生的招生），另一位一直参加休闲学研究生教学的是来自本校外国语言文化与国际交流学院兼职教授刘慧梅，因为招生名额的限制，直到2018年才招收一名博士生。随着学科点影响力的逐渐扩大，报考的生源十分踊跃，来自985、211学校的考生逐年增多，至今年，博士生报考与录取名额的比例达到了10:1，其中近半数考生有985高校和国外著名大学的硕士学历；外籍学生报考硕士、博士生的人数也在逐年增多。

2. **建立起比较完整的研究生教育体系**。中心自2011年底与杭州国际城市学研究中心签订全面合作协议以来，进行了多方面的密切合作。2012年下半年，经学校批准，在杭州城市学国际研究中心联合建立博士后研究基地，开展企业博士后的招收与培养工作；继续举办同等学力（休闲学+方向）研究生课程班，同时面向有关高校，接收访问学者。由此，休闲学学科点建立起了比较完整的研究生教育体系：从硕士、博士到（学科和企业）博士后，以及同等学力硕士研究生教育和访问学者。

3. **加强哲学理论学习和哲学思维训练**。由于休闲学的交叉性，国内高校系科体系中没有相应的前置学科设置，即没有休闲学毕业的本科生报考硕士生和硕士生报考博士生；迄今招收的研究生中有哲学本科和硕士学历的也只有3人。绝大多数考生的学历背景不同。这当然是正常的，而且也是好事，不同学科出身的同学在一起学习交流，有利于取长补短、活跃思想。实际上，现在的学科分得太细了。例如，文史哲本是一家，不可截然分割，现在是各守一家、互不相通；即使如哲学，也分成了8个二级学科，彼此隔离、互不了解；甚至同一个二级学科的教师，也存在研究领域彼此无多少关涉的情况。这样的状况，显然与当今学科的交叉与汇聚趋势是背道而驰的。当然，来自不同学科的休闲学研究生，有一个共同的问题，便是缺乏系统的哲学训练，这对于作为哲学二级学科的研究生，无疑是一种"先天不足"。因此，入学后，我们强调并要求研究生通过各种途径，逐步弥补这种不足。毕业时，我们高兴地看到，每个学生的哲学思辨能力、逻辑思维水平都有了较大程度的提高。

4. 建立行之有效的培养机制与方法。一是积极探索和建立国际化的培养模式。这不仅体现在建立广泛国际学术联系与合作上，也体现在学习、吸取国外学者的研究与教学的观点和方法、把握教学内容与教学方法的理论与实践相结合上。二是坚持每个学期开学时，举行师生见面会，每个研究生报告上一学期学习研究的情况和新一学期的学习研究计划；教师也针对不同情形，提出了相应的建议与要求，师生面对面共同交流讨论。这是一种加强自我督促和相互帮助的有效形式。二是以学生为主，坚持举办读书讨论会。这对于促进相互交流、活跃思想、提升自主学习能力起到了很好的作用。三是让学生参加老师承担的社会合作课题、组织学生进行社会考察、出国参加学术活动，以提高他们观察社会、分析问题的能力，拓展他们的学术视野。

5. 已招收研究生。2008年秋季至2018年秋季，本学科点已经招收硕士生27名，毕业24名，在读3名；博士生24名，毕业11名，在读13名；博士后20名（含学科和企业博士后）出站14名，在站6名；还有一批同等学力硕士生。其中1名外籍博士后，4名外籍硕士生。除了2名硕士毕业生自己创业外，其余主要就业方向为高校，其次是政府有关机构。可以说，经过十年的实践，本学科点的研究生培养与教育走上了良好发展的道路，在如何建设新兴交叉性学科上进行了有效的探索，也积累了一定的经验。

休闲学是一门交叉性的新学科。它的交叉性表明它的研究对象存在于生活生产的广泛领域，由此推动了休闲学的形成与发展。也正因为这种广泛的交叉性，使得休闲学的对象可以方便地为许多学科所研究，而休闲学自身的研究对象、研究方法、理论内容和学科归属等基本理论问题则一直处于模糊和争论的状态。作为新学科，休闲学尚未形成系统的范畴、成熟的理论，尚处于不断地探索过程中。这正是休闲学自身所包含的悖论和挑战。也因此，我们在休闲学科点的建设过程中，发现和遇到几个值得重视和需要继续努力解决的问题。

一是学科自身的理论建构和课程建设问题。所谓学科自身的理论建构，是指休闲学作为一种学说、理论，它应该有自己确定的研究对象、研究方法，有一套独特的范畴和由这些范畴所构成的逻辑系统，而不仅仅满足于从诸如社会学、心理学、经济学等角度对某些休闲问题和休闲范畴的讨论，或满足于推进休闲活动和休闲产业的发展，尽管这些都很重要。从我最近编写《西方休闲研究精要》一书时所接触的西方休闲学者的资料看，尚未发现我所理解的那种休闲学——一种系统的休闲学说、理论。国内有规模地开展休闲研究以来，取得了丰硕的成果，也出版了一些休闲学著作，但恐怕也很难说已经形成了一种休闲学说、理论。因此，休闲学作为学科的建设和发展，必须有其不同于别的学科而又能与之对话的范畴系统和理论体系。这需要花大力气，需要有创新的思维，需要有知识和理论的积淀，需要能从哲学视角原初性地观察和描述人的休闲生活。这尽管是一个很高的期待，可的确是休闲学学科建设应该牢牢把握的方向和有责任承担的任务。与此相应，对目前所开设的学位必修课程，要继续调整补充，丰富内容，争取形成规范的硕士、博士研究生课程体系。

二是学科评价问题。从近年高校确定科研方向与布局学科建设情形看，许多高校都重视、支持新型交叉研究方向和项目及学科的创立和建设，浙大也十分重视交叉研究和交叉学科建设。不过在实际操作过程中，如何从机制和政策上更有效地支持交叉学科发展的问题，值得继续深入思考与探讨。由于传统学科分类的研究与学科建设的观念与运作模式根深蒂固，往往不自觉地无形地给交叉学科的发展带来了困难与障碍。这种情形在博士生学位论文的外审中表现明显：目前，休闲学博士生论文外审的教授主要是哲学、旅游和美学三个学科的专家，而论文的选题往往不完全属于这三个学科或偏向于某个学科,这便很有可能影响评审专家对论文的恰当评价,实际上也已经出现了此类问题。在对教师学术成果的评价上,也会遇到类似问题。这类问题是交叉学科普遍遇到的,而且难以在较短的时期内得到解决,需要认真探讨和逐步解决。

三是对休闲学为何作为哲学二级学科的认识问题。这个问题,在当时学校学位委员会讨论自主设置休闲学学科点的申请时,兼任学位委员会主任的杨卫校长在讨论时就提问过:这个学科点为何不设在旅游管理学下而要设在哲学下?这一问触到了关键问题,因为涉及如何看待休闲学,怎样建设休闲学的问题。以我个人的感觉,尽管意识到休闲学需要理论的滋养与培育,应该注重理论的研究,而不能停留在具体的实证的层面,但为何可以并且应该作为哲学的二级学科来建设,申请时的确还没有深入思考过,也谈不上想得很明白了。当时将它放在哲学学科下的直接原因,是预设的两个研究方向的主要教师来自哲学系。2012年9月,浙江大学组织相关专家举行了"浙江大学自主设置休闲学二级学科专家通讯评议会",通过认真总结、论证与通讯评审,形成了三条评审意见,其中明确指出:"培养实践证明,浙江大学依托哲学一级学科博士学位授予点自主设置休闲学二级学科博士和硕士点拓宽了哲学学科与社会需要衔接的渠道,十分必要,也完全可行,几年来的实践表明也很有成效"。

经过10年研究生培养的实践,依我个人的体会,对休闲学为何作为哲学二级学科的问题,应该说有了比较明确的认识。因为这个问题的重要性,在此准备多说几句。

第一,是休闲学自身的理论要求。休闲学不同于通常所说的对具体休闲活动、休闲事件和休闲问题的研究,也不同于从社会学、心理学、经济学等其他社会科学角度出发对该学科所涉休闲问题的研究。休闲学是对休闲本身的研究及在此基础上形成的关于休闲的理论、学说。它要研究作为整体的一般意义上的休闲,揭示休闲在人们生活中存在、变化的特征和规律,探讨休闲对于人和社会的价值意义,要通过对休闲各种不同形式或载体的研究获得关于休闲的完整形象,还要从横向和纵向的结合上呈现休闲的整体图景。休闲学研究的这种特征和方法论要求，社会学、心理学、经济学等社会科学学科显然难以满足，只有哲学才能满足，或者说，与哲学的研究特征和方法论相符合。哲学关注人及与人相关联的世界，关注自然和生活世界；探讨涉及人自身生存、生活及其与世界相关的基本问题；提倡批判性思考与思维方法。从哲学层次上研究休闲学，才能对休闲学达到综合的、深层的理论把握与理解。因此，我把休闲学看作是关于休闲生活的哲学，是一种生活哲学。或者也可以说，是一种关于生活艺术的哲学，一种生活艺术现象学。我在其他几篇文章中对此做过简要讨论，这里不再赘述。

第二，是确立休闲学学科地位的需要。作为一个学科，休闲学不能回避研究和建构以休闲（现象）为基础和出发点的范畴系列、理论体系的任务。西方休闲研究学者为实现这个任务做了卓有成效的工作，提供和论述了许多重要的范畴、原理，其内容涉及哲学、社会学、心理学、体育学、教育学等广泛的学科领域。西方休闲学者尤其是北美学者，更多的是从社会学视角研究休闲问题，关注的重点是休闲与社会事业的关系、休闲的经济与社会效益，对于推动休闲事业的发展，起了巨大的作用。然而，从我所接触到的资料看，许多范畴只是宏观层面的表述，休闲学的许多理论问题还没有被重视和讨论，也尚未看到我所迫切期待的即上述第一点所说的休闲学理论建构，似乎也不能断言休闲学已经具有公认的独立的学科地位了。从美国、加拿大有关大学开设的与休闲学相关的专业便可以获得相应的印象：休闲学只是对包含着休闲问题的现代服务业及相关领域的研究，与休闲相关的院、系和研究所的课程，大都是与此相关的实证性内容，硕、博士学位也基本上是与此相关的某种"项目"。这种状况令人诧异，却是事实，英国的一些休闲学者也对此提出了认真的反思与思考。在国内，一些休闲研究学者认为休闲学作为一个独立的学科已是不言而喻的，可是其他学科的学者并不认同这一点，有的教授提出，休闲学作为交叉学科，它应有怎样的理论形态，其学科根基是什么？有个别老师甚至直截了当地问我们的研究生：休闲学有理论吗？这种情形说明，至少在国内学界，休闲学的独立学科地位与形象还没有真正确立起来，休闲学也还没有建立起与其他学科进行对话的话语体系与结构。我觉得，这恐怕是难以回避的事实。这类质疑并不表明休闲学不能成为一门独立的学科；对于休闲学学科点而言，倒是一种鞭策与促进，提醒我们休闲学研究的任务任重道远，在进行休闲理论研究和应用推广的同时，不要忘记构建一个有规范系统的休闲学的目标。我以为，达到或接近这个目标，与从社会学的途径相比较，哲学的途径显然更符合学科的规律与要求，因而也更靠谱。

第三，是休闲学与哲学具有密切的相关性。除了上面提到的只有哲学才能满足休闲学研究的特征和方法论要求这一重要的相关性，休闲学与哲学还具有下述三方面的密切相关性：一是在研究内容上有许多重合与相似：它们都受对时代状况、精神感知方式的影响，都受到时代变化的影响；都与可能性密切相关，哲学所讨论的人类生存生活，是一种可能性、一种筹划，休闲的实现同样是一种可能和筹划的过程；思考的许多重要范畴完全重合，如自由、伦理（幸福等）、心理（体验）、意义、价值和认同等等。二是与哲学的其他二级学科在学理上具有内在的逻辑关联。马哲理论，既是休闲学研究的指导思想，又具有丰富的休闲学思想观点；中西休闲思想都受到各自哲学、文化传统的影响和制约，而中西哲学理论中又包含蕴藏着丰富的休闲思想；审美观念与休闲思想内在相关，审美是休闲的基本尺度和最高境界；宗教休闲是休闲的重要内容与方式，休闲自身有伦理的价值与标准，休闲学研究离不开伦理理论；科技的进步对休闲带来深刻的影响，休闲学研究自然也不能脱离科技哲学的影响与介入。三是在研究方法上，休闲学以哲学研究方法为主导，同时运用与其相关度密切的学科（如社会学、心理学）方法，二者具有明显的重合性与交叉性。

四、未来展望

党的十九大报告指出，我国社会主要矛盾已经转化为人民日益增长的美好生活需要和不平衡不充分的发展之间的矛盾。对我国社会主要矛盾的这一论断，是发展各项事业的基本依据和出发点。从"物质文化需要"到

"美好生活需要"的变化，反映了社会的发展进步进入了新时代新阶段。休闲生活是人类生活世界的重要构成部分，无疑是美好生活的重要方面。随着人民美好生活需要的日益扩大，休闲的需要与内容也必然进一步拓展。因此，发展休闲研究，建设好休闲学科，是完全符合社会发展趋势和人民追求美好生活愿望的，也符合习近平总书记和党中央提出的新发展理念，符合国家发展的长远战略。这正是建设好休闲学科的时代背景，也是建设好休闲学科的时代要求。我们有理由对此抱着积极与乐观的态度。

在这样的时代背景与需要的前提下展望休闲学未来的建设，这几个问题想来应是关键：

1. **引进高层次人才，建立合理的师资梯队**。2020年前，引入2～3名实职教师，配置基本学科队伍，建立作为学科发展载体的休闲学研究所；2030年前，建立学术结构、年龄结构和性别结构合理的较为完整的师资队伍，力争拥有由5～6人组成的教学研究梯队。

2. **加强理论研究**。出版具有中国特色和话语标识的规范的休闲学理论著作，发表高质量的休闲学理论文章；同时进一步完善课程系统，出版相关课程教材，努力建构一个我们所追求和期待的休闲学理论体系和课程体系。

3. **加强海内外合作**。继续加强和推进多方位多形式的海内外休闲教育、学术合作关系。

4. **建立新型学科发展模式**。以休闲学师资力量为基础，通过组合校内相关学科和社会力量，建立产学研密切结合的新型学科发展模式，扩大、深化、提高休闲学研究生教育水平，提高为社会服务的能力，使休闲学成为国际上有较大影响力的新型交叉学科，进一步提升浙大休闲研究与教育的影响力。

附件 1：

浙江大学休闲学专业研究生培养方案

（2014 年 1 月 10 日修订）

浙江大学休闲学是目前中国唯一的休闲学博士、硕士学科点。于 2007 年由浙江大学自主设置，经国务院学位办备案同意，2008 年正式招生。本学科的建设适应了社会发展、人才培养和学科建设的需求。

一、培养目标

1. 学科研究范围

休闲学作为交叉性学科的主要研究对象，一是研究人的休闲需求、休闲观念、休闲心理和休闲体验等精神层面的现象；二是研究人的休闲行为、休闲方式等物质方面的现象；三是研究休闲产业及休闲发展与社会进步的相互关系这一社会经济领域的现象；四是研究休闲与生活和生命价值的相互关系这一生存论层面的现象。

2. 培养目标

为我国休闲理论研究和休闲实践管理培养高层次、复合型人才。其中博士生主要为高校和科研机构培养休闲教学和研究人才，并为政府、企业和各类非营利组织培养休闲活动管理和休闲产业决策与管理的人才；硕士生主要为中等或专科学校教学人才，及相关政府部门和社区、媒体、企业（如旅游、文化、体育保健、会展、俱乐部）的策划、管理和营运人才。

3. 基本要求

（1）具有良好的哲学思维能力、扎实的休闲学专业知识、宽阔的知识面和独立研究能力。

（2）掌握一门及以上外语，具有国际学术交流和对话的视野与能力，有望成为国内本学科的领先人才。

（3）对与休闲学相关的现实问题均具有较高的敏感性，能够从理论上对有关问题进行深入的探究，并在实践上参与相关问题的对策策划。

鉴于此，本专业博士研究生培养方案首先旨在保证每个学生，不论其原来的专业背景是什么，在哲学思维能力和社会实践运作方面都要得到全面系统的训练，其培养计划分为三个阶段：首先，以良好以上的成绩修完规定的课程，获得系统的知识训练；其次，以良好以上的成绩通过本专业的中期考核（资格考试）要求；最后，通过具有一定原创性的博士论文答辩。除了与资格考试有关的课程外，博士研究生还必须参加一定数量的研究生讨论课。这个方案也旨在帮助本专业中的每一个人（不论是学生还是教师）相互了解，形成一个生动活泼的休闲研究共同体，以便为学生写作学位论文打下基础。

4. 培养年限

硕士研究生的时间年限为两年（可允许延长到三年，最长不得超过四年），博士研究生的时间年限为三年（可允许延长到四年，最长不超过六年）。

二、录取政策

1. 要求考生具有良好的人文学科素养和外语基础及休闲相关的应用各学科背景。

2. 博士研究生申请者需要提交一篇及以上相关领域的学术论文（已经出版的或者尚未出版的），或其他学术成果。

3. 复试以书面考查和面试的形式进行，复试得分的权重是50%。

4. 本科生免试推荐的政策。（参照学校）

5. 硕博连读的政策。（参照学校）

三、培养模式

本专业博士研究生的培养模式试图把西方主要是美国的休闲学研究生培养模式与国内休闲学研究的现状和实践结合起来，使本学科培养方案与西方培养方案相互衔接和互补，使本学科研究生培养和休闲学研究能与国际休闲学研究进行平等实时的交流与对话，实现可持续发展。

1. **预备讨论班**

为一年级的博士研究生开设预备讨论班（proseminar），让学生和教师有比较深入的相互了解，最终与相关教师建立密切联系，为博士论文的研究做好准备。

研究生讨论班旨在引导学生对本学科的前沿和现状具有深入的理解，并以此来培养学生的理论思维、讨论和写作能力，同时为他们寻求博士论文选题提供一个基础。

2. **核心课程要求**

博士研究生课程要求通常分为三组：第一，基础学位课程；第二，专业必修课程；第三，相关学科课程。学生必须按规定修满学分，并在每组课程中至少选择两门课程。

开设的课程除了保证基础增加知识和理论训练，还必须考虑学生将来的就业方向，开设具有实践性应用性的课程。（课程方案另附）

3. **语言与思维**

学生必须掌握一门或一门以上良好的外语阅读、写作和听说能力；必须具有较好的逻辑思维能力。

4. **阅读与读书报告要求**

学生必须按规定阅读必读书目，并根据研究兴趣阅读推荐书目和其他相关书籍；（书目另附）每个研究生在第一个学年内须向指导教师提交六篇读书报告，其中一篇用外文写作；坚持开展由学生自己主持的读书报告会制度，中心给予必要的经费支持；每半年举行一次中心层面的读书报告会，每个研究生在读期间至少会上做一次公开读书报告，博士研究生可以报告与博士论文有关的工作。报告会欢迎其他专业的同学前来参加，以加强不同专业学生之间的交流，拓宽学术视野。

5. 研究要求

要求每个学生在入学一年后，通过阅读和与教师交流，明确一个自身审视休闲的视角和自己的微观研究领域，领域可以相对宽泛，例如哲学、社会学、管理学、心理学、美学、旅游、体育、文化娱乐、老人、青少年、女性，或其他休闲产业等领域，使所选课程、项目研究也能有的放矢。

6. 实践要求

根据本学科兼具理论性和实践性的特点，要求博士生在读期间至少参加一项休闲文化与产业的实践项目，并在其中承担重要任务，以锻炼和培养较强的实践应用能力。

7. 期中考核要求

博士研究生必须按照学校要求参加期中考核，没有通过期中考核的学生将失去继续攻读博士学位的资格。资格考试通常在第三学年上学期完成。

8. 博士论文开题报告

在通过中期考核后，学生可以开始从事博士论文的研究，并准备提交博士论文开题报告。报告通常包括四个核心部分：第一，清楚地阐明一个有理论和实践意义的独到性问题；第二，显示学生对相关领域的认识和理解；第三，描述主要论点和论证结构；第四，对基本文献提出一个总体性的描述和讨论。

开题报告已经被确认后，方能进入正式的写作阶段。

9. 博士论文答辩

学生必须通过论文答辩才能取得相应的学位。博士论文在正式提交答辩申请前，必须取得 5 位博导（其中 3 位为外系人员）的预审确认后再外送专家评审，预审未通过者，需对论文做进一步修改。

正式的答辩按照研究生院的规定进行。

10. 教师要求

休闲学是一门新兴交叉学科，是哲学一级学科向理论与实践密切结合方向的新拓展。培养高水平的博士研究生不仅要求学生自己艰苦努力，也要求教师能积极投入和细心考虑。因此，本培养方案不仅是对学生提出了一定要求，也是对本专业全体教师提出了必要的要求。教师应以培养出优秀的学生为己任，在学生培养、学科建设和理论研究上投入更多的精力，主动关心指导学生的整个学习过程，参加中心和学生举行的读书报告会，以体现本培养方案的学术正当性，促进休闲学学科的成熟与发展。

四、硕士研究生培养方案

原则上参照博士生培养方案，适当降低要求。

附一：课程设置
课程设置（学位课必修，选修课根据学分要求和个人学术兴趣选课）

附二：阅读书目

必读书目						
序号	作者	译者	书名	出版社	出版年份
1	凡勃伦	蔡受百	《有闲阶级论》	商务印书馆	1964
2	杰·戈比	康筝、田松	《你生命中的休闲》	云南人民出版社	2000
3	托·古德尔、杰·戈比	成素梅、马惠娣、季斌、冯世梅	《人类思想史中的休闲》	云南人民出版社	2000

续表

序号	作者	译者	书名	出版社	出版年份
4	杰·戈比	张春波、陈定家、刘风华	《21世纪的休闲与休闲服务》	云南人民出版社	2000
5	艾-阿荷拉	谢彦君	《休闲社会心理学》	中国旅游出版社	2010
6	约·凯利	赵冉、季斌	《走向自由——休闲社会学新论》	云南人民出版社	2000
7	克·布尔、杰·胡思、迈·韦德	田里、董建新	《休闲研究引论》	云南大学出版社	2006
8	C. 罗杰克	张凌云	《休闲理论原理与实践》	中国旅游出版社	2010
9	肯·罗伯茨	李昕	《休闲产业》	重庆大学出版社	2008
10	埃德加·杰克逊	刘慧梅、刘晓杰	《休闲与生活质量》	浙江大学出版社	2009
11	克·爱丁顿陈彼得	李一	《休闲：一种转变的力量》	浙江大学出版社	2009
12	埃德加·杰克逊	凌平、刘晓杰、刘慧梅	《休闲的制约》	浙江大学出版社	2009
13	K. 布赖特比尔（著）A. 莫布莱（修订）	陈发兵、刘耳、蒋淑婉	《休闲教育的当代价值》	中国经济出版社	2009
14	Pieper, Josef.		Leisure: The Basis of Culture	New York: Random House.	1963
15	Nash, Jay B		Philosophy of Recreation and Leisure	Dubuque, Iowa: William Brown Company	1973
16	Mihaly Csikszentmihalyi		Flow: The Psychology of Optimal Experience	Harper Perennial Modern Classics	2008
17	Brightbill, CharlesK.		Man and Leisure	Englewood Cliffs, New Jersey	1961
18	Dumazedier, Joffre.		Sociology of Leisure	Amsterdam, Holland	1974
19	Ellis, M.		Why People Play	Champaign IL: Sagamore Publishing	2011

续表

序号	作者	译者	书名	出版社	出版年份
20	Neulinger, J.		The Psychology of Leisure: Research Approaches to the Study of Leisure	Springfield, IL: Charles Thomas Publishers	1974
21	柏拉图	郭斌和、张竹明	《理想国》	商务印书馆	1995
22	亚里士多德	颜一、秦典华	《政治学》	中国人民大学出版社	2003
23	席勒	张玉能	《审美教育书简》	译林出版社	2009
24	马克思		《1844年经济学-哲学手稿》	人民出版社	1983
25	老子		《道德经》	任何版本（参陈鼓应译介）	
26	朱熹		《四书章句集注》	中华书局	2011
27	李渔		《闲情偶寄》	作家出版社	1996
28	张世英		《哲学导论》	北京大学出版社	2004
29	彼得·沃森		《20世纪思想史（上下）》	上海译文出版社	2008
30	叶朗、朱良志		《中国文化读本》	外语教学与研究出版社	2008
31	冯友兰		《中国哲学简史》	北京大学出版社	1996
32	叶朗		《美学原理》	北京大学出版社	2009
33	马斯洛等	林方	《人的潜能与价值》	华夏出版社	1987
34	郑杭生		《社会学概论》	中国人民大学出版社	2009
35	马克斯·韦伯	于晓等	《新教伦理与资本主义精神》	三联书店	1987
36	哈维兰	王铭铭等	《当代人类学》	上海人民出版社	1987
37	斯特伦	金泽、何其敏	《人与神——宗教生活的理解》	上海人民出版社	1991

推荐书目

序号	作者	译者	书名	出版社	出版年份
1	克·埃廷顿、德·乔顿、G.道格拉夫、苏·埃廷顿	杜永明	《休闲与生活满意度》	中国经济出版社	2009
2	卡·亨德森、黛·拜尔列席基、苏·萧瓦·弗莱辛格	刘耳、季斌、马岚	《女性休闲——女性主义的视角》	云南人民出版社	2004
3	彼·威特、琳·凯德维尔	刘慧梅、孙喆	《娱乐与青少年发展》	浙江大学出版社	2009
4	Chris Bull, Jayne Hoose, Mike Weed	曾慈慧、陈俞均	《休闲游憩概论》	台北：巨流图书股份有限公司	2009
5	克里斯托弗·埃金顿、苏珊·赫德森、罗德尼·戴森、苏珊·埃金顿	李昕	《休闲项目策划：以服务为中心的利益方法》	重庆大学出版社	2010
6	苏珊·霍纳、约翰·斯瓦布鲁克	罗兹柏	《全球视角下的休闲市场营销》	重庆大学出版社	2012
7	克劳斯·韦尔梅尔、马西斯	宋瑞、马聪玲、蒋艳	《旅游与休闲业——塑造未来》	格致出版社	2012
8	Clawson M. and Knetsch, J.		Economics of outdoor recreation	Baltimore, MD：Johns Hopkins	1966
9	Doell, C. and Fitzgerald, G.		A Brief History of Parks and Recreation in the United States	Chicago	1954
10	Dumadezier, J.		Toward A Society of Leisure.	New York	1967
11	de Grazia, Sebastian.		Of Time, Work and Leisure	New York	1962
12	Dulles, FosterR.		A History of Recreation：American Learns to Play（2nd ed.）	New York	1965

续表

序号	作者	译者	书名	出版社	出版年份
13	Godbey, G. and S. Parker		Leisure Studies and Services: An Overview	Philadelphia: W. B. Saunders Publishing	1976
14	Goodale, Thomas and Witt, Peter (Eds.)		Recreation and Leisure: Issues in an Era of Change (rev. ed.)	State College, PA: Venture Publishing	1985
15	Huizinga, Johan		Homo Ludens: A Study of the Play Element in Culture	Boston: Beacon Press	1955
16	Kaplan, Max		Leisure in America: A Social Inquiry	New York: John Wiley and Sons, Inc	1960
17	Kerr, Walter		The Decline of Pleasure	New York: Simon and Schuster	1962
18	May, H. and Petgen, D.		Leisure and Its Uses	New York, NY: A. S. Barnes	1960
19	Szalai, A.		The Use of Time: Daily Activities of Urban and Suburban Populations in Twelve Countries	The Hague, Netherlands: Mouton and Company	1972
20	马惠娣		《走向人文关怀的休闲经济》	中国经济出版社	2004
21	周觉		《休闲的经济分析》	经济科学出版社	2007
22	卿前龙		《休闲服务与休闲服务业发展》	经济科学出版社	2007
23	孙正聿		《简明哲学通论》	高等教育出版社	2000
24	刘放桐等		《马克思主义与西方哲学的现当代走向》	人民出版社	2002
25	赵敦华		《西方哲学简史》	北京大学出版社	2012
26	张汝伦		《现代西方哲学十五讲》	北京大学出版社	2003
27	李泽厚		《中国古代思想史论》	人民出版社	1986
28	张岱年		《中国哲学大纲》	中国社会科学出版社	1997
29	朱光潜		《谈美》	安徽教育出版社	1997

续表

序号	作者	译者	书名	出版社	出版年份
30	宗白华		《艺镜》	商务印书馆	2011
31	李泽厚		《美学四讲》	三联书店	1989
32	叶朗		《中国美学史大纲》	上海人民出版社	1985
33	马尔库塞	李小兵	《审美之维》	三联书店	1992
34	苏珊·朗格	刘大基等	《情感与形式》	中国社会科学出版社	1986
35	鲁道夫·阿恩海姆	滕守饶、朱疆源	《艺术与视知觉》	中国社会科学出版社	1985
36	加登纳	兰金仁	《艺术与人的发展》	光明日报出版社	1988
37	乔纳森·H. 特纳	吴曲辉等	《社会学理论的结构》	浙江人民出版社	1987
38	雷蒙·阿隆	葛智强、胡秉诚、王沪宁	《社会学主要思潮》	上海译文出版社	2013
39	弗洛伊德	高觉敷	《精神分析引论》	商务印书馆	1986
40	林秉贤		《社会心理学》	群众出版社	1987
41	阿尔温·托夫勒	朱志焱等	《第三次浪潮》	三联书店	1983
42	阿尔温·托夫勒	刘炳章等	《力量转移——临近21世纪时的知识、财富和暴力》	新华出版社	1991

附件2：

美国、英国、加拿大、澳大利亚和荷兰有关高校设置休闲学相关院／系、专业及课程的情况

一、美国高校情况

1. 授予学位情况

授予科学硕士（Master of science）学位的大学：

宾州州立大学

加州州立大学长滩分校

加州州立大学北岭分校

德州农工大学

佛罗里达大学

得克萨斯州立大学

授予教育学硕士（Master of Education）学位的大学：

得克萨斯州立大学

授予哲学博士（Ph.D）学位的大学（专业）：

佛罗里达大学：Health and Human Performance

亚利桑那州立大学坦佩分校：Community Resources & Development

宾州州立大学：Recreation，Park and Tourism Management

德州农工大学：Recreation，Park and Tourism Sciences

2. 休闲相关院／系、专业设置情况

大学名称	设置院、系	专业方向（博士）
宾夕法尼亚州立大学	娱乐、公园与旅游管理系	商业与社区娱乐管理
		高尔夫管理
		户外娱乐
		疗养性娱乐
伊利诺伊大学	娱乐、体育与旅游系	娱乐管理
		体育管理
		旅游管理
印第安纳大学	公共健康学院	
	娱乐、公园和旅游科学系	休闲行为
夏威夷大学	运动机能学与休闲研究	
肯特州立大学	休闲与体育	
密歇根州立大学	公园、娱乐与旅游管理	
得克萨斯农工大学	农业与生命科学学院	
	娱乐、公园和旅游科学系	娱乐、公园和旅游科学
北卡罗来纳大学	锻炼和运动科学系	
佐治亚大学	娱乐、休闲研究系	
加州州立大学长滩分校	健康与人类服务学院	
	娱乐休闲研究系	
加州州立大学北岭分校	健康与人类发展学院	
	娱乐和旅游管理部	
加州州立大学奇科分校	娱乐、酒店和公园管理部	
圣地亚哥州立大学	娱乐、休闲与旅游学院	
旧金山州立大学	健康与社会科学学院	
	娱乐、公园和旅游部	
圣乔斯大学	娱乐与休闲研究	

可见，美国大学休闲教育院系的设置基本上与专门的休闲实践领域相结合。

3. 研究生课程设置

研究生的课程设置也是类似情况。以加州州立大学长滩分校健康与人

类服务学院的娱乐休闲研究系设置的研究生课程为例：

娱乐管理

休闲服务的法律问题

非营利／志愿者管理原则

城市近郊野生动物与野火管理

公园资源的获取和公平

康乐治疗辅导技巧

康乐治疗的立法行为

休闲疗法中的临床技巧

生态旅游发展原则

残疾、文化和社会问题与干预

哲学、问题和趋势

老龄化和休闲

娱乐选题

研究方案写作

游憩管理中的数据分析

研究方法论

二、英国高校情况

大学名称	院、系设置	专业方向
Lutrai 大学	旅游与休闲系	
北伦敦大学	休闲、旅游与接待	
谢费尔德大学	休闲管理系	本科、硕士、博士
利斯特大学	接待、旅游与消费者研究	
萨里大学	休闲与旅游	

三、加拿大高校情况

加拿大大学中设置休闲相关院系和博士专业方向的，有滑铁卢大学和阿尔伯塔大学。另有一些应用艺术与技术学院设有休闲相关院/系。

大学名称	设置院、系	专业方向（博士）
滑铁卢大学	娱乐与休闲研究系	服务行政管理
		休闲行为和文化研究
		娱乐和休闲资源
阿尔伯塔大学	人类运动、体育和休闲系	娱乐和休闲研究
		运动和休闲的社会研究
		体育和休闲组织
布罗克大学	娱乐和休闲研究	
卡纳多应用艺术和技术学院	娱乐和休闲服务	
汉伯学院	娱乐和休闲研究	
维多利亚大学	休闲服务与管理	休闲服务与管理（硕士）

四、澳大利亚高校情况

大学名称	设置院系
昆士兰大学	旅游和休闲研究
爱迪斯科文大学	市场营销、旅游与休闲
悉尼科技大学	休闲和旅游学院
Linmln 大学	娱乐和休闲研究

五、北美和荷兰若干高校休闲相关专业教师的研究领域情况

1. 美国伊利诺伊大学

伊利诺伊大学香槟分校共有教师 11 名。

Laurence Chalip 教授（系主任）：体育政策、社区体育运动、精英体育体系。

Kimberly Shinew 教授（副系主任）：致力于边缘化人群研究，主要

关注种族和少数民族的休闲行为，偏重理论研究。

William P. Stewart（教授）：促进公园和其他环境设施发展以提高生活质量和社区幸福感。

2. 加拿大阿尔伯塔大学

共有教师 13 名，偏重休闲旅游与休闲体育研究。

Tom Hinch 教授：社区目的地可持续旅游（重点研究体育旅游、本土旅游、季节性旅游、俱乐部旅游）和具体旅游目的地主客体场所探究。

Gordon Walker 教授：休闲行为（尤其是休闲中的动机、制约和体验研究）、中国和加拿大休闲行为中的交叉文化的相似性和差异性、户外娱乐。

3. 滑铁卢大学

共 17 名教师，其中博士生导师 10 名。注重实践研究，主要研究社区发展、休闲资源及老年人人文关怀。

Paul F. J. Eagles 教授：户外娱乐、公园策划、应用生态学、生态旅游、公园旅游、环境评估、资源管理、户外教育、保护区旅游责任小组。

Sherry L. Dupuis 教授：老年休闲、看护关怀、娱乐治疗、老年痴呆及其关怀、休闲与健康。

Mark E. Havitz 教授（系主任）：销售（营利及非营利）、休闲活动自我介、休闲心理参与、休闲与失业、国际旅游作用。

Roger C. Mannell 教授：着重于公共健康和健康系统交叉学科的研究，包括休闲社会心理学、老龄化、生活方式和健康、工作与休闲、项目评估、研究方法、儿童游戏。

Bryan Smale 教授：人生休闲与幸福，休闲、应对与健康的关系，时间使用配置，休闲行为和资源的空间分析，地点、空间和位置感，休闲和社区生活质量，方法和统计问题。

4. 荷兰布雷达应用科技大学休闲学院硕士生课程

（1）休闲、创意和空间：全球化、媒体化和商业化过程以及它们对休闲和创意在公共和私人空间的设计和管理中所扮演角色的影响。

（2）理解休闲、旅游吸引物和大型活动：注重最近在变革管理、创新、网络、共同创作、景点、主题公园和"节庆活动之城"等领域的见解和研究。

（3）想象工程作为休闲组织中的战略设计：介绍想象工程的理论基础以及它在休闲产业中的应用。

（4）休闲和旅游市场营销。

（5）休闲互动分析：从理论视角研究休闲实践。

意义缺失的困境

——对北美休闲科学与英国休闲研究的本体论思考

刘晓君
（中国矿业大学社科系）

内容提要：本文对北美休闲科学与英国休闲研究进行比较研究，考察其所受到的后现代主义和女性主义思潮的影响，认为尽管二者存在着认识论和方法论上的本质区别，但在理解休闲的社会性和社会意义上都面临着同样的困境，即未能解决多种休闲行为对社会和个体的意义这一本体论问题。

通常人们将北美休闲科学与英国休闲研究看成是一个连续体。许多属于北美休闲科学共同体的研究者所采用的观点非常接近英国休闲研究的相关方面，不少英国休闲研究团体的成员所采用实证主义方法也具有休闲科学的诸多特征。但即便如此，还是可以找到一些居于主导地位的前提假定，由于具有不同的认识论、方法论观点而使北美休闲科学和英国休闲研究各具特色并相互区别（参见表1）。在本篇文章中，我们试图通过对北美休闲科学与英国休闲研究的比较研究表明：尽管存在着认识论和方法论上的本质区别，但二者在理解休闲的社会性和社会意义上都面临着同样的困境。

表1 北美休闲科学和英国休闲研究领域的假定

北美休闲科学	英国休闲研究
认知理论	规范性理论
什么是休闲？	作为"不休闲的休闲"
自由个人主义	集体福利主义
自由与选择	社会与文化的再生产
休闲的社会心理学	休闲社会学
脱离社会的休闲	休闲中的社会
满足与获利	休闲的意识形态
差异	再生产

有关休闲科学与休闲研究基本假定的比较

从整体上看北美休闲科学与英国休闲研究，其主流观点分别着眼于不同的理论定位并为其所强化。一般而言，社会科学理论通常是由三个不同的维度构成的，即认知维度、情感维度和规范维度。它们在每一理论的建立过程中都能得以体现，只不过不同的理论家和学术团体强调不同的方面而已。理论的认知因素与建立社会领域某一方面的知识有关，情感维度体现了理论家的体验和情感，而规范维度则为世界理应是什么做出假定。尽管休闲科学共同体中的一些学者所采用的观点与休闲研究的某些观点如出一辙，但若按照这种划分，可以认为认知理论是休闲科学的主导定位，而规范性理论则是休闲研究的主要特征。

在休闲科学中，实证主义认识论与经验主义研究方法居于主导地位，方法的有效性和统计的相关性受到了高度重视。"经验主义研究方法"的一个主要特点就是"降低了对技术的质疑"；相应地，休闲研究所关注的焦点在于规范性范式，重视其成果对社会政策（或理论）的意义，而不考虑统计学的重要证据。不过，不论是在休闲科学还是在休闲研究中，情感因素都同更为广泛的社会政治因素相关，如北美自由的个人主义与英国关注的集体主义和社会等级制度等。

尽管表1大体概括了二者的诸多差异，但我们还是可以看到，北美休闲科学与英国休闲研究已经走到了一个相似的"十字路口"：那就是对休闲与休闲满足的社会文化以及语境意义的不充分理解。这种情形也在一定程度上反映了休闲科学和休闲研究视野的狭窄。强调个人完善与社会健康的休闲意识形态，已经使人们忽略了闲暇活动所带来的"负面影响"；更为明显的是休闲科学与休闲研究已经在很大程度上忽视了对休闲和消费的商业形式的研究。这种忽视一定程度上引发了当前英国休闲研究受外部社会和文化变革影响而面临的困境。它同社会学和社会政策的密切相关以及对公民权和不平等问题的关注，意味着"后现代状况"理论向这一时期有关休闲的集体主义、福利主义和自由主义分析提出了挑战。

与之形成对比，目前北美休闲科学面临的困境所反映的似乎是一种内部力量。越来越多的人开始质疑实证主义的方法论和分析方法，认为其为人们展现的是一种"脱离社会的休闲"，没提及休闲的社会意义，对休闲的研究已经变得越来越偏向实证主义和操作主义，并日益从社会和政治基础向心理学过渡。因此，在更一般的意义上，人们为休闲科学缺乏理论定向而感到遗憾。

"休闲中的社会"与"社会中的休闲"

与北美休闲科学相比，英国的休闲研究是一个规模较小、尚未专业化的研究领域，并缺乏休闲科学的那种有代表性的主导的方法论范式。这一定程度上是由于英国的许多所谓休闲学者对这一领域涉足较少的缘故。因为少有休闲研究的主流学者仅以"休闲为中心"将其分析定位于休闲研究，他们的分析与解释趋向于从较广阔的研究领域，如文化研究、社会学、经济学、女性主义研究以及政策分析等方面进行，并反映了对这些领域的结构性的、概念性的和理论性内容的关注。

这种情况对英国休闲研究造成的影响，就是使人们趋向于把休闲当作不休闲的经济、社会、文化和政治因素的产物来看待，而这些因素本身都是"不休闲"的。因而,休闲研究的理论定位是将休闲看作一个存在着广泛的社会、政治、文化联系和冲突的"场所"。休闲研究的主要任务是研究基于阶层、性别和种族的分裂和不平等。这反映了人们普遍关注诸如对权利的分配和机会的不平等、变化中的公民权的本质变化、工业化的影响、国家的作用以及日趋明显的休闲的"后现代状况"等结构性决定因素得到更为普遍的关注。为此,20世纪80年代末到90年代初,休闲研究的种种努力都主要集中于探索或解释社会结构分裂的文化意义。这使得人们并不在意要对休闲及其属性给出明确的定义,而更热衷于探索休闲概念广泛的社会、文化和政治问题。他们的兴趣实际上并不在于休闲本身,而是能从休闲当中得到关于整个社会的发展、结构和组织。尽管这种分析和解释受到来自英国休闲研究的诸多批评,但他们关于"整体论方法"的基本理论还是引起人们的注意。作为这种方法的结果,假定内在于休闲之中的个人自由、选择和满足被更多地从意识形态和文化角度来考察,而不像在休闲科学中所广泛使用的那样仅被看作是一种心理现象。

在英国的休闲研究中,休闲通常不是根据个人消费、自我表达和自我实现来定义的,而是被当作广泛的经济、社会和文化不平等再生产的场所。在某种形式的新马克思主义、文化研究和女性主义的影响下,休闲被当作不平等、斗争、文化争论、协商和对抗的场景再现来加以分析。他们研究的问题与其说是"社会中的休闲",不如说是"休闲中的社会"。尽管没有人尝试去开发一门专门的休闲社会学,但却拥有为数众多的休闲社会学。把有关休闲的问题当作典型的社会学问题而使得专门的社会学变得可有可无,这似乎已是"离题千里"了。人们不再关注个人、个体心理、利益与满足,休闲研究的定位已经转向更广泛的社会群体及各种毫不相干的如权利、霸权主义、集体身份以及获取和给予机会或公民权的不平等等问题。利用"休闲中的社会"的方法进行分析和解释趋向于得出结构性的解释。阶层和性别的差异在文化中居主导地位,并与资本主义本质及剥削、霸权、父权制等过程中的"再生产"理论相联系。与这种休闲社会学研究相对应,英国休闲政策分析所关注的主题是公共休闲供给、公民权利以及作为这种权利保障者的国家角色三者之间的关系。不同于许多北美休闲科学中所隐含的自由个人主义观点，他们所关注的焦点并不分析和赞美个体或群体"差异"，而是用一种集体福利主义的观点来阐述权利与机会的"不平等"问题。

相比之下，北美休闲科学比休闲研究更专注于"休闲"。他们主要以社会心理学的方式定义休闲，阐述动机、满足和利益并探究休闲制约问题。毫无疑问，我们在有关休闲科学中的利益研究中逐步认识到，在休闲研究领域中并不存在同某些休闲（或娱乐）活动相关的特定动机和体验。然而，休闲科学内部出现了批评的声音，即对个人满足和利益的过于专注只会给人们带来一种"脱离社会的休闲"。近来的争论确认了更广泛的分析应基于"社会中的休闲"概念的需要。相反，关注社会和文化"再生产"的英国休闲研究的理论方法，通常伴随着一种对主体性以及休闲的"利益"和"满足"的怀疑论观点。绝大多数休闲研究的社会学分析都是一种悬而未决的两难选择，即"休闲的意识形态"同何种程度上"可感知的自由"和"选择"观念是一种社会的划界，或者仅仅是一种意识形态的建构并借此获得霸权。然而，更多的主流社会学研究过分强调心理学的建构，诸如"作为一种意识形态的休闲""可感知的自由""最大限度地激发"之类的说法，具有将休闲社会学概念同有关愉悦的心理体验相混淆的危险。这种方法体现了休闲科学中占统治地位的经验主义研究模式的认识论假定，强调实证主义方法论意味着可用逻辑学和心理学衡量的休闲是"可操作化的"。这导致了对特定社会和文化的"构成规则"的忽视；通过构成规则，个人与社会所共享的休闲意义得以建构和持续。

后现代主义与休闲研究

在后现代主义的理论中，也提出了关于"构成规则"的问题。譬如，英国学者罗杰克（Rojek，1995）强调：

> "我们如何理解'休闲'这一术语,取决于各种社会条件,这使得'自由'、'选择'和'自主'同休闲的通常联系不再耦合牢固。休闲研究是关于……自由、选择、适应性和满足的意义是由社会构成决定……休闲离不开生活的其他部分,也没有唯一法则……休闲包含在文化主体之中。"

诸如自由、选择和适应性的本质与意义是由社会决定的观点,诸如休闲对象包含在文化主体之中的观点,诸如休闲不是一块自我实现的诱人领域的观点,对休闲科学中的自由个人主义比对休闲研究更具挑战性。例如,Kelly尽管没有明确阐述后现代主义的观点,但还是强调休闲具有文化特征。他对休闲科学中的许多现存的理论定向提出了挑战,并提出包含了绝大多数这些问题的新议程。凯利(Kelly,1994)提出休闲并非自由和内在意义的唯一属性。因为后现代主义具有更强烈的社会学定位,强调结构性和集体主义的分析形式,后现代主义的挑战对英国休闲研究产生了更大的影响。按照罗杰克(1993)的说法,后现代主义在英国休闲研究的集体主义的理论化过程中制造了危机,损害了大多数休闲研究学者履行其解放政治学义务的能力。

关于"后现代状态"的争论体现了一种经济和社会巨变——后福特制的出现、服务部门和服务阶层的增长、支离破碎的传统集体文化以及电子传媒对人们生活的统治——已经严重动摇了现存的社会、文化、经济和政治根基。过去的集体认同和共同利益(如阶层、性别、种族、群体以及国家等)开始瓦解,甚至人们现在的地位不再取决于其在生产体系中所处的位置,而更依赖于其在消费领域中的作为以及对文化符号的使用和操纵。消费被看成构造一系列个人和社会身份的关键所在,此类分析向强调集体认同的英国休闲研究提出了至关重要的挑战。

然而,有关后现代的争论,不在于多样性和分散性的经验事实,认识这些活动的意义才是更为根本的挑战。休闲研究和休闲科学显然还无法应对这一挑战。在所谓"非中心"的后现代环境中,休闲消费的形式与物质实体之间的关系开始破裂。实体似乎都转变成了符号、代码和象征物,它们都是人们在寻求自我的存在意识过程中所消费和利用的东西。因此,休闲消费体验的实质和意义发生了变化，加之社会与文化破裂会对个人造成影响，人们提出了"超现实"（hyperreality）和"阶段真实性"（staged authenticity）的说法，表象代替了内涵，自我感觉压倒了实际价值，日常生活已经毫无意义可言。

在这种情况下，人们似乎再也找不到一块可靠的路标，能够用来指明自我完善和自我实现的发展方向。前方的路只有一条——"把休闲从必然包含自由、选择和自我满足的现代主义的束缚下解放出来"，"重新认识被现代主义幻想所掩蔽的东西"（Rojek，1995：192）。这种观点深深撼动了"休闲研究事业"的伦理学、认识论、政治学和社会学的根基，无论其是新马克思主义、女性主义还是自由人本主义。

有关后现代主义的论点还没有被休闲科学系统地阐述过，但那种指出不应仅从积极方面来定义休闲的看法却得到了来自休闲科学众多分析过程的附和，尽管它们并不是直接分析后现代主义问题的。凯利（1994）指出，正如人们所注意到的那样，视休闲为自由和内在意义的独有者似乎过于简单了。认为有必要打破传统的利益方法来检视休闲可能带来的负面影响。然而，之所以在休闲科学内部产生出这些批评意见，主要是因为人们开始逐渐认识到这一主导理论的局限性，而不是对变化了的社会文化环境所产生的理论命题的回应。

与之相应，在英国休闲研究中，人们提出后现代主义所试图描绘并赞美的差异性将导致对不平等和不利条件的忽视；而其相对主义倾向被认为破坏了社会学说和政策分析的道德基础（Henry，1995）。因而，人们坚持认为，结构分析方法是长期有效的，更有必要讨论的是"生活机遇"而非"生活方式"问题。"在文化形成其所是的努力中，理论家对符号价值的研究和对于商品意义的争论常常投入了过多的热情抹杀了文化与特殊经济、政治实体之间的关系。"他还指出，关于后现代状态的讨论过于依赖其对服务阶层的分析证明："尽管这种讨论确实描述了一定的社会文化变革，但并没有全面考虑到这些假定的变化及其社会政治后果，它们在本质上是不同的"。他还把矛头指向了急剧增长的收入两极分化和社会底层的膨胀现象，认为后现代主义的分析方法，不但带有阶级偏见，而且无视性别问题，对妇女日益恶化的工作状况置若罔闻。尽管女性就业急剧增长，但其中绝大部分是来自兼职和低薪工作。

长期以来，多样性问题都被当成女性主义争论的一个主题，妇女需要根据阶层、种族和年龄互相区别；但也还是存在一种共享条件，并仍需将其作为分析的出发点。她们的结论是，尽管世界在发展，但社会争论（或休闲研究分析）还必须围绕不平等和剥削压迫体制这一中心开展，其实质仍是一种马克思主义的分析方法。

斯克拉顿和伯拉姆海姆（Scraton&Bramham，1995：34）引用了麦克莱伦（1992）的说法：

偏离启蒙运动和现代化所强调的解放和满足的人类理想是一种危险。后现代主义沉迷享乐、幻想和模仿是一种危险。后现代主义沉迷享乐、幻想和模仿，对建立自由的、人们生活改善的现代社会的理想是一种危险。后现代主义沉迷享乐、幻想和模仿，是无视那些饱受贫穷、性别和种族压迫人们的生活的。

休闲研究学者对后现代主义提出批评：认为后现代的分析方法关注新服务阶层的炫耀式消费很大程度上忽视了"平凡"日常生活的本质。休闲栖身于那些通常紧密相连的社会网络和社区中，并能自发产生、组织，而不依赖商品和电子媒体。在休闲科学中，休闲通常发生在房前屋后，用以整合相邻的社区，发展基本的人际关系。

对意义的挑战

不管人们能否阐明持续的社会经济不平等并将此作为休闲研究的持续议题，休闲的意义和重要性所引发的问题仍有待进一步讨论。关于"后现代状态"的争论——混乱、分裂、表象以及高度写实、肤浅、现实同符号之间分裂的关系，日常生活的"非中心"，把消费当成自我实现的主要途径等——引发出一个问题：休闲多样性及其行为对社会和个体的意义。这或许听起来有些荒谬，但不论是休闲研究还是休闲科学都未能成功地解决这一问题。

休闲研究和休闲科学都没有涉及这方面的问题是令人吃惊的。后现代主义的一些著作，读起来就如同英国休闲研究的"创始人"对某些观点的重新组合，在支撑休闲科学的大量研究理论中自由个人主义中也很明显。譬如，在英国休闲研究的第一本著作的绪论中（Smith, Parker & Smith, 1973：7-8），承认了社会生活的"多元性"，它这样写道：

> 个体自我意识的增长强化了自我意识象征主义运动……身份象征和生活方式不再只是对经济地位和社会阶层的反映，而成为个人嗜好的表达……有些物品只能用钱来买，但这种物品也越来越少，并且越来越多的人具备了购买力。

1974年，本斯（Burns）提出，我们需要检视个体的一系列既得身份所承担的社会心理责任以表现人们自我形象的积极方面。法国的Dumazadier（1974：40）提出了"个人成为自己主人的一种新的社会需要"，还宣称个体的主体性变成了"价值本身"。80年代初，Kelly在美国提出一种存在主义形式的符号交互主义联系，用"角色认同"观念取代关于简单"动机"，关注休闲机会出现的可能性。然而，这种说法没能在休闲研究或休闲科学中形成一套系统的研究。在休闲研究中，有关此项研究的个人假定常常被否定，社会心理学研究的缺乏更加剧了这种状况。而受文化研究传统影响的学说，常常用各种形式的符号语言来表述各种行为的意义。在休闲科学中，凯利（1994：82）指出："将休闲作为一种相互影响的过程的研究边缘化了……而作为'结构—功能主义'研究模式，普遍采用调查研究方法、相关分析和人口统计学变量的研究方法在绝大多数关于休闲和娱乐的长期研究项目中已经变得理所当然了"。最近，针对正走向消亡的集体理论，休闲研究提出了一种对"生活方式"观念的分析方法。但这遭到了英国休闲研究的强烈批评，认为这种基于市场研究定位的数理统计方法完全是经验主义的，不能反映"先行的"或者说是"结构性"的原因。但究竟如何做出休闲选择以及什么才是休闲的固有意义，仍是困扰休闲研究的核心问题。

休闲科学：新议程的出现？

尽管后现代主义给休闲研究的规范社会学理论带来了巨大的挑战，但对更强调认知的休闲科学的影响似乎微乎其微。后现代主义之所以没能给休闲科学造成同样的"危机"可能有如下的原因。首先，主导的社会心理学方法和并不明显的社会学理论意味着"社会中的休闲"分析同更具体的"休闲中的社会"并不存在着重要的关系；其次，强调个体和个体心理的休闲科学也可能暗含着后现代主义关于分裂、集体认同弱化和多样性的企图。

然而，还有其他一些意识形态因素，或许可以用来解释为何后现代主义分析方法对休闲科学的影响比较小。比如，后现代主义关注差异和多样性，其本质是温和的和"非意识形态"的，这与美国的社会政治学说可谓"不谋而合"。海明威（Hemingway，1995）指出，这种社会政治学说过于狭隘，不能用来说明休闲的政治内容。另一方面，这在休闲的"自由与开放"的意识形态中得以反映。这一学说更详细地阐述了广泛的社会政治文化内容——自由个人主义、乐观主义、成就定位和自我完善——而在奉行社会民主制的英国，则主张用更为集体主义的观点来看待公民身份和社会等级。

但一些休闲科学学者也对这一主导范式中的有关理论、方法和社会假定提出了质疑。比如，杰克逊和伯顿（Jackson & Burton，1989）提出，应该更加深入地认识休闲消费同社会、经济变革之间的关系，要把研究结果放到广泛的社会环境中去解释。伯顿（Burton，1996）指出，理性主义认识论指导下的方法论的具体化（注重调查、相关分析和建立模型）导致方法与实物相脱离，还使当代人缺乏新思想。许多研究人员都已经承认，主张绝对的实证主义带有局限性；同时，许多人开始转向海明威所谓的"后实证主义"研究。但海明威坚持认为，实证主义与后实证主义之间的本体论、认识论和方法论差异，只体现在程度上而非类别上。他们明确反对研究人员放弃"表面的解释"和"常规尺度"的调查来研究界定社会活动并赋予其内涵的社会"构成规则"。一些北美休闲科学学者进一步强调，应该正确看待支撑着实证主义主要范式的认识论和本体论假定以及这些假定到底在何种程度上限制了认为值得（或能够）调查的那些问题的本质。

在强调认识实证主义方法论和经验主义方法的局限性的同时，人们还提倡加强认识个体选择特定休闲方式的原因以及各种行为"意义"的实质。与某些后现代主义论点相呼应，凯利（1994：87）主张，休闲科学想要发展，就要抛弃"自由与开放的意识形态……有助于研究休闲交互作用的实际内容"。凯利坚持认为，休闲处于特定的文化环境中，且其本身就是文化的一部分；并且鉴于后现代主义关于混乱和分裂的论点，休闲可能仍然是建立和描绘社区所应包含的内容。

进而凯利（1994：251）更愿意认为"休闲是行为的尺度或性质，而不是一个独立领域"。尽管不像罗杰克（1995）得出"休闲活动包含于文化主体之中"以及"自由、选择和自主都是虚幻"的论断那样深刻，一些休闲科学学者似乎也开始认识到：如果不打算接受后现代主义的解释理论，那么就有必要对"后现代状态"进行研究。人们仿佛已经默认，本体论问题——人们怎样构造、理解以及探求或不探求其休闲生活的意义——比认识论问题更加重要，于是，"意义"问题开始被一些休闲科学学者提上议程。

女性主义者对休闲科学的挑战

在休闲科学内部，对"实证主义"范式的最系统化的挑战是来自女性主义者。来自英国休闲研究的观点认为，在休闲科学的工作定位中女性主义者是最具有国际性的，并毫无例外地把矛头指向了休闲科学——挣脱实证主义、社会心理学传统的束缚以寻求新的理论视角来分析妇女状况；尝试去理解"其中之义"并在创建语境和意义的过程中起到结构和意识形态所起的作用。比如，汉德森（Henderson，1991：367-368）提道：

"人们之所以没能弄清对妇女休闲的约束，可能是因为对'约束'的定义不够充分且过于狭隘，只关注约束的干扰和结构性方面……为认识女性受到的个人约束，就必须对其前社会语境进行分析，休闲在其中受到了明显的约束……因此，在对休闲及随之而来的约束的分析过程中，'语境'则变得尤为明显。"

按照更为广泛的方法论和理论观点，女性主义研究人员的贡献则不仅仅是"把女性提上议程"。女性主义者从阐明机会和体验的性别差异，到探索基于性别的本质和权利关系的约束，再到探索休闲如何影响意识形态。尽管观点层出不穷，但都强调要对"先行的"情况进行更彻底的社会学分析。正如汉德森（1991：373）提到，"左翼女性主义者试图解决关于价值、结构以及内容与过程之间联系的问题……女性主义者开始阐述如何将关于'约束'的研究应用于社会机构，而不仅仅是应用于个人。"为了达到这个目的，必须超越"二元的、总体的和基本的休闲观点"，从而能"更包容地理解'意义'"。

同其他学术领域一样，休闲科学不可避免地受到女性主义越来越大的影响。人们必须直面许多女性主义的方法论和理论问题。有关女性休闲的许多问题——基于性别本性的休闲体验、态度和意义——现在应该也将男性问题纳入其中。女性主义研究已经表明：必须超越对约束和满足的简单定义来探索休闲活动如何生成和巩固各种形式的社会关系。

尽管休闲科学中的一些人并不完全认可"女性主义"的妇女解放政治学，但他们同女性主义者一样关注实证主义研究策略的局限性，并认为应该更彻底地探察"我们从事的科学研究的基础及其如何启发对休闲的研究"（Henderson，1990）。只不过女性主义者和其他"非实证主义"者在北美休闲科学中比其在英国休闲研究中遇到了更大的认识论和政治障碍。

在英国，女性主义者向她们所谓的"主导的实证主义范式"发起了挑战。但事实上，这类方法从未像所宣称的那样起到主导作用，而仅限于对政府发起的规划定位的项目进行调查工作。实证主义研究范式同职业培训、学术合理性、提升之间的关系并不像它们在北美那样密切。在英国，由于同职业组织关系较疏远，定性的和人类学工作的价值及其运用较容易获得学术认可。加之在英国休闲研究中的女性主义者，是在一种关心集体福利和公民权利的主导范式下工作，能够集中关注权利和机会的不平等。

在休闲科学中，赞同者认为，之所以需要开展定性的和人类学工作，只不过是为了阐明方法多元性和双向理解、宽容、交流的价值，或者说是为了体现"休闲理论、方法论和实践的更大的包容性"。然而，这种出于对"修正计划"的渴望，也许低估了女性主义和其他批评实证主义范式的方法所提出问题的激进本质。当伯顿（1996）注意到，对实证主义定量科学越来越多的质疑，"并没有引发对逻辑和推理在社会领域的适当位置的严肃反省，却引发了一系列对社会现象进行非定量研究的合理性争论"。于是，他暗示那些阻碍力量将会发生变化。并且在承认方法多元性已得到普遍认可的同时，还指出，单纯关注方法是不能改变这种范式的——这不是一个仅仅靠"增加方法"就能解决的问题。显然，本体论和认识论假定都是"方法"建立的基础，而正是这些假定受到了人们的质疑。譬如，女性主义强调的"先验状态"、先前的社会环境和结构约束，这使其更接近于英国休闲研究中的政治经济学，而非北美休闲科学中的认知理论。因此，一项经过修正的项目若要发展，就必须勇于面对当前主导范式的认识论、政治、学术和专业压力，而不是一味去适应和迎合它们。

那些休闲科学与之具有长久而紧密联系的专业娱乐人员和公共机构积极投身于"科学理性主义"研究，这可能成为理论和学术发展的一块"绊脚石"。对"科学性"的长期强调——强调定量与相关关系——或许反映了北美休闲科学急于确立自己的地位，渴望得到学术认可和专业肯定。许多女性主义者认为，研究人员不能陷入那种看重特权和能力多于责任的大学学问里。似乎还存在着更为广泛的社会文化因素支持和巩固实证主义方法论的统治地位，并长期维持了休闲科学与休闲研究之间的差别。与之相关，干斯（Gans, 1988）描绘了美国中产阶级的价值观：掌握对常规环境的个人控制权，使威胁和意外最少。这似乎非常接近于实证主义方法论的精髓。若所言属实，则后现代状态给休闲科学带来的理论和方法论挑战则比它带给休闲研究的更大。正如一位批评者所言，对现代主义（或者说休闲科学)的关注在本质上主要是基于认识论(对知识和解释的探索过程),而对后现代主义的关注则是基于本体论的,"包括存在与感知问题,瓦解和不加鉴别的趋向……以及用随机事件取代精细构造的范式"(Smith,1994)。或许这就是伯顿(1996:29)所说的休闲研究"更善于运用横向思维"的原因吧。

总　结

纵观英国休闲研究和北美休闲科学,二者虽然殊途但都同归于一个"十字路口"。谁都没能令人信服地阐明休闲意义的固有本质及同其他意义和特性之间的关系。在休闲科学中,对意义固有本质的认识,不仅引发了对二元论和实在论研究方法的怀疑,同时也引发了"休闲的局限性"问题。比如,Kelly,E.和Kelly,J.(1994)指出,虽然在"休闲研究"领域(他们更可能是指休闲科学),尽力提倡"休闲与生活的其他部分有着本质区别"的观念,但似乎"人们在休闲中找到的全部或绝大部分意义也能在生活的其他领域找到"。例如,贝拉(Bella,1989)写道:

"于是,要解决那些重要问题,就必须考虑在行为发生过程中产生的关系,而不管它是不是'休闲'行为……一种行为的意义在于行为发生过程中产生的关系,而非该行为本身。"

这些说法可被理解为"社会中的休闲"方法。休闲科学研究人员,开始认识到众多的尺度,它们被用来衡量性别、阶层、残疾和性吸引,认识这些尺度有助于得出关于休闲行为的完整理论。还有人提出了更为激进的方案,即通过采用"反实证主义"方法论来研究"构成规则"以认识休闲"交互主体性"偏见形成的基础。休闲研究曾经长期把研究精力集中于"众多尺度"上,而现在似乎有越来越多的人开始认识到,必须要承认并探求那些与"后现代状态"联系在一起的分裂和多样性的意义。尽管人们已经着力于此,但仍有一部分人不愿放弃已有的关于解放论的议题。

尽管有关后现代主义的分析被看作是对英国休闲研究的一种威胁，但这种分析仅仅还是一种主张，还缺乏对其假定提出严谨的经验探索。这既是一次机会，同时又是一次挑战。探究人们的日常生活——各种行为的意义以及支撑其行为及通过行为所表达内容的各种关系，是对休闲研究和休闲科学学者的挑战。日常生活何以缺乏意义？"表象"何以取代了意义以及感觉何以压倒了价值？休闲体验何以被强加上"肤浅"的特征？这些问题都值得休闲研究人员去探究。现在现实是否只存在于符号、代码和象征物当中？休闲消费的形式与物质现实之间的关系已经破裂了吗？在这样一个充斥着分裂、分散和排外的时代，人们该如何建立和支撑有关休闲的大众文化和社区呢？休闲在变化了的环境中的作用和局限是什么？面对这些挑战，休闲科学应该确立一种"方法论上的谦逊"立场——研究本体论问题也许更为重要。这也暗含着"休闲的局限性"的问题——休闲的意义同其他意义及特性之间的关系。比如，Kelly, E. 和 Kelly, J.（1994）提出疑问：休闲特有的意义与满足究竟在什么范围内存在？罗伯茨（Roberts, 1997）也指出：对年轻人来说，休闲并非是"身份建立和保持的关键性基础"。

这些问题给英国休闲研究中关于结构性的和解放论的"休闲中的社会"的分析方法，以及北美休闲科学中的"脱离社会的休闲"观点都带来了深远影响。这些问题所针对的似乎正是实证主义的局限性，并需要淡化休闲科学的方法论界限并扩展休闲研究的流动性边界。

参考文献：

[1] Bella I. Women and leisure: beyond and rocentrism[J]. Ino E. Jackson & T. Burton (Eds). Understanding leisure and recreation: Mapping the past, charting the future, 1989: 151-180. State College, PA; Venture Publishing, Inc.

[2] Burton. Safety nets and Security blankets: False dichotomies in leisure studies[J]. Leisure Studies, 1996(15): 18.

[3] Dumazadier J. The sociology of leisure[M]. New York, NY: Elsevier, 1974.

[4] Gans H J. Middle-American individualism: The future of liberal democracy[M]. New york: free Press, 1988.

[5] Hemingway. Opening windows on and interpretative leisure studies[J]. Journal of Leisure Research, 1990(22): 303-308.

[6] Hemingway J. Leisure studies and Interpretive social inquiry[J]. Leisure Studies, 1995(14): 32-47.

[7] Henderson. Leisure constraints[J]. Journal of Leisure Research, 1990(23): 288.

[8] Henderson K A. The contribution of feminism to an understanding of Leisure constraints[J]. Journal of Leisure Research, 1991(23): 363-377.

[9] Henry I. Leisure and social stratification: the response of the state to social restructuring in Britain[J]. In K. Roberts (Ed.). Leisure and social stratification Leisure Studies Association, Publication No. 1995: 53.

[10] Jackson E L., Burton T L. Mapping the past[J]. In E. L. Jackson., T. L. Burton (Eds.). Understanding leisure and recreation: Mapping the past, charting the future, 1989: 3-28. State College, PA: Venture Publishing, Inc.

[11] Kelly J R. The symbolic interaction metaphor and leisure[J]. Leisure Studies, 1994(13): 81-96.

[12] Rojek C. After population culture: Hyperreality and leisure[J]. Leisure Studies, 1993(12): 277-289.

[13] Rojek C. Decentring leisure: Rethinking leisure theory[M]. London, UK: Sage Publications, Ltd, 1995.

[14] Scraton S, Bramham P. Developments in sociology[M]. Haralambos M (Eds). Ormskirk, UK: Causeway Press, 1995.

[15] Scraton S, Bramham P. Leisure and postmodernity[M]. In M. Haralambos (Ed). Developments in sociology. Ormskirk, UK: Causeway Press, 1995.

[16] Smith M, Parker S, Smith C. Leisure and society in Britain[M]. London, UK: Allen Lane, 1973.

[17] Smith A L. Is there an American culture ? [J].J. Mitchell and R. Maidment (Eds.). Culture: the United States in the twentieth century. Milton Keynes, UK: Hodder and Stoughton/Open University, 1994: 309-310.

[18] Kelly J R, Kelly J R. Multiple dimensions of meaning in the domains of work, family and leisure[J]. Journal of Leisure Research, 1994(26): 251-274.

[19] Roberts K. Same activities, different meanings: British youth cultures in the 1990s[J]. Leisure Studies, 1997(16): 1-16.

（原载:《青年研究》2008 年第 8 期）

国内高校休闲学专业建设与发展现状浅析

——兼评三种休闲学教材

汪克会

(宁夏大学人文学院)

内容摘要： 当前，我国已有越来越多的高等学校，特别是旅游院校逐渐将休闲教育与旅游教育融合在一起，并有从开设休闲学相关课程或方向朝设置休闲学专业发展的趋势。与此相应的是，分别由旅游学界的几位研究者撰写的三种休闲学教材无疑对推动高等学校休闲学专业的建设与发展起到了重要作用。

一、在高校设置休闲学专业是实施休闲教育最为行之有效的方式

众所周知，我国的休闲教育随着休闲产业带来的经济效益不断增长，已越来越受到社会各界的关注。而正是在这种时代背景下，高校成为开展休闲教育的重要场所及阵地，而在高校设置休闲学专业则是实施休闲教育最为行之有效的方式。

在高校通过设置休闲学专业开展休闲教育，不仅对于大学生的发展具有多种价值，而且能以大学生为传承体，将其通过休闲教育所获得的休闲观、休闲技能和休闲权利以极强的渗透性向整个社会进行传承和穿透，在整个社会范围内有利于实现劳动力解放、生态和谐和休闲制度化最终将其自我价值体现到社会层面[1]。因此，高等学校休闲学专业的建设与发展状

---

[1] 侯玲. 休闲教育：现代大学生的必修课[J]. 黑龙江高教研究, 2005, (10): 168-170.

况，必然关系到未来我国休闲教育的整体发展水平。

二、国内高等学校休闲学专业建设与发展现状

（一）旅游院校具备设置休闲学专业的基础

国内休闲学研究的先行者马惠娣曾指出，为推动我国休闲产业的发展，应该迅速普及科学、合理、健康以及可持续的休闲观，加强休闲教育，并建议选择有相关学科基础的大专院校开设休闲专业[1]。而从实际情况来看，由于休闲与旅游关系密切①，因此国内的旅游院校（包括完全的旅游院校和只开设有旅游系或旅游专业的院校）无论是从学科特点、师资状况还是教学设备设施来看，都率先具备了设置休闲学专业的基础。例如有研究者就认为，中国内地应该借鉴国外如美国、加拿大以及中国台湾高校休闲专业设置的成功经验，建立完整的休闲学科与休闲专业。对于暂时无法独立开设休闲系科的高校，可以在旅游、体育、经济、管理与社会学等院系下设置与休闲有关的专业和课程[2]。还有研究者认为，我国目前许多高等院校为了开设休闲专业，从边缘学科或休闲管理人员中物色教师，让他们投入休闲研究，开展休闲教育。如：旅游与休闲联系紧密，因而旅游专业教师成了休闲教育的主力，但其所掌握的休闲知识还不能很好地满足学生的求知欲望[3]。

（二）开设休闲学相关课程或方向的旅游院校逐渐增多，并有朝设置专业发展的趋势

如前所述，尽管将休闲教育与旅游教育融合在一起目前还不可避免地存在着一定的局限性，但客观实际是，最近几年，我国已有越来越多的高等学校，特别是旅游院校已依托原有的旅游专业，逐渐将休闲教育渗透到

---

[1] 马惠娣. 休闲产业应是我国新的经济增长点[J]. 未来与发展, 2000, (4): 39-41.
[2] 方百寿, 刘河. 中国高校休闲类课程设置探讨[J]. 井冈山医专学报, 2007, 14 (4): 70-72.
[3] 郑胜华, 刘嘉龙. 我国休闲教育的现状与发展构想[J]. 高等教育研究, 2007, 28 (2): 79-84.

旅游教育中，并有从开设休闲学相关课程或方向朝设置专业发展的趋势，因此可以说，在旅游院校率先建立完整的休闲学科与休闲专业已经具备了一定的现实基础。具体发展情况见下表：

国内高校开设休闲学相关课程情况

	学校	具体名称	时间
设置休闲学系的高校	北京联合大学	休闲与旅游管理系	2002年
	中山大学	旅游与休闲学系	2002年
	华南师范大学	运动与休闲学系	2002年
设有休闲学方向的高校	云南师范大学	休闲管理	时间不详
	浙江大学	旅游与休闲消费行为研究	时间不详
		休闲学[②]	2007年
	中国海洋大学	休闲服务管理	时间不详
	广东商学院	休闲与生态旅游研究	时间不详
	华南师范大学	城市休闲娱乐管理	2006年
	昆明学院	休闲管理	2007年
开设与休闲学相关课程的高校	华东师范大学	休闲娱乐导论、休闲研究	2000年
	东北财经大学	休闲学概论、休闲学基础	2003年
	浙江工商大学	休闲学	时间不详
	四川师范大学	休闲学	2004年
	华南理工大学	旅游与休闲社会学	2005年
	华侨大学	休闲与旅游学概论	2005年
	宁夏大学	休闲文化	2006年
设立与休闲学相关的研究中心、研究所的高校	东北财经大学	旅游、休闲与会展研究所	2003年
	中国人民大学	中国休闲经济研究中心	2004年
	湖南师范大学	会展与休闲文化研究中心	时间不详
	西南林学院	生态旅游规划与休闲研究所	时间不详
	浙江大学	亚太休闲教育研究中心	2004年

资料来源：笔者通过 Google（谷歌）网站搜索相关资料统计整理而成。

此外，一些按新型模式办学的独立学院、高等职业技术学院为突出专业特色，很注重把握高校专业、课程设置的最新动态，而休闲学方向就是"着眼点"之一。如浙江大学城市学院商学院服务管理系设有休闲管理方向（含旅行社管理、旅游规划）；山东旅游职业学院（原山东省旅游学校）设有休闲事业管理系；北京航空航天大学北海学院（简称北航北海学院）旅游管理学院旅游管理专业设有休闲管理方向等。

当然，以上统计结果从全面性来讲还相当有限而且在教育层次上也未严格进行区分。但从总体来看,大多院校是先面向研究生开设休闲课程,然后再普及到本科生,或是只面向本科生开设。另据国家旅游局信息中心统计,截至2006年底,全国共有高等旅游院校762所[1],因此相信还有很多已将或正在把休闲教育融入旅游教育体系中并计划设置休闲学专业的院校未被列入其中。

三、国内三种休闲学教材浅评

旅游教材是旅游高等教育的重要支撑点和推动力[2]。而休闲学教材对推动高等学校休闲教育的发展,特别是休闲学专业的建设和发展所起到的重要作用同样也是不言而喻的。与国内高等学校休闲学专业主要是在旅游院校设立这一现状相应的是,目前国内正式出版的三种休闲学教材其作者均为旅游学界的研究者,而且主要面向的受众也是旅游管理专业的学生。

(一)《基础休闲学》

该书2004年6月出版,作者为李仲广、卢昌崇。此书虽然没有明确注明为教材,但却是两位作者先期在东北财经大学为博士生和本科生开设休闲及相关课程后的结晶,因此可以说这是一本事先经过了教学实践检验的教材,而且从出版时间来看,是中国第一本休闲学教材。全书共由六部分组成:休闲学概述、闲暇理论、休闲和休闲活动、个人休闲、社会休闲、休闲资源与组织。该书大量引用了国内外的相关研究成果,特别是参考了大量的英文文献,强化了休闲学的基础理论研究,并在此基础上大致地勾勒出了休闲学研究的理论框架,各部分之间逻辑性较强,论述流畅且简明扼要[3]。

---

[1] 国家旅游局信息中心. 2006年全国旅游教育培训统计情况 [EB/OL]. (2007-05-14) [2007-09-22]. http://www.cnta.gov.cn/news detail/newshow.asp?id=A20075141121274088732.
[2] 陈霁. 中国旅游院校教材发展状况评析 [J]. 北京第二外国语学院学报, 2006 (3):81-84.
[3] 李仲广,卢昌崇. 基础休闲学 [M]. 北京:社会科学文献出版社, 2004.

但从教材角度而言，该书最大的遗憾是在具体的理论阐述中很少结合国内休闲发展的现状，显得"科学性"有余而"亲切感"不足，让人对休闲学产生一种不必要的"距离感"。其次，该书在每一章后面没有设计练习与思考题，不便于学生巩固学习成果。

（二）《休闲新论》

该书2005年6月出版，作者为楼嘉军，是"21世纪高等院校旅游管理专业系列"教材中的一种。作者楼嘉军早在2000年5月就出版了教材《娱乐旅游概论》，在这本书的第一章第一节中，作者就休闲概念、休闲时间和休闲活动以及休闲与休息、游憩、旅游之间的关系进行了初步的研究和阐释[1]。《休闲新论》可以看作是作者集自己几年来研究之大成的一部著作。全书共由七部分组成，即休闲起源与休闲理论的发展；大众休闲社会的生活模式；休闲文化：时尚与升华；休闲功能：平衡与发展；休闲冲突：失衡与控制；休闲消费：结构和方式的演变；休闲产业构成及其面对的挑战。该书大量引用了国内外的相关研究成果，各部分之间既相互关联又可单独作为一个专题，论述充分而翔实，特别是一直紧扣中国当下的休闲发展现状进行阐述，读起来亲切而又轻松[2]。

但作为一本教材，该书最大的不足是在理论体系构建方面有些欠缺和单薄，特别是各部分之间在逻辑性方面不够严密，论述通俗易懂的同时又稍显"繁杂"。其次，该书在每一章后面也没有设计练习与思考题，同样不便于学生巩固学习成果。

（三）《休闲学概论》

该书2005年10月出版，作者为章海荣、方起东，是"新视野高等院校旅游专业教材"中的一种。第一作者章海荣曾先后出版了在旅游学界颇具影响的《旅游审美原理》[3]和《旅游文化学》两本教材，在后者的综合部分《当代休闲消费：演绎文化的产品》中，作者认为旅游文化与休闲文化正日益渗透和交融[4]。《休闲学概论》可以看成是章海荣继前两者之后

---

[1] 楼嘉军. 娱乐旅游概论[M]. 福州：福建人民出版社，2000.
[2] 楼嘉军. 休闲新论[M]. 上海：立信会计出版社，2005.
[3] 章海荣. 旅游审美原理[M]. 上海：上海大学出版社，2002.
[4] 章海荣. 旅游文化学[M]. 上海：复旦大学出版社，2004：260-278.

自己研究领域进一步拓展的成果。全书共九章，大致可分为休闲学科基础理论概述、休闲伦理与心理、休闲经济与产业三大部分。该书体系比较新颖，作为教材，其优点正如作者在前言中所说的那样，比较注重理论联系实际，除整理了四篇案例分析外，还在正文的适当位置插入了联系现实的阅读材料，并在练习、思考和作业等环节引导学生学以致用[1]。

但由于该书是合著教材，因此存在这样一个问题，即不同作者撰写的不同章节在论述习惯、文笔等方面存在差异，一定程度上影响了全书的统一性与协调性。其次，该书在个别地方存在校对失误，作为教材这点是应该尽力避免的。此外，朴松爱、李仲广还翻译了韩国东亚大学孙海植教授等人著的《休闲学》，是"旅游管理精品教材译丛"中的一种[2]。该书广泛参考了北美、欧洲、日本等发达国家和地区的休闲研究成果，并以符合东亚学生阅读习惯的方式写作，简洁明了地阐述了休闲学的基本知识，重视与经营实践的结合，与上述三种教材相比，确实会给读者带来许多新的启迪。但该书中的韩文参考文献并未翻译成中文，这多少会给不懂韩文的读者造成一定的阅读障碍。

当然，尽管上述休闲学教材还存在一些不足，但至少为今后国内休闲学教材及高校休闲学专业的进一步建设与发展奠定了良好的基础。总之，新需求不断产生就会不断形成和产生新专业，新专业不断产生就需要不断产生新的教材。新教材尽管可能粗糙些，但毕竟是自主原创的，而且可以在实践中不断加以完善[3]。换而言之，休闲学教材的不断完善和高校休闲学专业的建设与发展是相互促进、密不可分的，虽然任重而道远，但前景是广阔的。

---

[1] 章海荣，方起东. 休闲学概论[M]. 昆明：云南大学出版社，2005.
[2] 孙海植，安永冕，曹明焕，等. 休闲学[M]. 朴松爱，李仲广，译. 大连：东北财经大学出版社，2005.
[3] 魏小安，厉新建. 旅游管理专业建设若干问题思考[J]. 旅游学刊，2005(S1)：3-33.

注释：

① 关于休闲与旅游的关系，目前学术界主要有两种观点：第一种观点认为休闲包括旅游，或者说旅游只是休闲的一种方式；第二种观点认为休闲并不能完全涵盖旅游，或者说某些旅游方式并不属于休闲的范畴。笔者赞同第一种观点。

② 浙江大学方面表示，在条件成熟的时候将开设休闲学本科专业，培养专门人才。详见王夏斐，李忠．浙江大学要开中国休闲教育先河[EB/OL]．（2006-06-11）[2007-01-12]．http：//www.zju.edu.cn/zdxw/jd/read.php？recid=16995．目前，浙江大学已开设了国内第一个休闲学博士点，作为二级学科博士点，设置在哲学一级学科下，2008年秋季开始招生。详见浙江大学2008年博士生招生目录。

（原载：《四川教育学院学报》2008年第24卷第4期）

北美国家休闲专业化发展之路及启示

谭建共，王新卉
（广州体育学院休闲体育和管理系）

内容摘要：对北美休闲研究组织、休闲服务机构和开设健康、体育与休闲服务专业的高等院校，以及部分休闲学术期刊的特点进行综合分析，解读这些机构的功能、经营理念和发展目标，有针对性地比较和分析我国当前休闲研究发展的情况。研究结果发现：（1）北美休闲发展成功经验和理念值得借鉴，但走中国特色的休闲之路将有助于中国社会的和谐发展和人们生活质量的改善与提高。（2）我们应建立多层次专业化休闲研究机构，细化休闲研究的内容，多角度地挖掘对人类有价值的休闲资源。（3）建立不同层次休闲服务专业化站点，营造舒适安全的休闲娱乐环境，为更多民众提供优质的休闲服务。（4）加大休闲专业人才的培养力度，高等院校应扮演重要的角色，如休闲教育的普及与推广，休闲服务管理人才的培养等。

在北美，人们认识、理解和体验休闲已经有一个多世纪了，最能被民众接受的是休闲让人们感受到了生活的乐趣，懂得了如何选择健康的生活方式。艾丁顿博士（Edginton，2007）认为：休闲是高质量生活的重要象征，不管在满足个体身心健康，还是在促进社会和谐发展方面都扮演着非常重要的角色[1]。克鲁斯（Kraus，1990）也认为：休闲娱乐活动的主要功能在于丰富人们的生活内容和提高社会生活质量，如压力的释放、情绪上的舒缓、令人愉悦的社会交往、成就感以及生活满意度等[2]。国际《休闲宪章》

---

[1] Edginton R C, De Graaf D G, Dieser R B, et al. Leisure and life satisfaction: Foundational perspectives[M]. McGraw-Hill, 2006.
[2] Kraus R. Recreation and leisurein modern society[M]. 4th ed. NY: Harper Collins, 1990.

第二条也强调"在保证生活质量方面,休闲同健康、教育同等重要,……"[1]。看来,休闲在社会发展和人们的日常生活里的确是一个不可忽视的因素。在北美,文化的多元化丰富了休闲生活内容,高科技的进步促进了休闲业的生存与发展,休闲娱乐机构的完善为民众创造了休闲体验的条件,专业化的休闲服务得到了公众的重视,旅游观光业的迅猛发展提供了开阔视野的机会,精神需求和生活满意度已成为社会高度关注的焦点。

一、北美人渴望的休闲生活

北美人经常说的一句话"现在的人们比他们的过去更休闲了,当然,生活的脚步也快了许多"[2]。在快节奏和高效率的信息化时代,人们的工作时间变得越来越短,属于自己支配的时间似乎越来越多,其中,多数时间被人们用于参加有意义的休闲娱乐活动,如打猎、钓鱼、打高尔夫、观看比赛、听音乐会、旅游度假、户外探险等。以美国巡游娱乐业为例,2002至2008年间,公司游轮数量由123艘增长到161艘,全球游客人数(包括美国)由9 220 000人(2002年)增长到13 006 000人(2008年),游客用于此休闲旅游花费也由119.5亿(2002年)增长到190.7亿美元(2008年);这些数据不仅反映了美国休闲旅游行业的繁荣兴旺,也反映了美国居民对美好休闲生活的向往与追求。

由于休闲娱乐活动是北美人日常生活的重要内容之一,因此,他们愿意投入大量的时间、精力、金钱、智慧和热情在自己喜欢的休闲活动上,享受着休闲娱乐活动给他们带来的乐趣,当然也少不了高质量休闲服务给他们的温暖。艾丁顿博士(Edginton)曾经指出"高品质的休闲服务是休闲业发展的核心,休闲服务从业人员应致力于帮助人们实现高质量生活的追求,他们自然会关注休闲活动给人们带来的诸多裨益之处"[3]。的确,

---

[1] Edginton R. C., de Graaf D. G., Dieser R. B., Edginton S. Leisure and life satisfaction: Foundational perspectives[M]. McGraw-Hill, 2006.
[2] Godbey G. Leisure in your life: New perspectives[M]. Venture Pub, 2007.
[3] Edgington C. R., Chen P. Leisure as transformation[M]. Sagamore Publishing, L. L. C. Champaign IL, 2008.

在北美人眼里，休闲被看作是服务，一种为民众、社区和国家的服务，高品质休闲服务已经让越来越多的民众非常情愿地融入休闲的生活行列中去，并享受专业的休闲服务带给他们的快乐。

二、休闲研究机构是北美休闲娱乐业发展的核心

在北美，各种休闲、娱乐和公园等专业机构有60多个，大体可以分六类：娱乐类、自然资源类、户外活动策划类、商业娱乐和旅游类、疗养性娱乐及残疾人健康类以及证照认证和颁发机构[1]（见表1）。

表1 北美主要休闲研究组织

休闲研究机构类型	主要研究方向
娱乐类（recreation）	侧重于对自然环境、娱乐项目开发、人类服务、经济收益、健康促进、休闲治疗方式或生活质量方面的研究
自然资源类（natural resources）	研究主要针对公园和自然资源的开发、保护与管理，包括国家级、州级、地区级公园和其他户外区域自然环境，以及历史遗产和文化发展的保护
户外活动策划类（outdoor programming）	重点研究如何利用户外环境丰富人们的生活内容，通过环境教育方式提高人们参与和享受自然环境的体验。专业人士对参与者进行有关露营、探险、挑战和环境教育等方面的辅导和帮助
商业娱乐与旅游类（commerical recreation and tourism）	此类娱乐和旅游机构多为私营的，均以盈利为目的。研究重点放在以休闲娱乐为目的的旅游胜地的环境建设、项目开发、旅游服务质量以及游客的安全等事物上
疗养性娱乐及残疾人健康类（therapeutic recreation, disabilities, and fitness）	重点研究如何利用休闲娱乐的方式帮助残疾人恢复健康，针对残疾人不同特点开发适合于这一特殊群体的娱乐项目和休闲环境
证照认证和颁发机构（certifying and accrediting agencies and academies）	专门负责有关休闲娱乐方面专业知识的培训和考核，对考核合格的人士颁发上岗证照等

---

[1] Vander Smissen B. Recreation and parks: The profession[M]. Human Kinetics, 2005.

很多休闲、娱乐和公园专业研究机构的成员常以会员制的方式入会，会员资格必须是从事该领域研究的专业人士。这些组织的主要功能之一是为自己的会员提供信息交流的平台，增进会员间的相互了解，交换本专业发展方面的观点和建议。信息资源的交流与共享主要采用年会、区域会议、小组讨论、网络、电话等方式进行。他们的工作重点放在创新理念、研发项目、制定标准、出台政策和发展方向等，所涉及的范围非常宽泛，每个组织都有其独特的使命和发展目标。例如：成立于1885年的"美国健康、体育、娱乐与舞蹈联盟"（American Alliance for Health, Physical Education, Recreation and Dance, AAHPERD），它的主要任务和发展目标是：通过高质量健康、体育、娱乐和舞蹈服务项目为大众提供新颖的生活方式；其目的是发展和推广体育、休闲娱乐专业指导标准和理念，也为从业人员提供职业发展的机会，完善该专业领域的研究与实践，重视与相关组织的联系与合作，增进与政府部门的沟通，努力让更多民众了解本机构工作性质。

又如，成立于1910年的"美国露营协会"（American Camping Association, ACA），它的主要任务是：建立专业性露营区域，通过露营活动丰富孩子和成人的生活经历。对露营管理者和从业人员进行专业培训，重点放在保证项目质量、健康和安全等方面；帮助露营者选择符合政府认可的和标准的露营环境。

再如，成立于1996年的"加拿大疗养性娱乐协会"（Canada Therapeutic Recreation Association, CTRA），它的主要努力方向是致力于确保疗养娱乐的专业性，规范娱乐性治疗的标准，促进和培养休闲治疗的大众性意识，全力支持娱乐性治疗方面的教育和研究。

从以上休闲研究机构的类型看，北美国家对休闲的研究已经进入非常细化的阶段，且每个单项组织都有自己独特的发展目标和经营理念。他们在创新理念、项目研发、制定标准、出台政策等方面都体现了专业性、规范性和服务性等特点。他们的研究成果经常被休闲服务机构采纳与执行，同时也为服务机构提供了专业性理论指导和技术方面的支持。

三、休闲服务组织是北美民众可以信赖的机构

在北美,专业化休闲娱乐服务站点数以千计,多为非营利组织,大体可以分六类:联邦政府休闲服务机构、州政府休闲服务机构、地方政府休闲服务机构、非营利组织休闲服务机构、商业休闲服务机构和疗养性娱乐机构[1](见表2)。

表2 北美主要休闲服务组织

服务机构类型	主要服务方向
联邦政府休闲服务机构	户外休闲资源和娱乐项目的直接管理、规制标准,支持帮助露天空地和公园发展项目,研究和技术帮助,利用休闲娱乐业推动经济发展,咨询与财政支持,资源保护和复原
州政府休闲服务机构	出台标准和颁发资质证书;与联邦政府合作,提供技术支持和制定规划;立法;获取和发展资产设施等,为娱乐和公园提供财政支持,建立公众管理委员会、专业委员会和设立娱乐特别行政区等
地方政府休闲服务机构	专项设施管理,公园建设与维护,公共关系,商业经营与财务筹划,娱乐项目规划
非营利休闲服务机构	推进公共福利事业,促进组织成员的幸福、福利以及私人利益
商业休闲服务机构	为客户提供优质服务,争取满意度,获得利润
疗养性娱乐机构	帮助残疾人拥有享受休闲的权利,提高他们的总体生活质量

以上六类休闲专业服务机构,在工作关系方面,既有上下级的关系,又有各自独立决策的权利。各组织的服务宗旨是:为大众提供专业性休闲娱乐服务,让民众在快乐和享受中成长。比如:"美国艾奥瓦州公园和娱乐协会"(Iowa Park and Recreation Association)IPRA[2],是一个典型的公共休闲娱乐服务的组织,它的服务目标是:创建一流的公园和娱乐环境,让艾奥瓦州的所有社区民众能够享受到公园和娱乐(项目)带给他们的快乐。为了实现这一目标,该娱乐协会做到了:(1)促进和改善民众闲暇的机会;(2)开设区域性休闲研究和发展课程;(3)为休闲专业的优秀

---

[1] Edginton R C, de Graaf D G, Dieser R B, et al. Leisure and life satisfaction: Foundational perspectives[M]. McGraw-Hill, 2006.
[2] Iowa Parkand Recreation Association. The IPRA membership directory & buyer's guide[Z]. Ames, Iowa, 2009.

大学生提供奖学金；（4）为下一级休闲机构提供技术援助；（5）促进大众的闲暇意识。

又如：始建于1955年的世界著名主题公园迪斯尼乐园（Walt Disney World）是典型的商业休闲娱乐服务机构，盈利是它的主要目的。在休闲行业里，如果按利润排名，迪斯尼乐园排在首位，其盈利额高达70 745 000 000美元[1]，收益主要来自它的休闲娱乐产品（如卡通片，《米老鼠》《唐老鸭》《阿拉丁》《狮子王》《花木兰》等）、娱乐项目（如马戏、舞台戏、探险、游乐等），这些都离不开员工的专业服务，因为优质的服务是迪斯尼乐园的立足之本。迪斯尼的经营理念和管理模式简明而又实际：把握游客需求，营造欢乐氛围，让游客得到快乐体验，同时，非常注重员工素质的提高和服务系统的完善。迪斯尼乐园的经营管理理念是"让游客和员工共同营造迪斯尼乐园的欢乐氛围，让园内所有的人都能感到幸福和快乐。"

上述各专业休闲服务组织以提供休闲娱乐项目和服务为主，特别是后四种机构：地方政府休闲服务机构、非营利组织休闲服务机构、商业休闲服务机构和治疗性娱乐机构，他们比较直接地服务于广大民众。这些部门负责出台本地区的政策与法规，直接参与公园、娱乐休闲场所的管理与规划，提供具体的休闲娱乐服务项目（包括残疾人服务项目）等。服务特点多以非营利为目的，政府拨款（税收）、社会捐助和营业收入是多数组织运营的主要经济来源；机构之间经常保持信息沟通（如：年会、网络）、相互支持、资源共享，服务机构与高等院校有着密切的联系，通常是大学生的主要实习基地和雇佣单位。另外，机构的管理层和技术人员必须是非常专业的和有工作经验的人士（专业资格证书），志愿者服务和兼职工作者是机构的后备军。

---

[1] The S & P500 business week industry ranking[J]. Business Week, 2000.

四、北美国家高等院校是培养休闲专业人才的摇篮

高等院校是休闲专业人才重要的培训基地。目前，开设与公园、娱乐、休闲服务和健康专业有关的高等院校，美国有335所，占全美大学的1/3左右，加拿大有26所，占全国大学的1/4左右[1]（见表3）。这些大学有世界一流的综合性大学，也有世界排名前100位的州或私立大学，还有地方性社区学院。许多著名的休闲学者都在大学里肩负着专业人才的培养工作，如现任世界休闲组织秘书长，北艾奥瓦大学的克里斯托弗·艾丁顿（Christopher Edginton）博士，宾夕法尼亚州立大学的杰弗里·高德比（Geoffrey Godbey）教授，伊利诺伊大学的约翰·凯里（John Kelly）博士和加拿大考格瑞大学的罗伯特·斯蒂宾斯（Robert Stebbins）博士等，只有一流的学者才能培养出高质量休闲专业人才。就美国而言，近二十年，博士、硕士和学士学位总体获得情况呈上升趋势（见表4），如此多的学生愿意选择此专业，说明公园、娱乐、休闲服务和健身健康专业在美国有非常广阔的前景，丰富的人力资源让美国的休闲业得以健康稳定的发展。

表3 北美高等院校休闲相关专业开设情况

国家	开设公园、娱乐、休闲服务和健身健康专业的大学	学位授予权
美国	335	学士
加拿大	26	学士
美国	126	硕士
加拿大	8	硕士
美国	21	博士
加拿大	2	博士

资料来源：http://nrpa.org/Content.aspx？id=1112，其中，82所高校开设此专业项目被NRPA（国家公园与休闲协会）认可。

---

[1] 程遂营. 北美休闲研究：学术思想的视觉[M]. 北京：社会科学文化出版社，2009.

表4 公园、娱乐、休闲服务和健身健康专业获得学位情况

	1980	1990	2000	2003	2004	2005	2006	2007	2008
博士	21	35	134	199	222	207	194	218	228
硕士	647	529	2 322	2 978	3 199	3 740	3 992	4 110	4 440
学士	5 753	4 582	17 571	21 428	22 164	22 888	25 490	27 430	29 931
总数	6 421	5 146	20 007	24 605	25 585	26 835	29 676	31 760	34 599

资料来源：U. S. Census Bureau，Statistical Abstract of the United States：2011

在北美，各高校为学生提供了丰富的休闲课程，以美国北艾奥瓦大学（University of Northern Iowa）为例，健康、体育和休闲服务系开设的课程有：休闲策划、休闲史与哲学、休闲教育、休闲旅游、休闲问题研究、休闲心理学等，休闲专业的学生一般都要经历二十门左右专业课程的学习和半年以上的实习体验[1]。一套严格的人才培养体系，让学生们不仅学到了扎实的专业理论知识，通过实践（实习）也让他们了解了休闲服务体系的运作规律。休闲专业的大学毕业生毕业后，多数会被休闲研究的专业组织和服务机构以及公园部门所录用。另外，大学还承担着为这些机构再培训的任务，有些机构会不定时地选派一些员工到大学进修学习，更新知识。可以说，高等院校与休闲机构一直保持着密切的合作关系。

五、休闲专业期刊与书籍是学者表达思想和解决休闲问题的主要舞台

专业性学术期刊与书籍为北美国家休闲理论研究做出了巨大贡献。据不完全统计，北美国家有近100种公园、健康、体育、娱乐和休闲服务类专业学术和科普期刊，如，体育、娱乐和舞蹈杂志（Journal of Physical Education，Recreation and Dance）、实用娱乐研究杂志（Journal of Applied Recreation Research）、休闲研究杂志（Journal of

[1] HPELS. [EB/OL]. [2010-12-6]. http://www.uni.edu/coe/departments/school-health-physical-education-leisure-services.

Leisure Research)、公园与娱乐管理杂志（Journal of Park and Recreation Administration）等，和数以千计的各类休闲专业书籍。

如果按研究类型分，共有 11 类，每种类型期刊都有自己的研究侧重点（见表 5）。

表 5 专业性休闲类学术期刊研究方向

研究类型	研究方向
休闲和娱乐基础理论	哲学、历史、教育学、社会学和心理学
策划与领导权	休闲教育与特殊群体项目
疗养性娱乐	老年群体和残疾人群体所适合的休闲娱乐活动项目
运动管理、身体活动与健身	从休闲娱乐的角度管理运动项目
商业休闲与旅游	大众旅游及休闲娱乐活动的经营
评价、研究方法和统计学	对实践性研究、专业群体的综合评价
行政与管理	休闲娱乐市场、资金和员工管理
区域、设备和市区公园规划	娱乐环境、环保与安全
以自然资源为基础的娱乐管理与政策	休闲娱乐资源的开发与利用
户外与环境相关项目	环境教育、露营和野外探险
公园、娱乐和休闲服务期刊类	包含公园、娱乐和休闲服务等所有问题

从表 5 所显示的研究分类看，北美国家已经把公园、娱乐和休闲服务研究划分得非常细致，每种类型都非常有深度和自己明确的研究方向。比如，疗养性娱乐类，其研究对象基本上为老年人和残疾人群体，研究的重点放在如何让这些群体知道选择和参与适合自己休闲娱乐活动项目，如何通过休闲活动达到治疗、康复和延长生命目的等。又如，以自然资源为基础的娱乐管理与政策类，这类研究的重点放在如何开发与有效利用休闲娱乐资源上，特别是对自然休闲资源挖掘与管理，像国家主题公园（黄石公园、迈阿密海滩等）建设，基本是在地质原貌和不破坏自然环境的前提下建立起来的，主题公园最吸引游客之处的是它的原生态，让访客有回归自然的感觉。还如，运动管理、身体活动与健身类，这类研究通常是以休闲娱乐为目的的健身体育活动，研究的范围涉及社会的方方面面，多以如何提高休闲生活质量和民众满意度为主。将休闲研究的内容科学地分类和细化，是有利于更深层次地挖掘对人类的价值休闲娱乐资源，从而满足不同

层次人群的需求。

六、中国休闲发展现状和存在的问题

在我国，人们体验休闲已有数千年的历史，如琴棋书画、歌舞百艺、猎奇习武、云游山水等[1]。这些体验反映了当时人们的休闲生活，也代表着他们的生活方式和对休闲生活的态度。马惠娣教授（2008）指出："休闲是人生的一种存在状态，是一种精神态度，从人类社会诞生以来它就伴随着我们……没有休闲，一切生命都不能持续；没有休闲，一切生命都难以进化"[2]，马惠娣教授强调了休闲对生命的价值还强调了休闲是陪伴人类终身的一种活动。的确，没有休闲，人们的生活会变得单调乏味，生活将没有意义。当今的中国，随着生活水平的不断改善和休闲时间的增多，对休闲生活的渴望越来越显迫切，因为人们懂得休闲能健康身心，也能和谐社会。

纵观我国的休闲历史，人们的休闲体验似乎先于我们对休闲的深入研究，但休闲研究的滞后必将影响休闲业的发展，特别是把休闲作为一门行业或一门学科，就更需要人们从不同角度深入地了解、认识和理解它。和北美国家研究发展的现状相比，我们还有相当长一段路要走。值得庆幸的是，2005年11月10日，浙江大学亚太休闲教育与研究中心（简称APCL）正式挂牌成立，这是我国第一个具有休闲教育研究资格的单位。2008年4月5日至6日，世界休闲组织中国分会和中国休闲产业联盟在北京隆重成立，大会上设立了22个专业委员会，如休闲学术委员会、休闲文化委员会、休闲城市委员会、都市休闲委员会、运动休闲娱乐委员会等，这意味着中国可以借助世界休闲组织大舞台发展中国自己的休闲业。另外，2007年教育部正式批准了5所高等院校（广州体育学院、武汉体育学院、首都体育学院、上海体育学院和沈阳体育学院）开设休闲体育专业的申请，

---

[1] 许宗祥，饶纪乐，徐佶，等. 休闲体育概论[M]. 北京：人民体育出版社，2006.
[2] 马惠娣，于光远. 休闲、游戏、麻将[M]. 北京：文化艺术出版社，2006.

今后，休闲体育方面的研究将会引起更多人的兴趣。此外，休闲旅游专业也在一些高等院校悄然兴起，休闲与旅游的结合会使旅游的内容更加丰富，游客也能享受到休闲的乐趣。前不久，我国政府提出要在2020年把海南建设成世界一流国际休闲旅游岛的设想，这是造福人类的伟大设想，对推动休闲旅游业发展有着重要的意义。以上种种迹象和事实表明，休闲业正在被中国社会和广大民众所接受。但作为一项产业，其发展是需要有一系列完善的体系作支撑，将休闲研究进行分类和细化将有助于挖掘休闲的真正内涵，最终造福于人类。

休闲是一门朝阳产业，在我国刚刚起步，还有许多需要改进、健全和完善的方面。比如，我国还没有形成一套完整的休闲研究和休闲服务体系，很多休闲资源尚未开发和合理利用，开设休闲专业的大学数量还很有限，休闲人力资源的匮乏导致对休闲的研究不够深入，学术性的休闲期刊数量还很少，走什么样的休闲之路正在探索阶段等。类似这些问题都需要根据国情一步一步去解决和定位，也需要时间的磨合，但只要有广大人民的共同努力，有中央和各级政府的支持，我国定会走出一条具有中国特色的休闲之路。

七、启示与建议

（一）树立全民休闲（leisure for all）意识

各级政府部门应出台具体的、符合本地发展的休闲政策与法规，给广大民众以正确引导，为他们创造一个健康和谐的休闲体验的环境。让每个人从体验中认识休闲，并意识到休闲不只是有钱人和有权人的专利，每个人都应有享受休闲的权利。

（二）休闲发展应走专业化之路

政府应鼓励建立多层次专业化休闲研究机构，就像北美国家对休闲研究的分类那样，将休闲研究的内容细化，全方位、多角度地挖掘对人类有价值的休闲资源。另外，应增加休闲学术期刊的种类和研究范围，为研究人员提供表达他们对休闲研究思想的平台。

（三）休闲服务是休闲业发展的核心

政府应鼓励建立不同层次休闲服务专业化站点，站点的主要功能应该是为公众提供休闲服务信息和专业化技能指导，营造舒适安全的休闲娱乐环境（如公园、图书馆、博物馆、运动场馆等休闲设施），组织健康有趣的休闲娱乐活动，让参与者能够享受到专业化休闲服务的温暖。

（四）应重视休闲专业人才的培养与使用

我国正处在休闲业发展的初级阶段，需要加大休闲人才的培养力度，在这方面，高等院校扮演着非常重要的角色。比如，加强对休闲教育的研究与普及，在设立休闲专业、培养休闲管理与服务的专门人才等方面多下功夫。高等院校培养的人才应该是各休闲研究机构和服务站点的主力军。

（原载：《武汉体育学院学报》2011年第45卷第10期）

休闲研究的学术特征、前沿争辩与未来趋势

宋瑞
（中国社会科学院旅游研究中心）

内容摘要： 就学科意义上的休闲研究而言，不仅其核心概念源自西方，理论框架、研究范式、主要方法都形成并演化于西方，而且目前依然由西方所主导，并呈现内卷化、美国化的特征。与此同时，由于社会、历史和文化等方面原因，西方休闲研究领域中的欧美分野趋势也有所加强。在过去二十多年里，休闲研究界围绕休闲研究自身的统一与分化、研究范式与研究方法的多元与统一、休闲研究与相关学科的疏离与融合以及休闲研究与休闲实践的互动关系等问题的争论推动了自身的演化。面对未来，休闲领域的跨国和跨文化研究将得到重视；休闲研究在理论框架、研究范式和具体方法上都将从非此即彼走向相互融合；全球休闲学界对中国问题的关注和期待更多；而中国的休闲研究，除了要有对西方休闲研究一般框架、方法和范式的借鉴之外，更应以与西方相同的反思的精神和自主的意识来努力构建适合中国国情和研究情境的学科体系。

一、休闲研究概述

（一）西方休闲研究发展概要

古希腊哲学家亚里士多德被公认为是第一位对休闲进行系统研究的学者，他提出的"休闲是一切事物围绕的中心""只有休闲的人才是幸福的"等观点深刻地影响了西方文明的演化与发展。不过，就世界范围而言，现代意义上的休闲及休闲研究的大发展则始于工业革命。19世纪末20世纪初近代工业的发展，一方面使人们的闲暇时间普遍增多，人们在拥有物质财富的同时，开始向往并且也有可能实现精神生活的满足；另一方面，

现代社会也对人的全面丰富性造成了空前的压抑。为此，西方学者首先从哲学、社会学和伦理学入手，探索休闲与人的价值及与社会进步的关系。1899年凡勃伦出版的《有闲阶级论》，尽管仍然有着浓厚的社会学气息，但首次从经济学角度分析了休闲与消费的联系，开了休闲经济学研究之先河。半个多世纪以后，贝克尔（Becker，1965）和林德（Linder，1970）以其有别于古典经济学的假设，探索了休闲与工作、休闲与消费的关系，推进了休闲的经济学研究。布赖特贝尔（Brightbill，1960）从社会学视角出发，认为在社会结构和生活方式的转变过程中，人们的休闲生活面临众多挑战。而杜马兹德尔（Dumazedier，1967）则乐观地认为，整个人类社会将进入一个新的休闲时代。瑞典学者皮普尔（Josef Pieper，1963）的《休闲：文化的基础》一书尽管只有几万字，但却深刻而精辟地阐释了休闲作为文化基础的价值。

总体而言，作为人类社会演进的指示器，休闲标志着经济发展水平和社会文明程度的高低。基于先进的生产方式、雄厚的经济基础、完善的社会福利、特有的价值观念和悠久的休闲传统，西方发达国家休闲较为发达，休闲作为市民权利和消费者需求在其社会经济发展中占据重要地位。基于此，西方休闲研究起步较早，队伍庞大，涉猎广泛，探究较深。经历百余年的发展，西方已建立了包括休闲哲学、休闲社会学、休闲心理学、休闲行为学、休闲人类学、休闲经济学、休闲美学和休闲政治学等在内的庞大的休闲研究和教育体系。而就学科意义上的休闲研究而言，不仅学术概念源自西方，理论框架、研究范式、主要方法也形成并演化于西方，且目前依然由西方所主导。

（二）中国休闲研究发展概要

尽管中国传统文化中休闲精神的存在以及有关"休""闲"二字的解读由来已久，但"休闲"作为一个研究对象，引起国内学界的关注，还是近十几年的事。且在这短短的十几年里，休闲已从一个知者甚少、支持者寥寥无几的研究话题，发展成为备受关注、拥趸者众多的研究热点，并努力朝着学科的方向发展。

20世纪80年代,中国社会科学院原副院长、我国著名学者、自称"望家"与"发起家"的于光远先生便提出要重视对休闲的研究。在社会上对"闲""休闲"普遍存在传统偏见时,他最早指出,"闲,是一个很大很大的字眼",是"同社会生产力这个大字眼密切相关的事务",是社会发展的必然趋势,这种趋势"不以我们当前的意志为转移"。在于光远以及成思危、龚育之等学术大家和学者型领导的积极倡导下,马惠娣等学者自20世纪90年代开始潜心研究、倾力推动,之前以及之后从相关学科进行研究的学者们也逐渐会集到"休闲"研究的大旗之下,相互碰撞、彼此交融。通过十多年的努力,"休闲"这样一个在一些人看起来或许有些"另类"的主题被纳入学术研究的范畴,并逐渐在社会科学领域获得了自己的位置。

在我国休闲研究的发展中,除了社会经济发展提供了良好条件和历史机遇之外,就研究本身而言,有以下一些主要力量在推动。其一,是以于光远、成思危、龚育之、马惠娣等为代表的哲学、社会学人的努力。他们凭借对人类发展、社会进步和经济运行的深刻理解以及浓厚的人文精神,敏锐地认识到休闲发展的社会意义,认识到休闲研究的学术价值,从20世纪90年代起便身体力行地倡导休闲学研究,并集中于"关注国计民生中的休闲,关注休闲中的人文关怀"。在他们的努力和影响下,休闲不仅引起了学界的重视,更重要的是,唤起了社会对这一问题的广泛关注,并在国际上发出了中国学人的声音,建立了国际学术交流的网络。其二,是旅游等休闲分支领域内的研究者,以各自领域为起点,逐步延伸到休闲领域。例如,旅游研究者在对实践的追踪和前瞻性研究中,逐渐将视野扩展到旅游之外更加广阔,同时又与旅游相邻很近的领域——休闲。这一趋势,始于20世纪90年代中后期,特别是2000年之后对"黄金周"集中旅游的思考。人们在关注节假日异地休闲(即旅游)的同时,也开始关注平日本地休闲的发展。这其中不仅包括了诸多学院派研究者的努力,也包括了被誉为学者型官员或者官员学者的魏小安等人的呼吁。旅游研究者对休闲的介入,体现了"旅游"与"休闲"的密切联系,更重要的是,唤起了人们对旅游发展中人文关怀的重视,拓展了旅游业界的视野。此外,体育研究者也从健身运动发展的角度,对人们的健身活动、城乡的健身设施等进行了研究。农业、林业等专业的研究者也基于各自研究领域,对与人们休闲活动相关的供给部分给予了关注。这些研究者从关注相关产业的角度出发,更多地研究休闲的产业化发展和经济贡献,也推动了相关教育体系的调整(包括院校专业的设置、高校教材的出版等)。其三,是社会学、统计学等研究者从对人们生活时间分配的关注开始,逐步拓展到对在自由时间内的活动(即休闲活动)的研究。这其中尤以王琪延、王雅琳等人为代表。虽然他们最早的研究在名称上并没有直接冠以"休闲"二字,在理论和方法上主要是通过统计学来研究人们的生活时间分配,但为了解人的休闲生活提供了科学的依据,而这恰是休闲研究走向深入、休闲管理科学化的前提。其四,是人文地理、城市规划等领域的学者,从人的休闲活动的空间分布、游憩设施和休闲空间的规划与设计、城市发展等角度给予了关注。他们的研究试图解释并解决与人们日常休闲活动最为密切相关的部分——休闲空间和休闲设施,尤其是公共休闲空间和休闲设施,从而使休闲研究能够最终"落地",并指导规划者提供更有利于人们休闲活动的设施和场所。这些力量在共同推动中国休闲研究向前发展的过程中,从不同的出发点起步,而不断汇集,并越来越多地相互借鉴、相互交融。此外,除了上述四个方面的学术力量外,有关部门的重视、地方政府的实践、业界企业的推动,也为休闲研究提供了更多的支持,并扩大了相关研究的社会影响力。

经过近十年的努力,我国休闲研究已经起步,并获得了一定的发展,对一些基本问题进行了初步分析,但总的来说,不管是在研究方法、研究内容还是研究体系方面,都存在很多问题。在研究方法上,以定性研究为主,量化方法应用很少;没有成体系的方法论,不同研究者之间的研究成果缺乏连贯性、可比性和对接性。在研究内容上,比较粗浅,大部分停留在基本概念解释、国外理论介绍阶段,对休闲发展的本质、规律、机理的探讨甚为罕见;虽不乏精品力作,但述而不论、研而不究者甚多,其中不少研究仅就休闲的表面现象进行描述,尚未深入经济、社会、伦理分析的内核,简单粗浅的理论解释性文献多,深邃系统的理论研究成果少。在学科分布上,大部分研究者为哲学、社会学等理论学科背景，经济学、管理学、统计学和市场学等应用学科领域研究者的介入不够，数量经济和数理模式分析、实证性的探讨、实验性的经验研究等在文献数量和篇幅上都很有限，从而使得研究成果说理多于数据、概念多于操作。另外，目前的休闲研究在概念术语上尚未统一，缺乏系统的研究框架和方法论，学科层次结构及相互关系没有得到充分的论析，肤浅、交叉、雷同问题较为普遍，因此至多只是一个日渐熙攘的研究领域，距离一个成熟学科的基本要求还相差甚远。从总体上看，我国休闲研究尚处于科恩所说的前学科阶段（pre-discipline）。

（三）全球休闲研究领域的西方主导化、内卷化、美国化

1. 休闲研究的西方主导化

国际社会科学理事会（ISSC）与教科文组织联合发布的《2010年世界社会科学报告》显示，发达国家和发展中国家在社科知识的创造和占有上存在严重不平衡。根据这份报告，现今全球社会科学文献的75%在北美和欧洲发表，其中85%的研究成果部分或全部用英文编辑出版；1/4的社科出版物在美国出版；世界2/3的社会科学刊物出自美国、英国、荷兰和德国四个国家。也就是说，西方的话语体系、思维模式、研究方法在社会科学研究中占据着主导地位。

作为人类社会演进的指示器，休闲标志着经济发展水平和社会文明程度。基于先进的生产方式、雄厚的经济基础、完善的社会福利、特有的价值观念和悠久的休闲传统，西方发达国家休闲较为发达，休闲作为市民权利和消费者需求在社会经济发展中占据重要地位。基于此，西方休闲研究起步较早，队伍庞大，涉猎广泛，探究较深。就学科意义上的休闲研究而言，不仅学术概念源自西方，理论框架、研究范式和主要方法也形成并演化于西方，且目前依然由西方所主导。

瓦伦丁等人（Valentine et al., 1999）曾明确指出，大部分休闲研究的学者和学术机构都位于美国、西欧和英国，大部分研究期刊都是由英语语言的学者按照西方传统进行写作、编辑和出版的。尽管全球化浪潮席卷世界，而且休闲本身具有跨越文化、地理边界的特性，但颇令人惊讶的是，

跨越国界进行休闲研究的还很少。加里（Garry，2000）也指出，在现有的休闲研究文献中，跨文化比较研究少得可怜。接受了西方教育的三位日本学者与其美国同事（Yoshitaka et al.，2010）也认为应改变休闲研究中西方主导化的现状，认为休闲领域普遍存在着对西方化的、民族中心主义的术语不加批判地运用的现象。休闲研究中东西方的权力失衡体现为西方观念的主导和入侵，他们认为这对那些具有独特文化特色的群体（如东方人）而言可能是一种冒犯，提出在学术研究领域要敏感地使用"休闲"（leisure）这样的词语。研究者必须意识到语言本身是有文化特色的，当研究者把这一术语应用到研究对象时，对象对休闲的理解往往和研究者的理解不同，因此休闲研究者应更多地关注世界不同地方和特定文化中的人的生活，用他们自己的语言来讲述故事，而不是不加质疑地使用西方的术语和假设。作者以日文为例，说明翻译"leisure"一词存在的各种困难和直接在日语中使用该词出现的各种问题[1]。他们也指出，尽管一些西方休闲研究者倡导要重视非西方的休闲观念，但实际上东西方在休闲研究方面的失衡非常严重。如果不改变西方主导的格局，从真正全球化和国际化的视角对休闲进行概念化和深入研究就是不可能的。

2. 西方休闲研究的内卷化

尽管全球化是一个普遍趋势，但在休闲研究中，真正跨国性的研究并不多。也就是说，以西方学者、西方研究范式为主导的休闲研究，还更多局限在对研究者所在国家问题的探究上，较少有跨国性的尝试。瓦伦丁等人（Valentine et al.，1999）使用文本分析（content analysis）方法对三本最具影响力的欧美休闲期刊[2]在20世纪后20多年里所发表的1 352篇文章进行分析后发现，只有很少一部分文章是跨国的。具体来说，按照广义标准（包括显性的和隐性的跨国研究），只有1.5%的文章是跨国性的（见

---

[1] 作者指出，在日本，Leisure（音译为Rejna）被视作一个西方化的术语和现象，被认为是消费性的活动，例如度假、去主题公园等涉及在自由时间内花钱的活动，而不是一个更具有文化性的活动。在日语中还有另一个类似的日语词语——Yutori，但并不百分百地对应西方的Leisure概念。

[2] 分别是美国的《休闲研究期刊》（*Journal of Leisure Research*）、《休闲科学》（*Leisure Science*）和英国的《休闲研究》（*Leisure Studies*）。

表1）；按照狭义标准（仅限于显性的跨国研究，也就是说必须是比较两个或两个以上的国家），这一比例则只有0.7%。在有限的跨国研究中，研究者也主要来自西欧、北欧和北美（89%），所研究的对象也大部分是西方国家（72%）。

表1 全球三本重要休闲期刊20世纪后20年中所发表的跨国研究文献

期刊名称	总文献数（篇）	跨国研究文献数量（篇）	跨国研究文献占比（%）
《休闲研究》（Leisure Studies，英国）	330	13	3.9
《休闲科学》（Leisure Science，美国）	382	2	0.5
《休闲研究期刊》（Journal of Leisure Research，美国）	640	5	0.8
共计	1352	20	1.5

资料来源：Valentine Karin, Maria T.Allison, Ingrid Schneider, The One-Way Mirror of Leisure Research: A Need for Cross-National Social Scientific Perspectives[J].Leisure Science, 1999, 21（2）：241-246.

休闲领域跨国研究较少，至少有三个方面的原因：其一，休闲研究相对较为年轻，占主导地位的西方学者对其概念和研究体系还不满意，尚未有跨国性比较研究的准备；其二，跨国研究在概念、方法、逻辑和语言方面存在很大障碍，不易克服；其三，建立跨国研究耗时很长，而研究者普遍面临"发表或者消亡"（publish or perish）的压力，因此很难进行这类研究。

3. 西方休闲研究的美国化

瓦伦丁等人（Valentine et al., 1999）进一步研究发现，就西方内部而言，西欧和北欧的休闲研究者对美国的发展和研究比较熟悉，而美国的休闲研究者、职业人士则绝对是内部导向的。例如，尽管西方学术期刊总体上跨国研究文献都比较少，但相对而言，英国出版的《休闲研究》

（Leisure Studies）较美国出版的另两本期刊稍好一些。瓦伦丁等人（Valentine et al., 1999）把这种现象称为"单面镜"（one-way minor），并将原因归于北美休闲研究者的民族中心主义倾向，认为这限制了学术研究和实践的发展。相对而言，英国出版的《休闲研究》较美国出版的两本期刊刊登的跨国研究文献更多一些，除了英国休闲研究中"单面镜"问题没有那么严重之外，也可能和这个期刊编委会成员地域来源更加广泛有关。

杰克逊（Jackson, 2003）进一步比较了北美国家中加拿大和美国休闲学者的研究成果（包括学术期刊和学术会议上发表的论文）后发现：平均而言，加拿大和美国学者的成果相差不多；大部分研究者都倾向于在本国发表文章，其中美国研究者更甚。通过进一步分析，他指出，几个方面的因素导致了这一结果。第一是规模差异，美国在期刊数量、学术机构数量上都比加拿大多，而加拿大研究者写的文章更多，因此必须投向国外。第二与研究者对各自学术期刊的相对质量的看法有关。很多美国学者认为，加拿大的休闲学术期刊质量不如本国的，而一些加拿大学者也这么认为。第三是美国与加拿大的文化差异。很多美国人不仅认为而且明显地表现出"美国是宇宙中心"的心态，而加拿大人尽管私底下也认为自己的国家是世界上最好的，但相对表现得比较内敛。苏珊（Susan, 2003）在对杰克逊（Jackson, 2003）文章进行评述时明确指出，这种学术狭隘性会给休闲研究带来负面影响。

二、全球休闲研究领域中的欧美分野

社会、文化和历史因素不仅影响了人们的休闲活动，也影响了人们对休闲的理解。不同国家、不同文化背景的学者，其休闲研究也呈现出不同的特征。不少学者指出，北美和其他地方（主要是欧洲，尤其是英国）的休闲研究是分裂的，其学科起源、基础理论、知识传统、主导范式、研究目的和研究主题都不相同，也就是说，主导全球休闲研究的西方学界也呈现出越来越明显的欧美分野特征。

（一）欧美休闲研究的差异

1. 研究范式的总体差异

科尔特（Coalter，1997）指出，英国的休闲研究主要以社会学为主，用休闲的视角和方法来研究社会，研究更为广泛的社会文化结构如何反映在休闲之中，而相当大程度上忽视了个体层面的问题；北美的休闲研究则以心理学和社会心理学为主，强调实证主义方法，分析休闲时往往不太考虑社会发展背景。

根据科尔特（Coalter，1997）的引述，罗伯特（Roberts）在1987年的文章中就指出，英国休闲研究并没有一个主导范式，所谓的休闲学者大多只是一只脚踩在休闲领域，很少是以休闲为主或只研究休闲，而是从更广泛的领域（如文化研究、社会、经济、女性主义和政策分析等）进行研究。科尔特（Coalter，1997）将这称为"作为'非'休闲的休闲"（leisure as "not leisure"）。英国研究者普遍认为，休闲是社会、经济、文化、政治因素等这些"非休闲"事物的产物，因此应把休闲作为一个点来研究更为广泛的社会命题，在这个点上，更为广泛的社会、政治和文化关系与冲突显现得更加突出。研究者往往从社会结构分层、权力分配、平等、市民性质的变化、工业化的影响、国家的角色、后现代主义等角度来研究休闲。克拉克和克里奇（Clarke & Critcher，1985）更是明确地指出，"我们的兴趣，实际上不在于休闲本身，而是休闲能就整个社会发展、结构和组织等告诉我们些什么"。泰勒和克尔特（Taylor & Coalter，1996）所做的一项有关英国休闲、游憩和体育的研究显示，51%的跨学科项目名称是社会学，33%的叫社会政策，相比较只有9%叫心理学。基于上述原因，在英国，休闲研究的重点不是关心个体、个体心理学、收益和满意，而是朝着更广泛的社会聚集、权力不平等、霸权、集体认同、机会的获取和社会市民等问题靠拢。阶层、性别、种族和国家等在文献中占据了重要地位，休闲政策分析也成为重点，其目的在于确定公共休闲供给与市民权利之间的关系以及国家作为这些权利保障者所发挥的作用；关注的不是分析个体或群体之间的差异（difference），而是分析不平等（inequality）问题；研究主要是从集体主义的福利视角而不是自由的个体主义视角进行的。

与英国的休闲研究不同，科尔特（Coalter，1997）指出，美国的休闲科学更偏重以休闲为中心，主要关心如何定义休闲（很大程度上是作为心理学术语），证明休闲动机、满意度和收益，发现和消除休闲制约。这种"微"视角下的休闲研究也遭到了一定的批判，认为过于集中于个体满意度和收益，向人们展示了一个"没有社会的休闲"（leisure without society）。而对心理学方法的过分强调（如休闲是一种心态、所感知到的自由、最大化的觉醒等）也会导致把社会学概念的休闲（leisure）和心理学上的愉悦（pleasure）相混淆。海明威（Hemingway，1995）曾指出，由于实证主义的认知论假设在美国休闲科学中占主导地位，休闲研究在逻辑上和心理学上都变得更加"可操作化"。

从研究方法上看，北美休闲研究中推崇实证主义和定量方法，而欧洲普遍采用解释主义和定性方法[1]。近十多年来，前者受到的质疑声越来越大。科尔特（Coalter，1997）明确指出，北美休闲研究由于对实证主义方法和定量分析的过分依赖而无法解释休闲的社会意义。一些学者认为，要对占主导地位的实证主义范式的认知论和本体论假设以及这些假设的局限性进行深刻反思。越来越多的学者建议采用后实证主义方法——既使用定性数据，又不放弃传统实证主义的原则。

欧美休闲研究范式和方法的这种差异也明显地反映在各自期刊的侧重点上（见表2）。美国的《休闲研究期刊》和《休闲科学》上的文章更强

---

[1] 实证主义（Positivism）和解释主义（lnterpretivism）的方法论之争在20世纪70-80年代达到顶峰。实证主义认为：①社会和自然界在本质上相似，社会学家可以用自然科学的方法来研究人类社会，提倡对社会事物进行精确测量和计算；②理论是客观的；③科学研究要求目标和价值中立。而解释主义认为：①社会现象和自然现象本质上是不同的，社会学家无法采用自然科学的方法进行研究，而只能通过对个人经验、社会制度、历史环境等因素进行实地研究，获得经验材料并归纳出具有理论特性的命题和阐释框架；②理论是有局限性的；③研究无法实现绝对的价值中立。经过20世纪70年代中期、整个80年代的"方法论大战"，到90年代初，后实证主义（Post Positivism）开始被广泛接受，即认定定量研究是科学的方法，但反对视定量法为唯一的科学方法，认为科学地研究一个问题，应根据研究对象的需要，采用多元性的方法论。

调方法的复杂性,更重视方法的有效性和统计数据的质量而不是社会政策结论;而在英国的《休闲研究》上发表的很多文章,主要关注的是社会政策、社会公民、战略决策等,而不太重视统计方面的证据。

表2 欧美休闲研究的差异

	北美(以美国为代表)	欧洲(以英国为代表)
定义	休闲概念本身	休闲作为"非休闲"
目的	旨在描述人的休闲活动	旨在解释并解决社会问题的社会学
学科	社会心理学	社会学
视角	没有社会的休闲	社会中的休闲
研究范式	实证主义(强调定量方法)	解释主义(突出定性方法)
研究结果	休闲满意度、休闲收益	休闲政策、休闲的意识形态问题
哲学理念	自由个体主义	集体福利主义
联系	与休闲实践的关系更为密切	与母学科(社会学、地理学等)的关系更为密切

资料来源:根据 Karla A.Henderson, False Dichotomies and Leisure Research[J]. Leisure Studies, 2006, 25(4):391-395,概括、拓展。

2. 与相关学科及休闲实践关系的差异

除研究范式外,欧美休闲研究与相关学科及休闲实践的关系也有所不同。按照亨德森(Henderson,2010)的说法,休闲研究领域实际上是"三代同堂"。社会学、地理学等学科是第一代;休闲研究是第二代;而近几十年来出现的一些专业领域,如旅游、治疗性游憩(therapeutic recreation)、商业游憩和体育管理等则是第三代。相对而言,以英国为代表的欧洲休闲研究与母学科的关系更加紧密一些;而以美国为代表的北美休闲研究受到来自旅游、体育管理等新的专业领域的影响更大。在美国,由于旅游、体育管理等新的专业领域对研究者而言更具市场潜力,对学生而言更利于就业，因此受到越来越多的关注。而这些儿女辈的专业领域并不把自己看成是休闲行为的"承载者"。正如休闲曾经将自己从母学科中分离出来一样，这些儿女辈的专业也正在建立自己的身份认同，而这种认同并不必然和休闲研究的知识根源有关。

相对以英国为代表的欧洲休闲研究而言，美国的休闲研究受到实践和业界的影响更大。加里（Garry，1997）指出，追根溯源，美国的休闲研究首先是出于实践需要——吸引人们进入公园等"自然"空间、满足城市人群的游憩需要——而非学术目的，从一开始就不是一个纯粹的学术命题。时至今日，美国全国游憩与公园协会（NRPA）作为行业协会在休闲实践和休闲研究领域中都扮演着重要角色。美国设有公园、游憩和休闲研究专业的大学，相关项目大多都要获得 NRPA 的认证，参加了认证项目的本科毕业生更容易找到工作。认证涉及对课程设置、教学内容等的检查，并据此对老师做出评价。NRPA 要求在认证项目任课的老师至少拥有公园、游憩或休闲领域的一个学位，因此在某种程度上造成了近亲繁殖。美国休闲研究领域最重要的两份期刊之一——《休闲研究期刊》就是由 NRPA 出版的，当然主编是学者。和大部分学术会议所不同的是，美国休闲研究界最重要的会议之一——休闲研究论坛（leisure research symposium）是 NRPA 年会的一个板块[1]。公园和游憩实践部门对美国休闲研究领域的影响为不少学者所诟病。拉伯尔（Rabel，1983）曾指出，应在高等教育中将休闲从公园和游憩中分离出来。他建议设立一个专门的机构，例如美国休闲研究学会[2]来推动休闲研究。当然也有学者反对他的观点，例如杰弗瑞（Geoffrey，1985）指出，休闲研究和公园、游憩领域如同异花授粉（cross-pollination），一个不了解休闲在社会中的角色、休闲行为、休闲动机和休闲满意度的人是不可能成为一个成功的从业者的。

---

[1] 笔者参加了 2011 年 10 月在亚特兰大召开的 NRPA 年会。其规模之大、范围之广，令人印象深刻。会议期间，学术讨论、职业培训和教育交流等交织在一起，有关游憩器材、出版物等的展览规模庞大。

[2] 20 世纪 80 年代以来美国先后创立了几个休闲学术团体，如休闲科学研究院（Academy of Leisure Sciences）、美国休闲研究院（American Leisure Academy）等，但其学术活动依然难以摆脱 NRPA 的影响。

（二）欧美休闲研究差异的原因

欧美休闲研究的不同，其背后是理论导向的差异。按照克莱布（Craib, 1984）的分析，社会科学理论结合了三个维度，分别受到不同研究者的不同重视。理论的认知学部分（cognitive），关注的是建立和社会某些特定方面有关的知识；情感维度（affective）则包括研究者的体验和感受；而规范维度（normative）是就世界应该怎样发展做出假设。总体而言，认知性理论在美国休闲研究中占主导地位，而规范性理论在英国休闲研究中占主导，前者旨在关注"休闲是什么"，更强调发现规律性规则（regulative rules），而后者关注"休闲应该是什么"，重点在于确定构建性规则（constitutive rules）。这种差异，在很大程度上和英美意识形态的不同有密切关系。美国的社会政治形态更强调个人主义、差异、多元化、自由主义、成功导向和开放，因此选择、自由、自我提升与实现和个体满意度等受到更多关注；而作为福利主义国家的英国，则更强调社会市民和社会层级，更具集体主义倾向。

而这种理论导向的差异是有其历史根源的。作为现代工业革命的发源地，欧洲国家最早关注到了工业化、城市化所带来的自由时间增多和城市休闲设施、空间不足等问题。为此，政府部门和研究者试图从政府干预、公共服务、社会政策等角度研究如何应对已经出现和可能爆发的社会问题。因此，以英国为代表的欧洲休闲研究者并不特别关注对休闲自身进行概念性界定（definitive definition），而更多的是利用休闲的概念（concept of leisure）来研究更为广泛的社会、文化和政治问题。二战前，在欧洲，休闲研究就已发展成为一个相对独立和系统的领域。二战后，欧洲经济获得了前所未有的增长，大众消费在各国迅速兴起，再工业化和商业化进程加快，尤其是 20 世纪 60—80 年代，大部分欧洲国家先后出台了大量的社会政策，旨在刺激各种形式的休闲（如体育、游憩、志愿活动、媒体、艺术和旅游等），这些使休闲研究的制度环境和知识氛围发生了变化。对时间、消费、体育参与、媒体参与、购物和旅游、文化、日常生活等社会现象的学术关注越来越多。美国的休闲研究起步相对较晚，其渊源、立足点、研究范式等和欧洲有很大不同。美国的休闲研究开始于20世纪70年代，主要是基于现实的考虑，关注如何吸引人们进入公园等"自然"空间、满足城市人群游憩需要。在其发展中，公园、游憩部门是休闲和休闲研究的肇始者、使命承载者和代言人。北美休闲研究与游憩专业人士和机构之间的紧密联系，是众所周知的事实。加里（Garry，1997）曾明确指出，在美国，政治经济问题对休闲领域的影响远比哲学问题更大。

（三）欧美休闲研究：从二分法到连续统

科尔特（Coaller，1997）有关欧美休闲研究二元论的观点引发了学界广泛讨论，既有支持者，也不乏质疑声。支持者（如Samdahl，1999）认为，北美休闲研究者大多从社会心理学角度来研究问题，而英国研究者更关注冲突理论、文化研究和社会政策，前者更侧重定量方法，后者更偏爱解释主义和定性研究。但身为美国《休闲科学》共同主编和英国《休闲研究》编委会成员的亨德森借英国《休闲研究》出版25周年之际对这种二分法进行了反驳。他认为，休闲研究者应该用"和"而不是"或"的思维和方式进行研究，英国的休闲研究和美国的休闲科学并非是不可比较的范式（incomparable Paradigms），而是一个连续统，二者各有优劣，应结合采用。亨德森（Henderson，2006）指出，实际上北美的休闲研究越来越多地应用于社会心理学，从而弥补过分侧重个体而带来的不足；一些美国的休闲研究者采用了和英国休闲研究相类似的方法，强调社会生态理论的应用；北美休闲科学越来越强调学科间（interdisciplinary）和跨学科（transdisciplinary）研究。而发生在世界范围内的变化使得休闲商业化趋势更加明显，市场经济也使得欧洲传统的集体主义的意识形态向个体主义发展。正是得益于欧美不同的研究视角，休闲研究才正发展成为一个知识体，令全球对休闲的社会、文化、经济乃至政治视角产生越来越浓厚的兴趣。

三、近 20 年来全球休闲研究领域的重要学理争辩

在休闲研究体系的演化过程中，各种学术思潮、理论假设、研究范式、模型方法相互交错、碰撞并不断融合。除了全球化的作用、社会科学的总体演进、休闲在社会中地位和作用的变化等外部因素的影响之外，来自西方休闲学界内部的争论和反思也对休闲研究的完善起到了极大的推动作用。正如亨德森等人（Henderson et al., 2004）所言，正是一次次的自我审视推动了休闲研究的不断演化。因此剖析二十余年里西方休闲研究领域内的主要争论，能够为全面了解西方休闲研究的演进脉络提供学理线索。

人类社会的快速发展和学术研究的不断演进，给各个学科尤其是社会科学带来了诸多挑战，研究者由此产生了强烈的危机感。由于休闲研究显著的多范式、多维度特征，研究者产生了较一般学科而言更为深刻的危机感。

一个学科或研究领域的危机，大致可分为两个层面，即知识层面的危机和制度层面的危机。就休闲研究而言，前者涉及休闲研究自身的统一与分化、研究范式与研究方法的多元与统一、休闲研究与相关学科的疏离与融合等；后者则主要涉及休闲研究与休闲实践的互动关系。

（一）休闲研究自身：从统一到分化，再到整合

1. 欧洲的休闲研究分化说

莫马斯等人（Mommaas et al., 1996）在回顾西班牙、法国、比利时、英国、荷兰和波兰欧洲六国休闲研究时都提到了"瓦解""分化""多样化"等词语。时隔一年，他（Mommaas, 1997）又在英国出版的《休闲研究》（*Leisure Studies*）上发表了一篇引发诸多讨论的文章。他回顾了 18 世纪以来尤其是二战后欧洲休闲研究的历史后指出，20 世纪 70 年代之后，在欧洲，自由时间和休闲研究渐渐没有以前那么重要了。一方面，对时间、消费、体育参与、媒体参与、购物和旅游、文化、日常生活等社会现象的学术关注越来越多，文献数量不断增加，研究的复杂程度不断提高；另一方面，这些研究却和之前的自由时间和休闲研究没有多少联系，休闲的概念被边缘化甚至完全抛在脑后，休闲研究在制度、规范

和认知三个层面都变得没有那么重要了,由此研究者群体中出现了明显的缺失感和危机感。

对于分化的原因,莫马斯(Mommaas,1997)认为有以下三点。其一,整个欧洲都采取了更加市场化导向的休闲发展方式,从以公共服务为主转向以商品化为主,因此研究者的关注重点也从之前的公共政策、社会不平等等问题转向市场营销、管理、消费和旅游等方面。与此同时,伴随各国中央政府和地方政府之间关系的转型以及文化产业的全球化发展,公共和私人休闲供给的结构也发生了变化。所有这些都使休闲研究更加多元化,休闲研究必须关注国民参与、公共政策的变化。其二,20世纪80年代之后,强调地方性、折中主义、文化聚合等社会思潮的追随者们逐渐"发现"了休闲研究领域,纷纷从消费者文化的视角来研究休闲中的审美、愉悦、欲望、解构和认同等问题。如此一来,在老的研究命题(如工作和休闲的关系、休闲分层问题等)和新的环境(休闲和消费可能性的增多、休闲的商业化、全球经济和文化重构、福利国家的持续性危机、地方和日常生活的后现代化、劳动时间的灵活性等)的结合地带,出现了一些新的领域,从而导致分化。其三,二战后,欧洲国家由于意识形态、政治体制、经济发展道路的不同,给各国休闲研究烙上了各自的烙印,各国休闲研究走向了不同的方向:在波兰,急速转向的货币主义政策,导致休闲研究瓦解,研究者群体分散,相关咨询公司和促销公司增加;在西班牙,休闲研究在机构和理论体系方面面临分化,市场营销和管理占了上风;在法国,休闲作为独立的研究领域,受到威胁;在英国,后工业化和后福特主义环境下的休闲体验、生活方式、消费特征向传统的休闲研究发出了挑战;在荷兰,休闲研究领域出现了离心式的多元化。总之,在欧洲,与休闲有关的研究话题(如消费、文化、愉悦、旅游、体育和时空分析等)前所未有地增加,但休闲研究者却感觉到自身领域空前地分化甚至"消亡"着。

2. 美国的休闲研究分化说

美国的休闲研究起步相对较晚,其渊源、立足点、研究范式等和欧洲有很大不同,但无独有偶,美国学者科尔特(Coaller,1997)在美国出版的《休闲科学》（*Leisure Sciences*）上也发表了一篇有关"休闲研究危机论"的文章，指出欧洲和北美的休闲研究尽管在认识论、方法论和理论方面有所不同，但二者都走到了十字路口。在此之前，杰克逊和伯登（Jackson & Burton, 1989）向美国休闲研究者进行的问卷调查研究显示，超过60%的研究者认为该领域在分化。按照他们的界定，分化就是"概念"和方法的发展都各不相干甚至相互冲突，术语前后矛盾，主题各不相连，知识互不融合。

对于美国休闲研究分化的原因，更多学者将其归结于休闲研究和休闲实践尤其是公园、游憩部门过于紧密的联系。在美国，公园、游憩部门是休闲和休闲研究的肇始者、使命承载者和代言人。科尔特（Coalter, 1997）认为，以美国为代表的北美休闲研究和游憩专业人士和机构之间的紧密联系，"可能是理论和学术发展的一个陷阱"。加里（Garry, 1997）也明确指出，在美国，政治经济问题对休闲领域的影响远比哲学问题更大。达斯廷和古德尔（Dustin & Goodale, 1999）描述了研究者如何失去了其使命，变得高度分化。罗斯和达斯廷（Rose & Dustin, 2009）也哀叹，美国的休闲研究者和大学"全卖给了"新自由主义的研究命题。对此，亨德森（Henderson, 2010）等人呼吁，需要重新建立休闲研究的集体认同。

3. 分化是通向新的统一的必由之路

莫马斯（Mommaas, 1997）等人的"分化说"实际上由来已久，围绕这一话题也一直争论不休。杰克逊和伯登（Jackson & Burton, 1989）早就提出，可从两个角度看待休闲领域的分化问题：一方面，分化意味着休闲研究在基础层面上还存在相互矛盾的概念；另一方面也说明，休闲不是用一个概念、理论或原则就能够解释得了的。他们更倾向于后一种看法。斯特宾斯（Stebbins, 1997）在评论莫马斯（Mommaas, 1997）的研究时指出，很多休闲研究者把休闲作为一个统一的现象，试图从某个单一的、包罗万象的定义出发或者用一个活动清单来研究休闲，解释其所有。尽管有人认为这能够制约分化，但他认为，效果恰恰相反。休闲研究的三个特点可以解释这种悖论：第一，当体育、文化、旅游、消费或其他领域的研究者分析休闲时,通常只能看到一般,会觉得休闲研究不能为其提供足够的知识给养,因此便只从自己的领域研究休闲的某些方面,而忽视休闲领域整体;第二,休闲是个模糊的概念,学术领域有各种不同的界定,这种模糊使休闲研究很难成为一个科学的聚集点;第三,休闲依然受到新教主义道德的折磨,即使在今天,依然经常被社会科学家和大众看作是工作制度的私生子。斯特宾斯(Stebbins,1997)指出,上述因素导致了休闲研究的分化,使得研究者选择了某种形式的休闲(如体育、文化和旅游等)而远离一般休闲。在他看来,这样其实更接近于人们的日常生活,更便于发现休闲的意义;而分化也会使休闲研究领域走向更加统一、更具可识别性的道路,但关键在于要总结不同休闲活动的意义来加以整合。

(二)与相关学科之间:隔离、封闭与"三代同堂"的相互疏离

1. 相互隔离与封闭的"自言自语"

美国佐治亚大学的萨姆达汗和凯利(Samclahl & Kelly,1999)利用JCR[1]在分析了美国出版的两本休闲期刊——《休闲研究期刊》(*Journal of Leisure Research*)和《休闲科学》(*Leisure Sciences*)上所发表的文献与其他非休闲类期刊中 2 200 多篇文章的相互引用情况后指出:在社会科学领域,休闲和游憩研究文献数量增长显著,但休闲研究刊物上发表的只占很少一部分;休闲研究期刊和非休闲类期刊之间相互引用的很少,尤其是近十年更为明显;两个休闲期刊之间相互引用也不多。因此,整个休闲研究领域基本上处于相互隔离状态,只是在"自言自语"而已。《休闲研究期刊》副主编罗伯特(Robert,1999)在对上述研究进行评述时指出,休闲研究的跨学科特性是把双刃剑。一方面文献很丰富,另一方面也使得休闲逐渐成为附属性的,仅仅应用于其他学科概念和方法的背景。

2."三代同堂"的相互疏离

就休闲研究与其他学科的关系,亨德森(Henderson,2010)做过一个形象的比喻,即休闲研究领域实际上是"三代同堂"。三代之间的相互

---

[1] JCR,即 Journal Citation Report(期刊引用报告)的简称,乃美国科学情报研究所(ISI)出版的网络版期刊引用报告,主要对来源于ISI的科学引文索引(SCI)和社会科学引文索引(SSCI)的数据进行分析。

疏离，导致休闲研究领域缺乏集体认同。社会学、地理学等学科是祖父母辈。当然在不同国家，这些学科和休闲研究的联系程度有所不同。相对英国而言，美国的休闲研究与其母学科的关系没有那么紧密，而和公园、游憩实践的联系更紧密些。儿女辈的是近几十年来出现的一些专业领域，如旅游、治疗性游憩、商业游憩和体育管理等。居于中间的，则是休闲研究。对研究者而言，旅游、体育管理等新的专业领域更具市场潜力，更有针对性；对学生而言，则更利于就业。如此导致了休闲研究的分化。萨姆达汗（Samdahl，2000）早察觉到，休闲领域正越来越向商业管理靠近，更多关注专门领域（如体育、旅游、户外活动等），而偏离了基础理论。亨德森（Henderson，2010）认同这一观点，但也承认，尽管休闲研究的共同使命是探索如何通过休闲行为（不管是体育、艺术还是旅游或者户外）来提高人的生活质量，但通常情况下，这些儿女辈的专业领域并不把自己看成是休闲行为的"承载者"（containers）。正如休闲曾经将自己从母学科中分离出来一样，这些儿女辈的专业也正在建立自己的身份认同，而这种认同并不必然和休闲研究的知识根源有关。

（三）与休闲实践的关系：行知隔离抑或实践牵着理论的鼻子走

作为应用学科，休闲研究如何处理与实践发展的关系，"行""知"之间如何形成良性的互动，也是研究者热议的话题之一。

对于休闲发展中的行知关系，美国研究者给予了更多关注。实际上，诸多学者们对《休闲研究期刊》和《休闲科学》等期刊上发表的文章进行了多次分析后指出，休闲研究本身是跨学科的，其受众包括学术界和实践者。拉伯尔（Rabel，1983）明确指出，"实践应用成果应被视作休闲研究的令人期待的最终成果"。然而，不能回避的是，休闲研究和休闲实践实际上仍是两个相互隔离甚至独立的领域，理论研究成果对实践影响甚微。海明威和帕尔（Hemingway & Parr，2000）明确指出，休闲研究和休闲实践根本就是两个独立的职业范式（professional paradigms），二者之间的任何关系都是需要构建的。在他们所列出的三种构建方式中，传统视角和个人视角下，总是一个专业范式隶属于另一个，从而加剧了二者之间的分离，只有批判性视角才能够形成有活力的研究－实践关系，但在现实中，这种方式很少存在。威廉姆（William，2012）直言不讳地指出，使用传统科学方法研究休闲专业人士所面临的问题是徒劳的，因为传统的休闲研究在结构上都是自上而下的，从理论开始，然后推断到实践。用威廉姆的话说，就是用"上帝之眼"来看待事物，因此很难形成一个整体性的知识体来引导休闲实践者的工作。从理论出发所进行的那些研究，所得出的结论往往是"视情况而定"（it depends）。渴望获得有科学基础的管理洞见的实践者总是被例行公事地用一套模糊的研究结果打发了事。

（四）范式与方法：高低之辩与共生共荣

1. 描述性、解释性和预测性研究，孰高孰低

在休闲研究发展过程中，其范式和方法都经历了不断的演变。以美国为例，在过去40多年里，休闲研究（包括公园、游憩、治疗性游憩等）经历了不同研究范式的演化。早期的研究者通过包括推测和理性主义在内的社会哲学的方式解释了休闲的意义；之后，社会实证主义者则侧重于描述和记录行为；20世纪70年代末到80年代以来，研究者主要采用社会分析方法，试图解释因果关系和行为的底层结构；到了20世纪90年代和21世纪，则更集中于围绕后结构主义和后现代主义构建科学。

休闲研究既可能侧重于了解某一问题的状况，也可以是发掘背后的原因，抑或检验一个理论，乃至预测未来发展，因此应该是描述性研究（descriptive research）、解释性研究（explanatory research）和预测性研究（predictive research）同时存在。然而大多西方研究者，尤其是美国研究者普遍认为描述性研究和预测性研究是初级的，乃至非科学的。他们更看重解释性研究，尤其热衷于通过数理模型来确定变量之间的因果关系。当然，也有不少研究者承认，描述性研究为了解休闲这一复杂的社会现象提供了必要的前提，并为下一步的演绎研究提供了归纳性的理论基础，而预测性研究则在既有描述性研究的基础上，为把握休闲未来发展趋势提供了重要依据，三者之间并无高下之分。

2. 从实证主义、解释主义到后实证主义的转换

亨德森（Henderson，1991）指出，和当时的其他学科（如社会学和教育学）一样，休闲研究主要存在两种范式：实证主义（positivism）和解释主义（interpretivism）[1]。社会科学中这两种范式之间的转换是有目共睹的（Kuhn，1970）。因此，西方尤其是北美休闲研究中推崇实证主义和定量方法，但将其作为休闲研究唯一或最佳方法的观点受到普遍质疑。科尔特（Coalter，1997）明确指出，北美休闲研究由于对实证主义方法和定量分析的过分依赖而无法解释休闲的社会意义，成为"不考虑社会的休闲"（leisure without society）。一些学者认为，要对占主导地位的实证主义范式的认知论和本体论假设以及这些假设的局限性进行深刻反思。人们普遍认为，实证主义更强调定量方法，解释主义更偏重定性方法，萨姆达汗（Samdahl，1999）指出，后实证主义既使用定性数据，又不放弃传统实证主义的原则，未来将会占据更加重要的地位[2]。斯图尔特和弗洛迪（Stewart & Floyd，2004）也认同，后实证主义能更好地展示休闲中人的"活的体验"（lived experiences）。亨德森（Henderson，2010）基于20多年的研究、教学经验指出，休闲研究很少是纯粹解释主义或严格实证主义的。在他看来，很多休闲研究（不管其数据是定量还是定性或二者的混合）所采用的实际就是后实证主义范式。只是虽然很多休闲研究者放弃了纯粹的解释主义或严格的实证主义哲学，但大部分人并不知道在实证主义、后实证主义和解释主义这个连续统中，自己位于哪个点上，也不知道应该或者能够在哪个点上。

---

[1] 实证主义也被称为理性主义（Rationalism）、实验主义（Empiricism）、逻辑实证主义（Logical Positivism）、客观主义（Objectivism）和现代主义（Modernism）等，而解释主义也被称为经验主义（Experientialism）、结构主义（Constructivism）、人文主义（Humanism）和现象学（Phenomenology）等。

[2] 经过20世纪70年代中期、整个80年代的"方法论大战"，到90年代初，后实证主义（Post Positivism）开始被广泛接受，即认定定量研究是科学的方法，但反对视定位法为唯一的科学方法，认为科学地研究一个问题，应根据研究对象的需要，采用多元性的方法论。

3. 从"决一死战"到"共生共荣"

苏珊（Susan，1997）指出，不同类型的研究提供了不同的视角，之间并不必然要通过"决一死战"来建立一个主导的"正确的"范式。研究者与其寻找一个共同的范式，不如接受休闲研究中的多样性，评估各种不同方法的效果并不断探索新的方法。亨德森（Henderson，2006）也认为，随着休闲学术刊物越来越多，方法和声音越来越多元，多学科方法的使用给休闲研究带来了机遇和挑战。

亨德森（Henderson，1994）曾分析了20世纪80年代美国四本重要休闲刊物[1]上所发表的文章后指出，28%的文章使用演绎理论或模型检验，5%使用归纳理论或模型构建，28%是概念性框架，40%是描述性或评估性研究。时隔十年之后，Henderson（2004）又对1992—2002年在这四本期刊上发表的808篇文章所使用的方法和理论的应用进行了分析。结果显示，在研究方法方面：①方法的广度和深度以及方法之间的联系和混合应用值得关注；②文献回顾、元分析（mega-analysis）等文章数据增加，为下一步的研究提供了理论基础；③尽管数据搜集的方法在增多，但超过半数的文章还是采用问卷调查；根植理论（Grounded Theory）和其他新的定性方法的使用也使得人们能更好地理解休闲研究的背景。在理论应用方面：①与20世纪80年代相比，描述性／评估性研究（占33%，80年代是40%）和理论／模型检验（占15%，80年代是28%）有所减少；②理论／概念基础（占41%，80年代是28%）和理论／模型构建（占11%，而80年代是5%）增多。亨德森（Henderson，2004）进一步指出，休闲随着环境的发展而变化，过去的理论只能部分地解释休闲行为，需要对某些"老"问题做出新回答，因此应倡导各种不同的方法和范式共存。

---

[1] 分别是《休闲研究期刊》(*Journal of Leisure Research*, JLR)、《休闲科学》(*Leisure Sciences*, LS)、《公园和游憩管理期刊》(*Journal of Park and Recreation Administration*, JPRA)和《治疗性游憩》(*Therapeutic Recreation Journal*, TRJ)。

（五）休闲研究是自然科学、社会科学和人文科学的结合

美国犹他大学教授丹尼尔·达斯汀等人（Daniel Dustin et al.，2012）分析了自然科学、社会科学和人文科学的理论假设后指出，社会科学尤其是其中的休闲科学应该按照和自然科学、人文科学所不同的假设体系来进行。作者引用了亚里士多德的实践智慧（phronesis）的概念[1]，提议应该用价值理性而非工具理性来指导社会科学研究；社会科学尤其是其中的休闲科学应该被视作沟通自然科学和人文科学的一个桥梁。

传统上，人们将学术研究分为自然科学、社会科学和人文科学三大类别，其中自然科学被认为是排在最高层的，而后两者则争夺第二把交椅。人们普遍认为，自然科学研究者有共同的认知论和方法论基础，而社会科学尽管借鉴了自然科学的一些方法，其某些分支（例如经济学和心理学）也证明了一定的预测能力，但总的来说，社会科学无法像自然科学那样形成确定的因果关系，也因此招致诸多批评。弗莱博格（Flyvbjerg，2002）总结了这种批评后指出，社会科学必须按照一套不同的假设，引入不同的分析方法来解决那些不适合自然科学的科学问题，只要社会科学坚持模仿自然科学的假设和方法，就注定是二等公民。他认为，社会科学应致力于回答那些基于价值理性而非工具理性的问题，这意味着"社会科学的目的不是建立理论，而是为社会解释我们在哪里、我们想去哪里、根据不同的利益而言什么是期望的等实用理性"。丹尼尔·达斯汀等（Daniel Dustin et al.，2012）认为，实际上这就是亚里士多德所说的"实践智慧"。他们认为，休闲研究更应该被理解为"科学"（episteme）、"实践智慧"（phronesis）和"技艺"（techne）的共同存在，而非过去所认为的"科学"这一种类型。例如，休闲对物质世界、人类身体的影响属于"科学"，能够指导休闲实践（如管理、营销）的属于"技艺"，而探索"实践智慧"

---

[1] 在《尼各马可伦理学》卷六1139b中，亚里士多德明确地提出："让我们假定灵魂通过肯定和否定来把握真理的方式有五种：Techne（英译Art，汉译'技艺'）、Episleme（英译Scientific Knowledge，汉译'科学'或'科学知识'）、Phronesis（英译Practical Wisdom，汉译'实践智慧'）、Sophia（英译Philosophical Wisdom，汉译'哲学智慧'或'智慧'）和Nous（英译Intuitive Reason，汉译'努斯'或'直观智慧'）。"

的社会科学家试图寻找人们赋予其休闲体验的意义和价值。而且，哲学家、诗人、小说家、音乐家、电影工作者和其他人文科学工作者也都按照自己的方式为理解休闲在人类生活中的意义做出贡献。要把这三类研究联合起来，休闲研究才具有生命力。

（六）西方休闲研究学理争辩的根源与作用

1. 四种力量推动休闲研究的学理争辩和学科演化

杰克逊和伯顿（Jackson & Burton，1999）指出，至少有三个方面的因素影响休闲研究：社会趋势；社会科学的发展；休闲研究自身的概念、范式和方法论。实际上，在世界各国尤其是北美国家，休闲研究还受到大学管理体制的影响。因此，上述四种力量共同作用于休闲研究领域，形成了错综复杂的关系和矛盾，共同推动了休闲研究的演化。

西方休闲研究中，各方面关系和矛盾的争论是不均衡的、相互交织的。就不均衡而言，休闲研究自身分化和集体认同感缺失所带来的危机问题以及研究范式问题受到的关注最多；其次是休闲实践与理论研究之间的矛盾、休闲研究与其他学科（尤其是母学科和子学科）之间的关系。就其交错性而言，休闲研究和其他学科的关系问题与研究范式的争论、休闲研究自身分化问题都密不可分，休闲研究集体认同感与"知行矛盾"存在关联。

2. 休闲研究的特殊属性是引发各种争论的重要原因

休闲研究中所出现的各种争论，背景固然复杂，但最为重要的因素是休闲研究的特殊属性。亨德森（Henderson，2010）认为，休闲研究可以同时被看作是学科际（interdisciplinary）、多学科（multidisciplinary）和跨学科（transdisciplinary）的。称之为学科际，是因为有些研究只是结合了不同学科的知识来从不同角度理解休闲；而有的研究，则能围绕休闲这个复杂的应用性的社会问题或现象组织多学科方法进行；跨学科则是要跨越学科边界，创造一个整体性的方法去研究休闲这个对象。

"孔德很久以前就看到，每门科学都必须有它自己独特的研究内容，但是在研究战线上，各个学科却愈来愈发现其边疆总是有人来争夺，这是因为原来的学科已不再能够反映今天的科学家们所进行的工作之复杂、分支和多样化，各种专业在科学研究的过程中不断生长，使得正式的学科出现裂纹，学科的边界线已显得人为而专断。"从集中到分化再到贯通是社会科学的共同趋势，而休闲研究的多维度特征既使其面临较一般社会科学而言更为严峻的危机，也能使研究者联合各方面力量共同推动这一领域的发展。

3. 反思与争论是推动西方休闲研究不断演化的重要力量

按照库恩（1970）的理论，由于现有的学科范式不能适应新的社会发展需求，因此出现了危机，而科学领域的危机是范式演化的前兆，每个学科都是在发现危机时出现转型。对于休闲研究而言，由于"主要问题和主角都变了，视角变了，关注焦点也变了，我们所称的'社会'在轮番变化，因此休闲研究也在改变"（D'Amours，1990），对这种改变的警觉与思考便会产生危机感。

正是认识到理论不是直线前进的，而是正切式的、反思式的（Henderson，2004），西方休闲研究者越来越多地以开放的心态来面对各种问题；也正是这种持续不断的自我审视、反思和争论，推动了休闲研究的演化。正如杰克逊和伯顿（Jackson & Burton，1989）所警告的，如果仅以游憩和休闲实践的变化和休闲研究者的自发性变化来引导休闲研究，那么它迟早会被社会所遗弃和边缘化。

四、全球化背景下的休闲研究：未来趋势

按照亨德森等人（Henderson et al.，2010）的观点，世界各国的休闲研究者，不管学术背景、文化背景、方法论和研究范式如何不同，都应该以"通过休闲提升人的生活质量，促进人类社会发展"为共同的学术使命，构建知识共同体。在全球化进程日趋加快的今天，休闲研究领域内的如下趋势值得关注。

（一）跨国和跨文化研究将得到重视

休闲是人类社会的共同需求，在不同文化和政治背景下的人们，对休闲如何理解、如何实践，是休闲研究者必须回答的一个问题。相对于自然

科学而言，休闲这样的社会科学必须在不同背景下研究其对象，必须和社会体系、文化安排相联系来检验其有关人类行为的命题是否正确。休闲比较研究（尤其是跨国研究和跨文化休闲研究）为检验现有的休闲理论、假设和方法的普适性提供了重要机会。就数据来源而言，耶鲁大学"人类关系区域档案"（Human Relations Area Files，简称HRAF）[1]等人类学数据库的开发也为跨国和跨文化的休闲研究提供了条件。各种跨国研究、跨文化研究的方法也在不断完善。因此，未来这将是休闲研究的热点之一。

（二）从非此即彼走向相互融合是休闲研究的必然之路

西方休闲研究近二十余年来反思的核心结论，便是消除休闲领域中各种简单化的二分式思维和方法（例如理论与实践的二分法、研究范式的二分法等），促进理论与实践之间的融合、与相关学科之间的互动等，从而使休闲研究更广泛、更深入地和社会发展现实以及其他学科融合。

纳斯比特（Naisbitt，1982）所描述的未来社会大趋势中最重要的一条就是"从非此即彼到多元选择"（either/or to multiple option）。不仅是休闲研究，包括社会学、人类学、经济学等在内的所有社会科学，实际上都在走向多元化。研究不再是"要么这个，要么那个"（either/or），而是"都"（both/and）。消除了二分法的观念，就能更加理性地看待休闲研究中定量与定性之争、研究者与实践者的知行鸿沟、休闲研究中的一般化与专业化、研究中客观性和主观性、工具性和价值性的平衡等问题。由于复杂的历史和现实原因，世界各国休闲研究采取了不同的范式和方法，正如苏珊（Susan，1997）所言，不同类型的研究提供了不同的视角，之间并不必然要通过"决一死战"来建立一个主导性的"正确的"范式。研究者与其寻找一个共同的范式，不如接受休闲研究中的多样性，评估各种不同方法的效果并不断探索新的方法。亨德森（Henderson，2006）也认为，随着休闲学术刊物越来越多，方法和声音越来越多元，多学科方法的使用给休闲研究带来了机遇。

---

[1] 该数据库拥有过去和现在360种文化的资料，涉及各个社会过去和现在的休闲活动信息。

（三）对中国休闲研究的关注和期待更多

伴随着全球化进程的加快，中国越来越多地融入国际社会，并成为关注的焦点。在世界休闲研究领域内，对中国话题、中国声音、中国研究的关注越来越多。举一个简单的例证，我国青年学者刘慧梅等（Huimei Liu et al.，2008）发表在美国《休闲科学》（Leisure Sciences）上的一篇有关《说文解字》中对"休闲"含义的介绍文章，在很长时间里一直高居该期刊文章关注度之首，由此可见休闲研究领域对中国话题的关注之切。

（四）中国的休闲研究任重道远

相比西方而言，我国休闲研究不过十余年历史，虽已成为一个备受关注的研究领域，但尚处在前学科阶段（pre-discipline），研究粗浅而分散，呈现明显的碎片化，尚未形成一个统一的知识体。当前中国的休闲研究既不能为解释中国的休闲发展现实提供完善的理论支撑，也无法对世界休闲研究理论和方法体系形成系统输出。

未来，除了对西方休闲研究一般框架、方法和范式的借鉴之外，更重要的是，应以与西方相同的反思的精神和自主的意识来努力构建适合中国国情和研究情境的学科体系。尤其是关注如下几个问题：如何在中国社会发展和学术研究背景下，诠释来自西方文化和西方语境的"休闲"概念，揭示休闲在当代中国的现实含义；休闲研究者如何在满足社会需求和遵循学术规范之间保持平衡；研究者如何在发挥原有学科优势的基础上，尊重、学习、借鉴其他学科的知识体系，逐步构建起学科之间的交融机制，避免故步自封或所谓的"大胆创新"。

参考文献：

[1] 高乐咏．西方思维模式主导社科领域知识鸿沟持续扩大 [D]．南开大学报，2010-11-26．

[2] 中国社会科学杂志社．社会科学与公共政策 [M]．北京：社会科学文献出版社，2000．

[3] Brightbill C. The challenge of leisure: Englewood cliffs[M]. NJ: Prentice-

Hal, 1960.

[4] Coalter Fred. Leisure sciences and leisure studies: Different concept, same crisis ? [J]. Leisure Sciences, 1997, 19(4): 255-268.

[5] Daniel Dustin, Keri Schwab, Jeff Rose. Toward a more phonetic leisure science[J]. Leisure Sciences, 2012, 34(2): 191-197.

[6] Dumazedier J. Toward a society of leisure[M]. New York: Macmillan, 1967.

[7] Dustin Daniel L. Goodale, Thomas L. Reflections on recreation, park, and leisure studies[M]//Jackson, Edgar Lionel, Burton, Thomas L. Leisure Studies: Prospects for the twenty-first century. State College. PA: Venture, 1999.

[8] Garry Chick. Crossroads and crises, or much ado about nothing ? A comment on Mommaas and Coalter ? [J]. Leisure Sciences, 1997, 19(4): 285-289.

[9] Garry Chick. Editorial: Opportunities for cross-cultural comparative research on leisure[J]. Leisure Sciences, 2000, 22(2): 79-91.

[10] Gary S Becker. A theory of the allocation of time[J]. The Economic Journal, 1963, 299(15): 493-517.

[11] Geoffrey Godbey. The coming cross-pollination of leisure studies and recreation and park education: A response[J]. Journal of Leisure Research, 1985, 17(2): 142-148.

[12] Hemingway J. Leisure studies and interpretive social inquiry[J]. Leisure Studies, 1995, 14(3): 32-47.

[13] Hemingway J, Parr Mary Green Wood. Leisure research and leisure practice: Three perspectives on constructing the research and practice relation[J]. Leisure Sciences, 2000, 22(3): 139-162.

[14] Henderson Karla A. False Dichotomies, intellectual diversity, and the "either/or" world: leisure research in transition[J]. Journal of Leisure Research, 2000, 32(1): 49-53.

[15] Henderson Karla A. False dichotomies and leisure research[J]. Leisure Studies, 2006, 25(4): 391-395.

[16] Henderson Karla A, Jacquelyn Presley M, Deborah Bialeschki. Theory in recreation and leisure research: Recreations from the editors[J]. Leisure Sciences, 2004, 26(4): 411-425.

[17] Henderson Karla A. Leisure studies in the 21st century: The sky is

falling？ [J]. Leisure Science, 2010, 32(4):391-400.

[18]Henderson Karla A. Dimensions of choice: Qualitative approaches to research in parks, recreation, tourism, sport, and leisure[M]. State College, PA:Venture Publishing, 2006.

[19]Henderson K A. Theory application and development in recreation, parks, and leisure research[J]. Journal of Park and Recreation Administration, 1994, 12(1):51-64.

[20]Huimei Liu, Chih-Kuei Yeh, Garry E. Chick, Harry C. Zinn. An exploration of meanings of leisure:A Chinese perspective[J]. Leisure Sciences, 2008, 30(5):482-488.

[21]Jackson E L, Burton T. (Eds.). Understanding leisure and recreation:Mapping the past, charting the future[M]. State College, PA:Venture, 1989.

[22]Jackson E L, Burton T L. Leisure studies:Prospects for the twenty-first century[M]. State College, PA:Venture, 1999.

[23]Jeff Rosea, Dan Dustina. The neolieral assault on the public university:The case of recreation, pack, and leisure research[J]. Leisure Sciences, 2009, 31(4):397-402.

[24]Kuhn T. The structure of scientific revolution[M]. Chicago:University of Chicago Press, 1970.

[25]Linder S B. "The acceleration of consumption" the Harried leisure class[M]. New York:Columbia University Press, 1970.

[26]Jackson Edgar L. Leisure research by Canadian and Americans:One community or two solitudes？ [J]. Journal of Leisure Research, 2003, 35(3):299-315.

[27]Josef Pieper. Leisure:The basis of culture[M]. Random House, Inc., 1963.

[28]Mommaas Hans. European leisure studies the crossroads？ A history of leisure research in Europe[J]. Leisure Sciences, 1997, 19(4):241-254.

[29]Mommaas Hans, Van der Poel, Bramham, Henry. Leisure research in europe:Methods and traditions oxon[M]. United Kingdom:CAB International, 1996.

[30]Robert Madrigal. Comments on the impact of leisure research[J]. Journal of Leisure Research, 1999, 31(2):195-198.

[31] Rabel J. Burdge. Making leisure and recreation research a scholarly topic: Views of a journal editor, 1972-1982[J]. Leisure Sciences, 1983, 6(1): 99-126.

[32] Samdahl Diane M. Reflections on the future of leisure studies[J]. Journal of leisure Research, 2000, 32(4): 125-128.

[33] Samdahl Diane M, Kelly Judith J. Speaking only to ourselves? Citation analysis of journal of leisure research and leisure sciences[J]. Journal of leisure Research, 1999, 31(2): 171-180.

[34] Stebbins Robert A. Meaning, fragmentation, and exploration: Bete noire of leisure science[J]. Leisure Sciences, 1997, 19(4): 281-284.

[35] Susan M Shaw. Solitudes in leisure research: Just the tip of the Iceberg?[J]. Journal of Leisure Research, 2003, 35(3): 316-320.

[36] Susan M Shaw. Cultural determination, diversity, and coalition in leisure research: A commentary on coalter and mommaas[J]. Leisure Sciences, 1997, 19(4): 277, 279.

[37] Stewart W P, Floyd M F. Visualizing leisure[J]. Journal of Leisure Research, 2004, 36(4): 445-460.

[38] Taylor J, Coalter F. Research digest: Leisure, recreation and sport[M]. Edinburgh: Center for Leisure Research, 1996.

[39] Thorstein B Veblen. The theory of the leisure class—an economic study of institutions[M]. Oxford: Oxford University Press, 2009.

[40] Yoshitaka Iwasaki, Hitoshi Nishino, Tecsuya Onda, Christopher Bowling. Research reflections leisure research in a global world: Time to reverse the western domination in leisure research?[J]. Leisure Sciences, 2001, 29(1): 113-117.

[41] Valentine Karin, Macia T. Allison, Ingrid Schneider. The one-way mirror of leisure research: A need for cross-national social scientific perspectives[J]. Leisure Sciences, 1999, 21(2): 241-246.

(原载:《旅游学刊》2013年第28卷第5期)

休闲学：挑战、希望与出路

庞学铨

（浙江大学哲学系浙大旅游与休闲研究院）

内容摘要：休闲学有两个含义：作为理论形态的学术、学问意义上的休闲学和作为高校教学科研建制的休闲学，也叫休闲学科。本文指的是前者。文章从休闲学理论及学科发展的视角考察了西方休闲研究的现状，指出目前存在着研究理论碎片化、大学没有独立的休闲学科设置和研究方法多元化等三个突出的问题。进而从理论上分析了产生休闲研究危机论和乐观论的原因在于：一是如何看待休闲研究对象和领域的不断分化？二是休闲研究是否需要并可能形成一些基本的共识？三是如何看待休闲理论研究与实践应用之间的关系？文章认为，摆脱所谓休闲研究危机的出路是着力探讨和构建休闲学理论，并通过对休闲学理论特征、休闲学与哲学关系的辩释，试图厘清休闲学的范畴边界，明确构建休闲学理论的原则，以回应和解决休闲研究中存在的问题和提出的挑战。

休闲研究可以区分为三个层次：一是通常意义上的休闲研究（leisure research），包括对所有与休闲相关的领域、活动、产业的理论和实践的研究；二是从休闲学的理论、原理出发，对相关实践应用领域和学科所关涉包含的休闲现象的研究所形成的理论，诸如休闲经济学、休闲社会学、休闲心理学、休闲教育学、休闲旅游（管理学）、休闲美学、休闲宗教学等等，这些理论的集合就成为休闲学的学科群（leisure discipline groups）；三是对休闲现象本身的研究所形成的理论体系，是关于休闲的学、学说(doctrine)，这就是休闲学(leisure studies)，用西方哲学对所谓"学""学说"的习惯表述，可以表述为 Leisurology（英）、Leisurologie（德）。[1]

---

[1] 庞学铨. 休闲学的学科解读 [J]. 浙江学刊，2016（2）.

第一个层次是最宽泛的休闲研究，第二个层次是专门性学科和实践领域的休闲研究，第三个层次是关于休闲研究的元理论，是休闲的基础理论研究。本文所说的休闲学，便是指这个层次的休闲研究。

一、挑战

休闲随时代变化而变化，休闲也与国家经济社会发展状况相适应。工业生产自动化、工作时间缩短和人们寿命的延长，将休闲问题推向社会的前台。1920年，美国一天八小时工作制在全国产生效力，公众有了较多的闲暇时间，也有了参加休闲和获得休闲享受的机会，美国人学会了玩。但是，"作为正式的学识领域，1960年以前几乎没有任何系统的研究。美国娱乐研究的一个转折点是1962年完成的户外资源审查委员会的报告。该报告提请人们关注户外娱乐和更广泛的社会问题，从而发挥了积极的作用。"[1]这标志着西方现代休闲研究的开始。半个多世纪来，国外学者尤其是北美学者从不同的学科视角对休闲现象、休闲问题的研究取得了显著的成就，提出了许多涉及休闲理论的概念和原理。如：心理学、美学视角的休闲动机、休闲需求、休闲行为、休闲体验、休闲审美；社会学、文化学视角的休闲文化、休闲活动、休闲方式、休闲制约；经济学视角的休闲资源、休闲消费、休闲产业、休闲经济、休闲营销；教育学、管理学视角的休闲教育、休闲管理、休闲政策、休闲服务和未来休闲发展；等等。也广泛地探讨了与休闲相关的概念及其他休闲问题。如：闲暇、游戏、旅游、度假、运动、健康和工作，等等。更重要的是，这些研究有力地推进了休闲事业和休闲活动的发展，并带动了相应的城乡环境、休闲设施、休闲空间和休闲服务等事业的发展。

不过，笔者从所阅读的有限资料中也产生了一个明显的感觉：如果从休闲学理论及学科发展的视角考察，西方的休闲研究存在着三个突出的问题。

---

[1] 爱德加·杰克逊. 休闲与生活质量——休闲社会、经济和文化发展的影响[M]. 刘慧梅，刘晓杰译. 杭州：浙江大学出版社，2006：95.

（一）研究理论的碎片化

西方学者的休闲研究，大多从某个视角、领域或方向入手，没有相对统一的研究视角和方向，比较而言，从社会学、社会心理学的视角入手较多；与休闲相关或以休闲为主题的文章很多，但实际内容大多不在研究休闲，更多的是与医学、消费和服务等领域相关；多数学者注重休闲的应用性和实用性研究，诸如社区休闲、公园、旅游、户外娱乐、休闲服务设施和质量等；很少关注休闲问题的元理论研究，更没有聚焦休闲学基础理论的系统研究。我在编写《西方休闲研究精要》一书时，原来的设计中有一个"休闲学及其原理"研究的专题，但在查阅列入资料来源的全部著作后，竟然没有发现与此专题要求比较对应的相对完整或系统的著作和内容，故而只得作罢。这当然与所选录作为资料来源论著的作者以北美学者为主有关。北美休闲研究的碎片化现象非常明显，集中表现在两个方面：其一，研究所涉及的实践与应用领域十分广泛，切入研究的视角相当多，不同领域的休闲有不同的表现，不同视角的研究有不同的方法和观点，没有相对统一的范畴、原理和研究规范，更没有对休闲本身比较连贯系统的理论探讨和表述，没有相对一致的休闲学聚焦点；其二，按杰克逊（Jackson E. L）和伯顿（Burton T. L.）的看法，碎片化就是"完全不同，甚至相互冲突的概念和方法发展、不一致的术语、不连贯的主题和智力不和谐。"[1] 总地说来，碎片化意味着满足于各个休闲相关领域的孤立研究，缺乏基本理论层面上的普适性内容，丢失了共同的价值观和目标，没有形成基本或相对一致的休闲学术语和范畴系统，以及概念和观点的相互冲突等。

与北美相比，欧洲的休闲学者比较关注理论思考，出版了一些着重从理论上探讨休闲问题的著作，这或许与欧洲的学术传统有关。例如：在英国，有罗杰克（Chris Rojek）著的《休闲的去中心：休闲理论再思考》（*Decentring Leisure: Rethinking Leisure Theory*），斯波拉克伦（Karl Spracklen）著的《休闲的目的与意义——哈贝马斯与现代性终结时的休闲》（*The Meaning and*

---

[1] Jackson E. L., Burton T. L. Leisure studies: Prospects for the twenty-first century[M]. State College, PA: Venture Publishing, Inc. 1999.

Purpose of Leisure—Habermas and leisure at the End of Modernity），斯波拉克伦等主编的《帕尔格雷夫休闲理论手册》（The Palgrave Handbook of Leisure Theory），布兰克肖（Tony Black shaw）著的《休闲》（Leisure）和《重构休闲研究》（Re-Imaging Leisure Studies），温尼菲尔什（Tom Winnifrith）和巴勒特（Cyril Barrett）编的《休闲哲学》（The Philosophy of Leisure）等。在荷兰，有莫马斯（H. Mommaas）等编的《欧洲休闲研究：方法与传统》（Leisure Research in Europe：Methods and Traditions），鲍韦尔（Johan Bouwer）和列文（Marcovan Leeuwen）著的《休闲哲学：美好生活的基础》（Philosophy of Leisure：Foundations of the Goodlife）等。可以看到，即使在欧洲，一方面，一些休闲学者的确对休闲问题有了比较深入的理论思考与阐述，但也仍然不能说已有系统的休闲理论即形成了规范的休闲学理论了。另一方面，大多数的休闲研究，其关注的重点仍然是各个领域的休闲实践和应用，休闲理论的碎片化，也依然是欧洲休闲研究的主要倾向和状态。按荷兰蒂尔堡大学莫马斯教授的看法，造成这种状况的主要原因，一是在20世纪70年代末和80年代初，欧洲休闲研究出现了批判性观点，认为此前的休闲研究忽视了人们本身对休闲活动的重视，由此提出了更容易接受的关于流行或亚文化休闲实践的"积极"意义的分析，强调休闲的多元化和自由选择。二是在整个欧洲，一种更加以市场为导向的休闲方式，刺激了人们将休闲看作消费品的兴趣，从而导致了休闲研究从社会政治和伦理问题转向更本地化的公共领域、营销和管理、消费和旅游等问题，这是最主要的原因。三是全球经济和文化的重组，福利国家的持久危机导致的政策变化，休闲和消费可能性的进一步扩大，休闲的商品化，后现代变化的敏感性以及劳动时间的灵活性等新形势，引发了一些额外的研究领域。所有这些变化都促使休闲研究领域进一步多元化和休闲理论的碎片化，同时也导致了休闲研究与消费者和文化研究之间的界限变得更加流动甚至混同。[1]

---

[1] Hans Mommaas. European Leisure Studies at the Crossroads？A History of Leisure Research in Europe[M]. Leisure Sciences, 1997, 19（4）：241-254.

国内近年来的休闲研究，发展势头良好，研究成果丰硕。但对总体状况的评判，我基本赞成宋瑞的观点："相比西方而言，我国休闲研究不过十余年历史，虽已成为一个备受关注的研究领域，但尚处在前学科阶段（pre-discipline），研究相对粗浅而分散，呈现明显的碎片化特征，尚未形成一个统一的知识体。当前中国的休闲研究既不能为解释中国的休闲发展现实提供完善的理论支撑，也无法对世界休闲研究理论和方法体系形成系统输出。"[1] 从休闲学研究的角度看，虽然出版了一些导论性教材性的著作，但与作为一种学、学说的休闲学要求相去甚远。虽然也有学者关注休闲研究的层次区分，但也没有形成相对统一的看法，有的在作这类区分时的观点表述也是混沌模糊而且问题明显。

（二）大学几乎没有独立的休闲学科设置

北美高校设置休闲学相关专业大约开始于20世纪40年代。80年代末，除了一些知名的研究型大学，多数公立和私立的大学（学院）都有了此类专业。但到了90年代情况开始发生了变化，至20世纪末，北美和欧洲各国高校中原有的休闲学教学研究机构（所、系、院），或者在名称中加上"旅游""公园""娱乐""运动"等专门领域，诸如"休闲与旅游""休闲与公园管理""休闲与娱乐"等系（所、院），或者干脆取消了"休闲"二字，代之以"旅游""公园""娱乐""运动"等休闲相关的多个专门领域组合的名称。例如：美国宾夕法尼亚州立大学的"娱乐、公园与旅游管理系"，伊利诺伊大学的"娱乐、体育与旅游系"，印第安纳大学的"娱乐、公园和旅游科学系"。对此种状况，戈比教授有一确当的概括："在北美，针对这些专题的大学课程开始于20世纪40年代。虽然同一系科既研究休闲，又研究娱乐与公园管理，但它们大多数主要关注学生的职业训练，使他们能成为公共娱乐与公园、治疗性娱乐和户外娱乐机构的领军人物。教师的研究围绕着对当代社会休闲的认识以及娱乐与公园服务的供给等问题。"[2]

---

[1] 宋瑞. 反思与演化：近二十余年西方休闲研究的学理之辩[J]. 旅游学刊, 2013: 5.
[2] 杰弗瑞·戈比, 沈杰明. 北美休闲研究的发展：对中国的影响[J]. 刘晓杰, 刘慧梅译. 浙江大学学报（人文社会科学版）, 2008（4）: 24.

加拿大、英国和澳大利亚大学的系、院设置也大体如此。本科、硕士和博士的专业方向与课程设置也都以休闲相关的领域和内容为核心与主干课程。即使如荷兰布雷达科技大学设有"休闲研究院",其课程也是以实用性应用性为主。我国高校的情形亦是如此。为适应社会经济发展的新形势和新需要,大陆的一些高校新开设或将在原有与休闲有关的学科或专业名称中加上"休闲"二字,诸如休闲服务与管理、休闲旅游和休闲体育等;我国台湾地区有的高校设置有休闲事业管理系、研究所这样的机构,但大部分高校所设置的院、系、所和开设的课程与国外高校类似。浙江大学自2007年自主设置休闲学硕、博士学位授权点,作为哲学的二级学科,研究的主要方向和设置的主要课程以休闲基本理论为主。如何构建休闲学理论和休闲学科课程体系,正在努力学习与探索过程中。

显而易见,虽然休闲问题的教育与研究早已进入大学专业与课程建制中,但它们基本上都是涉及与休闲相关的学科或领域,而非独立的休闲学。如英国休闲学者科尔特(Fred Coalter)指出的那样:"许多所谓的休闲学者只有一只脚在这个领域。主流的休闲研究专家很少是'以休闲为中心'的"。[1] 这既是高校休闲教育的现状,某种角度上说,也是造成这种现状的原因之一。

(三)研究方法上的多元化

西方休闲学者大多认为,休闲研究是跨学科跨文化的,应该充分注意其多模式的特点,对多种理论、多种方法和多种形式的合作研究加以利用;任何一种研究方法都有其优势和劣势,不同的方法论常常产生不同形式的证据和结果,不存在占支配地位的方法论范式。北美休闲研究和英国休闲研究有不同的认识论、方法论和理论观点,社会学的休闲研究方法专注于社会,探索休闲在多大程度上反映了社会文化结构,但大部分研究忽视了个人意义的问题,社会心理学的休闲研究强调实证主义方法论,它经常产生没有社会的休闲分析,而且没有解决与休闲相关的社会、文化的意义问题。在休闲研究方法多元化的问题上,以存在主义社会学视角研究休闲问

---

[1] Fred Coalter. Leisure sciences and leisure studies: Different concept, same crisis? [J]. Leisure Sciences, 1997, 19 (4): 256.

题著名的美国休闲学者凯利的观点具有代表性:"任何单一的范式、模式、途径、理论或研究方法都不可能尽述其详。我们只有通过探索在不同学科内发展起来的各种理论隐喻,才能全面地揭示休闲的性质,从而既能探明其内部构成要素,又能通观其总体轮廓。"[1] 当然,自20世纪下半叶以来,西方休闲研究的主要成就集中在社会学、社会心理学领域,因而,社会学、心理学和社会心理学的方法已然成为西方休闲研究的主要方法。研究方法的多元化,实际上是研究视角多元化的反映和表现,研究结论和观点的多样性也就自然难以避免了。

几十年来,西方休闲事业休闲和休闲产业取得了极大的发展,一些学者认为,从闲暇时间、休闲产业和生活水平各方面看,发达国家已经进入休闲时代,休闲生活已经回到社会的中心。而休闲研究总的状况则是另一番情形:"休闲是一种有意义的现象,但几十年来对其断断续续的研究一直处于学术的边缘。社会科学一般都假定休闲是从属的、多余的,休闲通常被认作是'成人完成所有要紧事以后所做的事'。"[2] 有一些学者更是认为休闲研究处于危机之中。莫马斯认为,20世纪70-80年代以来欧洲社会、经济和文化的变化,促使休闲研究进一步多元化和休闲理论的碎片化,同时也使得休闲消费和休闲研究之间的界限变得更加流动不定甚至彼此混同。比如,在波兰,因其货币政策的疯狂,导致休闲研究部门的消失和休闲研究者的粉身碎骨;在西班牙,休闲研究领域被制度和理论碎片所困扰;在法国,休闲作为一个自主的研究领域的地位受到威胁;在英国,休闲研究领域被后现代主义的主张所纠缠住,并且在后工业时代、后福特主义的情况下,休闲、生活以及消费经历发生的改变对传统休闲研究产生了明显影响;比利时的休闲研究被拉回到传统的学科和纯粹的市场营销和管理;在荷兰,休闲研究必须面对其研究领域的离心化和多元化。[3] 科尔特认为,由于休闲研究与社会问题和社会政策的密切关系以及后现代主义

---

[1] 约翰·凯利. 走向自由——休闲社会学新论[M]. 赵冉译. 昆明:云南人民出版社,2000.
[2] 同上.
[3] Hans Mommaas. European leisure studies at the crossroads? A history of leisure research in Europe[J]. Leisure Sciences, 1997, 19 (4):241-254.

对集体主义、福利主义的挑战，北美和英国的休闲研究虽然有不同的方法和观点，但都到达了一个十字路口，两者都没有令人满意地解决休闲意义的本质，以及它们与意义和身份的更广泛来源的关系。[1]杰克逊和伯顿则明确断言：多年来休闲研究领域一直处于危机之中。

上述危机论的提出，引发了西方休闲学界的关注和热议。许多学者不同意危机论者的观点，而对休闲研究的状况抱乐观的态度。例如：亨德森认为："作为一门学科，休闲研究被认为处于危机之中。这种看法并不新鲜，也不一定是负面的，因为所有的学科都经历了危机时期。"[2]肯·罗伯茨（C. Roberts）肯定地说，过去的休闲研究一直是一个成功的故事。这绝不是一个失败的项目。类似地，德赖弗（B. L. Driver）对20世纪60年代到20世纪末的休闲研究进行综述时，题目就叫"认识和庆祝休闲研究的进步"，认为西方休闲研究几乎没有任何危机的迹象。在2000年的《休闲研究期刊》第一期中，围绕"世纪之交：休闲研究的反思"这一主题共有39篇论文，其中只有寥寥几篇表达了对北美休闲研究现状的担忧。[3]有的学者则将危机论看成一把双刃剑，认为它兼具建设性与破坏性。例如斯特宾斯。[4]

在我看来，对西方休闲研究的现状，不能笼统地认为处于危机状态，也不能持盲目的乐观态度，而要具体分析。如果从本文开头所说休闲研究的第一和第二层次上看（从更注重于休闲实践与应用领域的研究角度上看，主要是第一层次），西方半个多世纪以来的现代休闲研究，不但不能说是"危机"，相反，其成果十分丰硕，各领域各学科的人都积极参与研究，尤其在推动休闲事业和产业的发展、让休闲回到社会中心、逐步成为人们

---

[1] Fred Coalter. Leisure sciences and leisure studies: Different concept, same crisis？ [J]. Leisure Sciences, 1997, 19（4）：255.

[2] Karla A. Henderson. Leisure Studies in the 21st Century: The Sky is Falling？ [J]. Leisure Sciences, 2010, 32(4):391.

[3] A J Veal. Leisure studies at the millennium: Intellectual crisis or mature complacency？ [J]. In Lawrence L., Parker S. Leisure Studies: Trends in Theory and Research. LSA PUBLICATION, 2002(77)：41.

[4] R A Stebbins. Meaning, fragmentation, and exploration: Bete noire of leisure science[J]. Leisure Sciences, 1997（19）：281‑284.

新的生活方式等方面，发挥了极重要的作用。从这个角度上讲，我赞成乐观派的积极评判。但如果从第三层次即构建休闲学上看，的确存在着某种"危机"，只是这里说的"危机"绝不是指休闲学的研究没有希望，没有出路，难以继续了。

危机论带有明显的消极特征，挑战则是一种激励，促使我们去发现问题之所在，以创造来解决问题，达到所期待的目标。从这个意义上说，我更愿意把上述所说的"危机"称作"挑战"。而且，挑战不仅来自危机论，也来自乐观论，二者共同构成了对西方休闲研究现状的评判和未来研究的挑战。

二、希望

"挑战"表明西方休闲研究存在着某些问题。发现问题之所在，找到其中的原因，便明白了挑战的指向，也就有可能找到解决问题的方向和出路。这是挑战同时带给我们的希望。

前文已经指明，西方休闲研究存在着研究理论的碎片化、大学学科建制中尚无独立的休闲学科和研究方法多元化这三个突出的问题。产生这些问题的原因是什么？在我看来，有休闲研究中出现的实际问题，更有对休闲研究的认识与观念问题。

（一）如何看待休闲研究对象和领域的不断分化？

休闲生活作为人们现实生活世界的一个重要组成部分，涉及很多具体领域。一方面，随着社会经济、科学技术的不断发展和人们对高品质生活需求的不断扩大，这些具体领域会不断发生变化。例如，以往人们休闲生活所涉的领域主要是旅游、体育、影视、购物、餐饮和娱乐等。互联网和信息技术的新发展，极大地拓展了新的休闲形式与内容，诸如网络游戏、虚拟旅游、动漫影视等，休闲研究的对象和领域也同时随之拓展与分化。在乐观派看来，这不正是休闲研究发展的体现吗？另一方面，休闲研究对象和领域的变化，与社会经济、科学技术、政治政策和社会思潮等的变化密切相关，原先属于休闲研究的对象和领域也会随之发生变化，分化为多个具体学科或研究方向的对象和领域,并被它们逐渐挤占。休闲研究似乎必须不断地寻找自己新的研究对象和领域。这种变化使得休闲研究一直没有连贯、明确、一致的学科聚焦点,从而也难以形成具有连贯性的基本理论。而旅游、体育、消费、娱乐和饮食等具体领域的研究倒获得进一步的丰富和发展。这可如何是好?休闲研究的危机说便由此而来。所以,危机论和乐观论虽然看起来是两种对立的看法,但产生的原因之一却都可以归结到如何看待休闲研究对象和领域的不断分化和被挤占。

(二)休闲研究是否需要并可能形成一些基本的共识?

休闲研究理论的碎片化表明人们对休闲研究的领域缺乏足够明确的共识。那么,休闲研究是否需要在研究领域和其他相关的重要问题上形成基本的共识,即是否需要有一个连贯性的基本理论?或者,休闲研究本来就应该是多元化碎片化的?这里同样存在着几乎是对立的看法。

有学者早在20世纪末就意识到:无论休闲学是否被认为是一个正在发展的领域或者是一个已经相对成熟的学科,对于学科的基础思考是至关重要的,所有的基础学科都在不断地质疑它们的基础,如果在休闲研究中没有发现这一点,那将是令人担忧的。[1] 罗韦(D. Rowe)看到,休闲研究有两个主要的关注点:实践的,也叫结构或制度的关注点;基础理论的,也叫纯智力或知识的关注点。实践的方面更多地与不同的国家状况或产业协会的发展相关,基础理论的方面可能具有更大的国际吸引力,更多地与休闲研究相关。虽然两方面的关注点存在重叠而不能完全清楚地分开,但如果理论基础处于危机之中,那么它肯定会影响实践的实施与发展。而目前的西方休闲研究更多的是"结构上的发现多于纯智力上的发现"。[2] 认为休闲研究一直处于危机状态的杰克森和伯顿也指出,休闲学科面临分裂,

---

[1] Pronovost G, D'Amours M. Leisure studies: A re-examination of society[J]. Loisir & Societe, 1990, 13 (1): 39-62.

[2] D Rowe. Producing the crisis: The state of leisure studies[J]. Annals of Leisure Research, 2002 (5): 6.

是因为休闲学缺乏理论和概念的整合。[1]2009年在悉尼举行了一个休闲问题讨论会，会上关心的一个核心问题是，休闲研究是不是需要一个一致的中心或身份，也即是否需要有一个连续一贯的学科聚焦点。

另外一些学者则持相反的看法，认为碎片化一直是休闲研究领域的特征，因此要考虑过去将休闲研究描述为一个连贯的、完整的图像是否准确的问题。例如：伯顿和杰克森认为，碎片化可能是有益的，因为它具有多元性。多元主义表明不止一种原理、概念或理论能够解释像休闲这样的东西。[2]戈比教授也持有同样的观点："休闲研究领域缺乏共识可以被理解为该领域缺乏学科文化。或许在北美，休闲仍未能成为一个足够明确的研究领域，或许该领域就其性质而言还远远没有——或甚至不应该（着重号为引者所加）——形成统一方向，而应该适应多样化的、不断变化的社会需求。"[3]

休闲研究是需要并可能形成一些基本共识的。举例来说，什么样的活动／状态可以称为"休闲"？人们的看法五花八门，即使有了一个关于休闲的一般性定义，也不一定就能对此做出明确或准确的判断，因为休闲的一般性定义只是对休闲特征的最普遍最抽象概括，要判断某种活动／状态是否可称为休闲，还必须要有可以衡量、判断哪些活动是属于休闲的依据，即休闲的基本要素或特征。这对于准确把握休闲学意义上的休闲，更好地开展休闲实践，都很重要。换言之，对于休闲（活动）应该或至少应该具有哪些基本要素或基本特征这样的问题，需要有基本的共识。比如，若认为获得心身愉悦的体验便是休闲，那么要问：吸毒、赌博甚至嫖娼卖淫这类可能获得类似体验的行为也是休闲吗？显然不是。为何？因为休闲是有正价值的，休闲的正价值在伦理上表现为休闲的道德性，违背正常道德的活动，就不属于休闲范畴。我曾从休闲的过程性、历史性、群体性和道德

---

[1] Jackson E L, Burton T L. Mapping the past. Jackson E L, Burton T L (Eds.). Understanding leisure and recreation: Mapping the past, charting the future[J]. State College, PA: Venture Publishing, 1989: 3-28.

[2] Karla A. Henderson. Leisure studies in the 21st century: The sky is falling？[J]. Leisure Sciences, 2010, 32（4）: 391-400.

[3] 杰弗瑞·戈比，沈杰明. 北美休闲研究的发展：对中国的影响[J]. 刘晓杰，刘慧梅译. 浙江大学学报（人文社会科学版），2008（4）：27.

性四个途径的分析入手,概括提出判定休闲的七个基本要素或特征:放松性、娱乐性、体验性、趣味性、创造性、自由性和道德性。具备前六种基本要素中的一种或若干种的任何活动,都可以称为休闲,而所有的休闲(活动)都不能超越基本的伦理底线和道德标准。[1]如果在这类具有共性的问题上没有获得基本的共识,对于休闲应用与实践可能带来的误判与阻碍是显而易见的。因此,休闲研究需要基本的共识,这实际上归结为需要有休闲学的基本理论。最宽泛的休闲研究可以是碎片化多元化的,休闲学的理论需要有共同的学科聚焦点,应该是相对连贯的一致的系统化的。

(三)如何看待休闲理论研究与实践应用之间的关系?

由于休闲所涉领域和问题的广泛性交叉性,休闲研究既有广阔的理论空间,又有广泛的应用领域,即具有理论研究与实践应用的天然兼容性。这种兼容性的特征,使得西方许多休闲学者将休闲学的理论研究与它的实践应用问题紧密地交融纠缠在一起,认为二者完全不能分开来谈。这种主张,正是休闲研究本身应有的状态和特征,而非不正常或什么危机;而且,休闲研究本来就应该注重实践性应用性的。例如,戈比教授认为,休闲研究与公园和娱乐之间能够交叉授粉。并质疑道:当一个人不了解休闲在社会实践中所扮演的角色时,他是否能在这个领域中成为一个成功的实践者。[2]基于这样的看法,他认为中国的休闲研究应该重点关注实践应用领域:"中国社会变化的速度要求他们超越这些问题而关注更具应用性和实用性的途径,以便改善中国人民每日生活中有意义的休闲的机会。"[3]他还特别指出,或许北美休闲研究的发展对中国学术界最重要的影响,是中国的休闲研究必须寻求认识那些由于快速工业化和城市化导致的休闲变化,以及休闲服务供给组织的必要性。

---

[1] 庞学铨. 休闲学研究的几个理论问题 [J]. 浙江社会科学, 2016(3): 110-119+159-160.

[2] Godbey G. The coming cross-pollination of leisure studies and recreation and park education: A response[J]. Journal of Leisure Research, 1985, 17(2): 42-148.

[3] 杰弗瑞·戈比. 沈杰明. 北美休闲研究的发展:对中国的影响 [M]. 刘晓杰, 刘慧梅译. 浙江大学学报(人文社会科学版), 2008(4): 27.

在美国，国家公园和娱乐协会（NRPA）这样一个产业性协会主导着大学中休闲学科的院、系、所和专业方向乃至课程设置，这也是美国高校中没有独立的休闲学教学研究机构的重要原因。许多休闲研究人员、教育家和实践者认为这种关系是理所当然的。因此，当伯奇（R. J. Burdge）提出，这种关系对休闲研究是有害的，应该从高等教育的理论角度出发，将休闲研究与公园和娱乐分开，美国需要一个除NRPA之外的美国休闲研究协会，需要在大学里设立独立的休闲学系，以及跨学科的休闲研究机构。据此，他认为，本科生可以兼顾休闲研究与公园、娱乐等实践应用，研究生则需要更专注于理论研究，而教员应该在休闲研究与公园、娱乐等实践应用两个研究方向上都有准备。也就是说，在大学教育中，休闲理论研究与公园、娱乐等休闲实践需求之间可以分开。[1]伯奇的观点得到了一些学者的赞同，也遭到了不少学者的反对。反对者的主要理由便是休闲理论与实践之间具有这种天然的兼容性，二者是不能分开的。

可见，如何看待休闲理论研究与实践应用之间的关系，也是产生危机论和乐观论的共同原因之一。厘清二者的关系，应该是回应挑战需要做的一件事情。

综合起来说，乐观论者将本文前面所提到的休闲学与一般的休闲研究及休闲科学混同起来，危机论者虽然意识到应区分三者，却并未对此做进一步的探究，进而建构起具有共同价值和学科文化的休闲学一般理论。休闲学本身理论构建的缺失，同时也给第一、二层次的休闲研究带来阻碍与影响。

而探究和构建休闲学一般理论，正是休闲研究摆脱危机、迎接挑战的希望所在。这可以从两方面来看：

首先，从最宽泛的休闲研究层次上看，研究对象和领域的不断拓展与分化，的确表明休闲随着社会经济和技术的发展而在不断发展。而从休闲学层次上说，因为具体的研究对象和领域不断分化和被挤占而失去了自身特有的对象和领域而感到危机，恰恰说明它还没有一个相对独立的明确的

---

[1] Karla A. Henderson. Leisure studies in the 21st century: The sky is falling？[J]. Leisure Sciences, 2010, 32（4）: 393-394.

研究对象和领域，没有形成一个统一的方向，更遑论系统的理论建构了，因而只能被动地适应社会需求的多样化多元化，任由碎片化的理论各显神通、自说自话。换言之，如果休闲学拥有并保持了自身独特的研究对象和基本理论，也许会避免或者减少这种危机感，从而能主动适应具体对象和领域的不断分化和被挤占的状况。在这个问题上，西方哲学发展的经验可资借鉴。哲学的理解经历了从古代、近代到现代乃至后现代的理解；哲学的对象和领域同样经历了不断地变化。古希腊早期的哲学，是包罗万象的科学之科学，随着自然科学的不断发展，许多原本属于哲学对象和领域的科学，逐渐成为独立的学科而从哲学中分离出来。近代实验科学的发展进一步促进了学科的分化，一些具体的经验科学也进一步从哲学研究的对象和领域中分化出来；后来，作为研究思维规律的逻辑学也成为独立的分支学科从一般的哲学中分离出来，哲学几乎失去了全部的"地盘"。然而，无论经历怎样的变化，哲学始终有自身独特的研究对象，这就是对人的存在方式及其与生活世界关系的反思，并有在此基础上形成的基本理论。当然，这样的研究对象和理论的具体形态与内容，也会随着时代和科技的变化而相应地变化。所以，哲学发展至今，尽管在不同的时期经历了不同的危机，特别是经受了后现代思潮的挑战，而且哲学的研究重点、范式和理论发生了各种变化和转向，但哲学并没有终结和消亡。

其次，毫无疑问，休闲问题具有理论研究与实践应用的天然兼容性，但这并不是说，二者就如乱麻般纠缠着不能相对地分开来谈。相反，两者的关系完全是辩证的。一方面，归根结底，休闲理论来源于休闲的实践，休闲理论的最终价值体现在促进休闲实践的发展，休闲理论是否确当，也得由休闲实践来检验。另一方面，休闲理论尤其是休闲学的基本理论，则可能给休闲实践以恰当的规范，使我们更适当地认识休闲及其价值，更好地开展休闲实践、发展休闲事业和产业。以什么是"休闲"为例。我在别的文章中曾讨论过，西方学者对休闲的理解和界定可谓多种多样，从逻辑上看，这许多界定具有两个明显的特征：一是将休闲与工作分离／对立起来；二是以休闲的部分／片段代替或等同于休闲的整体／全部。前者可称为对立论,后者可称为片段论。这里暂且不讨论对立论问题。就片段论而言,其片面性是显然的。休闲是一个连续的过程,整个过程由休闲需求、休闲动机、休闲活动、休闲内容、休闲体验以及休闲回忆等构成,无论是长时间的还是短暂的休闲活动,休闲的发生和实现都是过程性的,当然这个过程性也可能包含着递进式的阶段性/层次性。若仅选取其中的某个片段/层次来界定"休闲"概念,便很可能将整个过程中的其他阶段/层次排除在"休闲"之外。例如体验,从身体的放松到感官的愉悦,到诸如舒适、畅快、兴奋、入迷、陶醉等心理体验的不同层次,再到自由自在的审美境界,都具有明显的过程性/层次性。若说休闲就是上述某种或某几种体验,那么其他的难道不属于休闲体验吗?如果对"休闲"概念做出具有包容性而非排他性的界定,就不可能发生类似上述对休闲的片面性认识。

从上述分析可以清楚地看到,西方休闲学者对休闲研究中存在的问题所以会出现不同的评判和态度,主要原因在于没有对休闲研究的三个不同层次做出区分,在于对休闲基本理论研究的必要性与重要性认识不够,较少重视"休闲"本身的研究也即休闲学理论的研究。因此,休闲研究要摆脱危机、迎接挑战,就必须重视休闲学基本理论的探究和构建。

怎样才有可能建构起休闲学的基本理论?我们需要找到一条恰当的途径和出路。这便是接下来准备探讨的问题。

三、出路

"休闲"概念具有广泛的包容性和交叉性,它与许多学科相关,也为许多学科从自身的视角、用相应的方法所研究。西方的休闲研究一直从不同学科视角进行跨学科研究。比如,经济学视角的休闲研究主要关注休闲产品和服务的市场,属于微观经济范畴,具有非传统经济学的特征。政治学视角的休闲研究重视休闲所蕴含的公正、平等、民主等政治因素以及公共政策、制度、管理等政治生态对于休闲的影响。旅游管理学、体育学视角的休闲研究着重讨论休闲与旅游、运动的联系与区别问题。建制理论的休闲分析以社会系统的功能结构为基础探讨休闲的角色与功能。历史与人类学视角的休闲研究讨论休闲行为、休闲产业的管理、态度和机构的历史根基与民族、种群的关系，休闲活动及其变化的历史与原因。休闲的地理学研究则关注居住地与可使用的休闲设施和休闲参与模式之间的关系，地域与环境的差异如何影响休闲行为，怎样利用户外休闲场所等问题。发展理论的休闲分析则从更长远的角度来考察休闲，将休闲及其发展变化看作一个持续一生的成为人的过程。这些不同学科视角的跨学科休闲研究，得出了各自相关的结论，但只是提供了碎片化的理论和观点，显然不能说形成系统的休闲学理论了。

戈比教授认为，对北美休闲研究影响最大的是社会心理学／心理学，其次是社会学。心理学视角的休闲研究基于实验室的刺激－反应模式，即从休闲环境的变化观察休闲主体及休闲行为的相应变化。影响休闲的因素是多种多样的，心理学视角的休闲研究也许主要只适用于休闲体验的领域。从现有资料看，包括北美和欧洲在内的西方休闲研究界，占主流和主导的休闲研究视角和方法至今恐怕仍然是社会学和社会心理学。对休闲的社会学研究开始于20世纪20年代末，50年代成立的芝加哥休闲研究中心进一步催生和拓展了休闲社会学研究的面向和内容。社会学以及后来的存在主义社会学将休闲看作社会和文化转换总体趋势的一部分，主要关注休闲过程、群体意识、社会意义和政治影响，讨论闲暇与工作的关系、休闲自由与休闲制约、休闲与环境、制度和文化等关系问题，而且对诸如此类的问题往往持有不同甚至对立的看法。社会学研究者通常对更加基础的社会心理现象感兴趣，比如社会角色、自我展示和社会化。由此，在20世纪60—70年代又形成和发展起社会心理学视角的休闲研究，试图从心理学视角理解休闲动机、行为、过程、体验和影响，这种研究范式的主要推动力来自北美，英国的心理学家对此也做出了贡献。受到休闲学研究及心理学和社会心理学理论与研究的影响，70—80年代出现了新的休闲研究视角和理论，即休闲社会心理学。1997年由（美）道格拉斯·克雷伯等出版的《休闲社会心理学》（第一版）成为这一视角研究休闲的代表作品。

休闲社会心理学不是基于心理学或者社会心理学的理论与研究方法，因而它既不是心理学也不是社会学的分支学科，而是对社会情景下个体的休闲行为和体验的科学研究。运用科学方法观察、描述和测量社会情景下个体的休闲行为和休闲体验，聚焦个体，这是休闲社会心理学与心理学和其他社会科学的两点主要区别。[1] 与其他学科视角的休闲研究相比，休闲社会心理学已经有了比较成熟的理论，而它运用的科学方法和聚焦个体、着重个体休闲行为和体验的局限，使它同其他社会科学视角的休闲研究一样，不能涵括休闲的广泛内容，更不能阐释诸如自由、伦理、价值、幸福和生活品质等休闲学的重要问题。

一些休闲学者看到了这种休闲研究碎片化多元化的状况及对休闲学科建立和发展所造成的阻碍，试图寻找"突围"的出路。例如，提出并系统阐述了严肃休闲理论的斯特宾斯认为，休闲研究面临着一种不受信任的氛围，人们指摘休闲研究与其他学术无交流，处于学术上种族隔离的状态，休闲研究缺乏理论，或者研究方法有缺陷等。类似的问题其他社会科学也都存在，如心理学、人类学和考古学，但为什么它们没有受到指摘，反而有相当高的可信度？在这样的氛围中，"我们正在寻找一条像样的道路，让休闲研究可以在这条路上进行。"[2] 他提出的策略是：通过出版物、研讨会、网站和录像演示等多种沟通方式，与其他学科和跨学科的学者讨论休闲与他们核心利益的相关性；建立一个兼容的学术单元，如宾夕法尼亚州立大学的健康与人类发展学院，容纳了康乐、公园和旅游管理系、生物行为健康、营养研究和医院管理等部门；探索当前的社会关注，强调休闲是快乐的科学及其对提高生活质量的贡献，从而引起公众和他们的政治代表的共鸣等。显然，这样的"突围"策略和路径并没有抓住问题的关键，自然也非真正的"出路"。

恰当的通畅的"出路"应该是从哲学的视角研究休闲问题。因为：

---

[1] 道格拉斯·克雷伯等. 休闲社会心理学[M]. 2版. 陈美爱等译. 杭州：浙江大学出版社，2014.
[2] Robert A. Stebbins. Leisure studies: the road ahead[M]. World Leisure Journal, 2011, 53（1）：5.

首先，休闲学的学科根基在哲学。

休闲学是关于休闲现象及其价值的存在与变化的理论。从根本上说，休闲与人的生活方式、生活品质、自由发展和价值伦理相关，它要研究作为整体的一般意义上的休闲，揭示休闲生活存在、变化的特征和规律，探讨休闲对人和社会的价值意义，要通过对休闲的各种不同形式或载体的研究获得关于休闲的完整形象，还要从横向和纵向的结合上呈现休闲的整体图景。休闲学研究的这种要求，社会学、心理学、社会心理学以及其他一些社会科学视角的研究显然是难以满足的，只有哲学才能满足。哲学关注人的生存发展及与人关联的生活世界；探讨涉及人的自由、价值、本质等基本问题；提倡批判性思考与思维方法。从哲学视角研究休闲问题，才能对休闲问题达到综合的、深层的把握与理解，才可能形成相对稳定的休闲研究对象和领域，形成休闲学的基本理论系统，也才能在应对休闲学所涉及的具体领域不断变化的情形中处于主动，才能以休闲学的基本理论判别和规范具体休闲活动。因此，休闲学的学科根基是哲学，而不是社会学、心理学或社会心理学。与此相关联，从学科归属上说，休闲学属于哲学，不属于社会学、心理学或社会心理学。

其次，休闲学与哲学有高度的关联性。

从哲学视角上研究休闲问题，是指可以借用哲学的理论和方法论原则，以哲学的批判性思维来思考休闲的基本问题，创立自身的范畴概念，构建自身的话语体系，休闲学与哲学具有高度的关联性。不过，在这里还应该进一步厘清"休闲学"的逻辑边界。一是从哲学视角研究休闲所形成的休闲学理论，不能等同于哲学，它没有也不会失去其交叉性独立学科的地位与特征。因为休闲学的内容一般不涉及诸如存在论、认识论、思维与存在关系、语言逻辑等这类哲学研究的重要问题，而是主要围绕自身的对象"休闲"及其一系列衍生范畴展开研究。所以，休闲学与哲学既有高度的关联性又有明显的区别，二者间可以说是局部和整体、特殊和一般的关系。二是休闲学也不就是休闲哲学。如果仅研究休闲中涉及的哲学问题，如价值、伦理、自由和生存本质等，类似于休闲经济学、休闲心理学、休闲美学、休闲宗教学等的"休闲哲学",那便属于本文开头所区分的第二层次的休闲研究,因为休闲学所涉内容除了这些还有许多,如休闲动机、休闲制约、休闲体验、休闲群体和休闲产业等,从哲学视角研究所有诸如此类的休闲问题休闲生活,那便属于休闲学,或者说,这个意义上的休闲哲学就是休闲学。从目前所搜索到的西方著作看,从哲学上研究休闲问题的论著很少。除了本文第一节提到的几本外,还有若干专题性的讨论著作,如《休闲与伦理》《运动与运动哲学》之类。这些显然不能赞同于休闲学。明确冠以《休闲哲学》之名的,只有温尼菲尔什和巴勒特编的《休闲哲学》,鲍韦尔和列文著的《休闲哲学:美好生活的基础》。前者是一本论文集,其中有几篇也并非属于哲学方面的讨论。后者共分三部分,梳理了休闲概念的演变,讨论了休闲与自由、休闲与认同、休闲与伦理、具身与虚拟休闲、休闲与精神、休闲与幸福和理想休闲等,这可以说是从哲学视角研究休闲问题,是一本休闲学的著作,但所讨论的问题和内容显然只是涉及休闲学的一部分。

第三,有利于休闲学科的成长与发展。

有人可能会问:既然休闲学是一门相对独立的交叉性学科,又为何将它归属于哲学?的确,如果单纯从研究的角度上说,并不必然或需要将它归属于某个学科之下;而且,消除学科分野、完全实行交叉研究的形式,是未来科学研究的必然趋势。MIT 的教授们认为,一直以来,每个研究者都会固守自身领域,偶尔才跨跨界。但 21 世纪人类面临的挑战,要求我们必须在一种开放的环境,以及多学科互动中共同解决问题,高校学科划分是人类自缢的绳索。曾任 MIT 校长的杰罗姆·韦斯纳说:"科学最让人兴奋的地方,就在于交叉领域。"MIT 的研究只有一个共同的主题:拓展人类。然而,从学科上说,这并不矛盾,相对独立的学科间可以有种属的关系,这是明显的。中国哲学、外国哲学,都是独立的学科,但又都同属于哲学学科;哲学、历史学、语言文学、艺术学,都是独立的学科,也都同属于人文学科。休闲学是不是一门相对独立的学科和休闲学归属于何种学科,都涉及同一个重要的问题:休闲学的学科根基是什么?这也是休闲学的学科地位问题。前面已经阐明：休闲学的学科根基是哲学，因而，将它归于哲学也便顺理成章。而且还要特别指出，在目前中国高校的学科体制和分类状况下，休闲学在研究内容、特征与最终旨趣上，与哲学最相关最接近，将休闲学归属于哲学一级学科（门类），是有利于休闲学科的成长与发展的。

因此，我把休闲学看作是关于休闲生活的哲学，是一种生活哲学，或者也可以说是一种关于生活艺术的哲学。构建作为生活哲学的休闲学，才是摆脱西方学者所谓休闲研究危机和挑战之恰当而顺畅的"出路"。

厘清休闲学的范畴边界，明确构建休闲学理论的原则，也许有可能回应和解决目前休闲研究中存在的问题和提出的挑战。当然，这需要一个不断学习和探索的过程，能否真正构建心目所期待的休闲学理论，存在着某种风险。但是，在学科创新上，我们应该有承担风险的勇气，有努力探索的决心。

（原载：《浙江学刊》2019 年第 1 期）

休闲学在西方的发展：反思与启示

庞学铨[1] 程翔[2]

内容摘要：休闲学在西方实现了学科建制化，但依然面临挑战，具体表现在：学科论争的相持不下、休闲高等教育的艰难前行以及公共认知的以偏概全。本文通过回顾休闲学的学科发展史，对造成挑战的根源进行探索，归结出：学科的"交叉性"推动了休闲学从无到有的发展，但客观上也为学科的发展带来了挑战。为促进我国休闲学未来的健康发展，应加强休闲学本体论研究、引介西方早期休闲研究及欧洲休闲学成果、发展中国特色休闲学概念与理论体系。

我国休闲研究的起步较晚，从核心概念到理论框架到研究范式、方法等，几乎是直接套用西方的学科话语体系，学科发展尚处于仿效西方阶段。学界对于西方的普遍接纳使得关注西方休闲学科发展问题的学者寥寥可数。学者刘晓君以"休闲中的社会"和"脱离社会的休闲"分别指代英国休闲研究和北美休闲科学，通过对比研究得出结论：受后现代主义和女性主义思潮的影响，英美的休闲研究面临相同的困境，即未能"阐明休闲意义的固有本质及同其他意义和特性之间的关系"[3]。学者宋瑞在《反思与演化：近二十余年西方休闲研究的学理之辩》一文中系统论述了西方休闲学界所面临的知识层面和制度层面的危机，并将其根源归结为休闲研究的特殊属性，但她对于"特殊属性"的具体含义未做出详细的说明。[4] 笔者认为，对西方休闲学学科发展的科学性和合理性进行反思，是我国休闲

---

[1] 庞学铨，浙江大学哲学系、浙江大学旅游与休闲研究院，教授，博士生导师。
[2] 程翔，浙江大学哲学系 休闲学博士研究生。
[3] 刘晓君. 意义缺失的困境——对北美休闲科学与英国休闲研究的本体论思考[J]. 青年研究，2008（8）：48.
[4] 宋瑞. 反思与演化：近二十余年西方休闲研究的学理之辩[J]. 旅游学刊，2013，28（05）：15-24.

学寻找自身定位的必要前提。目前我国对这一领域的研究与关注是远远不够的，尚需要更多更深层次的探索。

一、西方休闲学的现状

1899年凡勃伦《有闲阶级论》的出版标志着西方开始从学术层面研究休闲，休闲研究的序幕由此揭开。学者们纷纷从经济学、社会学、心理学、哲学、地理学、管理学等不同学科视角出发，对休闲的概念，工作与休闲，休闲的价值，休闲行为，休闲政策与规划，休闲的应用领域（如公园、旅游、户外娱乐、疗养性娱乐），休闲与社区、种族、年龄、性别、宗教等主题进行研究和探索，取得了大量的实证研究成果，对休闲的某些重要问题如休闲参与、休闲体验、休闲满意度等达成了一定的共识，建立了诸如休闲制约与协商、严肃休闲等休闲理论。自20世纪40年代以来，西方陆续有高校正式设立与休闲学相关的专业。至20世纪80年代末期，北美大多数公立、私立大学（学院）都已经设立了休闲学相关专业，休闲高等教育步上了制度化轨道。与此同时，休闲学术的专门出版社（如 Venture Publishing、Sagamore Publishing、Palgrave Macmillan 等）出现，英、美、加、澳等国的休闲学术刊物（如 *Leisure Studies*、*Leisure Sciences*、*Annals of Leisure Research*、*World Leisure Journal* 等）也逐步形成各自的影响力。截至2018年8月，Web of Science 核心合集收录了21 962篇以"Leisure"为主题的文章，来自12 050个机构的作者对此做出了贡献，其中美国、英国、加拿大占比前三，分别为28.33%、11.1%、8.2%。可见，西方休闲学在组织层面已经实现了自身的建制化，拥有专门的教育和学术研究机构，休闲研究也成绩斐然。

西方的休闲学发展势头迅猛，但近年来学科危机说却不胫而走。休闲学科在西方被质疑、被误解和由盛转衰的近况说明西方休闲学的发展正面临着挑战，具体表现为：学科论争的相持不下、休闲高等教育的艰难前行以及公共认知的以偏概全。

（一）学科论争的相持不下

20世纪末，西方学界对休闲学开始进行学科反思，在对休闲学的发展进行阶段性总结的基础上，特别探讨了休闲学的学科性问题。1997年，荷兰学者Mommaas和英国学者Coalter分别发表"*European leisure studies at the crossroads？A history of leisure research in Europe*""*Leisure sciences and leisure studies：Different concept，same crisis？*"，引发了学界关于"休闲学危机"的大讨论。来自澳大利亚、加拿大、美国的学者们（Lynch，McLean，Shaw，Stebbins，Chick，Tinsley）对Mommaas、Coalter的观点给予了回应，或同意、或质疑、或反对，"危机"一时间跃为西方休闲学界的热点话题。[1]2002年，来自英国和澳大利亚的学者们（Critcher，Parker，Aitchison，Veal）再次对休闲学危机论展开了讨论。[2]2010年，加拿大学者Stebbins发表"*Leisure studies：the road ahead*"一文，讨论了目前

---

[1] Mommaas H. European leisure studies at the crossroads？A history of leisure research in Europe[J]. Leisure Sciences, 1997, 19（4）：241-254; Coalter F. Leisure sciences and leisure studies: Different concept, same crisis？[J]. Leisure Sciences, 1997, 19（4）：255-268; Lynch, R. Whose crisis at the crossroads？[J]. Leisure Sciences, 1997, 19（4）：269-271; McLean D. J. Response to Coalter: Understanding the "meaningfulness" of leisure[J]. Leisure Sciences, 1997, 19（4）：273-275; Shaw S. M. Cultural determination, diversity, and coalition in leisure research: A commentary on Coalter and Mommaas[J]. Leisure Sciences, 1997, 19（4）：277-279; Stebbins R. A. Meaning, fragmentation, and exploration: Bete noire of leisure science. Leisure Sciences, 1997, 19（4）：281-284; Chick G. Crossroads and crises, or much ado about nothing？A comment on Mommaas and Coalter[J]. Leisure Sciences, 1997, 19（4）：285-289; Tinsley H. E. A psychological perspective on leisure[J]. Leisure Sciences, 1997, 19（4）：291-294.

[2] Critcher C. Back to the Future: Leisure Studies in Retrospect and Prospect[J]. Lawrence L., Parker S. Leisure Studies: Trends in Theory and Research. LSA PUBLICATION, 2002（77）：3-12; Parker S. Which way for leisure？[J]. In Lawrence L., Parker S. Leisure Studies: Trends in Theory and Research. LSA PUBLICATION, 2002（77）：13-17; Aitchison C. Leisure studies: Discourses of knowledge, power and theoretical "crisis" [J]. In Lawrence L., Parker S. Leisure studies: Trends in theory and research. LSA PUBLICATION, 2002（77）：19-40; Veal A. J. Leisure studies at the millennium: Intellectual crisis or mature complacency？. Lawrence L., Parker S. Leisure Studies: Trends in theory and research[J]. LSA PUBLICATION, 2002（77）：41-50.

休闲研究发展遇到的问题，次年来自世界各国的学者们（Rowe，Perkins，Fullagar，Modi）对此也展开了回应。[1]此后，英国学者Blackshaw（2014）从社会学的合法性危机、知识危机和商业化趋势三个角度解释了休闲社会学研究的危机现状，提出将现代性导入社会理论，为休闲研究寻找第三维度的理解。[2]总地说来，西方学界对于学科的"危机"问题争持不下，从研究基础、学科焦点、学科特性及研究方法等角度对休闲学科的合法性问题进行了讨论，众说纷纭。

（二）休闲高等教育的艰难前行

尽管在学术建制上西方的休闲学作为一个专业而存在是客观的事实，但其学科地位却有待商榷。美国学者Chick（1997）指出，相比其他传统专业而言，休闲学院系的地位相对较低。[3]英国学者Deem（1999）从学科设置的角度谈及了英国休闲学被边缘化的孤立状态。[4]英国学者Aitchison（2002）从不公平的学科研究和教育评价机制的角度说明了休闲学的地位低于体育学的事实，并从研究评价测试（the Research Assessment Exercise）、学术期刊的出版以及休闲相关课程教学的学科评价三个方面对休闲学面临的挑战进行了说明。[5]美国学者Henderson（2016）认为，自学科合法时，关于休闲课程和知识的不安就已经出现。众多学者

---

[1] Stebbins R. A. Leisure studies: The road ahead[J]. World Leisure Journal, 2011, 53（1）: 3-10; Rowe D. Serious leisure studies: the roads ahead less travelled[J]. World Leisure Journal, 2011, 53（1）: 23-26; Perkins H. C. Sharing the road ahead[J]. World Leisure Journal, 2011, 53（1）: 19-22; Fullagar S. Where might the path less travelled lead us? [J]. World Leisure Journal, 2011, 53（1）: 15-18; Modi I. Working towards a smooth road ahead for leisure studies[J]. World Leisure Journal, 2011, 53（1）: 11-14.

[2] Blackshaw T. The crisis in sociological leisure studies and what to do about it[J]. Annals of Leisure Research, 2014, 17（2）: 127-144.

[3] Chick G. Crossroads and crises, or much ado about nothing? A comment on Mommaas and Coalter[J]. Leisure Sciences, 1997, 19（4）, 285-289.

[4] Deem R. How do we get out of the ghetto? Strategies for research on gender and leisure for the twenty-first century[J]. Leisure Studies, 1999, 18（3）: 161-177.

[5] Aitchison C. Leisure studies: Discourses of knowledge, power and theoretical "crisis" [J]. Lawrence L., Parker S. Leisure Studies: Trends in Theory and Research. LSA PUBLICATION, 2002（77）: 19-40.

对高校中学科地位的断言表明休闲学的学科现状并不乐观。[1]从客观数据上来看，休闲高等教育呈现出由盛转衰的局面，以美国为例：20世纪90年代，高等教育中休闲学相关单位已经不像60、70年代那样增长迅速；至20世纪末，各高校的休闲学（Leisure Studies）系所纷纷改名，将"Leisure"从名称中拿走，以"Park""Sports""Recreation"等专门领域取而代之。

（三）公众认知的以偏概全

在西方，"休闲"容易被人们认为是无所事事或是一种不作为的状态。[2]如Fullagar所言，在资本主义背景下的公共文化中，休闲被等同于"完全享乐（exclusively hedonic）"和"随意（causal）"，甚至于其他领域的学者认为休闲只是"有趣和游戏（fun and games）"。[3]实际上，就学理层面而言，"休闲"的内涵问题是个复杂的、尚待解决的严肃性问题。从Aristotélēs的《尼各马可伦理学》《政治学》对休闲的阐述，到Pieper的"一种灵魂的状态"[4]，到Grazia的"对要履行的必然性的一种摆脱"[5]，到Neulinger的"心之自由感（perceived freedom）"[6]，再到Kelly的"成为状态"[7]，等等，休闲的所指不断地被扩展。显然，休闲的丰富内涵被人们忽视了，这直接影响了人们的日常休闲生活和对休闲学学科的基本判断。

总之，尽管西方休闲学的发展成果有目共睹，但其学科面临的挑战也

---

[1] Henderson K. A. Leisure and the academy: Curricula and scholarship in higher education. In Walker G. J., Scott D., Stodolska M. (Eds.) [M]. Leisure matters: The state and future of leisure studies. State College, Pennsylvania, Venture Publishing, 2016: 345-352.

[2] Mary G. P., Mark E. H., Andrew T. K., The nature of recreation and leisure as a profession. In Human Kinetics [M] (Eds.). Introduction to recreation and leisure, 2005: 353-376.

[3] Fullagar S. Where might the path less travelled lead us? [J]. World Leisure Journal, 2011, 53（1）: 16.

[4] 约瑟夫·皮柏. 闲暇：文化的基础 [M]. 刘森尧译. 北京：新星出版社，2005: 40.

[5] De Grazia S. Of time work and leisure[M]. NY: The Twentieth Century Fund, 1962: 14.

[6] Neulinger J. The psychology of leisure: Research approaches to the study of leisure[M]. Springfield. IL: Charles Thomas Publishers, 1974: 16.

[7] 约翰·凯利. 走向自由——休闲社会学新论 [M]. 赵冉译. 昆明：云南人民出版社，2000: 22.

是显而易见的。那么，造成挑战的根本原因是什么，对我国休闲学的发展有什么启示，这是本文将要继续探索的两大问题。

二、挑战的根源

较之传统单一学科，休闲学的学科发展过程和方式更为复杂。美国学者 Henderson 以祖孙三代进行类比，生动形象地描绘了休闲学的学科发展阶段：祖辈的传统学科如社会学、地理学等鼓励休闲学的发展；同辈的休闲学则通过学科交叉来进行发展；子女辈的专业领域（如旅游、户外娱乐管理、疗养性娱乐）则在近几十年出现。[1] 早期的休闲研究依托于其他学科，于20世纪80年代确立了与母学科、支撑学科的关系，如地理学、经济学和社会学等等。这一学科发展方式，也历史性地导致了不同地区、不同高校的休闲学学科归属差别较大、研究侧重点迥然不同。而后，随着学科不断地发展，一些学者开始尝试跨越单一学科和主题进行研究，也就渐渐形成了当代学者所倡导的交叉性学科研究方法。[2] 不过，由于休闲学的交叉性被不断地强调，休闲的各大专业领域得以迅速崛起，导致休闲研究的领土被割让。前文所述休闲学系所设置的更名正是该问题的直接后果。休闲学的学科发展面临巨大威胁，即学科内部的分化。Critcher 认为休闲学的基础正在被瓦解的标志之一是，休闲相关学科（如体育研究、旅游研

---

[1] Henderson K A. Leisure studies in the 21st century: The sky is falling? [J]. Leisure Sciences, 2010, 32 (4): 391-400.

[2] Veal A J. Leisure studies at the millennium: Intellectual crisis or mature complacency? [J] Lawrence L, Parker S. Leisure Studies: Trends in Theory and Research. LSA PUBLICATION, 2002, (77): 41-50; Aitchison C. Leisure studies: Discourses of knowledge, power and theoretical "crisis" [J] Lawrence L, Parker S. Leisure studies: Trends in theory and research. LSA PUBLICATION, 2002, (77): 19-40; Mair H. The potential of interdisciplinarity for leisure research[J]. Leisure Sciences, 2006, 28 (2): 197-202; Henderson K A. Leisure studies in the 21st century: The sky is falling? [J]. Leisure Sciences, 2010, 32 (4): 391-400; Stebbins R A. Leisure studies: The road ahead[J]. World Leisure Journal, 2011, 53 (1): 3-10; Perkins H C. Sharing the road ahead[J]. World Leisure Journal, 2011, 53 (1): 19-22.

究、艺术管理、媒体研究等）都在瓜分休闲学的领土。[1]

笔者认为，造成休闲学面临挑战的核心问题正是休闲学的交叉性学科性质。回顾学科的发展史，休闲学的发展似乎处于一个悖论中：学科的交叉性伴随和推动了休闲学从无到有的发展，但恰恰是该特性使得休闲学无法实现学科划界，甚至出现学科分化的问题。这一特性，也使得休闲学的几个基础性学科问题一直处于悬而未决的状态，休闲学的独立学科地位也因而无法树立。

（一）研究对象的问题

休闲学的交叉性决定了研究者们拥有着不同的学科背景、专业知识和研究视角，这必然导致研究的关注点不同，研究对象有所差别，学科的研究核心也就难以形成共识。西方的休闲研究历经一个多世纪，休闲学的研究对象一直在发生变化。以北美休闲研究为例：二战前，北美休闲研究主要围绕工作与休闲的关系、休闲及其相关概念、休闲的价值展开；二战后至20世纪70年代中期以前，北美休闲研究围绕经济、身份、阶层、人群、娱乐、户外游憩展开；20世纪70、80年代以后，旅游、体育、健康的研究增长迅速；21世纪初期以来，研究者们持续关注公园、娱乐、旅游，更加重视休闲与健康、休闲文化、休闲的国际化趋势。进一步展开来说，随着休闲研究的重心从休闲的本体论领域逐步转移到休闲的应用领域，休闲研究的课题也在与时俱进，如：美国移民区公园的建立带来"休闲与犯罪率"的研究；成立于遗产保护运动中的国家公园管理局开始了"休闲与国家遗产"研究；20世纪20年代的经济发展带来商业性休闲的增加，休闲成为社会地位的象征，"休闲与身份"的课题出现；二战后伤残士兵的特殊情况引起学者们对"疗养性休闲"的关注；经济大萧条时期失业人口的增多使得学界重新定义"空闲时间"。凡此种种，举不胜举。研究对象不再局限于最初的自由时间问题，而是广泛分布在各个领域中，呈现出碎

---

[1] Critcher C. Back to the future: Leisure studies in retrospect and prospect[J]. Lawrence L., Parker S. Leisure studies: Trends in theory and research. LSA PUBLICATION, 2002（77）: 3-12.

片化的状态，学界很难就休闲研究的议题达成共识[1]。休闲学的研究对象随着时代变迁而不断发生改变，休闲研究领域也确实受到相关学科的威胁，这都源于休闲学的交叉性。

（二）研究范式的问题

休闲学的交叉性使其学科归属一直无法确立，所依托的认识论、理论、方法论、研究思路都处于不统一的状态，休闲学的发展呈现出放射性的状态，所形成的理论、观点难以共洽。如库恩所言，研究范式是特定的科学共同体从事某一类科学活动所必须遵循的公认的模式，它包括共有的世界观、基本理论、范例、方法、手段、标准等与科学研究有关的所有东西。研究范式的问题首先涉及的是认识论的问题，即知识的本质与结构问题。学者们持有何种认识论、对真理如何理解，关涉到学者们选择何种理论视角，进而影响到研究方法论和研究方法的选择。反之亦然，学者们采用访谈法、调查法、实验法、参与者观察法等各类研究方法，选择人种志研究、案例研究、扎根理论研究等方法论，都共同关乎研究者的理论视角、认识论。学科的范式问题是个框架问题，即对休闲学研究的认识论、理论视角、方法论、方法进行规定。休闲学在发展初期，主要依托母学科、支撑学科的理论及方法得以进行，在研究范式问题上出现非此即彼的角斗局面。[2]而后，学科的交叉性使得多样化的研究方法得以共存，[3]但这一阶段休闲学的研究"范式还未完全成型"，[4] 在很大程度上限制了休闲学的学科发

---

[1] 杰弗瑞·戈比，沈杰明，刘晓杰等. 北美休闲研究的发展：对中国的影响[J]. 刘晓杰，刘慧梅译. 浙江大学学报（人文社会科学版），2008（4）：22-29.

[2] Rojek C. Leisure theory: Retrospect and prospect[J]. Loisir et société/Society and Leisure, 1997, 20（2），383-400.

[3] Aitchison C. Leisure studies: Discourses of knowledge, power and theoretical 'crisis' [J]. In Lawrence L. & Parker S. Leisure studies: Trends in theory and research. LSA PUBLICATION, 2002（77）: 19-40; Mair H. The potential of interdisciplinarity for leisure research[J]. Leisure Sciences, 2006, 28（2），197-202; Henderson K. A. Leisure studies in the 21st century: The sky is falling？[J]. Leisure Sciences, 2010, 32（4），391-400; Stebbins R. A. Leisure studies: The road ahead[J]. World Leisure Journal, 2011, 53（1），3-10.

[4] 约翰·凯利. 走向自由——休闲社会学新论[M]. 赵冉译. 昆明：云南人民出版社，2000.

展。休闲学的研究者们因其所处社会的历史结构、文化背景不同，拥有着不同的世界观和认识论。实证主义、后实证主义、解释主义（包括符号互动论、现象学、诠释学）、批判理论、后现代主义等多种理论视角在休闲研究中都占有一席之地。学者们采用的研究方法论和研究方法也是各有不同。概而言之，休闲学缺乏固定的研究范式。

（三）理论建构的问题

休闲学的理论建构问题与其学科交叉特性同样关系紧密。学科对象的扩散、研究范式的不统一导致学科的发展失去了垂直的研究深度，呈现广而浅的发展态势。二十一世纪以来，不少学者对休闲学的理论都提出过质疑，休闲理论研究的缺乏、停滞和消逝是休闲学界关注的重点。Searle 用社会交换理论分析了休闲研究低价值性的根源，即休闲研究缺乏理论发展，现有的文献都从其他成熟的学科中借用理论，检验后加以应用。[1] Aitchison（2000）参照 Apostolopoulos 等学者对于旅游领域缺乏复杂理论的观点，对休闲理论研究的深度展开思考，认为休闲理论缺乏复杂性。他也提到，休闲研究者不愿意接受相关学科和学科领域最新的理论进步、不接纳后结构主义的话语，造成了当前的学术僵局。[2] Henderson（1994）、Henderson et al.（2004）以及 Henderson 和 McFaden（2013）的系列研究对 1981 至 2012 年美国休闲学术期刊的理论应用进行分析，认为：由于解释主义质性研究的兴起，以应用（application）和测试（testing）为目的的理论使用呈下降趋势，以归纳性为基础的理论发展（development）不断增加，这将带来更多的解释特殊现象的微观理论，而不是宏观的元理论；

---

[1] Searle M S. Is leisure theory needed for leisure studies？[J]. Journal of leisure research, 2000, 32（1）：138-142.

[2] Aitchison C. Poststructural feminist theories of representing others: a response to the "crisis". in leisure studies' discourse[J]. Leisure Studies, 2000, 19（3）：127-144.

休闲研究领域的大多数理论都是中观理论,理论内容过于单一。[1]Stebbins 认为,休闲学面临困境的原因之一在于缺乏理论和方法论。[2]Blackshaw 对社会学休闲研究进行反思,认为当休闲理论的基础是社会学时,休闲理论就面临着不可避免的死亡。[3]Walker 等学者通过使用谷歌图书数据库对休闲理论进行搜索,发现从 1985 至 2008 年,该类书籍的数量明显下降。[4]就休闲学的理论建构层面,学者们从深度、复杂性、单一性等方面纷纷表示了担忧。由此看来,休闲学的交叉性使其自身迷失在各类跨学科的讨论中,本学科的核心讨论让位于跨学科、交叉学科的浅尝辄止。学科缺乏宏观元理论的研究,使得休闲学的学术影响力有限,呈现出依托其他学科进行发展的尴尬局面。

综上,休闲学交叉性的学科特点造成了其研究对象泛化、焦点模糊,没有固定的研究范式,所形成的概念及理论缺乏系统性等一系列学科问题,共同造成休闲学的学科归属难以确定,学术影响力有限,面临学科分化和持续的学术论争。

三、对我国的启示

休闲学在西方的发展情况可能在提醒我们,对我国的休闲学科来说,完全照搬西方的学科发展路径恐怕不是最优方案。我国在发展休闲学的过

---

[1] Henderson K A. Theory application and development in recreation, parks, and leisure research[J]. Journal of Park and Recreation Administration, 1994, 12(1), 51-64; Henderson K A, Presley J, Bialeschki M D. Theory in recreation and leisure research: Reflections from the editors[J] Leisure Sciences, 2004, 26(4), 411-425; Henderson K A, McFadden K. Characteristics of leisure research: Trends over three decades[J]. International Leisure Review, 2013, 2(2), 119-134.
[2] Stebbins R A. Leisure studies: The road ahead[J]. World Leisure Journal, 2011, 53(1): 3-10.
[3] Blackshaw T. The crisis in sociological leisure studies and what to do about it[J]. Annals of Leisure Research, 2014, 17(2): 127-144.
[4] Walker G J, Scott D, Stodolska M. Leisure matters: The state and future of leisure studies[M]. (Eds.). State College, Pennsylvania, Venture Publishing, 2016: 313-321.

程中应取长补短，在汲取西方学术营养的同时，对学科交叉性带来的问题做出一些努力，并结合我国实际情况构建一些原创性的休闲理论。以下是笔者对我国休闲学未来的努力方向提出的几点拙见。

（一）吸取哲学发展的经验，加强休闲学本体论研究，发展休闲学基础理论

就学科发展而言，休闲学在西方发展并不顺利，至今仍无法夯实其学科地位。休闲研究曾经聚焦的课题不复存在，研究的对象与时代的政治、经济、文化背景密切相关，且更替频繁。加之休闲研究的相关特殊领域蓬勃发展，甚至分割了休闲研究的一片土地，休闲学就这样面临了学科分化问题。进一步说，时代的变化几近决定了休闲研究的内容，使得休闲学面临着碎片化、理论薄弱的学科问题，这与西方的实用主义传统密切相关。如 Chick 所言，"1960 年以后，英国休闲研究的指导思想是'作为工具的休闲'，而非'休闲本身'……在美国的休闲研究中，对'休闲的效益'的研究远远超过了'休闲的成本'……休闲的本体论状态已经几乎无法描绘。"[1] 基于实践导向，西方现有的研究过多地关注休闲的事实问题，而忽略发展"休闲应该是什么"的规范性理论构建，对本质的探索基本处于停滞状态，这是我们需要觉察的事实。

西方学界对于休闲学学科发展问题提出了各种应对策略，如强调休闲学的积极意义；提倡学科交叉性研究，用渗入到其他学科的方法来代替寻求保护的方式等。但笔者认为，这些办法都无法从根本上解决休闲学科面临的问题。从根本上来说，休闲学的学科现状源于休闲学的学科发展传统，即以实践为导向，依托其他母学科、支撑学科的理论基础，采用跨学科的研究方法。休闲学要想发展，必须跳脱实用主义的研究倾向，拨开纷纷扰扰的休闲现象，回到"休闲"本身，多进行哲学性的学科思考。就这点而言，哲学的学科发展具有极强的参考价值。学科研究领域被不断挤压分割的问题，哲学史上也一直存在。哲学为何能不断适应这种发展现实并保持

---

[1] Chick G. Crossroads and crises, or much ado about nothing? A comment on Mommaas and Coalter[J]. Leisure Sciences, 1997, 19（4）: 285.

自己学科的独立性？关键是有哲学家在不断地探索新条件下哲学自身的研究领域和对象。休闲学者却几乎没有或忽视了这个问题，而是随着具体休闲研究领域的分化，进入了相关分化的领域。这源于休闲学研究一直处于实证研究的观念和方法之中，这正是如何建立休闲学理论和树立其独立学科地位需要思考的重要问题。

因此，加强休闲学本体论的研究，找到学科的内在核心，发展休闲学概念体系和理论体系，是构建学科自治体系、形成学科向心力的关键所在。为了应对西方休闲学面对的种种挑战，学界首先要回答"休闲学是什么""休闲学应该研究什么"的本体论问题。这将进一步引出另一个问题：作为交叉学科，休闲学是否需要寻找它的学科归属？如果需要，它的学科属性是什么？接下来就是，休闲学的研究范式和方法论问题。如何界定休闲概念，从综合的哲学层面来界定是否可行？目前运用的社会科学研究方法，是否适合休闲学的理论研究？如果适合，依据何在？如果不适合，以哪种方法更为合适？再有就是，休闲学的理论构建应如何进行？如何建立系统的休闲学基础理论？以上这些问题，应当说是休闲学的学科基础性问题，需要学界付诸艰苦卓绝的努力才有可能解决。

（二）继续学习北美研究范式的同时，引介早期休闲研究及欧洲休闲学成果

相较于欧洲，北美休闲研究起步较晚，主要研究现实问题，与各类公园协会的成立、遗产保护运动等密切相关。北美休闲研究者与游憩专业人士、机构之间拥有着极为紧密的联系。美国国家娱乐与公园协会（The National Recreation and Park Association，简称NRPA）作为北美最大、最重要的非政府休闲组织，影响着休闲研究的指向。这就使得其主流研究视角是社会心理学，强调实证主义方法论，着重实证研究和应用推广。尽管北美休闲研究的特色历史文化背景及实证主义传统共同决定了其休闲实证理论不太适用于其他地区，但其研究范式、方法论和方法应是我国学者努力学习的内容，希望能借助其理论解决我国面临的实际问题。

此外，学界对西方早期休闲研究以及欧洲休闲研究缺乏了解。一方面，对于早期西方学者研究的经典理论问题了解不够，如休闲与技术文明；休闲（leisure）与玩（play）、游戏（game）的概念辨析；古希腊、中世纪及文艺复兴时期的休闲理念等等。这些问题在西方传统休闲研究中极为重要，但进入我国之后，学者们只是大致了解，不曾细究。另一方面，欧洲休闲研究的主流视角是社会学，在认识论、方法论和理论方面与北美极为不同，思辨性传统更强，着重理论建构与概念辨析。由于欧洲研究的重点是放在休闲背后的社会问题，而不同于北美是对于休闲领域的直接研究，其成果受我国学者关注较少。再者，欧洲一些学者擅于从哲学角度出发探讨休闲的本体论问题，如 Winnifrith 和 Barrett 的《休闲哲学》（1989）、Rademakers 的荷兰出版物《自由时间的哲学》（2003）、Blackshaw 的《休闲》（2010）、Spracklen 的《构建休闲：历史和哲学的辩论》（2011）、Bouwer 和 Marco 的《休闲哲学：美好生活的基础》（2017）等，[1] 在休闲学的基础理论建设上做出的贡献更大。我国的学科基础要想迅速扎根，就应充分借助西方早期及欧洲的思辨性成果。

（三）回归我国国情，发展中国特色休闲学概念与理论体系

欧洲的休闲研究侧重于社会学分析，北美则致力于社会心理学研究，两个地区的研究范式、研究方法存在很大差异，这同其所在地的历史文化结构息息相关。因此，我国的休闲学在发展过程中应注意结合我国的历史、文化、民族特性、当代国情，提炼出具有标识性的学科概念及理论，探索出中国特色休闲学理论体系。学者庞学铨就建构中国特色休闲学一事提出了三点操作性建议，即"从中外休闲异同的恰当比较中把握中国休闲文化的特色；从中国休闲文化中提炼出具有标识性的概念；与中国社会现实紧密结合"[2]，笔者深以为然。

---

[1] Winnifrith T, Barrett C. The philosophy of leisure[M]. Palgrave Macmillan, 1989. Rademakers, L. Filosofie van de vrijetijd. Damon, 2003. Blackshaw T. Leisure. Routledge, 2010. Spracklen K. Constructing leisure: Historical and philosophical debates. Springer, 2011. Bouwer J, M van Leeuwen. Philosophy of leisure: Foundations of the good life[M]. London/New York: Routledge, 2017.

[2] 庞学铨. 实践呼唤系统规范的休闲学[D]. 中国社会科学报，2017-1-24.

一方面，西方特定的历史文化背景决定了西方休闲学拥有着其特殊的议题，如户外休闲、LGBT休闲、休闲与犯罪率、国家遗产、种族融合、女权主义等。在北美，公园是休闲研究的重点，这同北美的历史文化传统有关；而在我国，休闲学同旅游学紧密联系，这同我国的政策导向密不可分，具体表现为国务院办公厅颁布的《国民旅游休闲纲要（2013-2020年）》等。中西方的异同对比能帮助我们厘清我国休闲学的缘起及发展方向。我国的休闲研究有哪些值得探究的特色议题？西方研究的议题是否也能在我国开展下去？这将影响到中外休闲学界是否存在共同议题，关系到中外休闲学术共同体的形成基础，是值得探究的问题。

另一方面，西方研究课题的演变是有一定的历史脉络可寻的，如前文所述，20世纪20年代、二战后、经济大萧条时期、20世纪五六十年代，不同时期因其社会历史文化的改变造成了休闲研究课题的变化。这也使得我们思考，我国休闲脉络的演变是否有同样的规律可循？一般说来，我国的休闲史应包括自先秦时期以来的各项变化，如休闲功能的演变、休闲形式的变化、主流文化对于休闲的影响、人们休闲认知的演变、休闲政策的变化、休闲服务的供给进程等等。目前我国关于休闲的历史研究仍处于零碎化的状态，部分历史人物的休闲思想以及某个朝代的休闲等议题备受关注。从历时研究的角度来看，中国休闲史的系统研究尚未形成，这使得我国独特的休闲文化未能形成完整谱系。

因此，立足我国社会现实和历史文化，提炼中国特色休闲术语，是构建中国特色休闲理论体系的重要环节。

（原载：《浙江社会科学》2019年第2期）

处于十字路口的欧洲休闲研究？

——欧洲休闲研究的历史 [1]

汉斯·莫马斯
(荷兰蒂尔堡大学休闲学系)

摘要：本文对欧洲休闲研究的历史进行了概括性描述。文章基于对以下欧洲六国：西班牙、波兰、法国、比利时、荷兰还有英国，休闲研究历史的比较研究，在欧洲各国，休闲研究一直受制于社会学的视角和关注。社会学总是扮演集体和公众关注的调停者，以应对启蒙／文明和文化参与／福利等问题。但是，从20世纪70年代后期开始，自由时间的集体和教育项目已经丧失了它在过去的许多意义。一方面，现在对时间、消费、玩耍和享乐等问题有了更多的学术关注。然而，与此同时，这些问题同过去对休闲和／或自由时间的集体关注相脱节。这就导致两个相互关联的问题：休闲研究是否仍然需要一个统一的休闲项目？如果是的话，这样的项目应该是什么样子？

　　欧洲的休闲研究领域如今所面临的境况多少有些矛盾。一方面，有关时间和消费、体育参与和媒体参与、购物和旅游以及文化和日常生活等问题的研究越来越多，研究体现了复杂程度的不断提高，并促进了出版物数量的不断扩大。然而另一方面，存在着一种失落感，甚至危机感。处在因关注人们的消遣活动而造成的混乱中，休闲的观念似乎已被偏离甚或完全遗忘了。休闲曾经被赋予一种独立的重要性、一种"剩余意义"，它正式建立起了一个超出各个组成部分之上的独立研究领域。而那种意义似乎已

---

[1] Hans Mommaas. European leisure studies at the crossroads？A history of leisure research in Europe[J]. Leisure Sciences, 1997: 19 (4), 241-254.

经丧失了一部分制度性、规范性和/或认知性力量。

重要的是，欧洲的休闲研究从一开始就是一个面向主题的研究领域，受社会学视角主导，却又极大地依赖公共政策的利益。有人可能会更强调后一个方面：就其现代历史而言，作为一个独立研究和教育领域的欧洲休闲研究起初之所以可能，正是由于有集体项目左右了其经济和文化资源基础的分配。造成今日失落感的一个关键事实在于，为休闲观念赋予公共重要性的那些东西已经发生了变化。休闲似乎不再具有那种曾经与它相联的、不证自明的公共地位和重要性。休闲研究本身并非一个基础学科，而是一种深深嵌入社会和/或行为科学历史之中的基本建构模块，它需要一项能让它恢复生机的"使命"或正当性，一种公共的和/或认知性项目，足以将其（重新）统一为特定的研究和教育领域。

在本文中，我想通过介绍欧洲休闲研究的历史，集中关注当前在欧洲对休闲研究的不安。公共项目，直到最近都为休闲研究赋予了作为一门独立的研究领域的合法性，那种项目的确切本质又是什么呢？又是什么让那些集体项目在今天变得不再明显？为了回答这些问题，我利用了一份跨国比较研究项目的结果，该项目包含了六个研究各自国家休闲研究历史的调查团队（涉及西班牙、法国、比利时、英国、荷兰还有波兰。参见Mommaas, Van der Poel, Bramham, Henry, 1996a），对这些问题的回答。在其各自的结论中，每一位作者都谈到了崩溃、碎片化和多样化，尽管带着不同的评价。这里正在发生什么？哪种同质性或统一性正变得支离破碎？在休闲研究的历史背景下，我们对此又当作何评价？复兴休闲概念是否还有必要和有理由？又或者，我们是否应该接受这种事态作为当下"后现代"存在的脆弱和轻微的一部分？

早期现代性与自由时间/休闲的形成

为了追溯休闲研究项目的历史背景，我必须从概念说明入手。就全球学术界而言，把"休闲"（leisure）当作这里所讨论的研究领域背后的组织原则，这是相当普遍的；但从欧洲的角度来看，这在事实上是相当成问题的。在欧洲的大多数语言群体中，日常对话中使用的概念并非休闲，而是自由时间（free time）（荷兰语 vrije tijd，德语 Freizeit，法语 temps libre，西班牙语 tiempo libre，瑞典语 fritid，波兰语 czas wolny）。因此，"自由时间"既包括该现象的"强的"、时间的维度（自由时间作为从特定的义务中解脱出来的一段时间），也包括"软的"、文化的维度（自由时间作为活动的质量，作为自由、玩耍、享乐、放松、内在动力、沉迷爱好）。但是，情况相当复杂，不仅每个语言群体，甚至每个学派也不尽相同。一些学者用自由时间的概念同时包含了"客观的"（或时间相关）和"主观的"（或意义相关）内涵。另一些人则使用休闲（leisure，法文 loisir）的概念或相关的古典观念（西班牙文 ocio，德文 Musse），以便在质的问题和量的问题之间划清界限。此外，还有一些人（尤其在盎格鲁－撒克逊语言群体中）完全否定了自由时间的观念，因为它具有预先假定的意识形态地位（有关自由和自由选择的"虚假"或"自由主义"内涵）。

从最初相互联结的时间和质量问题开始，这些复杂程度就已经显著地表现了自由时间/休闲建构的历史所具有的复合特征。就其现代形式而言，该现象必须被追溯到"漫长的十九世纪"，从18世纪后半叶延续至20世纪初。总的来讲，技术－经济、司法－政治及社会文化这三个相互关联的发展非常重要。首先是工业资本主义的崛起和蔓延，造成了一种已经过时的、基于时间的工作组织被扩大化和制度化。这导致了对工作和非工作、工作和享乐以及生产和再生产等领域更严格的时间划分。第二个发展是全民世俗国家的兴起，及其国民一体化的公共空间，其中的全体公民在法律面前一律平等。结果，不仅工作领域，就连非工作领域也从前现代的封建契约中被解放了出来："主人和工人掌握各自时间的权利"（Bailey，1978）。最后的发展是新兴都市中产集团的兴起，包括社会统计专家、慈善家、医疗专家、卫生学家、教育家、教授、教师、律师、医生、公职人员和督察人员在内的新型社会专业人员。

这个都市中产阶级的作用是推动新公共秩序的进一步"现代化"。

无论他们如何受特定的政治和宗教派别划分，新型职业群体总认为自己属于社会文化"工程师"这个一般共同体，它具有跨国和跨大西洋的联系，参与了对国民社会及其治理的"启蒙"（合理化、文明）(Lacey & Fumer, 1993)。他们占领并生产了一种社会文化空间，其创建的基础是（a）不断扩大的民族国家官僚机构；（b）监护体系的逐步集体化；（c）越来越多的积极从事卫生、慈善和／或文化教育工作的志愿团体；以及（d）高等教育和科学的领域不断扩大（Manicas, 1987; Rothblatt & Wittrock, 1993）。

有关自由时间／休闲的最早"话语"，可以追溯到为工作与非工作的这种新型时空排列的制度化所卷入的骚动、恐慌、冲突、承诺和乌托邦。当工业资本主义造成了部分人口从地方传统的整合形式中的"非嵌入"(disembedding) (Giddens, 1990)，又把他们"再嵌入"到都市的和以大规模生产为基础的更抽象的生活条件中时，上述现象总是必不可少的内容。这些转变服从阶级冲突和阶级组织的诸阶段，人们对国家／地方秩序和"社会问题"的兴起感到担忧。为了提高劳动控制和劳动生产率，雇主在生产和再生产领域之间制订了严格的、针对性别的时空隔离，尽可能地禁止车间工人接触当地民俗和当地娱乐。与此同时，教育家、改革家和医疗专家还鼓励对再生产领域加强针对性别的分隔，宣传私人家庭和公共生活之间的分隔。日常生活得到了重组和分类，依照由工业资本主义和市民社会的抽象合理性所主导的时空网格。自由时间或休闲也作为一个独立的辩论和干预领域开始存在。

早期休闲研究与民族文明工程

当然，这个现代化进程在整个欧洲都留下了时间和空间中的特定轨迹（Therbom, 1995; 另见 Delantly, 1995; Tilly, 1990; Wilterdink & Zwaan, 1991）。在十九世纪，欧洲西北部的工业化相对先进，这得益于一个制度化更早且更强的民族国家机器。这可能与一个发展更强的、资本密集的都市体系有关，包括政治和经济之间的分化，以及具有经济和文化影响力的中产阶级。中产阶级则引发了对经济、政治、文化和科学的进一步合理化／国有化。

总的来说，这就解释了最初针对产业工人生活的社会和经验情感为什么可以追溯到19世纪的中叶和欧洲的西北边缘。从1830年代开始，我们发现了一些探讨工人阶级生活状况的案例，在法国、比利时和英国（Samuel，1996；Corijn & Van den Eeckhout，1996；Brarnham & Henry，1996）。这些"调查"是由皇家委员会、议会委员会或个人改革家组织的，通常是国家／皇家科学院院士或国家改革组织的成员进行的。关键在于以一种近乎"人类学"的好奇去探索和管理那片未知领地（terra incognito），它依附在新近的工业化都市区背后。对有关城市工业无产者的工作和生活状况的事实进行系统而详细的登记，这原本应当首先加强法律或教育措施的理性基础，并影响政治经济纠纷及社会改革战略的发展。从方法论上讲，对工人生活的早期调查称得上专论和／或社会图解、归纳法、经验主义及进化论的典范。核心是一门"立法者科学"（Bauman，1987；Winch，1993）的理想，立法者有能力下达一般原则，以此实现对社会的外部（即"客观"）诊断，从而为社会改革增添专业确定性和政治公正性的光环。

有关产业工人的消遣娱乐的这些研究关注各有不同，其详细和系统的程度常常令人惊讶。研究本身往往局限于物质生活条件。如果探究涉及工人的消遣，那么这些消遣活动就会被当作工人的道德取向、文化提升和／或社会融入的可能指标或参数予以调查。因此，人们对饮酒、赌博、出入酒吧、家庭生活组织、读书、园艺以及戏剧、演讲和政治集会等参观活动都有强烈的兴趣。大体上讲，劳动者的自由时间被怀疑是懒惰、浪费和酗酒的潜在来源。但同时，就大众教育、政治道德组织和国民启蒙而言，自由时间被认为是一种有力的资源。因此，劳动者的活动被笼罩在一般的二分法里，以普遍的科学地位来装饰，在现世中却表达了所涉及的中产阶级的世界观。核心是各种矛盾，例如有教养的和粗鄙的，受教育的和懒惰的，理性的和冲动的，主动的和被动的，以及一般的和特殊的。

直到第一次世界大战期间（20世纪20年代和30年代），自由时间/休闲才开始被视为一个独立的研究对象。首先是1917年的俄国革命，1918/1919年魏玛共和国的社会主义和共产主义的激进派，1919年匈牙利的社会主义革命企图，还有1920年红军进军波兰。这些事件指向了在欧洲阶级冲突中高涨的左翼势力，导致民族保守派和教派精英们越来越焦虑。其后果是发展了新的社会政策，并附有关于劳动条件的法律（例如，著名的关于8小时工作日的立法和带薪休假的新立法）。此外，战后在欧洲盛行的新重商主义国家政策强调经济和社会干预。而且，大学系统扩张的新阶段导致了"现代"社会科学有时相当不由自主地在欧洲蔓延（Manicas, 1987）。[1] 由1929年股票崩盘（krach）所引发的经济危机随后重新引发了关于是否有可能进一步减少每周工作时间的辩论，为了实现更好的就业分配、保留现有的工作与实业并使生产和消费之间的关系更平衡。这就带来了建立40小时工作周和/或双休日的目标，将自由时间/休闲转化为跨国和跨大西洋辩论的对象（Cross, 1993）。

在这一语境中，工人的业余时间成了政治辩论和组织的独立对象，从东方的波兰和苏联到西方的荷兰和比利时。国际会议得到了筹办，例如有关休闲的1924年国际劳工组织大会。面向自由时间的组织数量增加了。其中包括世界成人教育协会（1918年成立），社会主义工人体育国际（1920年）和国际农地和工人花园办公室（1926年）（Beckers & Mommaas, 1996）。

因此，在这个时期面向自由时间/休闲的研究增加了。研究的核心涉及自由时间增加可能带来的后果以及如何可能对那些后果产生积极影响。是否有必要进行公共干预，为了启发文化和娱乐活动，使它们能够同当地民俗（被认为是落后的和原始的）、同新的商业乐趣（被认为是剥削的、被动的和"定量的"）相竞争？

研究策略大多遵循已建立的归纳法 - 进化论的研究规范，以尽可能详

---

[1] 马尼科斯（Manicas, 1987, p.209）解释了社会科学在欧洲相比在美国较晚引入且较慢发展的原因，指出在欧洲有一批教授发挥了封建"官吏阶层"的作用，同政府和财政的上层圈子有紧密的联系，不愿改变自己的道路。

细的方式登记工人的活动（例如，斯莱德森（Sledsens）在比利时的研究，荷兰的各种社会图解研究，弗里德曼（Friedmann）在法国的研究，还有西伯姆·朗特里（Seebohm Rowntree）在英国的调查；Corijn & Van den Eeckhout, 1996; Samuel, 1996; Mommaas, 1996; Bramham & Henry, 1996）。但是，除了传统的专论和/或社会图解研究项目外，这一时期还首次使用参与统计和时间预算研究。基于在社会改革研究中应用家庭预算法即勒·普累（Le Play）著名的家庭预算跨国研究（Samuel, 1996）并且在工作环境中引入时间测量法（属于泰勒的科学管理方法），时间预算法在20世纪20年代已经成了一件有效的社会研究工具。这不仅是美国的情形（由吉丁斯（Giddings）的学生乔治·贝文斯（George Bevans）在1913年所做的研究），在苏联（斯特罗米林（Stroumiline）在1920年代的工作）和欧洲各国（Lanfant, 1972; Szalai, 1972）也一样。

就休闲活动来说，这些研究的结果依然从上级的、"外部的"或"立法的"角度得到阐释。它们被看作是工人认知教化、道德文明和/或社会融入水平的指标。大体上讲，这些研究的组织和评估依然遵循了让产业工人融入国民/理性公共空间的项目观点。因此，二战前的自由时间研究，是旨在生产自由时间的现代化项目的重要组成部分。核心是为了确保从工作中释放出一段时间，并把那段时间用于文明的目标（有益的休闲、合理的娱乐、工人的解放）。

福利现代主义与文化民主化

直到二战结束以后，自由时间在欧洲各地才成为一个相对独立和系统的研究对象，有自己的专家、自己的课程，以及自己的编码和释义、相互参照、期刊还有辩论。尽管的确存在着连续性，但把这当成战前发展的逻辑推论却是大错特错。换句话说，休闲研究在二战后的制度化必须根据非连续性来解释，后者令战后欧洲的现实性清晰可辨。在一种同战前的条件和取向迥然相异的制度和智识氛围中，休闲研究"成了现实"。

第一，欧洲经历了前所未有的经济增长时期。尽管存在着持续的悬殊，尽管经济条件非常不同，但各国经济——无论共产主义、威权资本主义还是自由/社会资本主义——都经历了重大的经济进步（Therbom，1995）。

第二，大众消费在欧洲各地蔓延开来，从20世纪50年代晚期的瑞典和英国开始，在70年代抵达西班牙和波兰，在80年代又轮到了希腊和葡萄牙（Therbom，1995）。伴随着高等教育的革命性扩张，大众消费的蔓延逐渐开始令各地的文化分类和等级丧失权威或相对化（Thompson，1990）。

第三，作为国民经济总体重建的一部分，欧洲经历了快速（再）工业化与机械化的阶段，同时也转向了服务业活动。经济重建带来了充分就业的时期，但也引起了有关工作质量和工人异化危险的争论。这些辩论不再被表述为阶级和资本主义的话语，而是同"技术文明"和/或"后工业社会"的概念相关。

第四，从20世纪50年代晚期开始，在充分就业的形势下，通过延长周末、减少每周工作时间和（或）增加带薪假期等各种方式，欧洲各经济体经历了新一轮工时削减。在20世纪50年代末和60年代初，工作时间的再次削减从西北部地区开始，到70年代覆盖至西班牙和波兰（后者严格限制了48小时工作周和每月两次周末双休日；Olszewska & Roberts，1989）。

第五，经济发展为各国社会和文化参与的异常扩张提供了必要的财政支持。其中，大约在1960年到1980年之间，多数欧洲国家的政策经历了史无前例的增加，旨在刺激各种形式的休闲（如体育、娱乐、志愿部门、媒体、艺术、旅游）。因此，对面向休闲的专门化人才和知识的需求量不断增加（Bramham, Henry, Mommaas & Van der Poel, 1993）。

在社会研究者和社会规划者当中，这些制度变迁同认识或观念取向的基本变化是一致的。到20世纪60年代，社会科学被普遍认为在社会国家干预的信息和根据中发挥了重要作用。然而，就其方向和立场而言，20

世纪60年代的社会科学同之前的时代非常不同。在整个欧洲，从共产党执政的波兰到基督教民主党的荷兰、比利时和法国，还有法西斯西班牙，都不难发现社会智识氛围发生了翻天覆地的变化。发生变化的关键在于远离古典的、人文主义或集体主义的欧洲社会思想。在一些知识分子的努力下，这些战前的"英雄叙事"（Alexander，1995）对前后两次世界大战的灾难负有部分责任。在战后时代，它们会令人联想到"传统导向的特殊主义""形而上学的思辨"和"文化的僵化"。相反，美国成了新的方向，那里的社会科学氛围由科学实在主义和文化多元主义所主导：拉扎斯菲尔德（Lazarsfeld）的调查研究范式，默顿（Merton）的社会工程概念和中层理论，还有帕森斯（Parsons）的系统性理论和现代化理论方向，均助长了这种风气。[1]

这里的关键不只是开展研究的不同方式。关键在于一种范式，它为社会科学的内部组织、社会角色和专业本身的形象提出了全新的技术官僚前景。此外，这种范式反过来又反映、刺激并正当化了一种自由主义的、技术官僚的现代化修辞。那种修辞不仅在20世纪60年代肯尼迪执政期间广为流行（Woodiwiss，1993），而且还为欧洲各国当局所竞相效仿。

尽管存在巨大差异，但这些变化仍然为自由时间/休闲的问题带来了三种发展。第一，存在着这样一种趋势，即加大鼓励激励国家对民众消遣活动的关注，而不再是单纯地禁止。国家逐渐从志愿部门手中接过了责任，于是休闲和文化开始被当作集体财物。第二，主导的观念取向不再是过去的文化思维"总体化"模式（基于进化论和有机论的观念）。相反，文化

---

[1] 必须强调的是，"欧洲"社会思想的"美国化"这一观念，如何成了对一个非常复杂的发展过程的简化描述。只要指出以下三点就足够：（a）那些美国舶来品在很大程度上是由过去从欧洲出口的社会思想组成的；（b）战后的美国科学主义同样把自己区别于美国社会思想的开创者们；以及（c）在战后的美国社会思想内部也存在着各种很深的分歧，例如拉扎斯菲尔德的经验主义方法，帕森斯的系统性学说，还有米尔斯（Mills）和里斯曼（Riesman）等学者所采用的历史或定性方法（Turner & Turner，1990）。再加上"欧洲"社会思想的划分所包含的复杂性（有关英国的情形，Albrow，1993）并且对该主题的问题性质已经有所概述（Scaff，1993）。

民主[1]或标准化个人主义的模式主导了意识形态的和科学的思维。第三，由于劳动时间冲突的逐步制度化，自由时间/休闲的问题从一个首先涉及产业劳动者的问题被一般化为潜在地涉及全体人口的问题。

休闲研究与文化传播

就像战前时期一样，战后的休闲研究在国家干预、志愿工作和学术研究之间的灰色地带发展起来。在某种程度上，这项研究以那些"有力的个体"为基础，他们认为休闲从属于种类繁多的社会和智力关注与兴趣（人们也许会想到一些学者的重要影响，如皮珀（Pieper），弗里德曼、德·格拉齐亚（De Grazia），罗伯茨（Roberts）和帕克（Parker））。另外，在某种程度上，对政策和市场研究的需求日益增长，这些研究能够在对越来越多的公共和私人休闲供给所进行的规划、辩护和评价中产生重要的数据。这些发展共同带来了一种颇具特色的方法大杂烩。在一个极端，借助大众文化批判或启蒙教育法的悠久传统，我们发现了不以系统性实证调查作为基础的抽象沉思。在另一个极端，则是乏味的经验主义"人数清点"，据说受到"现代"美国实证研究模型的启发，缺乏任何明确的理论反思。

在尝试总结战后遍及欧洲的休闲研究所提及的多种主题和学科时，人们可能会辨识出两个中心的焦点话题。第一个话题区域主要是工作-休闲的关系。这里的核心包括争论工作和/或休闲的可能异化/自由化，探索工作-休闲关系的概念化，思考工作与休闲的可能融合，以及构想工作分配和/或生产经济的未来变化。第二个话题区域的关键在于寻找各种因素，以便能提高工人的生产力（尤其是在东欧；见 Lanfant, 1972），或者能在后工业（Riesman, Bell）或技术（Ellul）社会改善工作和/或休闲的质量。

起初，工作-休闲这对组合对于战后休闲研究学科的专题性自身理解

---

[1] 有必要强调，这种"文化民主化"通常并非旨在对民间、流行和/或大众文化的公开重估。相反，它是为了让支配性的中产阶级文化领域（志愿工作、艺术、娱乐和体育等领域）向全体国民开放。

来说至关重要[1]。可随着时间的推移，另一个主题逐渐支配了实证研究议程，并在这个年轻的学科同不断扩张的规划和行政领域之间建立了制度化关联。被共同归入"休闲参与"标签下的那个广泛的研究和辩论领域，并正危在旦夕。关注的焦点在于公共休闲供给中的各种人口部分（即体育、媒体、文化、娱乐等领域），对人口的各种休闲需求进行考察，以及休闲参与和生活质量之间的关系。分析要么涉及"单纯的"到场人数，要么涉及更复杂的时间预算数据。这些项目显然可以针对全体国民，也可以针对都市青年、女性等特定弱势群体，或者一座城市的人口。

从学术观点来看，这个研究领域最先是发展成为文化社会学和社会阶层学和/或消费经济学的一个附录。但是还存在各种关联，同各种关注自由时间和大众消费条件下生活质量的争论，同教育和供给方案的规划。这些方案是为了补偿大众文化消费的商业乐趣，并提升社会平等和民众选择。此外，私营休闲部门正在扩张，渴望实施最新的统计分析模型，企图变得更加专业且面向市场。在这个语境下，自由时间的概念促进了一种更为完整的研究，有关人口对各类公共活动的参与，进而也让一种对可能的替代效应的分析得以实现。

就研究的方法论而言，主导这一时期的是定量的相关性调查研究模型，基于对实证分析和演绎工具两种思维的结合。主要的职业模式是社会研究者兼工程师，他们分析各种造成休闲参与不平等或影响工作和/或休闲质量的社会机制。基于对相关序列的比较发现，对这些机制的知识将促进那些以治愈系统性"功能障碍"为目标的方案的发展。

---

[1] 人们在这里或许会想到那些设定了议程的重要著作，例如斯米格尔（Smigel）的《工作与休闲》（*Work and Leisure*, 1963）、德·格拉齐亚（De Grazia）的《关于时间、工作和休闲》（*Of Time, Work, and Leisure*, 1962）和帕克（Parker）的《工作与休闲的未来》（*The Future of Work and Leisure*, 1972）。

后二战时代的结束

回首20世纪90年代的视角,不难发现主导了战后欧洲休闲研究领域的相对乐观和自信的原因,是尚未意识到发展方向的改变。在西欧,美国的"东部前线"(Delantly,1995),冷战激发了空前的一体化。这在1958年欧洲经济共同体成立时达到了顶点,随后便迎来了"和平共处"的时期。经济扩张的蔓延尽管不均衡,但依然激发了有关凯恩斯主义政策能普遍成功、国家终于掌控了经济和阶级矛盾的看法。尤其是在欧洲西北部,国家机构的不断扩大,生产力和富裕程度的提高,以及工作时间的不断减少,的确令自由时间的观念成为处在政治-经济结构决定论之外的生活领域。因此,"休闲的难题"可以被还原为认知问题,基于研究的社会教育和供给方案不断扩大的努力,在将来会解决它。

然而,这种自信的气氛没有持续很长时间。从20世纪60年代末开始,一系列经常出人意料的、有时相当矛盾的事件缓慢却坚定地逐渐瓦解了既有的确定性。必须强调三种发展:(a)20世纪60年代末和70年代初的极富表现力的革命及其余波,(b)70年代末和80年代初的经济危机和相关的政治经济变迁,以及(c)欧洲政治地图的"开放"。

在20世纪60年代末和70年代初,新一代的年轻知识分子在四条战线上发起了批判。首先是郊区中产阶级消费文化的标准化民主,假定它具有中产阶级的肤浅和文化工具性。第二,针对社会计划的技术专家模型提出批判,因为它们强调了"意识形态的终结"和阶级的终结。第三,对盛行的"家长式"文化定义提出质疑,因其为现存的教育和供给方案提供了根据。第四,为已形成的社会科学提出一种更批判的或受左翼启发的方法,批评"美国的"现代化理论和实证分析研究所主导的格局(Alexander,1995)。

20世纪60年代末,欧洲各地的城市(从东到西,从南到北)都经历了因当地具体情况而爆发的学生运动。运动的领导者是经历了社会流动性主要阶段的年轻一代,他们在受惠于战后大众消费和流行文化的富裕和文化开放中长大。在这个经济和文化可能性增多的语境下,过去的文化等级制度即使不是完全荒谬的,也开始显得非常过时了。休闲成了文化破坏和战斗性的一处领地,是反文化活动和自我表达的温床(Martin, 1983)。即使在西班牙等传统主义和极权主义国家,这一时期也发展出了更多受左翼启发的社会理论变体,使人们注意到阶级结构的持续重要性(Tezanos, 1990)。在共产党执政的波兰,学生运动在官方马克思主义中寻求"修正主义"转向,并向西方智识思想进一步开放学术领域(却面临着突然由共产党所发起的反犹主义)(Kwasniewicz, 1993)。

批判性思维开始"揭秘"科学、文化和休闲的主导规范性时,一场经济危机逐渐改变了对休闲和文化的新一轮揭秘赖以发生的制度条件。在20世纪70年代,战后的政治经济体系开始崩溃。这首先是由美国经济的问题引发的,后者试图解决因韩战和越战造成的赤字(Woodiwiss, 1993)。20世纪70年代初,石油生产国迫使石油价格空前上涨,加速了潜在的世界经济衰退。随后的经济危机为盛行的福特主义政治经济体制的大幅弹性化带来了重要的推动力(Murray, 1989)。国家赤字的增加(经济滞胀的产物和社会需求的增加)间接造成了从福利主义到企业文化的转变:在前者看来,休闲是集体利益,是一项公民权利;可对于后者而言,休闲已经作为一件消费品被估价(Bramham et al., 1993)。此外,经济结构调整还伴随着都市经济的重组,城市被卷入了对公司、游客和居民的激烈的城际竞争。后者引起地方政府对休闲和文化的高度重视,它们作为都市形象战略和经济重建的手段发挥着重要作用(Bramham et al., 1989; Bianchini & Parkinson, 1993; Corijn & Mommaas, 1995)。这些发展合在一起,既排斥了战后的公共休闲参与模式,又排斥了70年代的解放模式、人道主义和社会主义,也正是后者引发了对传统休闲教育模式的批判。

最后,在20世纪70年代和80年代,欧洲的政治版图被彻底改写。在70年代,伊比利亚极权主义被最终击败,这是日益高涨的国内反对和国际孤立的共同结果。被萨拉查(Salazar)统治的葡萄牙在1975年经历了"康乃馨革命"。同年，佛朗哥死后，西班牙在国王胡安·卡洛斯·德·波旁（King Juan Carlos de Bourbon）的名义下确立了君主立宪制（Gonzalez & Urkiola, 1993）。西班牙在 1978 年举行了第一次民主选举，随后通过了民主宪法。影响更深远的则是共产主义在 80 年代的失败。在经济危机不断加深且西方金融和军事科技压力增加的背景下，共产主义极权主义的瓦解始于 80 年代初戈尔巴乔夫在苏联的经济改革与波兰团结工会的成立，并随着 1989 年柏林墙的倒塌达到高潮。这些事态发展意味着冷战时期的最后终结，以及资本主义的主要替代选项逐渐逝去。此外，它们还暗示了过去在西方的政治、经济和军事凝聚力的瓦解，和东方一样，这造成了民族主义、基要主义和地区主义的高涨。在波兰，基于世界银行的标准，团结工会在 1989 年上台之后实施了经济和政治结构调整，为了使波兰进一步融入全球市场经济（Jung, 1993）。结果，一种凶残的、市场导向的保守主义取代了过去的后共产主义社会主义，国家政策表明自己"公开敌视福利国家的许多元素以及它对休闲等各种社会活动的补贴"（Jung, 1993）。在西方，再加上持续的经济危机，共产主义的瓦解进一步削弱了左翼的政治和理论思考，却激发了市场导向的自由主义进一步复兴（Alexander, 1995）。

对休闲研究的重新评价

直到 20 世纪 70 年代末和 80 年代初，批判性思维才最终进入欧洲休闲研究的领域。在 60 年代和 70 年代初，休闲研究同主流社会理论思考还没有太多关联；因此，在对一般社会理论的批判性反思中，它也只占据了一个次要地位。到了 70 年代末和 80 年代初，批判性思维进入了休闲研究的领域，其影响力是三重的。第一个批判对象是休闲研究中使用的文化概念。人们就流行或亚文化实践的"积极"意义提出了更容易被接受的分析，既定的休闲教育方案基础也遭到了质疑。第二，占主导地位的客观主义研究方法遭到了批评，它执着于形式的、统计学的程序，不仅忽视了人们在自己的休闲活动中所寄托的意义，而且忽视了休闲本身的制度前提。第三，

-147-

质疑由"后工业"或"自由时间社会"的观念所带来的非反思使用，及其对民主多元主义和自由选择的强调，并且反过来指出阶级和权力概念的持续重要性。

新马克思主义对休闲研究的影响，也许在任何地方都没有像在英国那样显著和富有成效。这必须首先归功于伯明翰当代文化研究中心（CCCS）的作用，这是由马克思主义历史学家理查德·霍加特（Richard Hoggart）于 1964 年前后建立的研究生研究中心（Turner，1990）。中心对工人阶级文化的"生活体验"（以及媒体在构建这些经历时的意识形态作用）的持续兴趣，显然同休闲问题密切相关。在 1980 年，英国社会学协会和休闲研究协会终于举办了联合研讨会，新一代休闲研究者在行动，他们渴望让批判性思维进入这个领域。"传统"休闲研究和批判性文化研究的代表们交换了意见（Tomlinson，1981）。在随后的几年中，CCCS 的影响又为休闲的主题带来了新事物（Ciarke & Critcher，1985），对人种学和制度研究产生了更大兴趣，并且越来越关注阶级、种族和性别问题（尽管后者不得不等待有关女性在文化研究中被忽视的女性主义批判）。

文化研究的重要性与日俱增（它本身就指向了葛兰西学派新马克思主义、法国的后结构主义、符号学和精神分析的混合），标志着对战后美国社会理论的进一步远离，回归欧洲，回归"古典的"或"宏大的"社会思想，代表了观念取向的转变，可以被追溯到休闲研究领域。休闲研究过去曾受制于来自美国的科学主义和功能主义的"弱"变体，后来又逐渐为吉登斯（Giddens）、布尔迪厄（Bourdieu）和埃利亚斯（Elias）的理念所影响。

对社会理论的批判性思考与兴趣重燃最终成了休闲研究领域的一部分，它质疑实证主义和功能主义方法在过去的霸权，然而就在这时，经济和财政危机再次开始改变休闲研究调查的议程。最重要的是转向了更面向市场的休闲方式，这在整个欧洲很明显，它激发了一种把休闲当作消费品的兴趣（Bramham et al.，1993）。进而也就导致了对集体问题的疏远，如由关注休闲参与和社会不平等的问题，转向了公共受众、营销管理、消费和旅游等更多地方化问题。

此外，在20世纪80年代，后现代社会文化思潮也逐步进入了休闲研究领域，它强调地方，强调（理论和文化的）折中主义和组合，还强调选择与反思性。而且后现代思维还激发了对消费文化的兴趣，走向了对美学、意象、享乐、欲望、解构、身体、身份和风格等问题的关注。

休闲研究非常矛盾地把自己同后现代思潮联系在一起。当然，根据不同的立场，人们制造并维持了交叉连接（例如费瑟斯通、拉什和乌利以及罗杰克的著作）。但是总的来说，这些交叉连接来自休闲研究传统领域之外的人，并且停留在泛泛而谈的分析水平。

通过在新的形势下（休闲和消费可能性的进一步激增，休闲的商品化，全球经济和文化重组，福利国家的持久危机，地方和日常的后现代敏感性，劳动时间的弹性化）调解"旧的"关注（工作-休闲关系和休闲层级化问题），一些附属的研究领域出现了。于是人们可以在劳动关系持续弹性化的语境下思考对自由时间的变化规律和意义的研究。另外，还有待解答的是，阶级、性别、族裔和年龄的关系变化是如何能被追溯到后工业化、后现代社会中的休闲参与领域。而且，在都市更新过程中，休闲和文化的角色变化问题反映了对休闲研究的进一步关注（就包容和排斥的社会文化和空间关系的改变而言，还包括这种关注的可能后果）。最后，民族国家、地方政府和全球化文化产业之间的关系转型，导致了公共和私人休闲供给的结构变化问题。

处在十字路口的休闲研究？

在某种程度上，所有这些局部的变化都增加了休闲研究领域的进一步多元化，同时也导致休闲研究同消费者与文化研究之间的界限愈发不稳定。用吉登斯（1990）的说法，我们可以谈到"去传统化"的后续阶段，或者"反思性"水平的进一步激进化阶段。对国家人口参与公共文化的集体兴趣，曾经可以毫无疑问地为休闲研究提供基础，那样的年代似乎一去不复返了。一个极端的例子就是波兰，由于狂热地转向货币政策，导致休闲研究部门的消失和休闲研究者团体的分裂。随之而来的是在休闲市场中（尤其涉及消费和旅游），顾问和推广机构职务的工作量增加（Jung，1996）。在西班牙，休闲研究领域深受制度和理论碎片化的困扰。然而，由于西班牙的福利制度相对年轻，在评估时这尚且被当成了一个发展问题而非衰退问题（San Salvador del Valle，1996）。在法国，休闲作为一个自主的研究领域，其地位似乎受到了威胁。在后现代社会的新"社会性"中，非常重要的一点是日常生活话题的竞争性急速增长，这是一个同法国后现代社会学密切相关的话题（Samuel，1996）。在英国，休闲研究领域似乎正在设法应对后现代主义的主张，以及休闲体验、生活方式与消费在后工业、后福特制环境下的转变（Bramham & Henry，1996）。比利时的休闲研究正在倒退回传统的学科和纯粹的营销管理（Corijn & Van den Eeckhout，1996）。还有荷兰，那里的休闲研究不得不面对其研究领域的离心多元化（Mommaas，1996）。

  从某种意义上说，这种情形其实颇具讽刺意味。正当那些忙碌在休闲研究领域中的作者们发觉自己的研究领域面临着一定程度的碎片化或"蒸发"时，同休闲相关的各种话题（消费、文化、享乐、欲望、旅游、体育、时空）仿佛比以往任何时候都更受欢迎和关注。那么，问题似乎在于休闲研究领域是否以及如何能够使自己适应这些新的兴趣领域（重新定义它同它们之间的关系）。休闲研究的历史表明，在以无比精细的休闲观念为目标的、纯粹是认知或分析的水平上，这个问题不可能得到解决。相反，问题似乎还包含了休闲的公共意义。是否仍然有一个可能的甚或可取的集体休闲项目，为休闲研究带来一种新的公共论坛／合法化，如果有的话，这样一个项目又会是什么样子？

杨文默、程翔　译

参考文献:

[1]Albrow M. The changing British role in European sociology[M]. In B Nedelmann, P Sztompka (Eds.). Sociology in Europe: In search of identity (pp. 81-98). Berlin/New York: Walter de Gruyter, 1993.

[2]Alexander J. Fin de siècle social theory[M]. London: Verso, 1995.

[3]Bailey P. Leisure and class in Victorian England. Rational recreation and the contest for control, 1830-1885[M]. London: Routledge & Kegan Paul, 1978.

[4]Bauman Z. Legislators and interpreters: On modernity, post-modernity and intellectuals[M]. Cambridge, England: Polity Press, 1987.

[5]Beckers T, Mommaas H. The international perspective in leisure research: Cross-national contacts and comparisons[M]. In H Mommaas, H Van der Poel, P Bramham, I P Henry (Eds.). Leisure research in Europe: Methods and traditions (pp. 209-245). Oxon, United Kingdom: CAB International, 1996.

[6]Bianchini F, Parkinson M. Cultural policy and urban regeneration. The West-European experience. Manchester[M]. England: Manchester University Press, 1996.

[7]Bramham P, Henry I. Leisure research in the UK[M]. In H Mommaas, H Van der Poel, P Bramham, I P Henry (Eds.). Leisure research in Europe: Methods and traditions (pp. 179-209). Oxon, United Kingdom: CAB International, 1996.

[8]Bramham P, Henry I, Mommaas H, Van der Poel H (Eds.). Leisure and urban processes[M]. London: Routledge, 1989.

[9]Bramham P, Henry I, Mommaas H, Van der Poel H (Eds.). Leisure policies in Europe[M]. Oxon, United Kingdom: CAB International, 1993.

[10]Clarke J, Critcher C. The devil makes work. Leisure in capitalist Britain[M]. Hampshire, United Kingdom: McMillan, 1985.

[11]Corijn E, Mommaas H. Urban cultural policy developments in Europe[M]. Unpublished manuscript, Tilburg University/Brussels University, 1995.

[12] Corijn E, Van den Eeckhout P. Leisure research in Belgium: No engine of its own[M]. In H Mommaas, H Van der Poel, P Bramham, I P Henry (Eds.). Leisure research in Europe: Methods and traditions (pp. 139-179). Oxon, United Kingdom: CAB International, 1996.

[13] Cross G. Time and money. The making of consumer culture[M]. London: Routledge, 1993.

[14] De Grazia S. Of time, work, and leisure[M]. New York: Anchor Books, 1962.

[15] Delantly G. Inventing Europe[M]. Idea, identity, reality. London: Macmillan, 1990.

[16] Giddens A. The consequences of modernity[M]. Cambridge, England: Polity Press, 1990.

[17] Gonzalez J, Urkiola A. Leisure policy in Spain[M]. In P. Bramham, I. Henry, H. Mommaas, H. Van der Poel (Eds.), Leisure policies in Europe (pp. 149-175). Oxon, United Kingdom: CAB International, 1993.

[18] Jung B. Elements of leisure policy in post-war Poland[M]. In P Bramham, I Henry, H Mommaas, H Van der Poel (Eds.), Leisure policies in Europe (pp. 189-211). Oxon, United Kingdom: CAB International, 1993.

[19] Jung B. Leisure research in post-war Poland[M]. In H Mommaas, H Van der Poel, P Bramham, I P Henry (Eds.). Leisure research in Europe: Methods and traditions (pp. 39-63). Oxon, United Kingdom: CAB International, 1996.

[20] Kwasniewicz W. Between universal and native: The case of Polish sociology[M]. In B Nedelman, Sztompka P. (Eds.) Sociology in Europe: In search of identity (pp. 165-189). Berlin/New York: Walter de Gruyter, 1993.

[21] Lacey M J, Fumer M O. Social investigation, social knowledge, and the state: an introduction. In Lacey M J, Furner M O. (Eds.), The state and social investigation in Britain and the United States (pp. 3-60). Cambridge, United Kingdom: Woodrow Wilson Center Press/Cambridge University Press, 1993.

[22] Lanfant M F. Sociologie van de vrije tijd (Sociology of free time)[M]. Utrecht/Antwerp: Het Spectrum, 1972.

[23] Manicas P. A history and philosophy of the social sciences[M]. Oxford, England: Basil Blackwell, 1987.

[24] Martin B. A sociology of contemporary cultural change[M]. Oxford, England: Basil Blackwell, 1983.

[25] Mommaas H. The study of free time and pleasure in the Netherlands: The end of the legislator[M]. In H Mommaas, H Van der Poel, P Bramham, I P Henry (Eds.), Leisure research in Europe: Methods and traditions (pp. 63-107). Oxon, United Kingdom: CAB International, 1993.

[26] Mommaas H, Van der Poel H, Bramham P, Henry I P (Eds.). Leisure research in Europe: Methods and traditions[M]. Oxon, United Kingdom: CAB International, 1996.

[27] Mommaas H, Van der Poel H, Bramham P, Henry I P. Leisure research in Europe: Trajectories of cultural modernity[M]. In H. Mommaas, H. Van der Poel, P Bramham, I P Henry (Eds.). Leisure research in Europe: Methods and traditions (pp. 245-285). Oxon, United Kingdom: CAB International, 1996.

[28] Murray B. Fordism and post-Fordism[M]. In S. Hall M. Jacques (Eds.), New times (pp. 38-47). London: Lawrence & Wishart, 1989.

[29] Olszewska A, Roberts K. Leisure and lifestyle: A comparative analysis[M]. London: Sage, 1989.

[30] Parker S. The future of work and leisure[M]. New York: Praeger, 1972.

[31] Rothblatt S, Wittrock B. The European and American university since 1800[M]. Cambridge, England: Cambridge University Press, 1993.

[32] Samuel N. The prehistory and history of leisure research in France[M]. In H Mommaas, H Van der Poel, P Bramham, I P Henry (Eds.). Leisure research in Europe: Methods and traditions (pp. 11-39). Oxon, United Kingdom: CAB International, 1996.

[33] San Salvador del Valle R. Leisure research in Spain[M]. In H. Mommaas, H. Van der Poel, P Bramham, I P Henry (Eds.), Leisure research in Europe: Methods and traditions (pp. 107-139). Oxon, United Kingdom: CAB International, 1996.

[34] Scaff L A. Europe and America in search of sociology: Reflections on a partnership[M]. In B. Nedelmann & P. Sztompka (Eds.), Sociology in Europe: In search of identity (pp. 213-224). Berlin/New York: Walter de Gruyter, 1993.

[35] Smigel E O. Work and leisure: A contemporary social problem[M]. New Haven, CT: College and University Press, 1963.

[36] Szalai A. The use of time[M]. Mouton: The Hague-Paris, 1972.

[37] Tezanos J F. Inequality and class[M]. In S Giner, L Moreno (Eds.). Sociology in Spain (pp. 151-156). Madrid: Instituto de Estudios Sociales Avanzados, 1990.

[38] Therborn G. European modernity and beyond[M]. London: Sage, 1995.

[39] Thompson J B. Ideology and modern culture[M]. Cambridge, England: Polity Press, 1990.

[40] Tilly C. Coercion, capital and European states AD 990-1990[M]. Oxford, England: Basil Blackwell, 1990.

[41] Tomlinson A. Leisure and social control[M]. Eastbourne, England: Brighton Polytechnic, 1981.

[42] Turner G. British cultural studies: An introduction[M]. London: Unwin Hyman, 1990.

[43] Turner S P, Turner J H. The impossible science. An institutional analysis of American sociology[M]. London: Sage, 1990.

[44] Wilterdink N, Zwaan T. Nationalisme, natievorming en modernisering (Nationalism, nation building, and modernization)[M]. In T Zwaan, N Wilterdink, H Kleijer, C Cruson (Eds.). Het Europees labyrint (The European labyrinth) (pp. 253-271). Amsterdam: Boom/Siswo, 1991.

[45] Winch D. The science of the legislator: The enlightenment heritage[M]. In M. J. Lacey & M. O. Furner (Eds.), The state and social investigation in Britain and the United States (pp. 63-88). Cambridge, England: Woodrow Wilson Center Press/Cambridge University Press, 1993.

[46] Woodiwiss A. Postmodernity USA. The crisis of social modernism in post-war America[M]. London: Sage, 1993.

千禧年的休闲研究：知识危机还是成熟的自满？ [1]

A. J. 韦尔

（澳大利亚悉尼技术大学）

摘要：近些年出版了许多针对休闲研究领域的评价性研究，尤其是在"千禧年"出版物中（例如《休闲研究期刊》的专题与杰克逊和伯顿的《休闲研究：展望二十一世纪》和其他著作（例如肯·罗伯茨的《当代社会休闲研究》）及论文（例如卡拉·艾奇森近期在《休闲研究》上发表的文章）。在经过30年富有成效的工作后，休闲研究要么正陷入一种绝望的智识危机，要么正沉浸于某种对成就和进步的沾沾自喜中——这取决于你读了谁的东西。在回顾了关于该领域的上述及其他近期评估后，本文认为像休闲研究这样宽广的研究领域有可能在某一部分陷入危机，但并非全部。我们应当承认休闲研究中存在不同学派或子领域，而不是肯定它是一个统一的整体。

起步阶段

在英语世界，对休闲的研究至少可以追溯到十九世纪末出版的《有闲阶级论》，托斯丹·凡勃伦（Thorsten Veblen）在这本书里检视了"有闲阶级"的历史与史前兴起。他们是社会成员中的这样一些群体：不需要参加工作，尤其是出卖体力的那类工作（Veblen，1899）。直到20世纪60年代随着美国建立了一项重要的政府调查，有关休闲的进一步研究和写作才得以广

---

[1] Veal. "Leisure studies at the Millennium: Intellectual crisis or mature complacency?" in Lawrence and Parker, eds., Leisure studies: Trends in theory and research. LSA Publication, 2002（77）：41-50.

泛开展，由户外娱乐休闲资源评审委员会（1962，以下简称ORRC）负责执行。ORRC主导实施了大量实证研究，影响了后来遍布西方世界的休闲研究的发展。值得注意的是，它把"公园和户外娱乐"确立为美国研究的一个焦点。户外娱乐资源受到重视，不仅因为它们涉及环境问题，更因为它们面临着迅速增长的私家车数量所带来的进一步娱乐需求。各级政府投资建成大片开放空间，这也就支撑起了一项重大的公开研究项目，从而建立了强有力的学科研究传统。除了关注户外，ORRC还确立了采用大规模社会调查确定休闲参与，以此作为研究休闲行为及预测政策需求和发展的基础（Cushman，Veal，& Zuzanck，1996；Veal，1993）。

值得注意的是，在北美早期有大量关于休闲的研究事实上主要研究人们的户外逗留，通常是露营，以及游览国家公园等自然景点。该学科在北美的权威期刊《休闲研究期刊》创办于1969年，最初的许多年里，其中的文章全部是关于以露营为主的户外娱乐。所以，北美的很多所谓娱乐研究其实也可以被当作以自然景点为主题的旅游研究。不过很少有人注意到这一点。

《休闲研究期刊》的另一个特点，就是强调具有传统、实证、定量、"科学"风格的研究，受到心理学的影响极深，这在某种程度上也属于该领域在美国的第二份期刊《休闲科学》。与此形成鲜明对照的是总部在英国的期刊《休闲研究》，它具有更实用主义的、受社会学影响的以及定性的风格；还有在魁北克出版的、强调社会理论的双语期刊《社会与休闲》(Society and Leisure)。研究风格上的这个"跨大西洋分歧"导致科尔特（Coalter）为定量的北美传统和来自欧洲的传统分别打上了"休闲科学"与"休闲研究"的标签（Coalter，1997，1999）。

千禧年的危机？

休闲研究文献中的部分近期成果就这个领域的现状提出了截然不同的看法。一种观点认为该领域处于一种"危机"状态，而另一些人则认为休闲研究过去是而且仍然是一项成功的叙事，并为进一步的发展提供了坚实的基础。

作为智识努力领域的休闲研究也许正面临着危机，这种想法并不是全新的。早在1993年，克里斯·罗杰克（Chris Rojek）就说过："在休闲研究中，对后现代主义的回应为集体主义理论化制造了危机"（Rojek，1993）。这个观点同《休闲科学》专题上的两篇文章出现的步调一致（Mommaas，1997；Coalter，1997），许多人还应邀作了评论补充（Lynch，1997；McLean，1997；Shaw，1997；Stebbins，1997；Chick，1997）。最近，卡拉·艾奇森（Cara Aitchison）在《休闲研究》发文提及休闲研究中的一种"危机"或"僵局"，指出尤其是不愿"接受在相关学科和主题领域中的新进理论进展"。

相比之下，肯·罗伯茨（1999）认为过去的休闲研究"一直是个成功的叙事。这绝不是一个失败的项目"。同样，在一篇题为"承认与赞赏休闲研究中的进步"的综述里，德赖弗（Driver）（1999）回顾了从20世纪60年代至今的休闲研究，并没有表现出任何危机意识的征兆。在2000年第一期《休闲研究期刊》——以"世纪之交：休闲研究的反思"为主题的特辑——总共39篇论文中，只有寥寥几篇表达了对北美休闲研究现状的严重担忧。杰克·凯利（Jack Kelly）（2000）便是其中之一，他认为研究的科学模型已经将北美的休闲研究引入了死胡同，出路在于让研究关注现实世界的问题并采用新的方法和理论框架。黛安·桑达尔（Diane Samdahl）（2000）甚至说："我对休闲研究的未来感到困惑。有时候它显得没那么让人忧心，但我大多数时候还是觉得困扰。"她认为北美的休闲研究是孤立的，在方法论上和理论上都是保守的，并认为作为该学科主要专业机构的国家娱乐和公园协会（NRPA）难辞其咎。苏珊·肖（Susan Shaw）（2000）注意到了休闲研究在学术界的孤立处境，事实上，其他研究领域的作者们即使在面对休闲问题时，也未能引用休闲学研究。彼得·维特（Peter Witt）（2000）把他所看到的描述为在北美研究中普遍存在的质量匮乏和相关性缺失，并提出了一个以和从业者的对话与合作为主要基础的研究议程。

在对该领域的状况表示关切的各种成果中，可以辨认出某个确知的"危机"中多个相互关联的方面。第一，据信存在着某种"集体项目"或共同目的的缺失。第二，对研究领域"碎片化"为若干子领域的关注。上述两种发展被认为造成了休闲研究的"角色和地位丧失"。最后，人们认为这是一场"理论或智识危机"。接下来会依次讨论这些方面。

"集体项目"的缺失

在雄心勃勃地回顾过去两百年的欧洲历史及其同休闲的相关性时，汉斯·莫马斯（Hans Mommaas）（1997）所关注的是休闲研究"集体项目"的明显衰落。后者不仅关系到研究团体内部就学科的理论、方法和视野所达成的共识，而且关系到它和公共政策的关系。传统上，休闲研究"毫无问题地根植于一个国家人口参与公共文化的集体利益……"。在一些研究者看来，这是基于一种广泛的、社会民主的观点，认为休闲研究应当服务于"公共部门休闲服务"的需要，并从中获得研究和教育的地位与资源。由于西方政治的转型朝向以玛格丽特·撒切尔（Margaret Thatcher）和罗纳德·里根（Ronald Reagan）的政治经济措施为代表的新右翼，包括对公共部门的缩减和私有化，这一点也就遭到了削弱。而在该领域的其他研究者看来，集体项目的基础早已成为了一种更左倾的或新马克思主义的视角，并在某种程度上同激进的女性主义结盟。在阶级划分和父权制的语境下，该传统的研究者们对当代社会的休闲提出了批判的分析。同社会批判理论的这个关联为休闲研究提供了具有特定智识合法性的激进的／批判的派别，然而在20世纪90年代，马克思主义在东西方阵营的崩溃、女性主义视角的碎片化以及明显非政治的后现代主义视角的兴起，又共同动摇了它。

但是，任何危机在这方面的程度和严重性都是有争议的。例如，苏珊·肖

（1997）认为没有必要在休闲研究中努力重获某种共同的"项目"。她觉得学科的碎片化并没有什么问题，认为我们应当接受多样性，各种不同的方法总会形成一个"联盟"。另一个事实则是，大多数休闲研究者很可能在过去和现在都一直无保留地坚持政策世界的社会民主主义与改良主义观点，随着托尼·布莱尔（Tony Blair）和其他政治领袖的"第三条道路"政治的出现，这种视角也显示出了复苏的征兆（Veal，1998）。

碎片化

在一篇参照了跨欧洲休闲研究的调查评述中，莫马斯和他的合作者们（Mommaas, van der Poel, Bramhan & Henry, 1996）还注意到了研究学科转变为旅游、体育、媒介和消费等具体区域的碎片化过程，这就导致了休闲本身（或者使用在欧洲更常见的术语"自由时间"）不再是关注的焦点。在这一点上，他部分地得到了肯·罗伯茨的支持，后者虽然不赞成针对危机的全部观点，但似乎依然承认休闲研究受到了威胁，他说：

……从理论上说，在对体育运动员、游客、媒体等进行研究的时候，研究领域是贫困和缺乏权力的。社会没有被整齐地划分为体育运动员、旅游者、剧院观众等，是同样的人在做所有的这些事情。

罗伯特·斯特宾斯（Robert Stebbins）（1997）最初认为把这些碎片聚集在休闲研究的大旗下是徒劳无益的，因为碎片化领域里的那些工作在休闲的保护伞下恐怕看不到任何好处，但后来他又主张休闲研究的多面手们能够为不同碎片化领域中的研究者们提供有益的理论框架。

尽管如此，却出现了这样一个问题：那幅隐含的肖像，关于某个连贯的、未被碎片化的过去，对于休闲研究来说是不是一幅精确的肖像。可以论证的是，碎片化始终是该领域的一项特征，这体现在包括以下几项在内的很多方面。

1. 在休闲研究的发展中，北美"休闲科学"同欧洲"休闲研究"之间的跨大西洋分歧在早期就显现了。

2. 早在20世纪70年代中期，定性方法对后来被认为占主导地位的定量方法展开攻击，就部分地反映了跨大西洋分歧的定性／定量划分已经出现了。事实上，可以认为定性方法在英国／欧洲的休闲研究传统中始终很强势（Veal，1994），并且这两种方法在任何情况下都可以被看作是互补的。尽管如此，二者之间的争论仍在激烈地进行着，这尤其反映在社会学中同时进行的辩论。

3. 休闲经济学虽然为社会心理学和社会学所掩盖，但它在休闲研究中一直是一个很强的存在，尽管就认识论和研究风格而言是一块相当独立的碎片。因此，尽管其方法论主要是实证主义的，经济学却总能置身于方法论的争辩之外。进一步说，其他休闲研究倾向于批判市场或者充其量只是对它宽容，经济学则不同，它包含了一种特定的意识形态立场，因而，即使很多休闲经济学总是矛盾地涉及了非市场过程大体上接受了休闲在休闲服务供给中的作用（Veal，1989）。

4. 新马克思主义批判自20世纪70年代中期开始出现，但直到1980年代，随着约翰·克拉克和查斯·克里彻的《鬼推磨：资本主义英国的休闲》（*The Devil Makes Work*）（Clarke & Critcher，1985）一书的出版才达到顶峰。如上所述，这就在休闲研究中更激进／批判的一派和更务实／改良的一派之间造成了分歧。

5. 休闲研究中的女性主义批判也始于20世纪70年代，随后在80年代和90年代加快了步伐（Deem，1986；Wearing，1998），从改良主义到高度激进的派别，其形式非常多样。因而在过去多年的休闲研究中都存在着庞大的女性主义碎片。

6. 近期，后现代主义在那些哪怕只是暂时地接受它、承认它和休闲研究相关的人（罗杰克，1995）同那些拒绝它的人（罗伯茨，1999）之间造成了一种分歧。

7. 相关研究区域，诸如体育、旅游还有艺术，在智识上和制度上一直是独立存在的。尽管休闲研究在概念上涵盖了这些区域，却始终存在着同休闲研究几乎没有联系的、独立的专业和学术团体。最近，许多这类群体的知名度越来越高，其原因通常和休闲研究最开始崭露头角时一样。

因此，可以认为休闲研究在某种程度上一直是碎片化的。部分休闲碎片（例如体育、旅游）的制度成长在许多情况下威胁到了休闲研究的制度地位，但可以说，智识的碎片化程度并不比过去更甚。同样值得注意的是，碎片化并非休闲研究所独有的。经济学、社会学、法律、历史和其他学科都经历了各自的碎片化时期，并且随后通常还会经历被迫的再联合。

地　位

莫马斯认为，直到20世纪年代晚期，集体项目的观念和一个连贯的研究领域已经为欧洲休闲研究提供了作为独立研究和教育领域的特定地位。尽管大体上并未传达一种全面的危机感，贝弗·德赖弗在进行学科概述时仍然暗示了对地位问题的某种关心，就政策和专业意义而言，他说：

……我们需要在专业内更全面、更广泛地承认，休闲对于社会福利的重要性不亚于任何其他社会服务，而且它还具有重大的经济意义……最重要的是，我们必须在我们的专业之外推广一种积极的形象，让人们都知道我们所取得的进展属于科学探究的应用区域，以及休闲所具有的重大社会效益，包括但不限于它在经济上的巨大意义（Driver，1999）。

如今，休闲研究已经丧失了在20世纪70年代和80年代曾享有的一些地位和势头，部分是由于上述因素，部分是由于大学内部的企业化趋势。但这种变化也可以被看作是更广泛的现代/后现代转向的征候。迄今为止，许多人认为休闲研究是一个连贯的"项目"，依靠社会休闲日益增加的社会和经济重要性，还有集体公共部门的响应——在公共政策和规划以及服务供给方面，还有在相关的教育、培训及研究方面。虽然这始终是一种有些夸张的观点，但休闲研究的确从过去那一点"山上的光亮"，变成了由不那么明亮的光线组成的一束不那么显眼的光，射向了不同的方向。

理论／智识危机

最近的一处提到休闲研究的理论／智识危机的例子是卡拉·艾奇森（2000）在《休闲研究》上的文章。奇怪的是，除了参考本文已提到过的科尔特、罗杰克和莫马斯的文章外，艾奇森对休闲研究危机的指认完全基于阿波斯托洛普洛斯（Apostolopoulos）、雷瓦迪（Leivadi）和扬纳基斯（Yiannakis）（1996）针对旅游理论发展的弱点所作的评论，还别有用心地暗示这种情形已延伸到了休闲当中。然而，她的主要观点是，休闲研究在接纳后结构主义和后殖民理论时未能"跟上"其他研究学科／领域，排斥了文化的观念。虽然艾奇森的论断是有争议的，尤其是考虑到罗杰克（1995，2000）和威尔灵（Wearing）（1998）等学者的成果，他们激发了有关学科本质及其发展的思考。

艾奇森的研究重点是休闲"社会学"，尤其关注女性主义社会学理论。因此，她的关注反映了休闲社会学领域的关注。然而，如上所述，休闲研究事实上是一个碎片化的研究领域；它不是"一个项目"，而是很多个。因此，有可能在该领域的某个"碎片"中存在一段危机时期，而其他方面则不受影响。

可以证明，许多休闲理论家已经受到托马斯·库恩（Thomas Khun）（1970）的《科学革命的结构》一书的过度影响，它描绘了这样一幅连续的图画：某个范式在一个领域中占据着主导地位，又在一场斗争或"危机"之后被另一种范式取代（见图1）。我们可以在休闲研究学科的大量著作中发现这幅图画，在对休闲理论（通常是在社会学领域中）进行过一番批判性的历史回顾之后，便试图提出一套全新的或不同的理论来取代过去的全部理论（Clarke & Critcher, 1985; Wearing, 1998）。事实上，为这类作者所摒除或忽视的许多理论范式，在文献中继续存在并发展。尤其是在像休闲研究这样的多学科和交叉学科领域中,新的范式并不总是取代现有的范式,而是为研究领域形成了新的分支。因此,我们似乎应该认为休闲研究包含了许多并存的传统或思想学派,而不是庞大且单一的研究领域。

| 范式一 | 危机时期 | 范式二 | 危机时期 | 范式三 | 危机时期 | 范式四 |

图 1 领域的发展,模型 A: 序列范式

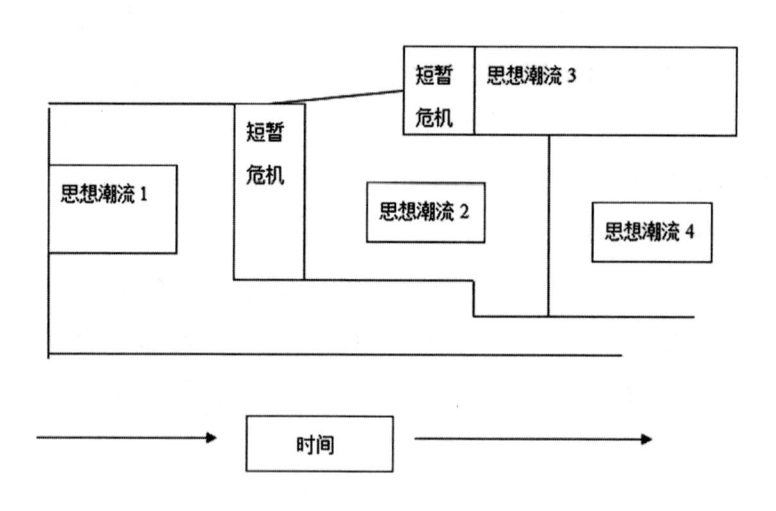

图 2 领域的发展,模型 B: 思想流派

图 2 描绘了"多个学派"的视角。这表明各种不同的范式、传统或思想学派随时间推移而起落。传统/学派之间在实践中的界限并不像图所暗示的那样泾渭分明,有时各学派之间也存在着联系和"对话"。一些学派之间的关系常常得不到解决,而且在某些情况下是无法解决的。一些学派可能会经历其他学派没有经历的"危机"。一些学派在成长,另一些学派却在走下坡路或是没有什么改变。一些学派会互相补充,另一些学派会相

互对立，还有一些对其他学派缺乏来往或了解。不同的学派还会根据它们主要关注休闲还是主要关注其他问题而变化。一个显著的特征就是不同的学派会涉及不同的非休闲研究领域，特别是不同的社会科学和应用学科。这影响了学派表面上的智识稳定性。例如，近年来，在社会学采纳和抛弃了各种范式之后，同社会学相关的思想学派经历了相当大的不稳定性，而同经济学相关的思想学派则稳定得多。

关于休闲研究中各思想学派的领域规范的完整评估已经超出了本文的范围，但是一份指示性的列表可能是这样的：

（1）休闲科学模型——受心理学影响；一些预测性研究（《休闲研究期刊》和《休闲科学》的主要各期）；

（2）规定性——政策/规划/管理/收益/教育/社区（Gartner & Lime, 2000）；

（3）经济学（Gratton & Taylor, 2000）；

（4）社会批判理论——新马克思主义；文化研究；消费理论；女权主义研究；后现代主义；一些历史学（Clarke & Critcher, 1985; Wearing, 1998; Rojek, 2000; Featherstone, 1991; Cross, 1999）；

（5）务实的社会研究（肯·罗伯茨的著作，1999；Robert Stebbins, 2000）；

（6）专门的、重叠的各研究领域（例如运动、旅游、游戏、文化研究、时间使用）。

这些思想学派都有自己的历史和当前的进展状况。根据上文提到的一些美国观察家的评论，以上所列出的第一项，即休闲科学的传统，也许在同目标受众的关联和交流上正面临着特定的危机。"规定性"和"经济学"的传统没有显示出任何危机征兆，尽管政治和管理环境的连续变化提供了不断变化的研究挑战来源。社会批判理论具有明显的智识危机的特点，面临着马克思主义的衰落、后现代思想的逃避性和女性主义理论提出的挑战。持有务实的社会研究传统的研究人员，尽管可能因为批判理论的兴起在20世纪80年代面临危机，但现在看来是放松和自信的。各个专业领域都有各自的发展历史，毫无疑问都拥有平静的时期和危机的时期。

结 论

本文回顾了休闲研究领域正处于危机中的命题，危机感部分是由于对休闲研究过去所处的连贯的、单一的黄金年代抱有一种理想化的观点，认为它已经丧失了对共同目的的感觉，并服从于碎片化的过程，变成了许多子领域，这就导致了一定程度的地位丧失和智识危机。然而，我们认为那个共同目标从未被该领域的全体研究者分享，而且碎片化一直是休闲研究的一个特征。上文已经证明，假如休闲研究被当成许多不断演变的思想学派或传统，我们就会发现其中一些学派或许正经历危机，另一些并没有。因此，将休闲研究描述为正处于"危机状态"显然是言过其实。

最后，我们可以发现，休闲研究的多元本质、它的众多思想学派以及它和相关研究领域之间变动的关联与重叠，可以被看作是一种力量而非一种弱点，它提供了一个丰富、健康、富有挑战性的智识环境，这或许正是许多其他研究领域所羡慕的。

杨文默、程翔 译

参考文献：

[1] Aitchison C. Poststructural feminist theories of representing Others: A response to the 'crisis' in leisure studies' discourse[J]. Leisure Studies, 2000, 19(3), 127-145.

[2] Apostolopoulos Y, Leivadi S, Yiannakis A. The sociology of tourism: Theoretical and empirical investigations[M]. Routledge, London, 1996.

[3] Chick G. Crossroads and crises, or much ado about nothing? A comment on Mommaas and Coalter[J]. Leisure Sciences, 1997, 19(4), 285-

289.

[4] Clarke J, Critcher C. The Devil makes work: Leisure in capitalist Britain[M]. Macmillan, London, 1985.

[5] Coalter F. Leisure sciences and leisure studies: Different concept, same crisis? [J]Leisure Sciences, 1997, 19(4), 255-568.

[6] Coalter F. Leisure sciences and leisure studies: The challenge of meaning[M]. In E. L. Jackson and T. L. Burton (Eds.) Leisure studies: Prospects for the 21st Century (pp. 507-522). PA: Venture, State College, 1999.

[7] Cross G. A Social history of leisure since 1600[M]. PA: Venture, State College, 1990.

[8] Cushman G, Veal A J, Zuzanek J (Eds.). World leisure participation: Free time in the global village[M]. Wallingford, Oxon, UK: CAB International, 1996.

[9] Deem R. All work and no play? The sociology of women and leisure[M]. Milton Keynes: Open University Press, 1986.

[10] Driver B L. Recognising and celebrating progress in leisure studies. In E. L. Jackson and T. L. Burton (Eds.) Leisure studies: Prospects for the 21st Century[M]. (pp. 523-534). PA: Venture, State College, 1999.

[11] Featherstone M. Consumer culture and post-modernism[M]. London: Sage, 1991.

[12] Gartner W C, Lime D W (Eds.). Trends in outdoor recreation, leisure and tourism[M]. Wallingford, Oxon. UK: CABI Publishing, 2000.

[13] Grattan C. Peter Taylor Economics of Sport and Recreation[M]. London: E & F. N. Spon, 2000.

[14] Kelly J. The 'real world' and the irrelevance of theory-based research[J]. Journal of Leisure Research, 2000, 32(1), 74-78.

[15] Kuhn T S. The structure of scientific revolutions. Chicago, IL: University of Chicago Press, 1970.

[16] Lynch R. Whose crisis at the crossroads? [J]Leisure Sciences, 1997, 19(4), 269-272.

[17] McLean D. Response to Coalter: Understanding the 'meaningfulness' of leisure[J]. Leisure Sciences, 1997, 19(4), 273-277.

[18] Mommaas H. European leisure studies at the crossroads? A history of leisure research in Europe[J]. Leisure Sciences, 1997, 19(4), 241-54.

[19] Mommaas H, van der Poel, H., Bramham P, Henry, I. P. (Eds.). Leisure research in Europe: Methods and traditions[M]. Wallingford, Oxon., UK: CAB International, 1996.

[20] Outdoor Recreation Resources Review Commission[M]. Outdoor recreation for America. Washington, DC: Author, 1962.

[21] Roberts K. Leisure in contemporary society[J]. Wallingford, Oxon., UK: CABI Publishing, 1999.

[22] Rojek C. After popular culture: Hyperreality and leisure[J]. Leisure Studies, 1993, 12(4), 277-289.

[23] Rojek C. Decentring leisure[M]. London: Sage, 1995.

[24] Rojek C. Leisure and culture[M]. Basingstoke, Hants: Macmillan, 2000.

[25] Samdahl D M. Reflections on the future of leisure studies[J]. Journal of Leisure Research, 2000, 32(1), 125-128.

[26] Shaw S. Cultural determination, diversity, and coalition in leisure research: A commentary on Coalter and Mommaas[J]. Leisure Sciences, 1997, 19(4), 277-280.

[27] Shaw S. If our research is relevant, why is nobody listening?[J]Journal of Leisure Research, 2000, 32(1), 147-151.

[28] Stebbins R A. Meaning, fragmentation, and exploration: Bête noir of leisure science. Leisure Sciences[J], 1997, 19(4), 281-284.

[29] Veal A J. The doubtful contribution of economics to leisure management: Analysis of a paradox[J]. Society and Leisure, 1989, 10(2), 147-156.

[30] Veal A J. Leisure participation surveys in Australia[J]. ANZALS Leisure Research Series, 1993(1), 197-210.

[31] Veal A J. Intersubjectivity and the transatlantic divide--A comment on Glancy (and Ragheb and Tate)[J]. Leisure Studies, 1994, 13(1), 211-215.

[32] Veal A J. Leisure studies, pluralism and social democracy[J]. Leisure Studies, 1998, 17(4), 249-268.

[33] Veblen T. The theory of the leisure class[M](1970 ed). London: Allen and Unwin, 1899.

[34] Wearing B. Leisure and feminist theory[M]. London: Sage, 1998.

[35] Witt P. If leisure research is to matter II[J]. Journal of Leisure Research, 2000, 32(1), 186-89.

休闲研究：有关知识、权力和理论"危机"的话语[1]

C. 艾奇桑
（英国格鲁斯特大学）

摘要：1999年我在休闲研究协会年会上提交的一篇论文，后来发表在《休闲研究》上（Aitchison，2000a）。在那篇论文中，我断言休闲研究的主题领域已经展示出对参与后结构主义文化分析的一种集体抵制。我在文中指出"休闲研究不愿参与当代文化辩论，这可以被视为一种只能为我们的理论基础提供有限充实的立场，这个立场无法借鉴当前在社会学、地理学等学科以及在文化研究、性别研究这些主题领域中所经历的理论进展"（p.129）。论文概述了显而易见的诸关联，一方是横跨各社会科学的后结构主义理论增长，另一方则是在休闲研究中占支配地位的结构主义基础内部"危机"逼近的感觉。为了回应这个危机，我探讨了各种方式，为了使作为一种理论和政治计划的后结构女性主义可以提出一种在分析中容纳文化与物质批评的视角，从而应对曾经由我所定义的性别权力关系的社会文化纽结（Aitchison，2000b）。因此，我所要求的是容纳不同的视角，而非取代主导的视角。我提请人们理解差异、复杂性、文化特异性、全球可能性和地方贡献。在我自己的休闲研究历程中，这些问题既有个人的重要性，也有专业的和政治的重要性。

我试图在本文中，通过回顾休闲研究的危机，在更广泛的语境下，即斯彭德（Spender）（1981）在涉及教育社会学的著作中所规定的"知识编码"，还有斯皮瓦克（Spivak）（1985）在她的后殖民写作中质疑次等人或无权者不能在主流学术话语中发言或回应发展这种历程。在同斯彭德的论战中，我进一步发展了一系列论点，它们最先出现在一篇题为"性别与休

---

[1] Cara Aitchison. Discourses of Knowledge, Power and Theoretical 'Crisis' [M]. In Lawrence L. and Parkers, (2002). Leisure Studies: Trends in Theory and Research, 2000.

闲研究：知识的编码"（Gender and leisure research: the codification of knowledge）的文章里，发表于《休闲科学》（Aitchison，2001a）。借助斯皮瓦克的批判，我又在发表于《旅游研究》（Tourist Studies）上的一篇题为"旅游、性别和文化的其他理论话语"（Theorising Other discourses of tourism, gender and culture）的文章里利用了其他一些论点（Aitchison，2001b）。

因此，本文吸收并发展了我在其他地方所提出的诸多论点，它们涉及在明显不同的主题领域和学科中看似完全无关的研究话题。然而，在这类研究中，有四个重复的话题主导了我的工作：倡导在休闲研究和其他主题领域或学科之间更大的协同作用；伴随而来的是对包括后结构主义、后殖民主义和女性主义在内的"新"理论视角的进一步适应；关注社会、文化和空间包容问题；对作为"休闲研究"的知识被生产、合法化和再生产的方式进行批判性评估。另外，同所有这四个话题相关，典型化问题已经变得越来越重要。我在本文中所试图整合与讨论的正是这四个话题，以及有关这些话题的典型化视角。我相信，同这些话题的公开交锋将带来一门具有丰富理论的学科领域，并为休闲研究带来一种立场，让它能够克服在其他地方被定义为理论"危机"的东西（Aitchison，2000a；Coalter，1997；Mommaas，1997）。

本文试图：第一，概述"危机"的定义；第二，阐明危机的话语；第三，考察危机的辩护者；并且最后，探讨如何取代危机。在讨论危机的话语时我借助了自己所熟悉的三个领域：休闲地理学、休闲与残疾、性别与休闲。而为了评价把关人在休闲研究的调查和教学法中所起的作用，我又借鉴了英国休闲研究学者最感兴趣的三项流程：科研评估考核（Research Assessment Exercise），研究期刊上的发表，以及对休闲相关课程教学的学科评审（Subject Review）。

"危机"的定义：这个"危机"是什么？

1997年，《休闲科学》杂志在同一期上发表了两篇文章，第一次提出了休闲研究中的危机问题。两篇文章的作者分别是莫马斯和科尔特，他们都把这场危机归咎于后现代主义在学术界内部的推行。休闲研究及其基础，就是科尔特所说的"解放政治"（Coalter，1997），在莫马斯看来"它非常矛盾地把自己同后现代思潮联系在一起"（Mommaas，1997）。实际上，早在四年前，也就是在1993年由拉夫堡大学主办的英国休闲研究协会第三次国际会议上，休闲研究领域中的许多资深人士公开评论了自己同他们所定义的"后现代张力"（简称"PMT"）之间的智识斗争。

就像社会科学中曾经的本体论和认识论发展一样，后现代主义很晚才进入了休闲研究，这比人文社科领域的大多数单一学科迎来所谓的"文化转向"要落后五到十年。在题为"处于十字路口的欧洲休闲研究？"的文章里，莫马斯问休闲研究为什么不愿接受后现代主义，以及后现代的休闲分析为什么仍然"由来自传统休闲研究领域之外的人所从事，并且停留在一个非常一般的分析水平上"（Mommaas，1997）。科尔特（1997）在题为"休闲科学与休闲研究：不同的概念，相同的危机？"的文章中比较了北美休闲科学和英国休闲研究各自的危机经验。通过说明后现代理论和主流的休闲研究社会政策话语之间明显的不相容，他在不经意间回答了莫马斯所提出的问题："后现代主义为休闲研究的集体主义理论化带来了危机，并导致大多数休闲研究学者不再有能力坚持其对解放政治的承诺"（Coalter，1997）。

然而，本文并不打算称赞后现代主义或后结构主义。相反，它力图探索后结构主义理论如何能够并且确实为解放政治做出贡献，这同科尔特早先的断言相反。事后看来，我想要回顾并修改科尔特的批判，从而证明真正的危机不是后现代主义本身的到来，而是休闲研究不愿接受具有挑战性的理论发展——其中后现代主义是当前的眼中钉——再加上对女性主义持续和长期的抵制。同女性主义一样，后现代主义在两方面带来了挑战：它可以表现为一种复杂的认识论，它具有扰乱并取代既定理论话语的潜能。换句话说，后现代主义和女性主义对学科领域内的权力和知识编码、知识权力以及权力知识均构成了挑战。

在过去对结构／文化或物质／象征等错误二分法的批判中，我曾试图揭露这类二元性思维其实毫无意义，通过引爆社会／文化的二元关系并探索社会-文化的纽结。在这些项目中，我借助地理、社会学、性别研究、文化研究、残疾研究和后殖民研究，还试图令知识和身份建构中固有的权力关系变得可见。对于休闲研究的许多基础或上级学科来说，这种批判并不新鲜；同今天相比，在早期的休闲研究出版物中，对涉及休闲的知识构建进行分析是很普遍的。在20世纪80年代，休闲研究同它的基础或"上级"学科之间具有稳固的关联。大多数休闲学者跨越了学科领域和单一学科，许多人试图从理论上建立休闲研究与这些既定学科之间的关系。实际上，在20世纪80年代初，休闲研究协会的期刊《休闲研究》就在最早的几期中应对了这一话题，刊登了已故的特里·科波克（Terry Coppock）(1982)、已故的诺埃尔·帕里（Noel Parry）(1983)以及维克曼（Vickerman）(1983)的文章，他们分别探索了休闲研究同地理学、社会学和经济学之间的关系。在心理学中也一样，丹恩（Dann）和伊索-阿霍拉（Iso-Ahola）之间的争论在1981年和1982年的《旅游研究年鉴》中展开，这表明同我们的基础学科曾发生过激进的交锋。同时，在1982年由北伦敦理工学院发表的一篇开创性论文中，科尔特和帕里提出了"休闲社会学还是关于休闲的社会学"这个问题。

为了阐明休闲研究对于接纳后结构理论与文化分析的抵触，我想要比较一下休闲研究的主题领域和由其他学科与主题领域所发展的三种休闲话语，而后结构分析在它们对休闲的研究中已经显著地促进了文化理解：地理学、残疾研究和性别研究。尽管休闲研究试图保留其专注政策并参与政治的批判，可是相比这个主题领域的内部，后结构视角所承担的休闲研究却总是在其外部更引人注目。例如，在社会文化地理学中，我们已经看到了《欲望图绘》(*Mapping of Desire*)（贝尔和瓦伦蒂纳，1995年）和《身体空间》（*Body Space*）（邓肯（Duncan），1996 年）的理论；通过休闲和旅游折射出的《街道图像》（*Images of the Street*）（法费（Fyfe），1998 年），在《购物、地点和身份》（*Shopping, Place and Identity*）（米勒（Miller）等，1998 年）中对这三者之间相互关系的分析，以及在《身体文化》（*Body Cultures*）（巴莱（Bale）和费罗（Philo），1998 年）和《旅游文化》（*Touring Cultures*）（罗杰克和乌利（Urry），1997 年）中的进一步兴趣。在地理学和残疾研究的边界交叉中我们有最近出版的《残疾地理学》（*Geographies of Disability*）（格里森（Gleeson），1999 年）和《心灵与身体空间：疾病、障碍和残疾的地理学》（*Mind and Body Spaces: Geographies of Illness, Impairment and Disability*）（巴特勒（Butler）和帕尔（Parr），1999 年）。在性别研究中，我们已经熟悉了《性旅游》（*Sex Tourism*）（赖恩（Ryan）和哈尔（Hall），2001 年）及《通过皮肤思考》（*Thinking Through the Skin*）（艾哈迈德（Ahmed）和史黛西（Stacey），2001 年）。

这些学科和主题领域已经接受了罗杰克（1995：p.1）的断言："休闲的客体总是被文化主体包含"。然而，威胁在于这种立场把休闲当作文化的一种衍生品，从而把休闲和文化都置于了一个散漫的等级制中，让休闲变为从属的。尽管存在这种困境，上述学科和主题领域依然在进行休闲研究，把休闲、文化、体育、艺术和旅游理论化为身份建构、争论及协商的关键场地与视野，以及社会和文化融合与排斥的重要景观，这涉及包括残疾和性别在内的众多身份与经验（Aitchison et al., 2000）。

"危机"的话语：这场"危机"是如何经历的？

休闲地理学

休闲地理学是从社会和文化地理学当中发展起来的，它揭示了在休闲研究同地理的关系之中所包含的一种危机。休闲研究的学术得益于社会政策和结构主义理论，与之相对，近期的社会文化地理学已经接触了文化研究与后结构理论。比起有关休闲、体育、旅游和艺术的明确的政策和实践，这些地理学更关注文化、商业和消费。然而，在采取这种方法时，这些地理学有助于我们把休闲理解为一种有意义的社会与文化能指，值得在商业、日常和非正式的生产性文化消费语境中进行空间分析（de Certeau, 1984）。

在过去的一个世纪里，休闲和旅游的地理学几乎是全方位的，从殖民地区和国家边界的空间制图转移到了权力的后结构和后殖民话语以及再现、身份和消费的空间性。同时，地理研究的范围和规模也缩小了，从区域和国家地理的宏观分析到日常空间、地点和景观的微观分析，例如街道和身体。尽管最近的许多地理学都为休闲和旅游研究的各个方面提供了说明，但它们从来没有被明确界定为休闲和旅游研究。矛盾的是，尽管地理学家们受到文化转向的鼓励，承认了休闲、文化和消费的场地，却仍然只有一少部分学者参与了休闲研究同地理学之间的互动。

当我们目睹了学术界内部越来越多的学科界限倒塌，当社会文化地理学接触了一系列专注于把休闲和旅游场地当作关键的社会与文化能指的分析，地理同休闲研究之间的连接缺失似乎就尤其令人惊讶。例如，最近的研究有助于我们对休闲和旅游空间的理解，其所涵盖的范围从身体空间的接近到网络空间的无形（Crang, Crang and May, 1999; Duncan, 1996）。除去对都市空间的关注，休闲的社会文化地理学还提出了表演空间、过渡空间和阈限空间等问题：对空间的诸定义是休闲和旅游研究话语的核心内容。定义明确的休闲和旅游场地已成为地理研究的基础，其中包括体育馆、酒吧、俱乐部、假日、主题公园、纪念碑、节日和游行等（Bell and Binnie, 1998; Nast and Pile, 1998; Shurmar-Smith and Hannam, 1994; Skelton and Valentine, 1997）。

这些地理学表明，空间、地点和景观——包括休闲和旅游的景观——扮演了社会和文化包容/排斥的场地与视野，它们并非固定的，而是处在一种持续的过渡状态（Urry, 1997）。这些空间性越界和转型为休闲研究的政策引导话语增添了复杂性。人文地理学过去"称赞"场所的现象学著

-175-

作，还有结构主义休闲研究过去的解释未能充分认识有争议的空间本质，在阅读它们时，应当谨慎地强调机构同结构之间的相互关系。

当代社会文化地理学为后现代主义、后结构主义与后殖民主义的反基础主义运动提供了一个交汇点，它试图理解社会与文化现象及空间转型的差异和多样性。这样的分析对休闲研究的话语来说依然是边缘的，部分地理学家拒绝了"休闲"的概念，转而赞成"消费"和"日常生活"等术语，其中一个原因或许正是缺少了精细的后结构休闲批判（Miller et al.，1998；Sibley，1995）。

相比之下，休闲研究学术和辩论是为一种由政策驱动的议程所塑造的，结构主义理论和社会主义意识形态在过去的20多年里支撑着它，这在一系列长期相互关联的主题中表现得很明显。从20世纪80年代的"全民体育"运动到90年代的"全民旅游"和"全民乡村"等倡议，休闲相关政策被认为在缓解社会不平等和经济不平等方面发挥了核心作用。因此，休闲研究一直得到了发展，它属于科尔特所界定的主导了休闲社会的机会平等话语。相比之下，专注于文化关系而非社会政策的社会文化地理学，在对差异化文化消费与文化资本的分析中接受了后结构理论，这属于锡布利（Sibley）（1995）在《排斥的地理学》（*Geographies of Exclusion*）中所论述的范围。

尽管贝尔（Bell）和瓦伦蒂纳（Valentine）(1995)、希尔兹（Shields）(1991)、舒默－史密斯（Shurmer-Smith）与汉南（Hannam）(1994)、锡布利（Sibley）(1995)、斯凯尔顿（Skelton）与瓦伦蒂纳(1997)等人已经讨论了同休闲相关的社会文化包容和排斥的问题，但他们对休闲研究的参与依然是有限的（Aitchison，1999a）。实际上，他们所关注的与其说是休闲，不如说是文化、消费和文化消费。这个重点强调了文化研究和休闲研究的不同身份，它令社会文化地理学同文化研究而非休闲研究结成了更紧密的联盟。讽刺的是，恰恰是在英国的国家和地方层面上，最近的休闲政策的发展对学术界内部这种文化／休闲二分法提出了质疑，并把空间性的地位提升为休闲同文化之关系的重要贡献因素。文化、媒体和体育部门设立于

1997年,随后英国地方当局引入文化战略,这也就促进了文化的再概念化,即从高雅艺术到流行文化和休闲。正是在休闲地理学和关于休闲的地理学中,一些最具刺激性的休闲/文化批判正在形成。实际上,目前在地理学期刊中传播的许多研究发现都涉及休闲和旅游,并且还受惠于后结构女性主义和对残疾的后结构理解。为了适应这类批判,可以在当代地理学和休闲研究之间发展出理论协同作用。我认为,在构建和/或争辩包括休闲和排斥在内的社会与文化诸关系时,承认地理学同休闲之间的交互关联性,有助于为休闲的地位和诸休闲场所带来更复杂的分析。

残疾与休闲

尽管残疾研究和休闲研究都已经凭自身实力成了公认的主题领域,但它们之间却鲜有交流,并且无论休闲研究中的残疾研究还是残疾研究中的休闲研究,始终存在着同样显著的空白。因此,这第二个话语领域所包含的挑战就是要在休闲研究和残疾研究之间建立联系,以便政策制定者、福利服务提供者和学者能够在可靠的和批判的残疾休闲理论支撑下发展出复杂的残疾休闲政策与供给。

我自己近期就残疾和休闲的经验与理论工作,都是在休闲和社会的主流经济政策和背景下进行的。在英国政策行动小组近期就体育和艺术的报告(PAT 10)中,这一主导的结构主义话语得到了清晰的阐明,该报告是为了报道休闲在解决社会排斥时所发挥的作用而专门出台的(媒体、文化和体育部门,1999)。

社会排斥管理局(Social Exclusion Unit)[1]成立于1997年,英国工党政府时隔十八年以来首次执政,意图为整体问题提供整体的解决方案。然而,在强调诸如经济贫困等结构性不平等时,该机构未能对许多群体给予足够的承认,由于文化差异和态度障碍,他们对于主流社会依然是边缘化的。例如,在涉及残疾与社会排斥的报告中,耐特(Knight)和布伦特(Brent)(1998:p.1)声明,"还有其他各种整体问题——其中无知和

---

[1] 20世纪90年代以来,社会排斥现象研究成为各国关于社会政策和不平等问题研究的一个新取向,"社会排斥"概念替代"贫困"概念,成为不平等研究的新概念。这是英国政府一个研究和解决贫困问题的机构。

恐惧导致了偏见与歧视,并进一步导致了某种形式的社会排斥"。

通过反思我自己的研究结果和分析,不难发现学院派和实践者对残疾和休闲缺乏整合的理解,残疾研究基本上被排除在休闲研究之外,反之亦然。例如,残疾研究和供给议程似乎由那些社会和福利服务领域主导,它们被认为对于社会正义方案格外重要。在优先考虑需求时,人们依然很难证明休闲应当和医疗、住房、教育、社会服务或反歧视就业立法一样得到同等程度的关注。因此,残疾研究的头二十年造就了在那些服务领域中被广泛引用的知识和研究成果体系(Barton,1996;Campbell and Oliver, 1996;Morris,1990;Oliver,1996 Oliver and Barnes,1998)。

休闲研究在残疾研究中的这个缺失,在残疾研究在休闲研究中的缺失得到了反映,因此,在有关社会排斥的固定的休闲研究话语中,残疾始终是边缘化的(Aitchison 2000c,2001c,Aitchison et ah,2000;Coalter,1998)。

在发表于《残疾人与社会》(*Disability and Society*)的一篇文章里,我指出了休闲研究最初的主题领域,连同其对"身体"的看法和先入之见,至少部分地解释了对残疾问题的研究何以缺席。我认为,休闲研究已经发展出一种可以被称为无标识的、非残疾的霸权话语,它令伤残人士、残疾人和有缺陷的人在很大程度上不可见。从工作社会学、体育和人体运动研究,以及城市规划与乡村娱乐等领域派生出来的休闲研究,不可避免地利用并进一步发展了受雇的身体、主动的身体及能动的身体各自的话语。由于残疾的医学模式的主导地位,休闲研究在残疾或受损的身体可见的地方总是沉默。这一点在涉及把休闲定义为"活动"或"运动"时尤为显著,因为受伤的身体被认为是伤残的,需要由他人提供康复治疗训练及物理治疗,这也是对残疾身体所进行和使用的。例如,著名的北美残疾相关运动科学和疗养休闲娱乐领域显然是由医疗模式支撑的(Ferrara and Davis, 1990;Weiss and Curtis 1986)。

工作社会学、体育和人体运动研究以及城市规划与乡村娱乐,这三个学科领域尽管推动了20世纪70年代和80年代英国休闲研究的发展,却在无意中留下了一份致使残疾和残疾人被边缘化的休闲研究遗产。工作社会学确立了受雇的身体，体育和人体运动研究抬高了能动的身体和正统的审美身体的价值，城市规划和乡村娱乐则认可了主动的身体，即观看的身体和活动的身体。

举例来说，正如主动的休闲和体育往往预设了能动身体的实存，较被动的休闲和旅游也假定了一个既活动又观看的身体。实际上，活动与视觉在某种意义上都被视为参与旅游体验的先决条件，这是由休闲和旅游工业及休闲和旅游研究在传统上所建构的。强调通达场地的活动及观看风景的能力，这在许多休闲和旅游学者的研究中非常明显。例如，乌利专注于"旅游文化"和"旅游凝视"，表明了活动和观看对于旅游所具有的重要性（Rojek and Urry，1997；Urry，1990，1995）。对于缺乏行动能力和／或有视觉障碍的群体来说，乌利把旅游当作"场地"和"观看"的二元论含义变得很成问题，因此，在确认和评估休闲与旅游对这些人的意义时，休闲和旅游文献依然非常贫乏。然而，从20世纪70年代至今，英国休闲学者对不平等和社会排斥的关注日益增加，却令残疾在休闲研究的议程中被边缘化，这种做法有违常理。此外，在近期的社会学、文化研究、性别研究及社会文化地理学中，有关身体的社会与文化理论工作明显日渐增多，而休闲研究似乎在很大程度上并没有认识到这一点（Gilroy，1989）。后结构理论在身体的话语中得到了最明显的采用和适应（Duncan，1996）。因此，休闲研究缺乏对后结构理论的参与，这或许可以充分说明它为何同时还缺乏对身体话语的参与。

性别与休闲

第三个似乎遭遇过危机的休闲研究话语就是性别与休闲。休闲和旅游经常被称为"世界上增长最快的行业"或"世界上最大的企业"。全球资本主义和经济学的这些咒语主导了结构主义的学术话语，直到最近，深陷其中的休闲和旅游才开始被批评为世界上性别隔离最严重的服务部门或世界上性别角色最刻板的行业（Adkins，1995；Aitchison，2000b；Craik，1997；Enloe，1989；Kinnaird and Hall，1994；Jordan，1997）。比起受惠于经济学和结构主义理论的女性主义批评,更为边缘的,则是由后结构和后殖民女性主义理论支撑的研究,它们对休闲和旅游中两性关系的社会文化纽结提出了批评(Aitchison, 2000a; 2001b; Aitchison et al., 2000; Jokinen and Veijola, 1997)。

对于由全球资本主义造成的休闲和旅游的物质不平等,这部分论文并不提供进一步的结构主义分析,而是试图采用后结构女性主义的方式进行讨论,这有可能为那个由当代休闲和旅游所显明的生产性消费的性别化过程带来更复杂的理论工作(de Certeau, 1984)。这种讨论借鉴了在旅游和文化理论中的最新发展,而旅游和文化借此已经开始作为表述得到了探索,它们彼此还为旅游和文化的生产者与消费者的交互关系所塑造或影响(Aitchison, 2001b; Crang, P. 1997; Edensor, 2000)。

关于性别关系在休闲和旅游中的建构,在分析结构权力同文化权力之间的接合时,我一直关注在过去二十年中经历了快速增长的四个学科领域之间识别和发展的协同效应:休闲研究、旅游研究、性别研究和文化研究。除了少数例外,文化理论同休闲、旅游、性别理论之间的关联仍然是隐性的,没有相关文献中那样明确。通过休闲、旅游、性别和文化理论的融合,理论化的历程有利于发展一种更为复杂的综合性方法,借以分析当代休闲和旅游的文化关系与性别关系。这项研究旨在同批评对话,尤其是在旅游研究中,"大多数文献与实质性的理论基础相对分离"(Apostolopoulos et al., 1996: preface)。

在这个研究领域里,我的首要目标是促进性别和文化理论同休闲和旅游理论在彼此的学科中发展。因此,就性别研究而言,我的意图同上文所提到的有关地理学和残疾研究的那些意图相似。通过全部三个主题领域——地理学、残疾研究和性别研究——我一直试图在休闲研究同其他学科和主题领域之间建立关联,以此作为参与当代休闲关系复杂性的手段,而不是想要把休闲从它的社会、文化和空间背景中孤立出来并加以研究。在采取这样的整合式分析时,我发现后结构主义的方法强调权力的交互关系性和流动网络,并且在对性别权力关系的重新界定中专注于对"他者"

进行文本的、发散的、精细的和表述性的建构,这非常有用。这种参与所强调的是文化实践,而不仅仅是休闲和旅游场地与景点的生产、再现和消费（Crang, M., 1999）。这些实践共同反映了一幅社会与文化关系相互交织的复杂画面,包括性别、空间和身体的关系。正是这些生产性消费的实践,塑造并重塑了性别－休闲关系的社会文化纽带,并为关于性别、休闲、旅游和文化理论的未来跨学科议程形成了有用的起点。

"危机"的捍卫者："危机"的把关人是谁或在哪里？

相比科尔特和莫马斯,尽管我已经指出了这场危机的一些不同的原因,并在更重要的细节中展开了讨论,但是对于主题领域内部持续存在的危机感,我们似乎还有一种广泛的共识。对这一危机的后结构分析表明,它反映了戈尔（Gore）（1993）所说的一种不断发展的"为教学法而斗争",即在学科领域内运作的结构、文化和过程都处于持续的权力斗争之中。在我自己的研究中,有一个方面检验了在休闲研究中"为教学法而斗争",并分析了在学科领域中性别、权力和知识之间的关系。在本研究中,我对休闲研究中的三处"把关"场地进行了批评：学术和专业协会；教学、行政和管理结构与文化；研究出版物的进程。回顾过去几年里的这些研究成果,把关机制的这些结构和文化似乎的确助长了危机的产生：通过把注意力从有可能削弱其权力基础的问题上转移开来,又指向了所谓的由后现代主义造成的危机。我认为,这些把关人非但不能保证休闲研究的学科领域内部的质量和公正,反而要求确保霸权利益在知识编码过程中的中心地位,并以牺牲掉边缘性知识为代价。

在对性别和知识生产的激进女性主义批判中,斯彭德（1981：p.1）提醒我们"分析内在于知识编码中的权力基础和权力关系"的重要性。本文的范围不足以就那些对休闲研究施加影响的权力基础和权力关系展开全面探索,但我仍然希望引起对"把关"的以下三个方面的关注,它们阻碍了在休闲研究中对新理论观点的包容,并要求排除掉主题领域的边缘性知识：研究、教学、出版。这三个典型是英国休闲学者们特别关心的，尤其在本文写作期间，人们正在焦急地等待着2001年科研评估考核的结果，同休闲相关的院系目前正在接受针对教学和课程的学科评审，而在休闲研究协会的期刊《休闲研究》的编委会内部，长期激烈的争论也有了结果，从某种意义上讲似乎已经"落幕"。因此，我试图探索那些作用并影响了知识编码的"把关"结构，对于今天的我们来说，它们就是核心业务：研究、教学和出版。

科研评估考核

最新的2001年科研评估考核文件迫使我们中的许多人审视自己从事休闲研究的方法。同样，当前针对服务、休闲、娱乐、体育和旅游的新一轮学科评审也为评估这样的方式提供了机会，让我们在评价自己向学生们教授休闲研究的方法时，他们通常更专注于休闲管理或者在休闲相关领域中某一具体部门或专业的发展。人们承认，在科研评估考核中得到评估的学科群与通过学科审查得到评价的学科群之间，存在着不匹配。科研评估考核提出了奇怪的设想，要求把休闲研究同有关体育的各学科"安排"在一起，并且和旅游研究分家，而后者通常进入了工商管理评估单元的范围，或者作为诸如社会学和地理学这些单一学科的一部分被提交。有关休闲的社会、文化、经济、政治和环境研究应当根据体育运动的生理机能和生物力学来评判，并且被放在这样一个评估单元，其中的运动科学及其必备的实证主义范式地位稳固且备受重视，这种做法依然很可疑。实际上，体育相关学科的评估小组单元始终为自然科学、运动研究、实证主义范式及男性所主导。1992年的小组成员全部由男性组成，在1996年有一名女性小组成员而在2001年有两名女性。

在当前的科研评估考核群体中，休闲研究似乎很有可能继续充当体育研究的陪衬，同时因脱离旅游研究而削弱其学术影响力。在体育相关学科的评估单元中，社会科学与自然科学之间的不平等现象在1996年的上一次科研评估考核的投票结果中得到了体现，在从1到5的等级评定中，只有那些受自然科学主导的院系得分在3个A以上。休闲研究调查和教学集中分布在"新型"大学（英国原有的理工学院），相比之下，体育和运动科学的知名研究部门与各单一学科则集中分布在"老牌"大学内部。在英国的高等教育中，大学和理工学院这个"二元鸿沟"在1992年以后仍然存在，只是名字变了。这种区别无疑对新型大学内部的研究资源和发展具有负面影响，毕竟休闲相关的大部分教学和休闲研究协会的大多数成员都在那里。

研究期刊

在当前的全球学术氛围中，"出版或死亡"的咒语绝非言过其实。在北美、澳大利亚和新西兰，取得教职和获得晋升往往要求在国际评审期刊上有发表的成果记录。在英国，科研评估考核要求个人发表文章，从而令他们的机构达到或维持令人尊敬的研究"评级"，这反过来会影响研究经费和研究生招生。出版，以及参与出版的把关机构，是塑造学术话语的最重要的因素之一（Morley and Walsh, 1995）。学术出版的权力和控制被交到了"把关人"手中，他们决定什么应该被当作社会知识（Smith, 1978: p. 287）。斯彭德（1981: p. 187）认为把关人包括期刊编辑、评议人、审稿人以及出版商顾问，他们共同"制定了个体被鼓励去研究的范围，加入他们想要处在自己学科的问题中心"。对于这种把关，目前只有涉及知识社会学的有限研究，而在我自己的研究之前，还从没有过涉及休闲研究的。斯彭德（1981: p. 188）继而断言："如果主要靠男人来决定出版什么和不出版什么，就会出现男性主导的问题，这应当引起女性主义者的重视。"

通过对休闲和旅游研究中的部分国际评审期刊的"知识编码"进行分析，我在一些研究中试图解决莫利（Morley）和瓦尔什（Walsh）（1995）、罗伯茨（Roberts）（1981）、史密斯（Smith）（1978）还有斯彭德（1981）等人所表达的关注。主要的统计分析来自六份国际评审期刊的性别隔离数据：《休闲研究》、《休闲研究期刊》、《管理休闲》（Managing Leisure）、《旅游管理》、《旅游研究年鉴》和《可持续旅游期刊》（Journal of Sustainable Tourism）。然而，这项研究的目的并不是要接纳或回避斯彭德激进的女权主义批判。相反，该研究调查了性别、权力和知识之间的相互关系的复杂性,并认识到后结构和结构女权主义分析对我们理解休闲研究中"知识编码"的贡献。这种视角承认了权力在大学和其他"现代专业组织"(Weber,1922)中被用来保持象征或文化的控制,其程度不亚于对物质的控制(Etzioni,1964)。

  研究目标是考查期刊文章的作者身份和期刊编委会的人员构成。采取这项分布研究是为了补充此前的相关性研究,并且适应阿克(Acker)(1994)所提出的要求,即一种涉及性别、教育和知识生产的内容广泛的研究项目。尽管更经常地涉及对性别关系的材料分析,但研究中所描述的定量数据仍然表明,知识生产是结构性权力和文化性权力的共同产物,为了用理论说明在休闲研究中性别化知识编码的社会文化纽结,定量和定性的数据都是不可或缺的。

表1 选取的六份休闲和旅游期刊在1982—1997年间发表的男性和女性作者的文章

期刊	文章总数	作者总数	女性 人数	女性 占比(%)	男性 人数	男性 占比(%)
《休闲研究》	282	354	77	21.63	277	78.37
《休闲研究期刊》	352	706	154	21.81	552	78.19
《管理休闲》	32*	49	10	20.41	39	79.59
《旅游管理》	536	702	115	16.38	587	83.62
《旅游研究年鉴》	531	750	142	18.90	608	81.10
《可持续旅游期刊》	51**	67	13	19.40	54	80.60
总计总数	(1784)	2628	(511)		(2117)	
平均占比(%)				19.76		80.24

  * 从1995年起;** (从1993年起)

休闲研究：有关知识、权力和理论"危机"的话语

表 2 六份休闲和旅游期刊的编委会人员构成

期刊	编委会人员数量（1997）				
	总人数	女性		男性	
		人数	占比（%）	人数	占比（%）
《休闲研究》	9	2	22	7	78
《休闲研究期刊》	27	11	41	16	59
《管理休闲》	11	1	9	10	91
《旅游管理》	37	1	3	36	97
《旅游研究年鉴》	86	9	10	77	90
《可持续旅游期刊》	22	4	18	18	82

通过考查六份期刊在 1982 至 1997 年间所发表的全部文章——总计 1784 篇——的作者身份，审计结果表明男女作者人数的比例约是 4∶1，男性在评审文章作者中占了 80.24%（表 1）。旅游期刊所体现出的性别隔离程度要高于休闲期刊，而管理期刊也表现出了比非应用期刊更高程度的性别隔离。《休闲研究期刊》的女性作者占比最高（21.81%），《旅游管理》的女性作者占比最低（16.38%）。然而，同表中平均占比的偏差相对较少，男性作者占比最高的期刊（《旅游管理》）和男性作者占比最低的期刊（《休闲研究期刊》）只有 5.43 的差异。相比女性，男性也更有可能成为评审文章的共同作者，这导致女性在研究环境中被孤立的问题更加突出，完成独立发表的任务也就更为艰难，随后还会影响女性的研究简历和未来职业发展。相对于更正式的论文评审过程而言，书评的非正式过程甚至表现出更高程度的男性主导，几乎 90% 的书评作者为男性。

表 2 显示，在大多数情况下，编委会中的男性占比同男性作者的文章

-185-

占比之间存在着密切的相关性。例如，就《可持续旅游期刊》来说，编委会中男性占比和男性作者的文章占比都是大约82%。《旅游研究年鉴》的编委会在1997年包含了90%的男性，而在当年发表的文章中有87.8%是男性作者。相比之下，《旅游管理》在1997年发表的文章中女性作者占了22.3%，而编委会成员只有3%为女性。在《休闲研究期刊》的编委会中女性代表达到了41%这个最高比例，但女性作者的文章也不到30%。

为了评定出休闲和旅游期刊在多大程度上正向着"性别学术"与更公正的研究环境发展，还有必要考查一下纵向变化，在亨德森（Henderson）（1994）、斯温（Swain）（1995）和塔尔博特（Talbot）（1996）此前分别就休闲、旅游和体育研究的评论中已经有这样的建议。表3展示了其中四份休闲和旅游期刊在上述那段时期每五年发表的文章里女性作者所占的比例。休闲和旅游期刊中的女性作者代表似乎并没有随时间增加。这表明性别、权力和知识之间的交互关系，在休闲理论的构建中其实更复杂且更有争议，不同于此前那些有关研究与课程变化的模型和类型学的意见，后者暗示了线性的发展。

表3 选取的六份休闲和旅游期刊在1982—1997年间女性作者论文占比的纵向变化

期刊	1982	1987	1992	1997
《休闲研究》	33.3	15.0	7.1	26.7
《休闲研究期刊》	4.5	11.8	10.5	28.6
《旅游管理》	0.0	6.6	6.9	22.3
《旅游研究年鉴》	8.0	12.0	3.4	12.2

对相关主题领域期刊的比较研究发现了一系列有益的实践，有助于针对学术出版中的性别再现促进一种更具包容性的方法，然而以上所考查的休闲和旅游期刊当时都还没有采取这些实践中的任何一项。在其他期刊中

被发现又在1997年被传播到《休闲研究》的期刊编委会的有益实践包括：

- 公布年度报告；
- 在每一位编辑的任期结束时提供一份编辑报告；
- 依照性别公布提交量；
- 依照性别提供发表量；
- 公布有关单一作者、联合作者及共同作者的论文数量的数字；
- 依照性别公布单一作者、联合作者及共同作者提交文章的退修率；
- 公布提交文章的审稿时间周期；
- 公布期刊编委会以外的评议人姓名；
- 公布评议人的性别统计；
- 公布期刊编委会以外的书评作者姓名；
- 公布书评作者的性别统计；
- 公布有关机会均等政策的声明。

在1997年，并且在这份研究之后，休闲研究协会资助《休闲研究》编委会建立并维持一个数据库，以便启用上述那种监管，最终可以按年执行。协会的执行委员会如今（在2001年）正盼望能收到第一份年度报告。

从我进行了上述研究以来，《休闲研究》杂志一直是前任编委会成员、休闲研究协会和出版商之间激烈争论的主题。在2000年的时候，编委会的八位男性成员全部辞职，仅留下两名女性继续任职。新的《休闲研究》编辑委员会现在已经建立了，目前由同等人数的男性和女性组成。可以说这种极端的行为使人们看到了知识编码所固有的那种通常较为隐蔽的性别政治。也可以说这些事件证明了一种危机，它和科尔特先前所断言的完全植根于后现代主义的那个危机定义相冲突（Coalter，1997）。

由于建立了休闲和旅游期刊中的不平等和排斥模式，相关编委会现在正面临着挑战，他们要采取前面列出的原则和实践，努力证明自己所承诺的公正和包容。实际上，《休闲科学》最近已经开始解决部分问题，并采纳了本文所指出的一些"有益的实践"。但是，作为知识的"把关人"，编辑委员会并没有脱离学术协会等其他学术和专业的把关机制独立行动。为此，同学术期刊有直接联系的学术协会有义务确保他们的期刊对他们的学术团体负责。结构主义和后结构主义理论都强调指出，拥有权力和特权地位的人很少主动放弃权力和特权。因此，权力分享需要那些在权力的边缘或在新近改良过的把关机构中工作的人们带来积极的、建设性的且有说服力的影响。

学科评审

这里要探讨的最后的把关人或捍卫者是高等教育资助委员会质量保证机构的学科评审程序。针对服务、休闲、娱乐、体育和旅游的学科评审分组不像上文所提到的科研评估考核那样碎片化。在学科评审中，休闲似乎占据了体育科学和服务管理这两个端点之间的中间地带。然而，就像在科研评估考核中以运动为主的评估小组单元一样，学科评审分组的广泛性也会分散人们对构成休闲研究基础的社会科学学科的关注，并且有令主题领域脱离其智识根基的风险。此外，在休闲相关的教学中，对管理研究和"多学科"的强调也推动了主题领域内学科界限的崩溃。然而，在试图跨越学科之间的界限时，存在着一种危险，那就是智识上的严谨有可能被削弱。休闲研究所面临的挑战是发展出智识上严谨的研究和教学，使之足以同社会学和地理学等单一学科中正在发展的休闲相关研究和教学相媲美，其中一些已经在上文中以"文化"和"消费"为题进行了概述。

替代"危机"：休闲研究如何克服它的"危机"？

但是，处在一个危机加剧、资源有限的环境中，休闲研究协会和休闲研究主题领域如何始终保持在休闲研究调查的最前列？ 我们如何才能确保同我们的基础学科之间相互充实的关联得到发展，随后新的理论偏离又不会被视为威胁性发展？在一个"整体思维"与共同工作的时代，让休闲研究同我们的基础学科之间的关联重新焕发活力的一种方法，就是恢复休闲研究协会过去和地理学、社会学及其他单一学科的学术协会共同承办的全天研讨会。也许休闲研究协会的年会可以支持更多并非身处休闲相关部门却从事休闲研究调查的发言人和代表；也许《休闲研究协会通讯》（LSA Newsletter）可以包括更新学术协会和会议中正在发生的"休闲"研究，从而更新我们的成员信息。

在某种意义上，假如它还想在 2001 年的学科评审和科研评估考核之后对休闲教学和研究产生任何影响，休闲研究协会现在必须前进，要向外看，要成长。从 1998 年到 2001 年，协会在这期间已经失去了四分之一的成员，如果它继续以这个速度流失的话，到了 2006 年的下一次科研评估考核（如果还有另一次科研评估考核），休闲研究协会恐怕已经不存在了。这同我们的上级学科及相关主题领域的共同工作和"整体思维"提供了一个前进方向。本文先前所确认的跨学科研究类型，为促进当前和未来的联合以及克服休闲研究的理论"危机"提供了路径。这场危机往往会损害那些积极的和包容的、个人的和职业的休闲历程的发展。

杨文默、程翔　译

参考文献：

[1] Acker S. Gendered education[M]. Buckingham: Open University Press, 1994.

[2] Adkins L. Gendered work: Sexuality family and the labour market[M]. Buckingham: Open University Press, 1995.

[3] Ahmed S, Stacey J. Thinking through the skin[M]. London: Routledge, 2001.

[4] Aitchison C. New cultural geographies: The spatiality of leisure, gender and sexuality[J]. Leisure studies, 1999, 18(1), 19-39.

[5] Aitchison C. Poststructural feminist theories of representing others: A response to the 'crisis' in leisure studies' discourse[J]. Leisure Studies, 2000,

19(3), 127-144.

[6] Aitchison C. Women in leisure services: managing the social-cultural nexus of gender equity[J]. Managing Leisure, 2000, 5(4), 181-191.

[7] Aitchison C. Young disabled people, leisure and everyday life: Reviewing conventional definitions for leisure studies[J]. Annals of Leisure Research, 2000, 3(1), 1-20.

[8] Aitchison C. Gender and leisure research: The "codification of knowledge" [J]. Leisure Sciences, 2001, 23(1), 1-19.

[9] Aitchison C. Theorizing Other discourses of tourism, gender and culture: Can the subaltern speak (in tourism)?[J]. Tourist studies, 2001, 1(2), 133-147.

[10] Aitchison C. From leisure and disability to disability leisure: Developing data, definitions and discourses[M]. Disability & Society, 2001.

[11] Aitchison C, MacLeod N, Shaw S J. Leisure and tourism landscapes: Social and cultural geographies[M]. London: Routledge, 2000.

[12] Apostolopoulos Y, Leivadi S, Yiannakis A. The sociology of tourism: theoretical and empirical investigations[M]. London: Routledge, 1996.

[13] Bale J, Philo C. (Eds.). Body Cultures: Essays on Sport, Space & Identity by Henning Eichberg[M]. London: Routledge, 1998.

[14] Barton L. Disability and society: Emerging issues and insights[M]. London: Longman, 1996.

[15] Butler R, Parr H. Mind and body spaces: Geographies of illness, impairment and disability[M]. London: Routledge, 1999.

[16] Bell D, Binnie J. Theatres of cruelty, rivers of desire: the erotics of the Street. In N. R. Fyfe, (ed) Images of the street: Planning, identity, and control in public space[M]. London: Routledge, 1998.

[17] Bell D, Valentine G. (Eds.). Mapping desire: Geographies of sexualities[M]. London: Routledge, 1995.

[18] Campbell J, Oliver M. Disability politics: Understanding our past, changing our future[M]. London: Routledge, 1996.

[19] Coalter F. Leisure sciences and leisure studies: Different concept, same crisis?[J]. Leisure Sciences, 1997, 19(4), 255-268.

[20] Coalter F. Leisure studies, leisure policy and social citizenship: the failure of welfare or the limits of welfare?[J]. Leisure Studies, 1998, 17(1), 21-36.

[21] Coppock J T. Geographical contributions to the study of leisure[J]. Leisure Studies, 1982, 1(1), 1-28.

[22] Craik J. The culture of tourism[M]. In C. Rojek, J. Urry (Eds.), Touring cultures: Transformations of travel and theory. London: Routledge, 1997.

[23] Crang M. Knowing tourism and practices of vision[M]. In D. Crouch (ed). Leisure/tourism geographies: Practices and geographical knowledge. London: Routledge, 1999.

[24] Crang M, Crang P, May J. Virtual geographies: Bodies, spaces, relations[M]. London: Routledge, 1999.

[25] Crang P. Performing the tourist product[M]. In C. Rojek & J. Urry (Eds.), Touring cultures: Transformations of travel and theory. London: Routledge, 1997.

[26] Dann G. Tourism motivation. Annals of Tourism Research, 1981, (8): 187-219.

[27] De Certeau M. The practice of everyday life[M]. Berkeley: University of California Press, 1984.

[28] Department for Culture, Media and Sport. Arts and sports: A report to the social exclusion unit[M]. London: Department for Culture, Media and Sport, 1999.

[29] Duncan N. (ed). Bodyspace: Destabilising geographies of gender and sexuality[M]. London: Routledge, 1996.

[30] Edensor T. Staging tourism: tourists as performers[J]. Annals of Tourism Research, 2000 (27): 322-344.

[31] Enloe C. Bananas, beaches and bases: Making feminist sense of international politics[M]. London: Pandora, 1989.

[32] Etzioni. Modern organisations[M]. London: Prentice Hall, 1964.

[33] Ferrara M, Davis R. Injuries to elite wheelchair athletes[J]. Paraplegia, 1990 (4): 24-37.

[34] Fyfe N R. Images of the street: Planning, identity and control in public space[M]. London: Routledge, 1998.

[35] Gilroy S. The embodyment of power: gender and physical activity[J]. Leisure Studies, 1989 (8): 163-172.

[36] Gleeson B. Geographies of disability[M]. London: Routledge, 1999.

[37] Gore J M. The struggle for pedagogics: Critical and feminist discourses as regimes of truth[M]. New York: Routledge, 1993.

[38] Henderson K A. Perspectives on analyzing gender, women, and leisure[J]. Journal of Leisure Research, 1994, 26(2), 119-137.

[39] Iso-Ahola S E. Towards a social psychology of tourism motivation——a rejoinder[J]. Annals of Tourism Research, 1982, 9: 256-261.

[40] Jokinen E, Veijola S. The disordered tourist: the figuration of the tourist in contemporary cultural critique. In C. Rojek, J. Urry (Eds.), Touring cultures: Transformations of travel and theory[M]. London: Routledge, 1997.

[41] Jordan F. An occupational hazard?Sex segregation in tourism employment[J]. Tourism management, 1997, 18(8), 525-534.

[42] Kinnaird V, Hall D. Tourism: A gender analysis[M]. Wiley: Chichester, 1994.

[43] Kitchin R. 'Out of Place', 'Knowing One's Place': Space, power and the exclusion of disabled people[J]. Disability & Society, 1998, 13(3), 343-356.

[44] Knight J, Brent M. Access denied: Disabled people's experiences of social exclusion[M]. London: Leonard Cheshire, 1998.

[45] Miller D, Jackson P, Thrift N, Holbrook B, Rowlands M. Shopping, place and identity[M]. London: Routledge, 1998.

[46] Mommaas H. European leisure studies at the crossroads?A history of leisure research in Europe[J]. Leisure Sciences, 1997, 19(4), 241-254.

[47] Morley L, Walsh V. (Eds.). Feminist academics: Creative agents for Change[M]. London: Taylor and Francis, 1995.

[48] Morris J. Our homes, our rights: Housing, independent living and physical disabled people[M]. London: Shelter, 1990.

[49] Nast H, Pile S. (Eds.). Places through the body[M]. London: Routledge, 1998.

[50] Oliver M. Understanding disability: From theory to practice[M]. London: Macmillan, 1996.

[51] Oliver M, Barnes C. Disabled people and social policy[M]. Harlow: Addison Wesley Longman, 1998.

[52] Parry N C A. Sociological contributions to the study of leisure[J]. Leisure Studies, 1983, 2(1), 57-81.

[53] Roberts H. (ed). Doing feminist research[M]. London: Routledge, 1981.

[54] Rojek C. Decentring leisure: Rethinking leisure theory[M]. London: Sage, 1995.

[55] Rojek C, Urry J. Touring cultures: Transformations of travel and theory[M]. London: Routledge, 1997.

[56] Ryan C, Hall M. Sex tourism: Marginal people and liminalities[M]. London: Routledge, 2001.

[57] Sheilds R. Places on the margin: Alternative geographies of modernity[M]. London: Routledge, 1991.

[58] Shurmer-Smith P, Hannam K. Worlds of desire: Realms of power: A cultural geography[M]. London: Arnold, 1994.

[59] Sibley D. Geographies of exclusion[M]. London: Routledge, 1995.

[60] Skelton T, Valentine G. (Eds.). Cool places: Geographies of youth cultures[M]. London: Routledge, 1997.

[61] Smith D. A peculiar eclipsing: women's exclusion from man's culture[M].Women's Studies International Quarterly, 1978.

[62] Spender D. (ed). Men's studies modified: The impact of feminism on the academic disciplines[M]. Oxford: Pergamon Press, 1981.

[63] Spivak G C. Three women's texts and a critique of imperialism[M]. Critical Inquiry, 1985.

[64] Swain M. B. Gender in tourism[J]. Annals of tourism research, 1995, 22(2), 247-266.

[65] Talbot M. Gender issues, sport and physical education: stages of development[M], Paper presented at Queens University, Kingston, Ontario, Canada, 1996.

[66] Urry J. The tourist gaze[M]. London: Sage, 1990.

[67] Urry J. Consuming places[M]. London: Routledge, 1995.

[68] Vickerman R W. The contribution of economics to the study of leisure: a review[J]. Leisure Studies, 1983, 2(3), 345-364.

[69] Weber M. The essentials of bureaucratic organisations[M].reprinted in P. Worsley (ed), Modern Sociology. London: Penguin, 1978.

[70] Weiss M, Curtis K. Controversies in medical classification of wheelchair athletes[M]. In C. Sherrill (ed). Sport and disabled athletes, Champaign, IL: Human Kinetics, 1986.

休闲科学与休闲研究：不同的概念，同样的危机？[1]

费雷德·科尔特
（爱丁堡大学休闲研究中心）

内容摘要：本文认为，尽管英国的休闲研究和北美的休闲科学在认识论、方法论和理论等方面体现出不同的特点，它们却不约而同地承认了这样一个事实：在理解与休闲有关的社会、文化和个体意义时都相对失败了。主流的社会学休闲研究从休闲的角度处理社会，探索休闲如何反映了更广阔的社会文化结构，却在很大程度上忽视了个体意义的问题。主流的社会心理学休闲科学由于强调实证主义方法论，经常制造出无社会的休闲分析，而且无法应对同休闲有关的社会与文化的意义问题。关于"后现代状况"的断言突出了在休闲研究中对休闲意义的理解存在着分歧，休闲科学界内部的批评者们则认为单一方法论的支配地位也削弱了对各种定性方法的采纳，而后者对于应对休闲的多样性与意义等日益重要的问题是必要的。

在这篇文章中，我试图比较英国休闲研究和北美休闲科学的当前状态，并指出以下事实：尽管在认识论、方法论和理论等方面体现出了截然不同的特点，它们却都遭遇了相似的"十字路口"，承认自己对休闲的社会文化和语境"意义"缺乏理解。不过，在开始这项任务之前，我还有必要预先给出一项简要的阐明与一份告诫。

首先，在休闲研究和休闲科学领域有两份同名的权威学术期刊（在北美也有一份《休闲研究期刊》）；人们只要浏览一下这些期刊，就能发现很多我想要强调的差异。其次，在承担这项任务时，我首先要明确承认，在任何两个广泛的研究领域之间进行比较总会造成双重危险，即错误的同

---

[1] Fred Coalter. Leisure sciences and leisure studies: Different concept, same crisis? [J]. Leisure Sciences, 1997, 19 (4): 255-268.

质性和错误的二分法（Burton，1996）；英国休闲研究和北美休闲科学均包含了许多理论与方法论范式。然而，我想要探索的那些假设、倾向和一般方向所属的特定领域即使不是唯一的，也是主导性的。不过，和大仲马（Alexandre Dumas）一样，我承认所有一概而论都是危险的，甚至前述说法也不例外。尽管如此，我依然希望我的分析依照它被给出的那种精神得到接受：阐明诸倾向，以及对休闲研究和休闲科学之间进一步智识合作的渴望——这才是最重要的。

休闲研究的"危机"，是由它同社会学与社会政策等学科的密切关系以及相关的社会和理论势力共同导致的：它关于休闲的集体主义、福利主义和解放主义的分析受到了后现代主义的挑战（比起消费问题，社会和文化的再生产问题在这里被给予了更多重视）。休闲科学中的"危机"似乎反映了内部的诸势力：除去实证主义方法论的局限性，有关"无社会的休闲"的定量方法和分析也在不断遭受质疑，它们无法应对休闲的社会或社会性意义（休闲科学传统内部的批评者们包括Jackson & Burton，1989；Hemingway，1990，1995；Burton，1996；Henderson，1991）。例如，古德尔（Goodale，1990）在评论休闲科学的诸方向时，认为"休闲研究已经变得越来越实证主义、操作主义和还原主义，从社会和政治的基础走向了心理学层面"。

在休闲科学中，追问的深度就事实而言或许是由凯利（Kelly，1994）提出的，他是休闲科学团体内部一位声名显赫的学者，主张悬搁"自由和开放的意识形态，以便让研究真正进入到休闲互动的实际语境当中"。更为根本的是，他甚至还指出："认为休闲有一套独特的意义……或者认为它是自由与内在意义的唯一所有者，这样的观念是一种危险的过度简化"（Kelly & Kelly，1994）。

休闲研究：主导范式还是多重范式？

肯·罗伯茨（Ken Roberts, 1987）认为不可能找到所谓的英国休闲理论。其实他还可以再补充一句：体现了休闲科学特征的某种主导的方法论范式同样并不存在。同休闲科学相比，英国的休闲研究似乎规模更小、专业化程度更低并且更缺少方法论上的一致性。在某种程度上，这是因为英国的很多所谓休闲学者只有一只脚踏入了这个领域（Roberts, 1987）。很少有主流的休闲研究作者"以休闲为中心"，把自己的分析单纯地局限于对休闲的研究。分析和阐释往往来自更广泛的研究领域（例如文化研究、社会学、经济学、女性主义研究、政策分析），并反映了它们的（通常是结构性的）概念和理论关切。

作为"非休闲"的休闲

这个问题反映在以下事实中：许多休闲研究其实受到了这样一种信念的驱使，即休闲产生自各种"非休闲"因素，包括经济的、社会的、文化的与政治的（Clarke & Critcher, 1988）。结果，不平等就成了一个处于支配地位的话题，分析则专注于机会的结构性决定因素。比方说，亨利（Henry, 1995）认为"在20世纪80年代末至90年代初，休闲研究领域的大部分研究工作由那样一种关切所主导，即追溯和/或解释由社会结构碎片化所带来的文化影响"。休闲研究的方向旨在把休闲视为这样一个场地，更广泛的社会、政治和文化关系与冲突在其中变得可见。一般来说，主要的承诺就是调查基于阶级、性别以及（少数情况下）族裔的划分。这反映了一些更普遍的关切，包括权力的区别分配和机会的不平等（Murdock, 1994；Scraton & Talbot, 1989）、公民身份的变更本质（Coalter, 1998；Ravenscroft, 1995）、工业化的效应、国家的角色以及后现代的状况，它们在休闲中得到了明证（Rojek, 1993）。

因此，为了探索更广泛的社会、文化和政治议题，人们更关注休闲这个概念本身的可能性，而非为休闲及其属性提供明确的定义。例如，克拉克和克里彻（Clarke & Critcher, 1985）声明"我们的兴趣……其实并不在于'休闲'本身，而是在于就整个社会的发展、结构和组织来说休闲可以告诉我们什么"。尽管克拉克和克里彻的分析和阐释在休闲研究中饱受批评，但他们对"整体方法"的根本承诺是一个在学科内部居于支配地位的关注点。由于采纳了这种方法，理应内在于休闲的个体的自由和选择不再是从心理学方面，而是更多地从意识形态和文化方面得到考察。比方说，根据近期一份有关英国休闲、娱乐和体育研究的调查，在参与多学科的项目中，有51%被归入作为其所采用的诸学科之一的社会学，33%被归入社会政策；相比之下，只有9%的项目被归入了心理学（Taylor & Coalter, 1996）。

休闲中的社会

在休闲研究中，对休闲的关注通常并不是着眼于个人消费、自我表现和成就感等方面。相反，它是更广泛的经济、社会和文化不平等的再生产（或至少是反映）的一个场地。在特定形式的历史编纂学（Bailey, 1989）、新马克思主义（Clarke & Critcher, 1985）、文化研究（Tomlinson, 1989）和各种女性主义（Talbot & Wimbush, 1988）的影响下，休闲被当作斗争、文化论辩、谈判和抵抗的场地加以分析。我们具有一种休闲社会的方法，而不单单是一种社会休闲的方法。我们并没有尝试去发展一门专业的休闲社会学（或心理学），而是已经具备了多种休闲的社会学。因为休闲所涉及的问题只不过是社会学的经典问题（Coalter & Parry, 1984; Tomlinson, 1989），几乎不需要专门化的"社会学"；事实上，对这种一致性的追求被认为是不受欢迎的、不可能的抑或"无关紧要的"（Clarke & Critcher, 1985）。

比起对个人、个体心理学、利益及满意程度的关注，休闲研究的方向通往更广泛的社会聚集体，以及同权力不平等、霸权进程、集体身份、机会均等以及社会公民身份相关的议题。在休闲社会方法中，分析和阐释倾向于提炼解释的结构形式。阶级、性别、种族和国家等范畴在文献中占据着支配地位并涉及了"再生产派"理论，后者专注于资本主义的本质和剥削、霸权、父权制等进程。

同这些休闲的社会学相平行，在休闲政策分析中居于（即便通常是隐含的）支配地位的主题包括公共休闲设施和公民权利之间的关系，以及国家为保障这些权利所发挥的作用（Coalter，1998）。其关注的不是分析和称赞个体或群体的差异（Scraton，1994），而在于应对不平等的诸问题，并且不是在自由个人主义的视角下，而是在集体主义的福利视角下。

相比休闲研究，休闲科学似乎更"以休闲为中心"。它一直专注于定义休闲（主要是从心理方面），说明各种动机、满意度和收益，并探索限制条件（Goodale & Witt，1989）。当然，关于休闲收益的休闲科学著作的确有助于理解同休闲（或娱乐）参与相关的特定意义和动机，这在休闲研究文献当中并不存在（Driver，Brown & Peterson，1991）。可是，休闲科学内部的批评家们已经指出，对个体满意度和收益的这种关注为我们带来了无社会的休闲，而最近的辩论则表明需要以社会休闲的概念为基础进行更广泛的分析（Jackson & Burton，1989；Kelly & Kelly，1994）。

休闲研究和休闲科学的视角是由不同的理论取向支撑的。克雷布（Craib，1984）认为社会理论结合了三个不同的维度，而这些维度则由不同的理论家和学术团体给予了多样的强调。理论的认知元素专注于建立就特定方面对社会世界的知识，情感维度体现了理论家的经验和感受，而规范性维度则对世界应当如何做出假设。因为这三个维度出现在了一切理论化之中，所以我们可以将休闲研究与休闲科学之间的关系当作一个连续体，而非"不可通约的范式"（Kuhn，1970）。当然，休闲科学团体内部的许多作者采用了同休闲研究多方面密切相关的视角（如凯利、戈比、斯特宾斯和亨德森）。尽管如此，我们依然可以明确认为认知理论在休闲科学中是占据了支配地位的方向，规范性的理论化工作则是休闲研究的主导特征。

这反映在了两个地区的主要期刊当中。比方说，在北美的《休闲研究期刊》《休闲科学》同英国的《休闲研究》之间，方法上的主要区别取决于方法论与政策影响之间的关系。前者首要的（如果不是唯一的）关注在于不断增加的方法论复杂性，文章的结论往往以对方法论缺陷进行反思的形式出现，方法的有效性和统计相关性的强度比结论的社会政策意义具有更高的优先级。例如，海明威（Hemingway，1995）认为休闲科学中"经验主义研究方法"的一个主要特点是"减少对技术的探究"。相反，在《休闲研究》上发表的文章则大多在反思支配性的社会公民身份范式，它们所关注的通常是工作的战略性社会政策（或理论）意义，不考虑统计学上的明显证据。

休闲的收益还是休闲的意义？

在休闲研究中，专注于社会和文化再生产过程的理论方法常常伴随着一种关于主观感受、"收益"和"满意度"的怀疑态度，这是休闲科学的核心。隐含在大部分休闲研究的社会学分析背后的，是一个尚未解决的两难问题，它既关乎休闲的意识形态，又涉及被感知到的选择的自由和观念在社会中遭受的约束——而非得到认可——的程度，抑或它们甚至仅仅是霸权过程赖以运作的意识形态构造。

不过，一种更为主流的社会学方法则关注对心理构造的过分强调，比如把休闲当作一种心灵状态（Neulinger，1974），当作被感知到的自由、最大限度的激发（Iso Ahola，1980）或"流动"（Csikszentmihalyi，1982），这就包含了一种危险，即混淆了休闲的社会学概念和快乐的心理学经验。事实上，海明威（1995）认为这种方法反映了在休闲科学领域中有关占主导地位的经验主义调查模式的各种认识论假设。对实证主义方法论的强调意味着休闲在可量化的逻辑／心理范畴上是"可操作的"。这就导致了对社会和文化方面具体的"构成性规则"的忽略（Hemingway，1995），通过这些规则，关于是什么构成了休闲的问题，个体的和社会共享的意义得以构建并持续。根据罗杰克的说法（1995），后现代主义也提出了构成性规则的问题，他坚持认为：

我们对"休闲"一词的理解是有社会条件的，这使得涉及休闲的各种关于"自由""选择"和"自我决定"的旧有关联丧失了支撑。休闲研究是关于……自由、选择、灵活性及满意度，相对于确定的社会组成，它们意味着什么……一个人不能将休闲同生活的其余内容分开，并声称它具有独特的法则……休闲的客体为文化的主体所包含。

后现代主义

自由／选择／灵活性的本质和意义是由社会决定的，休闲的客体为文化的主体所包含，抑或休闲无法被当作关乎自我实现的一处独立的迷人领地，比起休闲研究，这种论断对休闲科学所构成的挑战似乎更大。分析的结构和集体形式占据了支配地位，这表明后现代主义对"元理论"的挑战在休闲研究中已经比在休闲科学中带来了更大的效应。在一位英国理论家看来（Rojek，1993），后现代主义为休闲研究的集体主义理论化带来了危机，并导致大多数休闲研究学者不再有能力坚持其对解放政治的承诺。

错位与碎片化

有关"后现代状况"的论点表明，快速的经济和社会变革——后福特制组织形式的出现，服务部门和服务阶级的成长，传统集体主义文化的破裂，电子媒介对大部分生活的统治——造成了根本的社会、文化、经济和政治错位。后现代主义分析表明，旧的集体身份和共同利益（阶级、性别、种族、社群甚至还有民族）已经变得支离破碎和烟消云散。有人断言，比起个人在生产系统中的位置，如今的身份地位更多地取决于他在消费领域里的成就，取决于个人对文化编码与符号的接近和操控。消费被认为是构建多种人格与社会身份的中心，这些身份由大众消费的衰退和利基市场的激增所指明并推动（Rojek，1993）。诸如此类分析为休闲研究提出了格外重要的问题，即针对集体特征与共同身份的强调（在共享的物质和／或意识形态状况下经常可以发现）。

意义的变化

不过，后现代的论点并不仅仅是关于多样性和碎片化的经验事实。根本的挑战同这些活动的意义相关，而休闲研究（和休闲科学）在这一方面似乎尚未遭遇挑战。在后现代性所谓的去中心条件下，人们认为休闲／消费形式同物质（和集体）现实之间的关系已被打破。现在，真实性被认为内在于我们为了独立找寻自身意义所消费和使用的符号、编码及表象（广告、时尚、媒介）。因此，休闲／消费经验的本质和意义已经改变了。除了社会和文化碎片化的个性化效应，有关"超真实性"和"舞台原真性"的论点还表明日常生活已经被清空了意义，奇观（spectacle）取代了意义，感官则战胜了价值（Rojek，1993）。

在这种情形下，进化论的自由－人文主义意识形态，即把休闲当成自由、选择、自我完善和自我发展的场地（以及作为社会公民身份的必要内容），被认为是虚幻的（Rojek，1995）。不再有任何可靠的路标能指明自我完善和自我实现的方向。前方的路是"将休闲从那个必然隐含着自由、选择、生活满意度和逃避的现代主义重负中解放出来"并且"恢复被现代主义的幻象隐藏住的东西"（Rojek，1995）。这个结论同来自休闲科学领域的 J. R. 凯利和 H. H. 凯利达成了高度的一致（1994），他们认为把休闲当作"自由与内在意义的唯一所有者"是"一种危险的过度简化"。无论休闲研究计划属于新马克思主义、（各种）女性主义还是自由人文主义，上述断言似乎都为它的道德、认识论、政治和社会学基础提出了相关的根本问题。

休闲研究的回应

休闲研究的回应力图表明，后现代主义者对描述和称赞差异的渴望导致了对不平等和不便利的忽视（Henry，1995；Murdock，1994；Scraton，1994）。此外，它的相对主义还被认为瓦解了为社会理论和政策分析的道德维度所提供的基础（Henry，1995）。这引发了对于结构分析的持续相关性的坚持，以及有关生活机会而非生活方式的探讨（Murdock，1994；Scraton，1994）。默多克（1994，p.242）援引了格罗斯伯格（Grossberg）的观点："为了给文化赋予其应得的地位，符号价值的理论家们和那些围绕商品意义的斗争往往会走向极端，从而抹去了文化同具体的经济和政治现实性之间的诸关系。"

默多克（1994）重申了碎片化和多样性作为分离和排斥的主张。借助一个来自泰斯特（Tester）的深刻隐喻（1994），他指明了后现代主义对消费和符号的重视存在着何种局限："今天的商店令人感兴趣的地方不是里面售卖的东西，而是睡在门口的人"（Murdock，1994）。

默多克认为，有关后现代状况的讨论过于依赖它们对服务阶级的刻画。这种做法精确地描绘了特定的社会文化变更，却依然未能充分说明假定的诸变更及其社会政治后果的不均匀本质。默多克（1994）点明了急剧增加的收入两极化，还有不断扩大的下层阶级的涌现。举例来说，在英国，从1979年到1991年，收入低于全国平均工资一半的人口从500万增加到1350万。此外，默多克（1994）和斯克拉顿（Scraton）（1994）都认为，后现代主义的分析不仅是阶级偏见，而且多半是性别盲目的，对女性在劳动力中变化的——而且通常是恶化的——状况视而不见。在过去25年间的欧洲，尽管男性就业人数下降了100万，女性的人数却增加了1300万。不过，这些工作中的大部分都是兼职和低薪的，只能在父权关系的重组和家庭生活同公共生活之间的变化关联等背景下加以考察，这就需要分析，而不是单纯的描述或称赞（Scraton，1994）。

斯克拉顿（1994）指出，多样性问题在女性主义领域中早就已经得到了承认并被当作一项争论的主题；显然，女性为阶级、种族和年龄所分化。然而，斯克拉顿坚称依然存在着一个必须充当分析起点的"共享条件"。她的结论是，几乎没有证据表明世界正在发生如此程度的变化，以至于我们不再需要围绕不平等和剥削、压迫的制度进行社会辩论（或休闲研究分析）。

斯克拉顿和布拉默姆（Bramham）（1995）参引了麦克列农（McLennon，1992）的陈述，谈及"偏离启蒙运动和现代性理想的危险，它们原本强调解放及改善人的生活之需求。通过专注于快乐、幻想和戏仿，后现代主义忽视了许多人的生活，后者依然受到贫困、性别及种族主义的切身影响"。此外，休闲研究领域中的批评者认为，由于把关注点集中在了新服务阶级中的炫耀性消费形式，后现代分析在很大程度上忽视了日常生活本身普通的、境遇化的及可协商的本质。例如，克劳奇和汤姆林森（Tomlinson）（1994）提出，休闲是生活在（通常被牢固地捆绑在）社交网络和共同体中，并且往往是自发的或自组织的，而非取决于商品和电子媒介的形式。

意义的挑战

可是，尽管有能力说明持续的社会经济不平等（并将其当作休闲研究的持续议题提出），休闲的意义变化和重要性问题却依然存在。有关后现代状况的争论——错位、碎片化、奇观和超真实性、无深度性、真实同象征之间的关系破裂、日常生活的"去中心性"、消费作为自我实现的主要手段——就一个主题提出了诸多命题。吊诡的是，休闲研究和休闲科学对此均束手无策。

这些问题在休闲研究和休闲科学中的相对缺席令人惊讶。后现代状况的一些版本听上去就像是在重申各种形式的后工业主义理论、"意识形态的终结"还有工薪阶层的"中产阶级化"，这些问题早已为休闲研究所承认并称赞（而且显然包含在自由个人主义中，后者构成了休闲科学中许多工作的基础）。

比方说，在1973年，最早的英国休闲研究教科书之一（Smith, Parker, & Smith, 1973）在介绍中就承认了社会生活的"多元化"，并指出：

> 个性化的自身觉察的增长构成了朝向自我意识的象征主义的运动之基础……地位象征和生活方式正在成为个人品位的表达，而不是经济地位或社会阶层的反映……有些东西只有钱才能买到，但这些东西正在变少，越来越多的人有能力购买它们。

1974年，伯恩斯（Burns）认为我们需要对个体的心理社会承诺进行一系列的检验以期将他们的自我形象的积极方面表现出来。在法国，杜马扎迪埃（Dumazadier）（1974）指出"成为自己的主人对于个体而言是一种新的社会需求",并断言个体的主体性已经成为"一种自在的价值"。在20世纪80年代初的美国,凯利(1983)曾提出过一种存在主义取向的符号互动论形式,用角色身份的概念取代有关动机的单纯内在／外在要求,专注于分析休闲机会的实施潜力。

然而,这些断言和理论命题并没有为休闲研究或休闲科学带来一个系统性的研究议题。在休闲研究领域内,对这些分析的个性化假设往往被拒绝(为心理学研究的缺席所加剧),那些受文化研究传统影响的人则乐于接受各种形式的符号学并"阅读"(通常是集体的)活动的意义。在休闲科学中,凯利(1994)指出"把休闲当作互动过程的研究已经变得无足轻重……作为结构-功能模型,连同它对调查研究、相关性分析和人口统计学的独立变量的共同利用,在有关休闲和娱乐的大多数受资助研究中被认为是理所当然的"。

针对集体主义理论化的假定失败,休闲研究领域内部近来的回应提出了生活方式这一"概念"的分析效用(Veal, 1989)。然而,休闲研究的批评者们对此则坚决反对,鉴于这种本质上以市场研究为导向的统计汇总也是本质上经验主义的,未能揭示出"在先的"(即"结构的")原因(Critcher, 1989; Scraton & Talbot, 1989)。尽管如此,特定休闲选择的原因及其境遇中的意义对于休闲研究来说依然是多半尚未得到解答的核心问题。

休闲科学的危机？

可是,尽管后现代主义的确对休闲研究的规范性社会学的理论化提出了挑战,但它对休闲科学中的大量认知性重点所造成的影响似乎微乎其微。后现代主义没能在休闲科学中创造同样的"危机",这一失败可以依多种因素得到说明。首先,社会心理学方法的支配地位降低了社会学理论化的显著性,后者则意味着对社会休闲的分析,或者更具体地说,休闲社会从来不是一个主要的问题。其次,休闲科学对个体和个体心理学的强调似乎暗示了有关碎片化、集体身份的衰落及多样性的后现代主义争论是不言自明的。传统的社会人口变量在解释（或者更准确地说，预测）休闲行为时显而易见的效用缺失则进一步强化了这一点（Jackson & Burton, 1989）。

然而，还有一些更具意识形态色彩的因素，它们或许说明了后现代分析在休闲科学中的影响缺失。比方说，在后现代主义对差异和多样性的强调中，大部分温和的和"非意识形态的"本质其实同美国的社会政治意识形态非常契合，并且在休闲作为"自由与开放"的潜在意识形态中有所反应（Kelly, 1994）。涉及更广泛的社会政治文化的特定方面——自由个人主义、乐观主义、成就导向和自我完善——美国的这一情形要比福利主义的英国更有说服力，后者在社会公民身份和社会等级方面持有更强的集体主义观念。

尽管如此，休闲科学领域内部的一些学者对这种范式的理论、方法论及社会假设提出了质疑。例如，杰克逊（Jackson）和伯顿（Burton）（1989）提出有必要进一步承认休闲／消费同社会经济变化之间的关系，而且有必要在广泛的社会性语境下对研究结果进行定位和阐释。伯顿（1996）认为，在主流的科学理性主义认识论（连同它对调查、相关性方法及模型构建的专注）中，方法论的物化造成了"对脱离实质的方法的痴迷"，并减少了新思想的产生。海明威（1995）认为，实证主义方法论只调查"调节的规则"，只提供"表面阐释"。诠释学的"深度解释"能够带来真正的理解，通过检验社会的"构成性规则"，它们规定了种种社会实践并为其赋予意义。更为根本的是，一些在休闲科学的广泛领域中工作的学者们强调需要一种对认识论和本体论假设的批判性关注，这些假设支撑着占支配地位的实证主义范式，并且在一定程度上限制了那些值得调查的诸问题的本质（Hemingway, 1990, 1995; Henderson, 1990）。

同那些要求承认实证主义方法论和经验主义方法的局限性的呼声相并行的，是要求另一种努力的呼声，即理解人们为什么选择特殊的休闲形式以及被归因于活动的诸意义的本质（Jackson, 1989）。同某些后现代主义论点相并行，凯利（1994）认为休闲科学的前进道路就是要悬搁"自由和开放的意识形态……为了让研究被真正置入休闲互动的实际语境中"。凯利（1989，1994）坚持认为休闲是一种特殊的文化，尤其是（根据后现代主义关于错位和破碎的观点），休闲或许依然为表达和创造社群环境提供了语境（Kelly，1989）。

更为根本的是，J. R. 凯利和 H. H. 凯利（1994，p.273）指出"认为休闲有一套独特的意义……或者认为它是自由与内在意义的唯一所有者，这样的观念是一种危险的过度简化"。此外，他们还表示愿意考虑"休闲是行动的维度或质量，而非单一的领域"这个命题（Kelly & Kelly，1994）。罗杰克（1995）断言休闲的客体被包含进了文化的主体，而自由、选择和自我决定来自幻想的王国——尽管不如他那样根本，部分休闲科学学者似乎承认：如果不接受后现代主义解释，则需要调查后现代状况。这里似乎存在着一种不言明的接受，认为本体论问题（在（休闲）生活中人们如何建构、理解以及有或没有发现意义）可能比认识论问题更重要。海明威（1995）称之为"把探究还原为技术的倾向"。"意义"的问题似乎属于一些休闲科学学者的议程。

休闲科学内部的女性主义挑战

在休闲科学领域，对实证主义／个人主义范式的主要挑战来自女性主义研究者，后者断言了理解"情境意义"的要求，以及结构和意识形态在创造语境和意义时所扮演的角色。例如，亨德森（Henderson）（1991）提出：

无能于理解施加在女性的休闲之上的束缚，部分或许是由于对束缚的一种不足和狭窄的定义，主要集中在束缚的干预和结构方面……为了理解对女性的个体束缚，有必要就那些施加在休闲之上的明显束缚检验先天的社会语境。因此，在对休闲及其相伴的束缚的分析中，语境变得尤为明显。

从休闲研究的视角来看，在休闲科学研究者中，女性主义作家似乎是最坚持国际化方向的，她们走出了实证主义、社会心理学传统，通往了分析女性现状的理论视角，这个事实非常有趣。然而，从更广泛的方法论和理论视角来看，女性主义研究者的贡献不仅仅是"把女性列入议程"。尽管存在着一系列女性主义视角，女性主义者们却一致同意必须超越对干预性和结构性束缚的个性化心理学描述。她们强调需要对先行条件进行更彻底的社会学分析。正如卡拉·亨德森（Karla Henderson）（1991）所指出的："左翼女性主义立场试图应对关于价值、结构的问题以及内容和过程的相互作用……（它开始）应对如何令有关束缚的研究能够不仅被应用于个体，而且被应用于社会机构"。想要实现这个目的，就需要超越"二元论、总体化和本质主义的休闲观"，从而"以更包容的方式理解意义"（Henderson，1996）。

相互理解、宽容和沟通？

似乎正如在其他学术领域一样，女性主义不可避免地将在休闲科学中的影响力将会越来越大。它的许多基本方法论和理论问题似乎是不可避免的。尽管不一定接受"女性主义计划"的解放主义政治主张，但休闲科学领域里的其他人似乎具有同女性主义者一样的考量，这些考量是关于实证主义研究策略的局限性和需要更彻底探索的"科学的基础和告知休闲研究的是什么"。

然而，比起休闲研究，女性主义和其他非实证主义研究者在休闲科学领域所面临的认识论和政治障碍似乎要大得多。在英国，女性主义作家挑战了他们眼中的"主流实证主义范式"（Stanley，1980）。可是，这种方法从未像声称的那样占主导地位（通常被限制在由第一代休闲研究人员进行的那些政府资助、规划导向的调查工作）（Veal，1994）。此外，他们当然没有像北美的情况那样，同专业训练、学术正统性和晋升紧密地联系在一起；在英国，休闲研究与"休闲职业"之间的关系已经不那么舒适了。因此，承认定性和人种学的工作的价值，以及这种工作的应用，都要容易得多。此外，休闲研究领域的女性主义研究人员能够在一个主要是集体主义的福利／公民身份范式中工作，该范式主要关注权力和机会的不平等。

这并不是说对"性别方法论"的激进女性主义批判被毫无问题的接受了（例如，关于休闲研究内部的批评性意见，见 Hargreaves，1992；关于对女性主义方法论的一般性意见，见 Hammersley，1995）。

在休闲科学领域，产生共鸣的学者们认为，拥抱定性和民族志的工作只是为了说明方法论多元主义的价值，还有相互理解、宽容和沟通的价值（Burton & Jackson，1989），或者"在休闲理论、方法论及实践中更大的包容性"（Henderson，1990）。然而，对"修正计划"（Kelly，1994）的这种渴望或许低估了由女性主义和其他批评实证主义范式的方法所提出的问题当中的激进本质。举例来说，就其对"先行条件"、先天的社会语境和结构束缚的强调，女性主义似乎更接近休闲研究的政治经济学，而非休闲科学的认知理论化。然而，这种范式的发展也许取决于它面对（而非适应）主导范式的认识论、政治、学术及专业权力的能力。同休闲科学在历史上有着密切联系的娱乐专业人士和公共机构继续致力于"科学理性主义"，这很可能会成为理论和学术发展的障碍。伯顿（1996）似乎暗示了阻碍变革的力量。他指出，对实证主义、定量科学的质疑不断增加，"并没有导致对社会领域中逻辑和理性的合适位置严肃的重新审视，反而带来了一系列争吵……关于就社会现象开展的非定量调查的合适相关性"（Burton，1996）。

对"科学性"的历史强调——对量化和相关性，忽视了先行条件——可能反映了休闲科学中某种可理解的地位焦虑，以及对学术正统性和专业相关性的渴望。此外，似乎还存在着更广泛的社会文化因素，它们支持和加强了实证主义方法论的主导地位，并支撑着休闲科学与休闲研究之间的持续差异。在这方面，甘斯（Gans）（1988）将美国中产阶级的价值观描述为专注于取得对一般环境的个人控制，以便减少威胁和不想要的意外，这似乎同实证主义方法论的精神很接近。

如果是这样的话，后现代状况对休闲科学所带来的理论和方法论挑战要比对休闲研究的甚至更大。例如，一位评论者认为，鉴于现代主义（和休闲科学）的主要关注点从根本上就是认识论的——关注对知识和阐释过程的探索——后现代主义的关注点似乎是本体论的,"涉及存在和感觉的诸问题,并且包含了一种瓦解和混乱的倾向……以及偶然的意外事件而非精心的形式排列"(Smith,1994)。也许这就是伯顿(1996)认为"休闲研究"(尽管他的靶子似乎是休闲科学)"可以利用更多的横向思考"的原因。

结 论

休闲研究和休闲科学,通过不同的途径,到达了一个十字路口。两者都没有令人满意地应对休闲意义的境遇本质,以及它们同更广泛的意义和身份来源之间的关系。在休闲科学中,承认意义的境遇本质伴随着对休闲研究的二元论和本质主义方法的怀疑(Henderson,1996),以及对"休闲的边界"的质疑。例如,J. R. 凯利和H. H. 凯利(1994)认为,尽管"休闲研究"(他们很可能指的是休闲科学)主要认为休闲是从根本上不同于生活其他领域,但"全部成大部分人在休闲中发现的意义……在生活的其他领域也能发现"也是可能的。在这一点上,贝拉(Bella)(1989)主张"重要的问题,必然离不开经由活动被提出的关系,无论活动是否可以被描述为'休闲'。……活动的意义在于经由活动被提出的关系,而非活动本身。"这些评论也可以被阐释为一种朝向社会休闲方法(如果不是休闲社会方法)的转变。例如,亨德森(1996)认为"休闲(科学)研究人员才刚刚开始发现……性别、阶级、种族、残疾、性征……这些众多维度,它们能促进关于休闲行为的包容性理论"(Kelly,1994)。另一些人则通过采用"反实证主义"方法,提出了更激进的解决方案,来探索本质规则(Hemingway,1995),并理解交互主体性在休闲中的基础(Glancy,1993)。尽管休闲研究在历史上曾集中于这些"众多维度",现在却似乎愈发意识到需要承认并探索与一种后现代状况相关的所谓碎片化和多样性的意义(Giddens,1990)(尽管一些人同时依然不愿意放弃解放主义的议程;Henry,1995;Scraton,1994)。

虽然后现代主义分析的主张经常被认为是对休闲研究的威胁，但事实是，它们往往停留在断言的层面，缺乏对其假设的严格实证探索，这既是机遇也是挑战。休闲研究和休闲科学学者们所面临的挑战是探索人们的日常生活（Crouch & Tomlinson，1994；Kelly，1994）：活动的意义，以及支撑起活动并在活动中得到表达的诸关系。休闲研究人员可以探索日常生活中在何种程度上没有意义，"奇观"在何种程度上取代了意义、压倒了感官的价值（Rojek，1993），以及休闲体验在何种程度上具有"无深度"的特征。现实性是否栖身于符号、编码和表象（广告、时尚、媒介），休闲/消费形式与物质（和集体）现实性之间的关系被打破了吗？在一个碎片化、分散和排斥的时代，人们在何种程度上建立或维持了围绕着休闲的共同文化或社群？在这种变化的环境中，休闲的作用（还有，或许是最重要的，边界）又是什么？凯利（1989）认为，面对这样的挑战，休闲科学应该采取"方法论谦虚"的立场，理解本体论的问题或许更重要。这也暗示了有关休闲边界的问题（它一直隐含在休闲研究当中），休闲意义同其他意义和身份来源之间的关系。例如，J. R. 凯利和 H. H. 凯利（1994）质疑那些仅仅属于休闲的意义和满意度究竟在何种程度上才存在，罗伯茨（1997）则认为，对于年轻人而言，休闲并非扮演了"身份构建和维护的关键基础"。

无论是对于强调休闲分析之中的结构性和解放主义社会的休闲研究，还是强调无社会的休闲视角的休闲科学，这些质疑都提出了根本的问题。它们似乎指向了实证主义的边界，在休闲科学中要求弱化方法论的界限，而在休闲研究中则要求扩展业已流动的界限。在这种情况下，我们不应忽视互利合作的可能性。

杨文默、程翔　译

参考文献：

[1]Bailey P. Leisure, culture and the historian: Reviewing the first generation of leisure historiography in Britain[J]. Leisure Studies, 1989 (8) : 107-128.

[2]Bella L. Women and leisure: Beyond androcentrism[M]. In E. L. Jackson, T. Burton (Eds.), Understanding leisure and recreation: Mapping the past, charting the future. State College, PA: Venture, 1989.

[3]Burns T. Leisure in industrial society[M]. In M Smith et al. (Eds.), Leisure and society in Britain. London: Allen Lane, 1974.

[4]Burton T L. Safety nets and security blankets: False dichotomies[J]. Leisure Studies, 1996 (15) : 17-19.

[5]Burton T, Jackson E L. Charting the future[M]. In E L Jackson, T. Burton (Eds.). Understanding leisure and recreation: Mapping the past, charting the future. State College, PA: Venture, 1989.

[6]Clarke J, Critcher C. The devil makes work[M]. London: Macmillan, 1985.

[7]Coalter F. Leisure studies, leisure policy, and social citizenship: The failure of welfare or the limits of welfare?[J] Leisure Studies, 1998 (17) : 21-36.

[8]Coalter F, Parry N. Leisure sociology or the sociology of leisure? (Papers in Leisure Studies No. 4)[M]. London: Polytechnic of North London, 1984.

[9]Craib I. Modern social theory: From Parsons to Habermas[M]. Brighton, England: Harvester Press, 1984.

[10]Critcher C. A communication in response to "Leisure, lifestyle and status: Pluralist framework for analysis."[M]. Leisure Studies, 1989 (13) : 159-160.

[11]Crouch D, Tomlinson A. Collective self-generated consumption: Leisure, space and cultural identity in late modernity. In I Henry (Ed.). Leisure : Modernity, postmodernity and lifestyles (Leisure Studies Association Publication No. 48)[M]. Brighton, England: Leisure Studies Association, 1994.

[12] Csikszentmihalyi M. Towards a psychology of optimal experience[M]. In L. Wheeler (Ed.), Review of personality and social psychology. Beverly Hills, CA: Sage, 1982.

[13] Driver B, Brown P, Peterson G. The benefits of leisure[M]. State College, PA: Venture, 1991.

[14] Dumazadier J. The sociology of leisure[M]. New York: Elsevier, 1974.

[15] Gans H J. Middle American individualism: The future of liberal democracy[M]. New York: Free Press, 1988.

[16] Giddens A. The consequences of modernity[M]. Cambridge, England: Polity Press, 1990.

[17] Glancy M. Achieving intersubjectivity: The process of becoming the subject in leisure research[J]. Leisure Studies, 1993(12), 45-60.

[18] Goodale T L. Perceived freedom as leisure's antithesis[J]. Journal of Leisure Research, 1990 (22): 296-302.

[19] Goodale T L, Witt P A. Recreation non-participation and barriers to leisure[M]. In E L Jackson, T Burton (Eds.), Understanding leisure and recreation: Mapping the past, charting the future. State College, PA: Venture, 1989.

[20] Grossberg L. We gotta get out of this place: Popular conservatism and postmodern culture[M]. London: Routledge, 1992.

[21] Hammersley M. The politics of social research[M]. London: Sage, 1995.

[22] Hargreaves J. Revisiting the hegemony thesis. In J Sugden, C Knox (Eds.). Leisure in the 1990s: Rolling back the welfare state (Leisure Studies Association Publication No. 46). Brighton, England: Leisure Studies Association, 1992.

[23] Hemingway J. Opening windows on an interpretative leisure studies[J]. Journal of Leisure Research, 1990 (22): 303-308.

[24] Hemingway J. Leisure studies and interpretive social inquiry[J]. Leisure Studies, 1995 (14): 32-47.

[25] Henderson K. Leisure science, dominant paradigms, and philosophy: An introduction[J]. Journal of Leisure Research, 1990 (22): 283-289.

[26] Henderson K. The contribution of feminism to an understanding of leisure constraints[J]. Journal of Leisure Research, 1991 (23): 363-377.

[27] Henderson K. One size doesn't fit: The meanings of women's leisure[J]. Journal of Leisure Research, 1996 (28): 139-154.

[28] Henry I. Leisure and social stratification: The response of the state to social restructuring in Britain[M]. In K Roberts (Ed.). Leisure and social stratification (Leisure Studies Association Publication No. 53). Brighton, England: Leisure Studies Association, 1995.

[29] Iso Ahola S. The social psychology of leisure and recreation[M]. Dubuque, IA: William C. Brown, 1980.

[30] Jackson E L. Environmental attitudes, values and recreation[M]. In E L Jackson, T Burton (Eds.), Understanding leisure and recreation: Mapping the past, charting the future. State College, PA: Venture, 1989.

[31] Jackson E L, Burton T (Eds.). Understanding leisure and recreation: Mapping the past, charting the future[M]. State College, PA: Venture, 1989.

[32] Kelly J R. Leisure identities and interactions[M]. London: George Allen & Unwin, 1983.

[33] Kelly J R. Leisure behaviors and styles: Social, economic and cultural factors[M]. In E L Jackson, T Burton (Eds.). Understanding leisure and recreation: Mapping the past, charting the future. State College, PA: Venture, 1989.

[34] Kelly J R. The symbolic interaction metaphor and leisure[J]. Leisure Studies, 1994 (13): 81-96.

[35] Kelly J R., Kelly, J. R. Multiple dimensions of meaning in the domains of work, family and leisure[J]. Journal of Leisure Research, 1994 (26): 251-274.

[36] Kuhn T. The structure of scientific revolutions[M]. Chicago: University of Chicago Press, 1970.

[37] Murdock G. New times/hard times: Leisure, participation and the common good[J]. Leisure Studies, 1994 (13): 239-248.

[38] Neulinger J. (1974). The psychology of leisure[M]. Springfield, IL: Charles C. Thomas, 1974.

[39] Ravenscroft N. Leisure, consumerism and active citizenship in the UK[J]. Managing Leisure: An International Journal, 1995 (1): 163-174.

[40] Roberts K. Leisure and social change in the 1980s[M]. Leisure Research, 1987.

[41] Roberts K. Same activities, different meanings: British youth cultures in the 1990s[J]. Leisure Studies, 1997 (16): 1-16.

[41] Rojek C. After popular culture: Hyperreality and leisure[J]. Leisure Studies, 1993 (12): 277-289.

[42] Rojek C. Decentring leisure: Rethinking leisure theory[M]. London: Sage, 1995.

[43] Scraton S. The changing world of women and leisure: Feminism, 'post-feminism' and leisure. Leisure Studies[J], 1994 (13): 249-261.

[44] Scraton S, Bramham P. Leisure and postmodernity. In M. Haralambos (Ed.), Developments in sociology[M]. Ormskirk, England: Causeway Press, 1995.

[45] Scraton S, Talbot M. A response to "Leisure, lifestyle and status: A pluralist framework for analysis" [J]. Leisure Studies, 1989 (13): 155-158.

[46] Smith A L. Is there an American culture?[M] In J. Mitchell & R. Maidment (Eds.). Culture: The United States in the twentieth century. Milton Keynes. England: Hodder and Stoughton/Open University, 1994.

[47] Smith M, Parker S, Smith C. Leisure and society in Britain[M]. London: Allen Lane, 1973.

[48] Stanley L. The problem of women and leisure: An ideological construct and a radical feminist alternative[M]. London: Leisure, 1980.

[49] Talbot H, Winbush E (Eds.). Relative freedoms: Women and leisure[M]. Milton Keynes, England: Open University Press, 1988.

[50] Taylor J, Coalter F. Research digest: Leisure, recreation and sport[M]. Edinburgh: Center for Leisure Research, 1996.

[51] Tester K. Media, culture and morality[M]. London: Routledge, 1994.

[51] Tomlinson A. Whose side are they on? Leisure studies and cultural studies[J]. Leisure Studies, 1989 (6): 97-106.

[52] Veal A J. Leisure, lifestyle and status: A pluralist framework[M]. Leisure Studies, 1989 (8): 141-154.

[53] Veal A J. Intersubjectivity and the transatlantic divide: a comment on Glancey (and Ragheb and Tate)[J]. Leisure Studies, 1994 (12): 211-216.

二十一世纪的休闲研究：天空正在塌下来吗？ [1]

K. A. 亨德森

（美国北卡罗来纳州立大学）

内容摘要：休闲研究作为一门学科被认为处于危机之中。这种看法并不新鲜，也不一定是负面的，因为所有学科都经历了危机时期。这场危机被认为是智力危机和体制危机。本文提供了一个历史背景，用于识别当前的智力问题，并描述了当今该领域面临的两个主要问题：集体身份以及休闲与社会之间的联系。提供了四种方法来解决感知到的危机：拥抱变化，阐明集体身份，庆祝休闲研究的贡献，以及确定当前和未来的合作者。

童话为我们的思考提供了一些隐喻。就拿小鸡的故事来说，它也存在着诸多版本，但一般来说故事是这样的：一天，一只鸡正在吃午餐，橡子掉落在它的头上，它认为这是天正在塌陷的一个征兆。它非常担心，决定告诉国王这一困境。在旅途中，它遇见了与它有着同样困惑的同伴，并与它一起走。你可以发现，在大多数故事中，动物们都有着押韵的名字，比如亨尼佩妮、洛奇和劳菲。然后，他们遇到了狡猾的狐狸福克西，他假装对鸡和朋友提供帮助，但实际却想吃了它们。这个故事有很多结局，其中之一是福克西会吃掉鸡的朋友。其中一个朋友，通常是洛奇，幸存下来并有足够长的时间来警告鸡，然后逃走了。其他的结局包括福克西吃掉所有动物。有些版本中，鸡和它的朋友们被松鼠、猫头鹰或国王的猎犬所拯救，最后可以与国王说话。另一种说法更是建议天空塌下来并砸死狐狸。

童话故事的寓意取决于结局。美好的结局试图表明一个人不应该是一

---

[1] Karla A. Henderson. Leisure studies in the 21st century: The sky is falling？[J]. Leisure Sciences, 2010, 32：4：391-400.

只"鸡",人们应该有勇气表达自己的立场。在其他版本中,寓意可以被解释为人们不应该相信听到的每件事,在这种情况下,带有政治含义的故事应该是,这只鸡看穿狐狸阴险的目的,然后鼓动朋友们的情绪,告诉它们狡猾的狐狸为了它自己的利益而操纵它们。

基本假设

普罗诺沃斯特(Pronovost)和德·埃莫斯(D'Amours)(1990)提出,无论假设休闲学是一个仍在发展中的领域还是已相对成熟的学科,对学科基础的思考仍是至关重要的。危机与批判性思考的思维方式之间的区别可能很微小(Rowe,2002)。此外,斯特宾斯(1997)和奇克(Chick)(1997)提出危机可能是生产性的和/或破坏性的。普罗诺沃斯特和德·埃莫斯(1990)以及库什曼(Cushman 1995)认为,所有基础学科都在不断质疑其基础知识,如果休闲研究中没有发现这一点,那将是令人担忧的。本文中所引用的一些著作清楚地表明了人们对天空塌陷的担忧已有25年了。但是,很少有研究者提供解决危机的方案,并且可能需要提出新的见解。因此,我认为对潜在危机的理解对于现在和将来的讨论都是重要且必要的。

杰克逊(Jackson)和伯顿(Burton)在1989年对休闲研究人员进行了调查,以确定在过去的20年中休闲领域是否具有统一性、连贯性或碎片化。他们将碎片化定义为"不同的,甚至是相互冲突的概念和方法论发展,术语不一致,主题脱节和知识上的不和谐"。超过60%的活跃研究人员表示,该领域的特点是碎片化。伯顿和杰克逊将调查结果解释为:由于其多元性,碎片化可能是有益的。碎片化表明很少有共性,例如在最基本的层次上没有共同的语言或存在概念冲突。 另一方面,多元化表示能够解释休闲之类的原理,概念或理论不止一个。他们赞成后者。

此外,库恩(Kuhn,1970)强调科学领域的变化和碎片化。科学危机是规范性的,是范式周期可预测的一部分,是出现了范式转移。当由于缺乏有限的现有范式无法理解其无限形式的社会现实时,每门学科都会在面临危机感时面临重大转变，科学革命就是例子。

德赖弗（Driver，1999）指出，休闲研究中可能已经解决了简单的问题，而转向更困难的问题可能就是造成危机的原因。此外，库恩建议，普通科学或当前科学（我想补充一下休闲科学）只能证实并重申现实。桑达尔（Samdahl，2000）指出，"对传统范式的保守会在革命时期造成紧张"。如果研究人员坚持过去的幻想，就很难理解范式的转变。肖（1997）还指出，发生科学革命的不便之处可能是因为休闲是"多范式的，而不是单范式的"。休闲研究的前进道路当然还不清楚。因此，我做出的另一个假设是，危机感的主要原因可能是由于无法预见未来，因为许多问题已经改变。

天空正在塌陷？问题是什么？

罗（Rowe）（2002）观察到，休闲研究的关注点可能更多是"从制度上而非理智上说的"。这两方面不是互相排斥的，但可能关注的对象不同。有关休闲的知识性内容可能会在国际上具有更大的吸引力，并且可能与休闲研究更多相关，而制度性问题可能更多的是基于国家、大学或协会。但是，由于存在重叠，因此不能将休闲研究领域的问题清楚地分为两个区域。如果知识基础处于危机之中，那么无疑会影响制度方法。

休闲研究的未来研讨会于2009年在澳大利亚悉尼举行，由澳大利亚、新西兰休闲研究协会（ANZALS）赞助。主要关注点是休闲研究领域明显的碎片化，围绕着一个中心问题，即休闲研究的中心或身份是否（并将继续保持）该领域。还提出了有关研究与实践之间脱节的问题。一个潜在的潮流也质疑制度上发生的变化，例如专门学科的扩散，如何影响休闲研究的知识基础（反之亦然）。

基于历史和当代的关注，包括我自己的关注，两个主要的知识领域似乎显著影响了休闲的制度学习和实践。这两个领域包括该领域的集体身份和休闲与社会的联系。

集体身份

尽管人们对什么是休闲存在误解，没有其他学科专门关注人类休闲行为，但休闲领域的价值或重要性从大多数角度被肯定。我认为休闲行为是使休闲研究和相关休闲专业与商业管理或公共卫生或社会工作不同的原因，尽管休闲实践和研究的许多方式与这些学科相同。然而，休闲学并不能在智力上或制度上与每个学科都产生共振。

在美国，对公园和/或娱乐机构的单一关注最初定义了这一领域（Sessoms & Henderson，2009）。休闲研究成了论证它们具有基础性学术和社会合法性的手段。奇克（1997）的结论是，在美国，政治经济问题对这一领域的影响大于哲学问题。随着人们最初把重点放在将公园和娱乐作为社区的一项社会服务，到人们认识到体育、旅游、活动管理和商业娱乐等领域相关的市场经济潜力。Dustin 和 Goodale（1999）描述了这个职业是如何失去使命并成为一个高度分割和脱节的集合并由政治经济驱动的课程。Rose 和 Dustin（2009）也哀叹休闲研究人员和大学对反映政治经济的新自由主义问题的"抛售"。

休闲的理论研究和实践的兼容性已引起广泛讨论。在美国，由国家公园和娱乐协会（NRPA）开始主导高等教育，大概已经变成了这个使命和集体身份的守护者。许多研究人员、教育家和实践者认为这种关系是理所当然的。然而，伯奇（Burdge，1985）、Chick（1997）和 Samdahl（2000）提出，这种关系对休闲研究是有害的，并列举了几点原因。

1985 年，伯奇提出了一个引人注目的论点，即从高等教育的理论角度出发，将休闲与公园和娱乐分开。他建议本科生与研究生需要不同的准备（即专注于理论），而教员需要在两个领域（即：休闲研究与公园）准备两个不同的研究方向，也就是说，休闲研究与公园、休闲教育需求之间不存在直接联系。他说，"休闲研究的问题是学术研究能否在培养管理者和追求无偏见研究计划的双重目标的环境中进行的"。伯奇提出，美国需要在大学里设立独立的系，一个除 NRPA 之外的美国休闲研究协会，以及跨学科的休闲研究机构。

受访者对于伯奇（1985）的意见出奇的不一致。例如，戈比（1985）主张休闲研究与公园与休闲娱乐之间具有交叉性。他建议，公园和娱乐场所的智能化过程可以将差异最小化。他还质疑在这个领域中，一个人是否能成为一个成功的实践者，当他不了解休闲在社会中所扮演的角色，例如，休闲行为、动机和满足感时。戈比强调，共同的价值观比谈论差异更重要。斯密（Smith，1985）的回应指出，这些冲突在学术和专业团体强大的领域是多么的正常。

桑德尔（2000）同样认为，15年后，随着该领域逐渐向商业管理靠拢，新兴专业的出现证明了这一点，该领域也逐渐远离了理论基础。她指出，传统的休闲杂志证实了现状，从业者被教导要坚定不移地坚持休闲的重要性和价值，而不是去坚持自我批评。她主张一种共同的观点，即通过更好地理解休闲来提高人们生活水平的目标。然而，桑德尔主张通过抛弃大多数实证主义和功能主义理论，用批判和后现代的观点取代它们来达到这一目标。

科尔特（1997）指出，后现代主义，尤其是英国的后现代主义，如果专业人士相信集体身份和共同利益的幻觉是可能的，那么它是对知识危机的一种贡献。然而，我相信，把后现代主义带到最后的结论，肯定会导致天空塌陷。承认后现代条件并不意味着承认理论或共性是不可能的。拥有一个集体的身份很重要，正如Stewart，Parry和Glover（2008）所说，社会的最终状态有一个理想化的愿景，休闲研究所扮演的角色使社会更接近这个理想化的愿景，而这正是集体身份的意义。

集体同一性的另一个具体方面是理论和实践之间的关系。提高人们休闲生活的潜力可以通过理论和实践来实现。然而，正如海明威和帕尔（2000）所主张的，休闲研究和休闲实践是两个独立的专业范式，也正如伯奇（1985）早先指出的那样。

我宁愿把理论和实践看成是重叠的范式。海明威（Hemingway）和帕尔（Parr，2000）将范式定义为一组连贯的假设，这些假设得到了范式内工作人员的广泛认可。他们认为，休闲学习和专业实践是由两种不同的模式运作的。然而，他们也提出，要想消除这种差异，就需要一个社会建构的过程——这不是偶然发生的。他们建议，要有一个统一的职业，学者和实践者应该能够识别关键字作为锚点，而这并没有发生。他们的分析还指出，从业者缺乏与休闲相关身份的研究。休闲领域中专业化的多样性进一步加剧了这种担忧。也许是教育者和研究者之间的脱节，他们已经变得如此专业化，以至于看不到与休闲研究相关的共同身份和使命。这种缺乏智识的协议导致了一种新的分裂危机。

形势已经发生了变化，但人们对知识分子分裂的看法并不新鲜。我认为这个领域目前是一个三代同堂的家庭，祖父母可能是社会学或地理学之类的学科（Aitchison，2006），他们都在努力一起生存，挑战也就在这里。然而，科尔特（1999）指出，英国的休闲研究者只有一只脚在休闲产业而另一只脚却在休闲理论，而在美国，休闲研究者双脚都在休闲产业。因此，在美国，新一代的相关从业者的理论研究相对比较薄弱。

这类孩子（第三代）就是在过去几十年中出现的专业领域（如旅游、治疗休闲、商业娱乐、体育管理）。戈比（2000）认为专业化是有害的，它导致了不同的组织和期刊以及学术单位的分裂。然而，奇克（1997）指出，对于研究人员来说，体育和旅游的制度话语创造了一个比休闲更诱人的现实，尤其对于学生来说。罗（2002）指出，学生的认知可能是休闲没有很强的职业发展前景，但体育或旅游却可以。

休闲领域专业化的含义并不总是与高等教育研究、专业准备或实践的集体身份联系在一起。一个专业的学术家园应该反映出这一现象的理论方向。例如，如果休闲领域要为实践做出贡献，位于传统公园和康乐部门的体育管理应该有一种哲学，与在商学院或管理学院主修的不同。进行的研究也会有所不同。如果休闲分析不是教育或研究的一部分，那么也许就没有必要存在休闲研究单位（例如，大学项目或期刊）。

21世纪任何学术单位所面临的挑战是确定其使命、地位和价值观。然而，这一单位必须具有广泛的社会现象的知识特征。也许休闲研究的碎片化在于不知道"什么让我们团结在一起"。不管你是关注体育、艺术、特殊活动还是户外活动，都可以关注提高个人休闲生活水平。然而，孩子们（例如，专业化）并不总是认为自己是休闲行为的容器。三代人之间缺乏联系的事实已经改变了休闲研究的集体身份。就像休闲研究从一门特定的学科中分离出来一样，各专业领域现在正在建立自己的独特性，而这并不一定与休闲的理论基础相关。

休闲与社会

对感知到的危机和分裂进行更深层次的智力分析，有助于界定和重新界定休闲在社会中的作用。如上所述，也许集体身份的缺乏反映了社会对休闲的误解。普罗诺沃斯特（Pronovost）和德·埃莫斯（1990）说"主要问题是参与者的改变，视角的改变，关注焦点的转移；我们所说的'社会'也在依次变化着；因此对于休闲研究也在改变"。罗杰克（1995）主张休闲，并充分认识到休闲只存在于社会中，而不存在于社会之外。类似地，伯顿和杰克逊（1989）警告说，如果这个领域仅仅是由休闲娱乐实践的变化和休闲学者的自我生成的变化所引导，而不关注更广泛的社会问题和趋势，那么这个领域将会衰落、被摒弃，并被视为无关紧要的学科。然而，我认为，如果休闲专业人士不断地阐明休闲如何适应历史和文化背景，休闲研究肯定会逐渐消失。

这一观点得到了科尔特（1997，1999）的呼应，他强调休闲研究的危机没有令人满意地解决全球休闲的意义，不管从研究者的视角或地理状况调查。

Williams（1997）试图通过编辑一本休闲科学的特刊来解决北美休闲研究的"孤立"问题，他希望与正在进行的休闲研究国际理论进行对话。我对其期刊进行了仔细研究，但并不表明开始了广泛的对话，但文章的作者提出了几个今天仍然重要的问题。莫马斯（1997）认为，20世纪70年代以后，以社会学为主导的欧洲休闲研究失去了动力，人们研究了时间、消费、全球化、商品化、玩乐和快乐等相关概念，但没有在休闲的语境中进行研究。他认为休闲应该是一个统一的概念，因为关于休闲项目的历史同质化或统一已经支离破碎。莫马斯问休闲是否应该被修正，或者休闲研究者是否应该接受它作为"当今后现代生活的脆弱和轻盈"的一部分？"。这些问题导致休闲研究领域进一步多元化，与伯顿和杰克逊（1989）不同的是，莫马斯并不认为这是积极的。

休闲科学特刊的答卷人从其他角度讨论了莫马斯（1997）和科尔特（1997）提出的命题。Lynch（1997）敏锐地观察到，英国的休闲研究危机可能是由于后现代主义，但美国的危机可能与实践有关。斯特宾斯（1997）认为，碎片化与其说是敌人，不如说是朋友。他认为，被感知到的碎片化促使研究人员转向特定的休闲方式（如运动、旅游），这些休闲方式最终有可能对更多的人产生影响。奇克（1997）与肖（2000）和 Samdahl（2000）的观点相似，认为相对于作为社会控制手段的休闲而言，还必须对把休闲看作纯粹商品的观点提出质疑。肖（1997）批评莫马斯和科尔特都没有提供详细的解决方案或对未来的展望。他主张将休闲研究导向紧迫的社会需求、问题和关注，而不是更狭隘地关注与专业相关的休闲研究。

我建议大多数研究者、教育者和实践者承认自由时间、享受和休闲的价值。然而，有时这种重要性在研究和实践的日常焦点中已经消失了，看不到休闲如何融入更广泛的社会，而不管是否使用实际的术语，都已经造成了一场危机。奇克（1997）建议专业人士在定义休闲方面也许应该少一些限制，并且要更加开放地了解它的实践条件和研究方法已经发生了变化。归根结底，休闲离不开社会，无论该领域的专业领域是什么，都需要研究者和实践者的努力。如果一致认同，那么通过对休闲价值的阐述，休闲学就有可能向前迈进。

我们应该和谁对话

无论休闲研究是正在经历一段批判性自我反省期（Rowe，2002），试图积极主动，还是仅仅是（过度）反应，置之不理都不是一种选择。研究和教育工作者在寻找国王之前需要互相交谈，就像小鸡做的那样。在途中结交朋友是必要的，因为需要进行一场确定内部冲突以外的内部讨论（Coalter，1999）。如果天空正在塌陷，那么一个计划对于我们和其他人来说是必不可少的。我们彼此孤立或远离问题只会导致更快的死亡。互相交谈，认识彼此的朋友，将使我们能够掌控未来，而不是依赖最有可能成为国王的政治经济。

关于塌陷的天空是什么？

我试图证明，危机是正常的，任何领域向前发展危机都是必然会发生的。但是，像小鸡一样惊慌也许不是最好的办法与其简单地陈述和重申情况，还不如确定可能的解决办法。然而，勇气是需要强化的并保持批判性的自我反省。我也相信，正如戈比（2000）所告诫的那样，我们必须停止为休闲的主题而道歉。休闲是很重要的，它正在以新的方式发展，必须加以利用。我提供了四种方法来思考前进和防止天空塌陷。橡实自然会下降，但我们必须关注更大的前景。这些想法不是革命性的，也不一定是新的。然而，它们共同定义了一个关于当前局势的视角。

- 拥抱变化
- 表达集体身份
- 庆祝休闲的贡献
- 识别合作者

改变不可避免，但并非不能控制

世界处于不断变化的状态。研究人员和实践者必须认识到，所有的知识都与社会、文化和历史背景的变化有关。改变是困难和不可避免的。罗（Rowe，2002）认为，"休闲研究的未来取决于远远超出其从业者控制能力的变化。"他们能做的就是认识到这些环境并塑造它们，使其有利于我们"。罗进一步警告说，如果我们缺乏灵活性、缺乏安全感和幻想，就会发生一场自我焦急的危机。同样，戈比（2000）强调"……这个领域（必须）决定去冒险，去面对变化，把课程的内容暴露给审查者，忘记作为学科的相关的模型，坚持专业精神，最重要的是，主动出击而不是盲目地跟随"。最终，我们对如何应对变化有一定的内部控制。

大多数变化是渐进的，而不是革命性的。有时候，改变是不明显的，直到它变成一场危机。我们面临的挑战是，在危机发生之前就预见到变化。此外，变化是休闲和社会的新常态。休闲学习必须保持平衡。体内平衡被定义为自我调节过程，系统用来维持稳定，同时调节以适应生存的最佳条件。如果体内平衡成功，生命将继续；如果失败了，生命就结束了。稳定性是一种动态平衡，在不断变化的情况下发生，但条件一致。当一个系统受到干扰时，其结果是建立一种新的平衡。从事休闲研究的专业人士必须认识到，这个领域是关于自我反省的变化和体内平衡的。罗（2002）总结：对于休闲研究这样的应用领域来说，困境仍然是为了应对现实或想象中的危机而改变或交换研究对象，或者是为了确认"该领域的研究对象是固定的"。确定研究对象变得很成问题；然而，对象、视角和语境都是不断变化的。

集体身份的阐明

由于变化是不可避免的，休闲研究人员和教育工作者必须考虑不断演变的集体身份，尽管这种方法可能会与后现代状况背道而驰。理想的目的地必经之路必须清楚。我认为，目的地取决于集体身份。普罗诺沃斯特（Pronovost）和德·埃莫斯（1990）提出，这个领域必须不仅仅是将管理应用于休闲。Chick(1997)也建议说，休闲的好处是必不可少的。同样，伯顿和杰克逊得出的结论是，最重要的研究主题是探讨休闲的价值。集体身份听起来可能是本质主义的，我同意艾奇森（Aitchison，2000）的观点，他警告人们不要对任何想法进行累加或单维度描述。然而，除非研究人员和教育工作者能够阐明是什么使休闲研究不同于其他领域，否则我们这些研究者或许都不应该存在。没有集体身份，分裂是不可避免的。世界可能会改变，但基本价值观不会改变。休闲应该是基本的价值。我认为休闲是通过愉快的活动来增进人们的生活。这一价值使得休闲研究变得独特，尽管休闲有许多形式的特色内容。阐明和肯定我们作为教育者和研究人员以及我们的学生的集体身份，是我们对祖父母和此专业下一代的独特贡献。

做出贡献

如果休闲研究人员和教育工作者足够敏锐地认识到变化并阐明集体身份，那么这个领域对社会、大学、知识体系和学生的贡献将是显而易见的。休闲研究必须有助于分析和肯定什么使生活有意义。休闲研究人员的当务之急是为社会科学提供休闲分析。没有其他领域能做出这样的贡献。如果休闲作为一种价值、权利、特权和责任是必不可少的，那么它的重要性就必须向社会阐明。此外，休闲可以被认为是跨学科的、学科多样性的、学科转换的。跨学科是将不同学科的知识结合起来，从新的角度来理解休闲的各个方面。我认为休闲是多学科方法是围绕一个复杂的应用社会问题或现象组织起来的。最后，学科转换意味着跨越许多学科的界限，从而为一个主题创造一个整体的方法。我们这个领域的这些多维特征使我们能够与他人联系和合作，为改善人们的生活和更好地理解休闲行为做出广泛贡献。

合　作

谈及沟通、联系和合作，这些都是陈词滥调。然而，休闲并不是孤立存在的，作为一个研究领域，如果不与其他研究人员和从业者建立整体联系，休闲就不会存在。普里查特（Pritchard，2006）肯定了新的休闲研究将基于合作和协作。他主张需要解决多个职位、实践和见解，并把它们称之为"共同创造的知识"。奇克（1997）指出，我们这个领域经历的一些危机可能是由于边界问题。打破界限的最好方式是沟通和合作。尽管找到一个集体身份很重要，但将这种身份应用于社会问题的研究是最重要的。未来将取决于在广泛领域内以及跨学科和专业领域内与其他人的合作。如果我们试图将休闲作为休闲专业人士的制度，我们将无法生存。杰克逊和伯顿（1989）建议，为了加强交流，并最终打破在休闲研究中发展共同目标的障碍，必须对该领域进行定期的回顾和前瞻性评估。这些评估需要内部协作，以及与我们的朋友以及世界上的狐狸朋友的沟通。

结　论

"小鸡"的故事提出了几个值得思考的问题。我不相信天会塌下来，但担心存在着并且不可忽视的东西（橡子）。休闲的理论基础必须不断地研究，因为它们对制度结构有直接的影响。橡子在坠落，但天空还没有塌陷。休闲研究人员、教育工作者和实践者必须有勇气认识到，变化正在发生，小鸡离开鸡窝寻找朋友是明智的。国王和政治经济不容忽视。然而，国王没有答案。如果我们愿意对未来和我们的重要使命保持开放和灵活，我们这个领域就有解决的答案。和杰克逊、伯顿（1989）一样，我是一个毫不羞愧的多元主义者。我相信房间里存在着各种各样的概念、专业、理论和方法。然而，我认为这种多元化必然有明确的目标。多元主义总是有滑向分裂的危险（Jackson & Burton，1989）。对未来有价值的展望包括：接纳不可避免的变化，明确但不呆板的集体身份，为休闲分析所做出的贡献而感到自豪和庆祝，以及增进所有人的休闲，积极识别各个层次的合作者。我们在休闲研究中可以为小鸡故事的结尾创造自己的寓意。

参考文献：

[1] Aitchison C C. Poststructural feminist theories of representing others: A response to the "crisis" in leisure studies discourse[J]. Leisure Studies, 2000, 19(3): 127 - 144.

[2] Aitchison C C. The critical and the cultural: Explaining the divergent paths of leisure studies and tourism studies[J]. Leisure Studies, 2006, 25(4): 417 - 422.

[3] Australia New Zealand Association of Leisure Studies. The future of leisure studies[OE/BL]. ANZALS Newsletter, 2009. http://www.staff.vu.edu.au/anzals/news44.pdf.

[4] Burdge R J. The coming separation of leisure studies from parks and recreation education[J]. Journal of Leisure Research, 1985, 17(2): 133 - 141.

[5] Burton T L, Jackson E L. Charting the future[M]. In E. L. Jackson and T. L. Burton (Eds.), Understanding leisure and recreation: Mapping the past, charting the future (pp. 629 - 642). State College, PA: Venture Publishing, Inc, 1989.

[6] Chick G. Crossroads and crises, or much ado about nothing? A comment on Mommaas and Coalter[J]. Leisure Sciences, 1997 (19): 285 - 289.

[7] Coalter F. Leisure sciences and leisure studies: Different concept, same crisis?[J]. Leisure Sciences, 1997 (19): 255 - 268.

[8] Coalter F. Leisure sciences and leisure studies: The challenge of meaning[M]. In E. L. Jackson and T. L. Burton (Eds.), Leisure studies: Prospects

for the twenty-first century (pp. 507 - 522). State College, PA: Venture Publishing, Inc, 1999.

[9]Cushman G. The development of leisure studies in Aotearoa-New Zealand[J]. ANZALS Leisure Research Series, 1995 (2): 44 - 60.

[10]Driver B. Recognizing and celebrating progress in leisure studies[M]. In E L Jackson and T L Burton (Eds.). Leisure studies: Prospects for the twenty-first century (pp. 523 - 534). State College, PA: Venture, 1999.

[11]Dustin D L, Goodale T L. Reflections on recreation, park, and leisure studies. In E L Jackson and T L Burton (Eds.). Leisure studies: Prospects for the twenty-first century (pp. 477 - 486)[M]. State College, PA: Venture Publishing, Inc, 1999.

[12]K A Henderson, Godbey G. The coming cross-pollination of leisure studies and recreation and park education: A response[J]. Journal of Leisure Research, 1985, 17(2): 142 - 148.

[13]Godbey G. The future of leisure studies[J]. Journal of Leisure Research, 2000, (32): 37 - 41.

[14]Goodale T L. Carts before heavy mules: Are competing hypotheses too late?[J]. Journal of Leisure Research, 1985, 17(2): 149 - 154.

[15]Hemingway J L, Parr M G. Leisure research and leisure practice: Three perspectives on constructing the research-practice relation[J]. Leisure Sciences, 2000 (22): 139 - 162.

[16]Jackson E L, Burton T L. Mapping the past. In E L Jackson and T L Burton (Eds.)[M]. Understanding leisure and recreation: Mapping the past, charting the future (pp. 3 - 28). State College, PA: Venture Publishing, Inc, 1989.

[17]Jackson E L, Burton T L (Eds.). Leisure studies: Prospects for the twenty-first century[M]. State College, PA: Venture Publishing, Inc, 1989.

[18]Kuhn T S. The structure of scientific revolutions[M]. Chicago: University of Chicago Press. Lynch, R. (1997). Whose crisis at the crossroads? Leisure Sciences, 1970 (19): 269 - 271.

[19] Mommaas H. European leisure studies at the crossroads?[J]. A history of leisure research in Europe. Leisure Sciences, 1997 (19): 241-254.

[20] Pritchard A. Listening to leisure voices: Getting engaged in dialogues, conversations, and entanglements[J]. Leisure Studies, 2006, 25(4), 373-377.

[21] Pronovost G, D'Amours M. Leisure studies: A re-examination of society[J]. Loisir & Societe, 1990, 13(1): 39-62.

[22] Rojek C. Decentering leisure[M]. London: Sage Publications, 1995.

[23] Rose J, Dustin D. The neoliberal assault on the public university: The case of recreation, park, and leisure research[J]. Leisure Sciences, 2009 (31): 397-402.

[24] Rowe D. Producing the crisis: The state of leisure studies[J]. Annals of Leisure Research, 2002 (5): 1-13.

[25] Samdahl D M. Reflections on the future of leisure studies[J]. Journal of Leisure Research, 2000 (32): 125-128.

[26] Sessoms H D, Henderson K A. The noble experiment. A history of the National Park and Recreation Association, 1964-2005[M]. Ashburn, VA: National Recreation and Park Association, 2009.

[27] Shaw S M. Cultural determination, diversity, and coalition in leisure research: A commentary on Coalter and Mommaas[J]. Leisure Sciences, 1997 (19): 277-279.

[28] Shaw S M. If our research is relevant, why is nobody listening[J]. Journal of Leisure Research, 2000 (32): 147-151.

[29] Smith S L J. An alternative perspective on the nature of recreation and leisure studies: A personal response to Rabel Burdge[J]. Journal of Leisure Research, 1985, 17(2): 155-160.

[30] Stebbins R A. Meaning, fragmentation, and exploration: Bete noire of leisure science[J]. Leisure Sciences, 1997 (19): 281-284.

[31] Stewart W P, Parry D C, Glover T D. Writing leisure: Values and ideologies of research[J]. Journal of Leisure Research, 2008 (40): 360-384.

[32] Williams D. Introduction to theme issue[J]. Leisure Sciences, 1997 (19): 239-240.

（杨汉升 译　庞学铨 校）

休闲研究的前方之路[1]

R. A. 斯特宾斯
(加拿大卡尔加里大学社会学系)

导 言

休闲研究前路艰辛。这种清醒的预言或多或少源于这样一个事实：尽管有许多条可行之路（随后被当作策略），每一条路却都有各自的崎岖坎坷与急弯曲折。我们应该选择其中的哪一条，抑或试着都走一遍？这个预言的产生部分地来自公众意见对于休闲的刻板印象和关联，用我的话说，这种活动基本上就是放松休闲。这样看来，它既不需要推广促进，也不需要财政支持；它就像水一样，有充足的内部力量使自己找到方向。

本文分为三个部分。首先，我们要探究让前方之路变得艰辛的各种问题。其次，我们要思考那些问题的部分主要原因。最后，提出一些解决方案。

问 题

这条被预言的崎岖道路境况如何呢？我们这些从事休闲研究的人从一开始就应该清楚，我们已经在这条路上跌跌撞撞地走着了。对于我们中的许多人来说，这不仅是预言中的未来，它已经是当下的现实。现实就是，

---
[1] Robert A. Stebbins Leisure studies: the road ahead, World Leisure Journal, 2010, 53（1）: 3-10.

在教授休闲研究（不管是作为一门独立的学科还是作为其他学科的一部分）的许多学术机构中，研究项目已经遭受了显著的财政削减。这通常意味着更少的导师，还有更少的课程和项目，再或者入学的人数远远大于机构的承受能力。与此同时，研究经费来源也变得紧张，这往往是由于社会科学研究的开支遭受着普遍的削减，抑或是优先权被转向那些专注于解决问题的研究（旨在帮助减轻具体生活困难的研究），又或是两者兼有。然而，经费削减是有选择性的。这取决于私人赞助在经费来源中所占的比重，私人赞助者感兴趣的研究项目更容易得到经费这种情况在美国正不断增长（Rose & Dustin，2009）。

对公共休闲服务财政支持的减少，也说明了道路艰辛已是当下现实。如果现在适逢困难时期，市镇议会往往认为紧缺的资金可以最容易且最长久地从公园和休闲服务的预算中筹措，而不是反过来，比方说，从医疗、教育或治安与消防服务等预算当中筹措。在这种时期，州、省及联邦政府往往也倾向于采取同样的措施，比方说，在他们发起赞助的公园、体育及旅游项目预算中筹措资金。正如在导言中所指出的那样，正是休闲受到成见问题困扰的事实促成了上述倾向。结果，休闲研究也受到牵连。在公众的刻板印象中，休闲纯粹是享乐的、随意的，它的核心论题遭到了极大的轻视。的确，一些人已经从主题公园、旅游景点、运动赛事、流行音乐会这类活动中赚了大钱。在资本主义社会，这类成功有助于令在这些活动中所体验到的放松休闲变得体面。但是，同样的成功也令这个形式商品化，促使人们相信它（指"全部休闲"）根本不需要政府的或非营利来源的任何财政支持。

原　因

休闲研究学者们发现自己陷入了上述问题，并研究了他们所认为的原因。他们认为原因之一在于未能成功地把我们所学到的关于休闲的东西传递给更宽泛的世界。桑达尔（Samdahl）和凯利（Kelly）（1999）发现我们对更广泛的理论研究界中其他学术、应用学科或普通大众并不熟悉。在回顾了美国的两本主要休闲研究期刊之后，桑达尔和凯利得出下述结论：休闲研究专家们很少引用在休闲研究文献之外出版的有关休闲的文章。同时，这类外来文献的作者们也很少引用那两份期刊里的文章。此外，肖（Shaw）（2000）认为当我们试图对休闲研究以外的人讲话时，根本没人在听。其他人也有各种各样的观点，比如认为休闲研究中只有为数不多的理论（Searle，2000），或者认为休闲研究在方法论上存在缺陷（Witt，2000），或者认为典型的研究问题只是平庸的（Samdahl，2000）甚或无关紧要的（Kelly，2000）。这些被认为是休闲研究难以带来跨学科影响力的进一步原因。

眼下我们还面临着智识上的隔离，真实且令人惋惜。不过，对于认为休闲研究在理论、方法论及研究问题等方面存在缺陷或不够吸引人的那些观点，我依然不敢苟同。第一，休闲研究中允许有许多理论（Rojek，2005）。第二，这些指控能够也应该适用于大量其他社会科学。一门现代社会科学往往会吹嘘那些为了解释更大学科中的一点局部而被构建起来的许多小理论。但这样的科学极少提出包罗万象的理论，足以把他们自己研究中的大部分或全部同各种小理论的发展联系在一起（经济学或许是一个主要的例外）。

如果其他这些科学因为同样的理由而式微，那么它们也应该被外界忽视。然而，比方说，人类学、考古学和心理学在外部世界似乎享有相当的可信度，而其自身的理论和方法论的差异，使得这些学科内部激起了相当程度的攻讦和困惑。此外，我们又有什么证据表明研究者、实践者和公众甚至听说过在休闲研究（或其他社会科学）当中的这些自我批评呢？简而言之，我们应当怀疑到底是不是这些理论和方法论的"弱点"令休闲研究在当前和未来举步维艰。

在评估休闲研究举步维艰的原因时，我们还应谨记，西方的高等教育普遍陷入了困境（有关北美的这一情形，见 Dustin & Goodale，1999；Rose & Dustin，2009）。西方各地的高等教育成本正变得愈加昂贵，研究工作的开销也在不断上涨,此外还受到伦理考量及企业和政府所强加的优先权等前所未有的束缚。而且政府、私营部门以及学生们自己也越来越不情愿为高等教育买单。在这种动荡的财政气氛下,我们正在为休闲研究努力寻找一条合适的可靠道路。

解 决

事实上,休闲研究的经费是存在的。更准确地说,它在原则上是存在的。我们需要新的策略,以便使它流向对我们有利的一边,并为休闲研究申辩,维护其作为大学教育和研究的一个显著部分,以及通过休闲政策和服务成为一个显著的应用基础。

扩展到其他学科和实践中去

我认为,要解决桑德尔、凯利和肖所观察到的问题,最明显的策略就是要同其他学科及跨学科的同事们关于休闲如何与他们的核心兴趣发生关系展开对话。这可以经由多种传播方式得到实现,包括出版物(专著、报告、著作章节、期刊文章)、口头陈述(讲座、研讨会、会议论文)、网站还有录像演示。我们已经有了一些出版物的实例。帕特森(Patterson)(1997)在《澳大利亚残障人士综述》(Australian Disability Review)中提出过为残障人士的职业生涯提供了另一种选择;麦克奎里(McQuarrie)和杰克逊(2002)在《职业发展学刊》(Journal of Career Development)中讨论了工作和休闲事业的相似之处;还有科夫曼(Coffman)(2006)在《社区音乐国际学报》(International Journal of Community Music)中报道了社区乐团成员的休闲体验。另外,斯特宾斯(1996)曾就深度休闲和旅游为《旅游研究年鉴》(Annals of Tourism Research)撰写过文章,还有许(Heo)和李(Lee)(2005),他们在《韩国放松疗法期刊》(Korean Therapeutic Recreation Journal)上曾就资深奥运选手和大师赛参赛者的休闲体验进行过思考。

我们需要更多这样的出版物,把休闲扩展到其他更多的学术和应用领域当中去，它在那里其实发挥着重要的影响。而且为了实现这一点，会议论文可能比出版物更容易安排，而研讨会、网站等类似的形式通常更难获得。在大多数情况下，前者要求来自会议或学术部门的邀请。现如今，建立网站对于外行人来说比以往任何时候都更容易，但是仍然需要考虑到日常维护和修正事务。此外，网站的作者（们）必须努力确保其目标读者确实会注意到它。这同样可能成为一项挑战。

休闲研究有以下几个领域，其中已经包括了深度休闲的观点：

- 旅游
- 族裔
- 生活质量／幸福感
- 休闲教育
- 性别
- 退休／失业
- 残障／放松疗法
- 图书馆和信息科学
- 娱乐和流行文化
- 艺术管理
- 消费
- 冥想
- 成人教育／终身学习
- 非营利部门
- 青年／青少年犯罪
- 社会创业

在相容的既定学术单位中找到一个位置

加入一个以健康为核心的单位便是这类策略的典范。在一些大学里，这已经通过院系整合得到了实现，休闲研究或某个相当于它的单位同各种其他学术单位被设置在了一起，它们都对健康议题的一个或多个方面感兴趣。因此，加拿大滑铁卢大学的应用健康科学系由三个部分组成：娱乐和休闲研究、运动学还有健康研究和老年学。在宾夕法尼亚州立大学，娱乐、公园和旅游管理系隶属于健康与人类发展学院，该学院还设有生物行为健康系、营养研究系、医院管理系及其他四个系。

同已经建成的商业或管理系合作对于这种策略而言甚至可能是更常见的例子。格里菲斯大学把它的旅游、休闲、酒店和运动管理系放在了格里菲斯商学院，跟它相并列的还有致力于会计、市场和公共政策等方向的其他科系。英国贝德福德大学商学院的旅游、休闲和体育管理系也同一系列类似的学术单位相并列。

在各个大学想方设法削减预算或节省开支的时候，身为某个强大的、受人尊敬的且广为人知的科系或学院的成员之一，能够为休闲研究提供一些显著的保护色。但是为了让这种保护生效，当务之急是要让这些机构及其上级学院的院长或主任们理解休闲及其对个人和社会的价值，并且要达到我们在这个交叉学科内部所理解的深度水平。否则他们很可能会接受有关休闲的刻板陈腐观念，从而把任何代表了它的单位当作相对次要的。此外，Samdahl（2000）警告说，在经管系有一种以理论为代价来强调应用和商业企业的倾向，这可能会给休闲研究带来严重后果。

强调休闲的贡献

并不是所有的休闲研究单位都能按照上一节中所建议的方式结成同盟。甚至那些设法做到了这一点的机构也要考虑强调休闲对社群和社会的贡献，进而引起公众及其政治代表的共鸣。在此提出两种可行的策略。

利用当前的社会热点

一个策略是强调休闲在创造可持续的自然环境时的重要性。这并不是说在这个领域中的休闲总是站在圣徒们一边，因为有些休闲明显对自然是有害的（例如偷猎、越野自行车、野餐和露营会留下垃圾）。但是，通过指明环境友好型和不友好型活动、人们投入这些活动的动机以及活动赖以开展的社会语境，休闲研究能够为该领域的研究和政策做出贡献。休闲研究为当前席卷全球的可持续性争论提供了一项独特的要求。

在实施这一策略时，不要忘记，尽管大多数休闲活动很少甚至没有对自然环境造成影响（这点本来就值得提倡），但有些活动实际上有助于维持当地环境。有些时候这种帮助是直接的，例如我们看到志愿者们清除掉鳟鱼溪里的杂物从而改善了鱼群的栖息地，还有天文学爱好者们为降低城市光污染而抗议，这其实会让大型社区里的每个人都有机会看到天空中的奇异风景。另一些时候这种帮助是间接的。有多少人是因为受到描绘鸟类、花朵、动物和风景等自然现象的绘画和摄影作品启迪，才变成了可持续环境的捍卫者？这其中一部分艺术作品是由专业人士创作的，另外一些则来自业余爱好者。又有多少人是因为爱好参与远足、乡间滑雪、划独木舟和观鸟等户外活动才成为环保卫士的？

突出积极的方面

第二个策略是强调生活的积极方面。休闲研究传达了一种独特的社会生活视角，我们应当充分利用它。实际上，我们是"快乐的科学"（Stebbins, 2007），这也体现在它同经济学之间的反差之中，后者曾被托马斯·卡莱尔（Thomas Carlyle）咒骂为"忧郁的科学"。在提到北美的休闲研究时，Samdahl（2000, p.127）这样说：

> 假如一种立场在我们的期刊中很少出现，又为外界的科学家们所忽视，那么就很难去论证它的"幸存"。然而，我所主张的观点却维持了那个意识形态目标，即通过更好地理解休闲来提升人们的生活品质。

社会科学学科不会这么做。尽管社会科学家们对娱乐和休闲的兴趣日益浓厚，但这些因素比起其他作为关注焦点的主题来说通常是次要的。

通过休闲来提升人们生活品质，一种方法就是指出休闲如何是一种积极的体验。据我所知，除了心理学和社会学，其他社会科学并没有积极性的概念（有关心理学，参见 Snyder & Lopez, 2007；有关社会学，参见 Stebbins, 2009）。对于这一论断来说，休闲研究是个有趣的例外，因为它完全专注于积极活动。至于其他社会科学，很可能是所有的学科都对积极现象进行过研究，不管它们的方向有多狭隘，它们都是为了解决问题或简单地描述它的主题。事实上，甚至连经济学也有积极的一面（例如，有关人们在休闲活动上金钱花费状况的讨论，参见 Nazareth，2007）。

每段历史都会经历消极性，抑或有待解决的困扰难题。相比之下，今天的一些问题，尤其是恐怖主义、种族灭绝、全球变暖和经济衰退，似乎是极端棘手且消极。然而，在世界上的许多地方，那里的居民并没有被这类担忧直接影响到，日常的生活或多或少还在和往常一样继续。

在面对一种模糊不清但又无所不在的威胁时，我们要如何才能适应这种消极性呢？对这个问题的首要回答便是人们在生活中找到了他们要优先考虑的积极特征。这些特征令生活有价值。

通往积极性目标的道路很多。其中之一是要实现工作/休闲/义务的良好平衡。在这个公式中，义务指的是在我们必须要做的工作之外的那些活动，但在其中我们却得不到什么乐趣。拿撒勒（Nazareth）（2007）写道"Y一代"，即在1977至1999年之间出生的人，将比之前的任何一代（"X一代""婴儿潮一代"）更接近那样一种大众理想，即工作/休闲的适当平衡，随之而来的是更加积极的生存。

在某种程度上，这个平衡取决于第二条路径，即发现一种或更多"成长事业"。我用这个标签表示一个人对连续、积极、自我发展及自我实现的感觉随着长期从事特定类型的工作和休闲不断展开（Stebbins，2009）。令人满意的工作和休闲——往往能最大程度地表达个人天赋与性格的活动——经常存在于专业领域、咨询职业、特定技术行业和某些小型企业中。在休闲中，对满意的体验既存在于业余的、爱好的活动中，也存在于熟练的、懂行的义务工作中。

另外一条通向积极性的路径是有吸引力的人际关系。同亲密的朋友、家人、配偶或同居伴侣之间的温暖关系可以显著提升日常生活中的个人幸福感。同样的道理也适用于第四条路径：顺利地参与到社区中会增加积极性。实现这一点的两个主要途径是志愿者工作与各种集体休闲（例如，参加团体运动，在社区交响乐团表演，参加缝纫俱乐部）。

所有这些通往积极性的路径都或多或少地依赖于休闲，这也是我们的第五条路径。甚至令人满意的工作本质上就是休闲；这种情况的确存在，有些人就是靠这种活动过活的（Stebbins，2004）。不仅如此，积极的人际关系在很大程度上还建立和保持在休闲的基础上。遗憾的是，休闲并非总是带来积极性。上述各种休闲已经被描述为"深度的"。它们区别于那些被定性为"随意的"活动。后者——包括玩耍、娱乐、感官愉悦、放松及社交聊天——对诸如缓解压力、建立个人关系或单纯要求改变节奏是最有帮助的。这些都是生活中的积极过程。尽管如此，人们也可能会过度放松休闲，以至它令人麻木从而变成消极的，这明显地体现在"生活如此枯燥，我所能做的只是离开无聊的工作回家去看电视"这种随处可见的抱怨中。

结 论

罗杰克、维尔和肖（2006）认为休闲研究在过去20年中已经充分发展。它不再是一门努力在学术或实践中确立和得到认可的新学科了。因此，前方的崎岖之路并非由于它的新生，尽管休闲研究算不上一门古老的科学（在西方，它出现于20世纪60年代和70年代初）。在我看来，最能发挥我们优势的两种策略就是扩展到其他学科与实践当中，并利用当前的社会关注来发挥我们的优势。有时这两者可以同时进行，例如在参与环境可持续休闲的同时注意到积极性的获得。事实上，这是我和李·戴维森（Lee Davison）刚刚完成的新书所围绕的主题。

让我们的理论之家变得有序，这将帮助我们的事业顺利通过艰难之路。此前所提及的小理论必须得到整合，这样我们路过所见的景象就不再是东拼西凑的被面，而是会更像一幅优美的风景画。就核心概念的定义达成一致很有意义，尤其是就休闲本身的概念。这也是我借助深度休闲的视角一直试图去做的事情，强调社会—文化—历史语境的重要性，为了帮助我们理解休闲体验。到底要多久才能达成这个计划还需拭目以待。与此同时，每一个热衷理论并对休闲研究的未来之路感兴趣的人，都被鼓励为它或其他任何有可能廓清休闲理论的项目做贡献。

杨文默、武岳 译

参考文献：

[1] Coffman D D. Voices of experience: Interviews of adult community band members in Launceston, Tasmania, Australia[J]. International Journal of Community Music, 4. Selected Papers and Abstracts from the Music and Lifelong Learning Symposium, 2006.

[2] Davidson L, Stebbins R A (In press). Serious leisure and nature: Sustainable in the outdoors. Basingstoke[M]. UK: Palgrave Macmillan.

[3] Dustin D L, Goodale T L. Reflections on recreation, park, and leisure studies[M]. In E L Jackson, T L Burton (Eds.). Leisure studies: Prospects for the twenty-first century (pp. 477-486). State College, PA: Venture Publishing, 1999.

[4] Heo J, Lee Y. Who are the participants of Senior Olympics and Master's Games?[J]. Korean Therapeutic Recreation Journal, 2005 (4): 37-50.

[5] Kelly J R. The "real world" and the relevance of theory-based research[J]. Journal of Leisure Research, 2000 (32): 74-78.

[6] McQuarrie F A E, Jackson, E. L. Transitions in leisure careers and their parallels in work careers: The effect of constraints on choice and action[J]. Journal of Career Development, 2002 (29): 37-53.

[7] Nazareth L. The leisure economy: How changing demographics, economics, and generational attitudes will reshape our lives and our industries[M]. Mississauga, ON: Wiley, 2007.

[8] Patterson I. Serious leisure as an alternative to a work career for people with disabilities[J]. Australian Disability Review, 1997 (2): 20-27.

[9] Rojek C. Leisure theory: Principles and practice. Basingstoke[M], UK: Palgrave Macmillan, 2005.

[10] Rojek C, Veal A J, Shaw S M. Introduction[M]. In C Rojek, S M Shaw, A J Veal (Eds.). A handbook of leisure studies (pp. 1-21). Basingstoke, UK: Palgrave Macmillan, 2006.

[11] Rose J, Dustin D. The neoliberal assault on the public university: The case of recreation, park, and leisure research[J]. Leisure Sciences, 2009 (31): 397-402.

[12] Samdahl D M. Reflections on the future of leisure studies[J]. Journal of Leisure Research, 2000 (32): 125-128.

[13] Samdahl D M, Kelly J R. Speaking only to ourselves?[J]. Journal of Leisure Research, 1999 (31): 171-180.

[14] Searle M S. Is leisure theory needed for leisure studies?[J]. Journal of Leisure Research, 2000 (32): 138-142.

[15] Shaw S M. If our research is relevant, why is nobody listening?[J]. Journal of Leisure Research, 2000 (32): 147-151.

[16] Snyder C R, Lopez J. Positive psychology: The scientific and practical explorations of human strengths[M]. Thousand Oaks, CA: Sage, 2007.

[17] Stebbins R A. Cultural tourism as serious leisure[J]. Annals of Tourism Research, 1996 (23): 948-950.

[18] Stebbins R A. Between work and leisure: The common ground of two separate worlds[M]. New Brunswick, NJ: Transaction, 2004.

[19] Stebbins R A. Leisure studies: The happy science[J]. Leisure Studies Association Newsletter, 2007, 76 (March), 20-22.

[20] Stebbins R A. Personal decisions in the public square: Beyond problem solving into a positive sociology[M]. New Brunswick, NJ: Transaction, 2009.

[21] Witt P A. If leisure research is to matter II[J]. Journal of Leisure Research, 2000 (32): 186-189.

论我国休闲科学的研究对象、性质与任务

刘邦凡　吴勇
（燕山大学）

20世纪80年代末，西方休闲研究或休闲学传入我国。随着我国改革开放和经济建设的发展及我国人民物质、文化消费水平的提高，休闲及其相关的一系列问题之研究显得越来越重要，越来越受到政府和人们的关注。近几年来，一些省市学会召开了以休闲为主题的研讨会，同时，很多学者结合中国实际对建构中国特色的休闲科学发表了上百篇文章，涌现了一批休闲问题或休闲科学的研究者，这些都表明中国特色的休闲学或休闲科学已初见端倪。

一、中国休闲科学的研究对象

通常，判断一个研究领域是否具备作为一个独立学科的资格，主要看它是否具有相对独立的研究对象，但是否取得相当的理论成果，是否有较完善的研究方法以及是否有成熟的学科社会建构，其中最重要的是——是否具有相对独立的研究对象。休闲学或休闲科学是否具有它自己相对独立的研究对象呢，答案是肯定的。这就是：现实社会政治经济生活中的休闲现象、休闲问题、休闲事业以及其他休闲领域，即现实的社会休闲问题以及相关的休闲政策、休闲产业、休闲经济、休闲文化、休闲消费和社会休闲工作等。

我国学者根据西方休闲问题研究者的观点，结合我国实际情况，对休

闲、休闲学下了各种各样的定义，总的来看，对于"休闲"概念的内涵与外延的把握基本上是统一的：一是认为体现"休闲"的直接存在物是"时间"，而且这样的时间是人们求得必要生存需要之外的时间；二是具体的休闲呈现物是一种表现人类生活方式的动态的状态或过程；三是认为休闲的存在价值主要体现在人们"体悟人生与领略自我、自我发展与自我完善、实现自由"三个需要之中。与国外学者对"休闲"概念的理解相比，我国学者对"休闲"内涵与价值的理解是比较直接的。对于休闲内涵与价值的把握，我们比较赞成瑞典哲学家皮普尔（Josef Pieper）的论断：休闲是人的一种思想和精神的态度，它既不是外部因素作用的结果，也不是空闲时间的必然，更不是游手好闲的产物，而是人们的一种精神的态度，即人们保持的平和宁静的态度，而是人为了使自己沉浸在平和心态中、感受生命的快乐和幸福。

我国学者对于"休闲学"概念界定甚少，其中以马惠娣、刘耳的观点为代表。马惠娣、刘耳认为："休闲学，是以人的休闲行为、休闲方式、休闲需求、休闲观念、休闲心理、休闲动机等为研究对象，探索休闲与人的生命意义和价值，以及休闲与社会进步、人类文明的相互关系。""休闲学"的英译是"Leisure Studies"。马、刘两学者的这一定义无疑具有创造性和相当的合理性。

但必须指出，"休闲学"不能理解为"休闲科学"的简称。"休闲科学"英译是"Leisure Science"，二者有着紧密的联系、也有着本质的区别，这正如"政策学"与"政策科学""系统论"与"系统科学"的关系一样。从学术级别或学科层次看，休闲学只是围绕"休闲"概念的内涵与外延而展开学术研究（Study）的学科，而休闲科学则主要是围绕现实的社会、政治、经济中的休闲问题展开学术与非学术研究的学科；前者只可能形成单一学科，后者则能形成一个庞大的学科群体，如休闲经济学、休闲社会学、休闲文化学、休闲产业学、休闲工程学、休闲心理学、休闲伦理学、休闲人类学、休闲教育学、休闲技术学、休闲产品学、休闲管理学、休闲美学与艺术、休闲思维学、休闲哲学、东方休闲史、跨文化休闲学等，很明显，这些学科的建构与发展并不仅仅就"休闲"研究而一蹴而就的，它们需要与其他学科，例如工程学、经济学、管理学、思维科学等结合起来，而且一旦形成，就更大程度上靠近或属于这些学科领域，因此，单有"休闲学"是不可能一揽现实社会、政治、经济活动中的休闲问题研究的，唯有以建立"休闲科学"以揽之。因此，如果说，休闲学是以"休闲"为该学科建构的主题词项（主词项），以"人类休闲现象"为该学科研究的逻辑起点，那么，休闲科学的研究对象就是社会、政治、经济活动中的休闲问题，其研究的逻辑起点就是社会、政治、经济（活动）。

二、休闲科学的性质

人类对于休闲的认识是由来已久的，但真正把休闲放在学术的层面加以考察和研究并形成一定的理论体系是近一百多年的事。一般认为，美国社会经济学家索斯坦·凡勃伦1899年写成的《有闲阶级论》标志着休闲学的开端，同时也可以认定标志着休闲科学的开端。而标志普通意义的"休闲学"开端应该是瑞典天主教哲学家皮普尔（Josef Pieper）在1952年出版的《休闲：文化的基础》一书。在此书中，皮普尔指出休闲有三个特征：首先，休闲是一种精神的态度，它意味着人所保持的平和、宁静的状态；其次，休闲是一种为了使自己沉浸在"整个创造过程中"的机会和能力；再次，休闲是上帝给予人类的"赠品"。除第三个特征不敢苟同外，皮普尔对"休闲"的性质的概括更容易让我们接受，同时由此入手比较能把握休闲学的性质。而作为休闲科学，尤其是作为中国特色的休闲科学，要发展成为一个新的、独立的学科群（学科系统），就必须客观地确定和把握它的范式与特征。

首先，休闲科学是一个综合性、跨学科的研究领域，休闲科学并不是现有的某一学科的更新，而是一个全新的跨学科学问，具有综合性、交叉性之特点。从近现代许多科学体系来看，如政策科学、系统科学等，在未形成体系之前，此领域的许多专题研究大都已发展成为一种学问或一种学科技术，继而在这些比较成熟的分支学问、分支学科、分支技术的基础上综合形成统一的体系。休闲科学的形成道路也必定如此。当前，休闲问题研究在西方已形成休闲社会学、休闲哲学、休闲经济学、休闲行为学、休闲心理学、休闲美学、休闲政治、休闲运动、休闲宗教学、休闲产业学、休闲技术学等学科，在这些学科、学问和技术之基础上，必然会形成一系统的学科体系。当然，休闲科学并不是简单由这些学科、学问或技术的知识和方法拼凑堆积而成，而是在新的学术框架中将各种知识与方法有机地结合起来，形成自己独有的特征与范式。与其他社会科学、人文科学或软科学分支相比，休闲科学还未实现区别于他人的"格式化"转移，未完全形成属于自己的一系列"范式"。但这并不是说休闲科学作为学科体系建构，没有属于自己的"范式"。事实上，"休闲"（Leisure）及其相关的一切概念就是休闲学或休闲科学的最重要、最主要的主题词，"休闲"及其相关语词形式就是休闲学或休闲科学的基本范式。

其次，休闲科学的建构必然会体现理论与实践、现实与艺术的高度统一。休闲科学必然是一门以行动为取向的学科，它是迎合现代人的生存需要尤其是精神需要而产生的，它在一定程度上有助于弥补现实社会政治经济生活对人的精神发展造成的缺陷损伤。休闲科学直接以现实的社会政治经济中的休闲现象、休闲问题为研究对象，以实现"休闲"在社会政治经济生活中的最大价值为目标，因此，休闲科学不是纯理论科学或基础研究，它只能是一门应用性学科，它以实践确定发展方向，以发现和解决社会政治经济中的休闲问题为宗旨，为休闲实践而服务，反过来休闲实践又为休闲科学提出任务、指出需要解决的问题、提供经验教训，为丰富和发展休闲科学理论指明方向。所以，休闲科学既是理论与实践的高度统一，也是一门关于如何利用现实充分实现休闲价值的艺术，是现实与艺术的高度统一。

再次，休闲科学既研究事实与问题，又研究价值与行动，它既是描述性的，也是规范性的，因为，它既追求对现实的社会政治经济生活中休闲问题与事实的说明、解释，也重视休闲、休闲活动、休闲科学的价值取向和价值评价，更重视社会政治经济中休闲作为行动存在的最大程度和最大价值之研究。由于这些特征，这也决定了休闲科学不仅具有全人类性——许多理论、知识与技术为全人类所共有、所认同，而且它具有民族性或地区性，中国式的休闲固然与美国式、英国式的休闲有相近之处，但毕竟由于历史、现实的政治经济、文化之背景各异，中国式的休闲与其他国家、地区的休闲不尽相同，由此而产生的休闲科学也必然各具特色。

最后，休闲科学既是一门人文科学、社会科学，更是一门软科学。软科学已经经历了相当长的发展时期，在20世纪50年代其重点是科学学，尤其是在科学技术社会功能研究方面取得突破性研究成果；在20世纪60年代，其重点是运筹学或狭义的管理科学；在20世纪70年代，其重点是未来研究及其预测学；20世纪80年代到90年代，其重点是政策分析及其政策科学；进入21世纪，可以说休闲研究或休闲科学必然会成为软科学的核心课题。

三、中国休闲科学研究的任务

由于休闲研究，尤其是结合我国社会政治经济发展需要的休闲问题研究，在我国才刚刚起步，所以谈论中国休闲科学研究的任务还只能就中短期任务而言。就目前而言，我国的休闲科学研究应着重以下几个方面。

1. 引进和吸收国外休闲学或休闲科学的研究成果。国外休闲研究已有百余年历史，而我国才刚刚起步，大力引进（翻译）和吸收（介绍）国外休闲研究成果，无疑对促进我国的休闲学或休闲科学的尽快建构与发展，有着非常重要的意义。云南人民出版社近两年来出版了《你生命中的休闲》（杰弗瑞·戈比）、《走向自由》（约翰·凯利）、《21世纪的休闲与休闲服务》（杰弗瑞·戈比）、《人类思想史的休闲》（托马斯·古德尔，杰弗瑞·戈比）、《走向自由——休闲社会学新论》（约翰·凯利）、《女性休闲：女性主义的视角》（卡拉·亨德森等）等一系列休闲研究专著，以及我国著名的休闲学开拓者马惠娣的一系列介绍西方休闲学研究的文章，这都无疑为推动我国的休闲问题研究起到了举足轻重的作用。当然，这并不表明我们对国外尤其是西方休闲研究已知之甚多，相反，而是知之甚少。可以肯定，引进（翻译）、介绍、评价、吸收（消化）国外休闲研究成果（尤其是西方休闲研究成果）将成为 21 世纪前 5 年我国休闲科学研究的重要任务。

2. 中国当前社会政治经济活动中的休闲问题研究，将成为我国休闲学或休闲科学关注的第二个重点。我国社会政治经济均处于一个转型转轨时期，休闲问题以及人们对休闲的需求与西方发达国家相比，有着自己的特征特色。当前，要特别关注以下几个方面的研究，一是我国公众闲暇时间或休闲时间及其相关问题的研究，二是我国公众经济收入与休闲需求的研究，三是我国公众休闲活动类型、途径与方式的研究，四是我国公众休闲空间及其相关问题的研究，五是休闲问题在当代中国的意义（价值）与背景研究。通过这几方面的工作，力求在社会层面和学术层面都达到一定目标。在社会层面，力求逐渐使我国公众树立适度休闲、主动休闲的观念；力求实现休闲的平民化、大众化，纠正过度休闲和浪费休闲，讲究休闲意境、休闲的精神和文化含量，淡化休闲的物质欲望，开展休闲教育；力求找出适合我国公众的积极的、健康的休闲方式和途径，找出休闲与我国可持续发展之间的关系；力求实现休闲产业成为推动我国国民经济持续发展的重要产业之一。在学术层面，力求在较短时间内，通过对国外的休闲研究成果的吸收、批判，形成具有中国特色的休闲学或休闲科学的基本理论框架，力求在一些休闲科学的分支有所突破，例如休闲产业学（产品学）、休闲工程学、中国休闲史等，并保持这些学科特色，为我国社会政治经济发展添砖加瓦。

参考文献：

[1] 马惠娣. 文化精神之域的休闲理论初探 [J]. 齐鲁学刊, 1988（3）: 90-107.

[2] 许斗斗. 休闲之消费与人的价值存在 [J]. 自然辩证法研究, 2001（5）: 50-53.

[3] 邓崇清. 简论休闲与休闲消费 [J]. 改革与战略, 2000 (5): 1-7.

[4] 楼嘉军. 休闲初探 [J]. 桂林旅游高等专科学校学报, 2000 (2): 5-9.

[5] 季国清. 休闲——生命的权力 [J]. 自然辩证法研究, 2001 (5): 58-59.

[6] 刘啸霆. 休闲问题的当代意境与学科建设 [J]. 自然辩证法研究, 2001 (5): 61-62.

[7] 季忠. 休闲的哲学意义 [J]. 自然辩证法研究, 2001 (5): 64.

[8] 马惠娣, 刘耳. 西方休闲学研究述评 [J]. 自然辩证法研究, 2001 (5): 46.

（原载：《理论导刊》2001 年第 12 期）

休闲学研究的内在本质[1]

成素梅
(上海社会科学院哲学研究所)

"休闲"这一术语从产生时起就已经赋予了与人相关的内涵,主要指人的修身养性、娱乐消遣。皮普尔认为,自人类诞生以来,休闲就成为传承文化、延续文明的一种有效方式。然而,把休闲作为一种学问来进行研究,却是一件非常晚近的事情,是当代科学技术高度发展的产物,是人类文明真正走向反省自我,达到人的自律性发展的重要标志之一,是文明社会高度发展的必然选择。

历史地看,在狩猎-采集时代,古人的休闲与劳动是难以分开的,他们在非常低下的生产力条件下,过着日出而作、日落而息的原始生活方式。在他们的生活中,虽然既有休,也有闲,但是,这种休闲完全处于一种无意识的状态,休闲活动更多地与宗教祭奠密切联系在一起。从思想渊源上看,虽然早在希腊哲学家的著作中,就开始对休闲理念进行了富有启发性的思考与论述,但是,在那个时代,休闲只不过是学者书斋里的学问,既不会引起社会的广泛关注,更不会深入到每一个人的心灵深处。

近代自然科学的产生,掀起了近代工业革命的浪潮。与此相对应,在资本主义国家产生了一个新的有闲阶层。这些人过着炫耀、攀比、奢侈的生活方式。这种生活是一种建立在消费文化基础之上的扭曲了的休闲生活。这种生活只属于少数贵族,与广大的劳动群体没有太多的关系。这些人在极大程度地摆脱了生产力低下的落后的生活方式之后,又重新不自觉地成

[1] 本文根据2004年6月2日至6日于北京召开的"2004中国:休闲与社会进步学术研讨会"的大会发言整理而成。

为金钱的奴隶。他们虽然拥有了更多的闲暇,却不等于过上了休闲的生活;他们虽然拥有了更多的财富,却不等于树立了正确的消费观念。

直到20世纪中叶以来,随着科学技术的突飞猛进和人类财富的不断积累,西方发达国家才率先进入了真正的休闲社会。休闲变成了人类文明的一种象征。与此同时,关于休闲学的研究也就随之引起了社会的广泛关注,不仅休闲理论的研究走进了大学的课堂,而且大量涌现出以"休闲"为关键词的各种杂志及休闲场所。"休闲"生活不再是少数人的专利,而是成为一种社会状态,一种在科学技术包围下,全人类向往的一种理想追求。

因此,从社会发展的形态来看,休闲学的产生是社会发展到一定程度的必然产物;是人类的社会形态由生产型的工业社会向服务型的消费社会转变的一个重要标志;是人类的生活方式由追求温饱型的物质满足向追求富裕型的精神需求转变的一种具体表现;是人类重新理解和定义工作的性质与意义、改变工作方式和整合人类行为的一种内在需要;是人类摆脱束缚走向自由、抑制物欲走向自律和直面人生的一种自我反思。有鉴于此,当休闲有可能成为社会生产力发展的一种有效手段时,休闲学的研究便开始由边缘逐步走向中心,成为人们必须关注与研究的跨越自然科学与人文社会科学的一门学科。

在学科性质上,休闲学如同系统论、控制论等学科一样,是一门横断学科,其内在本质是对人们非常熟悉的概念——人性——的系统研究与反思,是研究人性的动力学。其主要目的是,引导积极向上的休闲生活,传播健康自律的休闲理念,最终达到提高人的生活质量和确立以人为本的发展观。所以,对于个人而言,休闲是通过自我完善和自我认识而发现意义的过程,这个过程是在他人的引导下最终达到自律和消除精神贫困的一个过程;对于社会而言,个人自律的过程,便是社会走向稳定与和平的开始。

虽然历史地看,在社会科学中,与人性相关的理论并不少见,经济学中的经济人假设、心理学中的行为主义学派、社会学中的社会达尔文主义、管理学中的马斯洛理论等,都在不同程度上涉及人性的问题。但是,与休闲理论所不同的是,这些学科只是基于特定的人性假设,对人的行为、态度、事件等提供说明与预测,而不是专门研究人性本身。在哲学理论中,虽然关于有无固定人性的争论,始终是历代哲学家的兴趣之一,但是,所有的哲学家对人性问题的关注都更多地集中于诸如我们是什么?我们从哪里来?我们应该做什么?我们到哪里去?等问题;而休闲理论对人性的研究则更多地关注人的内在需求、人的全面发展、人的幸福、人的自由等问题。

从这个意义上来看,理解与把握休闲学的本质不仅应该明确休闲是什么,而且还应该明确休闲不是什么。在时间的占有方面,休闲是自律条件下的自由,而不等同于空闲、闲暇,更不等同于无所事事、游手好闲。例如,在我国经济转型时期,下岗工人的闲,就不是休闲;在行为的体现方面,休闲是学习与发现的过程,而不等同于吃喝玩乐、及时行乐,例如,酗酒、赌博等不良行为都不是真正的休闲;在价值观的塑造方面,休闲是自我定义与自律的过程,而不等同于追求时尚、炫耀自己,例如,无度消费、自私自利等价值观,是与休闲价值观相对立的。

在现实的意义上,我们可以把关于休闲学的研究划分为相互联系的三个层次;以反思人性为主的休闲学的理论研究;以特定人性假设为基础的休闲理论的应用研究;以休闲应用为基础的休闲实践研究。第一层次属于休闲哲学研究的范围;第二个层次包括休闲经济学、休闲文化学、休闲美学、休闲管理学、休闲社会学、休闲心理学、休闲教育学等;第三个层次包括休闲旅游、休闲体育、休闲民俗、休闲服务等;休闲学研究的这三个层次不是彼此分离的,而是相互关联的。理论思考与实践活动的结合,构成了休闲学研究不同于其他学科的主要特色。

(原载:《自然辩证法研究》2004年20卷第10期)

休闲哲学是如何可能的[1]

吴文新
（山东大学威海分校休闲研究所）

内容摘要： "休闲哲学"早已成为学术习语，但是对其可能性至今仍然缺乏严肃论证。休闲哲学无论在实践上还是在理论上都具有充分的可能性，这种可能性并不存在于哲学自身、人性内部以及对休闲和哲学的种种理解或阐释之中，而是存在于人在休闲中不仅"成为人"而且"成为哲人"的过程之中，存在于人在休闲中的那种自足、幸福的生命体验及其状态中，存在于人在休闲中与世界的和谐关系的状态和境界，以及人对世界的欣赏、享受等美的体验之中。休闲哲学对于人性、科学和文明都具有非常重要的意义。

我国学界的休闲文化和休闲学研究自从20世纪90年代中期以来异军突起。由于最早关注休闲学的主要是学术眼光较为敏锐的哲学学者，因而我国休闲研究一开始就打上了显著的"休闲哲学"的烙印，"休闲哲学"早已成为休闲学研究领域的习惯用语之一了。但是，实际上，"休闲哲学"仍然是一个尚待论证的问题。休闲作为人们的一个日常生活领域，一种生活方式，一种精神追求，一种身心或生命状态，一种人生境界，是一种非常典型的人性实践形态，当真有一种思辨性和抽象性都很高的"哲学"与之相应吗？"休闲"之提升为"哲学"或"哲学"之显现为"休闲"，或者二者融为一体是可能的吗？为什么是可能的？又是如何可能的？沉静思之，"休闲哲学"还真是一个值得严肃对待的问题。

---

[1] 本文为国家社科基金项目"休闲文化生活与社会主义和谐社会构建研究"（07BKS019）阶段性成果之一。收稿日期：2010-07-22

一、休闲哲学具足实践和理论的可能性

我们必须承认休闲哲学是可能的。因为从理论上看,"休闲哲学"在狭义上至少可以成为一门应用哲学,如同管理哲学、科技哲学、经济哲学、政治哲学等,它有特殊的反思对象——闲暇和休闲;而在广义上则可以是一门与通常所说的哲学既区别又联系的新的哲学门类,如同生活哲学、人生哲学等,或者可以成为通常哲学理论中的一个有机组成部分——关于休闲的哲学理论(即哲学中的休闲论),如同哲学的本体论、认识论等。这主要是因为休闲已经成为人的现实存在的一种重要形态,人的一种重要的生活方式,一种可供选择和践行的人生方式或人生形态,它具有自己独特的本质和规律,因而可以成为哲学的对象。甚至可以在更为广泛的意义上,将休闲哲学理解为以哲学的方式审视休闲的思想成果,或休闲地对待哲学的方式或态度,或独立的休闲学的一般基础理论;而且正因为前两者的可能性,才使得这后面一点成为可能。

从实践上看,休闲作为一种生活方式、一种精神追求和人生境界,必然有其超越一切现实具象化事物的形而上学性;就休闲作为人的活动形态而言它是现实的,但就其价值取向和人性意蕴来说它又是理想性的;休闲是人的一种心灵体验、心理状态、精神境界,在感官舒适的前提下具有相当程度的超验性;在沉重的谋生和肉体本能生存之余,休闲便有了对肉体生命状态的反思和批判功能,以便调整人的整体生活状态,使之趋向于一个更加崇高的目标;在现实的生活中,人性往往被片面化和畸形化,而在休闲中人性被恢复到本有的丰富性和健全状态;等等。显然,在上述几个方面的后半部分,休闲呈现出显著的哲学的特性或倾向性。因此,综上论述,休闲哲学都是可能的,它具足人性的实践和理论、现实和理想的可能性。

那么,休闲哲学何以可能呢?这是"休闲哲学"之可能性问题中最为重要、最为关键的中心或枢纽环节。

二、休闲哲学的可能性不存在于哪里

休闲哲学的可能性不存在于哲学之中，因为哲学本身并不能单独说明其合理性，而且哲学在理论上可以完全忽视休闲。尽管按照亚里士多德的观点，哲学源于休闲（后面将对此展开论述），但是哲学一旦从休闲中产生并"分离"出来，沿着其惯常的发展路径，就似乎离休闲越来越远了。历史地看，不仅休闲本身越来越失去亚里士多德所说的理智性、思辨性和自由性，而且哲学本身也不再涉及任何与休闲相关的问题，因而，在休闲再次历史地成为哲学问题之前，在几乎所有的"主流"哲学中都难以找到休闲的影子，以至于现今时代，当休闲日益凸显为人的不可忽视的生活方式的时候，哲学对它的反应明显的迟滞和呆板。休闲哲学的可能性也不存在于休闲主体的人性之中，因为人性本身极为复杂，可以成为任何与人有关的学科的依据，休闲哲学并不与其他知识领域一样有更为独特的人性依据，尽管休闲的确是人性的或更为人性的。笔者一度认为，休闲是与人有关的一切事物中最为人性的，因此讨论休闲的合法性只要深入到人性的系统结构之中即可找到最为深刻而充分的论据；但事实上，休闲哲学的可能性仍然不能从中得到说明。因为哲学不仅要探讨人性，更要探讨人性与世界的关系，而且它是以这个问题为其基本问题的。那么，休闲之中存在人性与世界的关系吗？显然是存在的，这就表明休闲哲学的可能性并不单独存在于人性之中。

休闲哲学的可能性也不单独存在于我们对休闲的种种理解之中，因为这些理解可以是也已经是千奇百怪、千差万别，似乎难以为休闲哲学提供统一的基础。因为休闲本身过于复杂，其复杂程度要比人性的基本存在方式——劳动实践高得多。在黑格尔和马克思看来，劳动问题虽然有深刻的哲学意涵、高远的哲学意境，但是究其根本，劳动只是人的谋生方式——人所特有的生存方式，是人的一切生活的基础——和其他动物有着质的界限——它规定了人的本质、人的属性和本性乃至人的价值和意义。休闲就不同了，它在截至目前的人类历史上，要么是与劳动浑然一体的，要么是作为劳动的附属物或副产物而若隐若现地存在着，而在人类文明史的大多数时间内，劳动总是与休闲直接对立的，以至于休闲成为劳动者甚至休闲阶级（如凡勃伦所谓"有闲阶级"）所共同鄙视的对象，这必然导致对休闲理解的片面性和歧视性或价值观上的贬低与鄙弃。但随着历史的进步，至于现今时代，休闲的各种形态和意义得以充分展开，其丰富性也空前呈现，对休闲的理解也因此而日益丰富，从这些理解中便不可避免地包含了与休闲相关的任何学科（休闲学科体系）的可能性，而不独独是休闲哲学的可能性。

最后，休闲哲学的可能性应该也不存在于以上我们对休闲哲学的各种理解或诠释中，因为这些诠释本身还需要寻找自己的现实基础。我们对休闲哲学的诠释其实只是人们的这种主观的解释或说明，这些诠释肯定是有现实根据和理论渊源的，但是这都不足以支撑对休闲哲学可能性的把握，因为它们只是在哲学理论范畴内对休闲及其理论在哲学体系框架内的地位和作用的一种界定，或其哲学之合法性的思辨论证。显然，休闲在哲学中的合法性地位并不能充分论证休闲哲学是如何可能的。

三、休闲哲学究竟是如何可能的

休闲哲学的可能性只能从休闲作为人的一种实践存在方式的本质中去寻找，亦即人在休闲的过程或状态中与世界的复杂关系中去寻找。概言之，休闲哲学之根本正在于休闲本身就是哲学的，休闲是人的一种"哲学的"存在方式——"哲学"在这里成了一种人生态度、人生方式或人生形态，因而这样的哲学自然就成为"休闲哲学"。或者说真正的哲人其实就是一个境界极高的"休闲者"，而真正的"休闲者"其实就是一位充满智慧的"哲人"，他们有着共同的身心状态和人生境界。何以如此？

我们首先看看被誉为"休闲之父"的亚里士多德如何说。他说："理智的活动则需要闲暇，它是思辨活动，它在自身之外别无目的可追求，它有着本己的快乐（这种快乐加强了这种活动），它有着人可能有的自足、闲暇、孜孜不倦，还有一些其他的与至福有关的属性，也显然与这种活动有关。如若一个人能终身都这样生活，这就是人所能得到的完满幸福，因为在幸福之中是没有不完全的。"[1] 尽管亚里士多德在这里说的"理智的活动"，也就是哲学的活动，但他显然认为这活动与"闲暇"是一而二、二而一的活动；需要注意的是，亚里士多德的"闲暇"在他作为古雅典城邦之奴隶主阶级的一员（即城邦公民）那里就可直接等同于具有鲜明价值追求和意蕴的"休闲"，因此，可以说在这位"休闲之父"看来，哲学活动就是休闲活动，而且由于休闲活动自身没有别的目的，所以它自身就是它的目的，如果人能一辈子过着这样休闲的生活，它自身就具有全部的人生意义——最为完满的幸福。我们是否可以进一步引申出这样的看法？休闲就是哲学的，哲学就是休闲的；休闲是哲学的实践形态，是人的哲学的存在方式，而哲学是休闲的理论形态，是人的存在方式的"形上"层面？

正因为休闲本身是哲学性的活动，它就不仅是休闲主体"成为人"的过程，而且是使休闲主体从常态的人"成为哲人"的过程。休闲中的人已经是哲人，尽管可以表现为无限丰富的不同形态。休闲哲学的内在性决定了休闲过程的这种基本性质和趋势——休闲的人本特质在此得到了休闲实践的确证。

其实，只要追求幸福仍然是人的终极本性，那么人就必须具有充分的闲暇并具备享受闲暇的能力和休闲的文明素养。亚里士多德曾引用梭伦的话来说明这一点："幸福就是有中等的财产，做着高尚的事情，过着节俭的生活。也就是说，这样的人既有了闲暇，又有了从事思辨高尚的乐趣，才是真正过上幸福的，即思辨的生活。"[2] 他告诉我们："幸福存在于闲暇之中，我们是为了闲暇而忙碌"[3]，"人的本性谋求的不仅是能够胜任劳作，而且是能够安然享有闲暇。这里我们需要再次强调，闲暇是全部人

---

[1] 亚里士多德. 亚里士多德全集（第八卷）[M]. 苗力田译. 北京：中国人民大学出版社，1994.

[2] 靳希平. 世界十大思想家 亚里士多德传[M]. 石家庄：河北人民出版社，1997.

[3] 亚里士多德. 亚里士多德全集（第八卷）[M]. 苗力田译. 北京：中国人民大学出版社，1994.

生的唯一本原，假如劳作和闲暇都是必需的，那么闲暇比劳作更为可取，并是劳作的目的。于是需要思考，闲暇时人们应该做些什么。……闲暇自身能带来享受、幸福和极度的快活。忙碌之人与此无缘。只有闲暇者才能领受这份怡乐。"[1]但他又不无忧虑地警告人们："公民应有闲暇，而不致为生计终日忙碌，但如何享受闲暇是一个难题。"[2]如何享受闲暇、如何休闲实际上就是一个如何获得幸福的问题。可见，休闲不仅是人的哲学的存在方式，还是人得以幸福生活的存在方式，人的一切幸福都以能否智慧而道德地安享休闲为转移。这也表明，休闲哲学的可能性不仅存在于休闲与哲学在实践和理论层面的密切关联性，而且存在于二者在使人获得幸福生活之理想目标上的高度一致性和协同性：闲暇活动—理智活动—思辨活动—本身的目的与快乐（休闲）—幸福，这是一个颇具绵延性的逻辑链条，劳作、忙碌等都只是这个链条的前提、手段或途径，目的或中心都在休闲；而"如何享受闲暇"即"如何休闲"作为一个人性和文明的难题，具有决定性的意义。是否由此可以推断：休闲哲学就要解决这个人性和文明的难题？就是要告诉人们或者说是启发和引导人们自觉地去思考、去探求如何智慧而有道德地安享休闲这个问题？

休闲哲学的可能性还存在于休闲中人与世界的某种关系方式或状态中，这就是"和谐"。和谐是休闲中人与世界关系的灵魂和精髓。笔者曾经从人性的意义上论述过："休闲是人性实现自身和谐的过程和能达的境界"[3]；"休闲就是人的自然属性的和谐，人的社会属性的和谐，人的精神意识属性的和谐，以及人性整体的和谐及其境界不断提升的状态。"但人性并不能单独孤立地达到这样的境界，这必须在人性与外部环境亦即人与世界的相互作用的关系之中才能实现。"人在休闲中回归自己的身体、回归自己的身心，回归大自然，进而回归自己的社会本质，回归自己的心

---

[1] 亚里士多德. 亚里士多德全集（第九卷）[M]. 苗力田译. 北京：中国人民大学出版社，1994.
[2] 靳希平. 世界十大思想家 亚里士多德传[M]. 石家庄：河北人民出版社，1997.
[3] 吴文新. 试论休闲的人性意蕴和境界[J]. 自然辩证法研究，2004（1）：85-89.

灵深处，并升华到崇高的精神层次，实现自由全面发展。"[1]显然，休闲中的这种"回归"是在主客体即人与世界分离基础上的重新弥合，是对人与世界二元对立的扬弃和超越，因而是一种和谐。而和谐既有形而下的"器物"形式，更有形而上的"道"的境界；对人来说，休闲的至上追求是"道"而非"器"；休闲的层次或境界越高，便越接近于道。而大家知道，"道"是哲学的，只有在哲学的层面才能对"道"有所体认和领悟。也可以说，在休闲中，人与世界的和谐关系状态和境界几近于"道"。可见，休闲哲学要回答休闲中人与世界的关系问题，也要在承认人是物质世界的产物、人是物质世界的一部分的前提下，从以下几个方面着手：休闲中，人与世界是否有同一性？——回答是肯定的，休闲中人与世界是和谐统一、浑然一体和主客混融的；休闲中，人如何把握世界？——人主要通过审美观赏、参与体验、内省观照、自由领悟等方式来把握世界，把世界当成欣赏和享受、洞察和体悟的对象，而不是改造、掠夺和消费甚至浪费的对象；休闲中，人如何评价人与世界的这种关系？——人通过审美进而畅爽的心理体验来收获和享受幸福与自由，人在这样的跟世界的关系状态和境界中，不仅由衷地感到，而且实在地实现美善、幸福和自由。

四、休闲哲学具有极为重要的人性、科学和文明的意义

休闲哲学的可能性表明，休闲是这样一种活动，它"追求某种现实世界之外的虚灵与空明，寻找心灵的居所和人性永恒的历史支点。休闲之本质追求在于无形、无限和永恒，而有形、有限、瞬间的东西只是休闲的基础、条件和手段。"[2]它是感性物质的，但又是超越感性物质的，它可能是经济的，但本质不是经济的——休闲如果与经济有关联乃在于经济本身的不够发达，以及休闲主体自身的"形下"纠缠太过繁杂而纷扰，即便如

---

[1] 吴文新. 中国特色社会主义休闲价值观刍议——兼议闲暇道德和休闲伦理[J]. 中共宁波市委党校学报，2007（6）：72-77.
[2] 吴文新. 试论休闲的人性意蕴和境界[J]. 自然辩证法研究，2004（1）：85-89.

此，感性物质的和经济的东西也只是外在的条件或手段。在当今时代，休闲似乎离不开消费，但真正的休闲——"休闲哲学"范畴内的休闲不是把消费当作目的，如果是这样，休闲就异化了；而是把适度的消费当作手段，体验幸福和快乐才是目的，或者把消费本身当成体验或享受的对象，通过某种对"消费"的享受把自己升华到形上的境界，如果是这样，消费便被扬弃和超越。

唯其如此，研究休闲的学问，不仅有具体实证科学（尽管具有跨学科性）的内容，更具有最高超越性的哲学的色彩，"休闲学"既是科学的，又是哲学的，因为休闲本身既有感性的具体形式，更有主体内在的身心状态——一种难以言传而只可意会的清爽、欢畅的体验、洞察和领悟。这样，哲学便是内在于休闲的，不管主体是否自觉到，"休闲哲学"都是确实存在的；不仅可以独立存在，而且还以"幽灵"的形式存在于跟休闲相关的各种学科之中，从而成为休闲学科体系的灵魂。实际上，我们在这里探讨休闲哲学的可能性，主要不是在为这门学科寻找合法性的基础，而在于为人性、为人类文明找到一条可持续发展的智慧的出路。

证诸现实，休闲形态的确五花八门，而且鱼龙混杂，又在产业化运作方式及其大众媒体的炒作下，似乎被锁定在肉体享受和感官刺激的"愚乐"的范畴之内，这样，休闲的哲学性便被解构或销匿，"休闲"就只有肉体和欲望；休闲就这样被异化了，异化成了反休闲、反人性、反哲学的东西了。但是，也许不经风雨便难见彩虹，在人的幸福和自由本性的约束下，异化的休闲终归不至于像断了线的风筝，拖着只剩下肉欲的人性飘失到罪恶的地狱；这后果尽管很严重，但也应该不足畏惧。但也唯其如此，休闲哲学才成为迫切的必要。而需要认真思考的倒是，如今体制化甚至已经僵化的劳作和休闲的二元对立状态——上述休闲的异化便是这种对立体制的必然后果。笔者赞同胡伟希先生的说法，"西方传统的休闲理论，都奠基在这种'工作—休闲'二分的思维模式上，其结果，休闲要么是作为为了恢复工作能力而添加的某种'油料'，要么成为工作之补充与磨合的一种

'消遣'与'娱乐',已失去其代表生命之意义及本体的含义。"[1]如今的休闲建制便是这种以劳作为中心的二分模式的附属品或副产物。但在中国传统休闲哲学看来,人的生命和生命活动是一体的,这表明:"工作(为了谋生与对社会或群体的奉献而从事的活动)即休闲(生命的自我实现以及对生命意义的体验),反过来,休闲也即工作。……它告诉人们:无须在个人的工作、职业、责任以及个人承担的社会角色之外,另去寻找生命的意义与价值;任何人在从事工作与社会责任之中,就可以发现其个体生命的价值与意义,反过来,任何个体生命意义与价值的实现,并不是可以脱离社会与群体的,更不是遗世独立。"[2]这种观点显然与马克思关于未来人类的劳动(工作)"成为人的第一需要",成为人的自觉的自主的生命活动即自由全面发展的活动的观点相吻合,在这里,马克思预言:劳动的普遍"自由化"就是人的生命活动的休闲化,那时人的任何实践形式都是休闲,都是自由和幸福。为此,我们不能不说:人性是休闲的,休闲是哲学的,哲学是实践的,实践是自由的。人性之自由,似乎最终取决于作为人性之应然状态的休闲是否真正成为哲学的!如果能够洞悉这一点,如何度过闲暇、如何智慧而道德地安享休闲,便成为个体人的文明素养和整个人类文明之发展程度的重要标志。

显然,休闲哲学具有自己的独特性,它固然要通过严格逻辑的语言来论证和表述,但是,它本质上是直觉体悟式的"超验性"而非纯粹理性的超验性。没有休闲的生命状态和人性境界,就没有休闲哲学;而休闲的境界恰恰就是哲学的境界。换言之,休闲哲学之所以可能,乃在于休闲本身是哲学的,休闲是人"成为哲人"的过程,是人"成为自由人"的过程。

(原载:《北京电子科技学院学报》2010年第8卷第3期)

[1] 胡伟希.论中国休闲哲学的当代价值及其未来发展[J].学习论坛,2004(9):36-40.
[2] 胡伟希.论中国休闲哲学的当代价值及其未来发展[J].学习论坛,2004(9):36-40.

关于休闲学科几个基本问题的思考

吴树波[1]　邵方益[2]

内容摘要：休闲学与休闲研究是两个不同的概念，不容混淆；目前学科意义上的休闲学并未真正诞生，但综合各方面情况来看，休闲学产生的条件已接近成熟；作为独立学科的休闲学属于人文学科，这应成为休闲学学科建设的基本方向。

自 1899 年托尔斯坦·本德·凡勃伦（Thorstein Bunde Veblen）的《有闲阶级论》一书问世算起，现代休闲研究在国外已有一百余年的历史，积累了大量的研究成果。20 世纪 90 年代，休闲研究从西方传入我国，经过近 20 年的发展，现已蔚然成风，大批学者转入或涉足这一领域，发表了相当数量的学术论文，翻译、撰写并出版了一系列专著和教材，一些专门的研究机构和相关专业陆续设立，"休闲学"这一名称也日渐为人们所熟知。然而，与之相关的一些至为根本而又极端重要的问题，如休闲学与休闲研究的区别何在，休闲学到底是不是一个独立学科，如果作为独立学科存在，其学科属性又是什么，等等，却至今未见有人做出明晰的解答。很多研究者似乎认可休闲学作为独立学科的地位，但从其撰述的具体行文来看，对休闲学学科属性的认识却又极其含混，其视休闲学为独立学科多只是一种未经缜密思考的预先设定。本文试对这些问题进行逐一探析，力图给出较为清晰准确的答案。

---

[1] 中国林业科技大学　旅游学院
[2] 衢州职业技术学院

一、休闲研究并非休闲学

国内很多人将休闲学等同于西方之 leisure studies，并视之为一门独立而成熟的学科，这实属误解。英文中的 leisure studies，译成中文应为"休闲研究"（国内亦有人使用 leisure study，但 leisure study 无论是用来作为"休闲学"还是"休闲研究"的英译，都是不正确的）。笔者认为，休闲研究（leisure studies）指的是从各个学科的角度研究与休闲有关的对象而形成的体系。这一体系体现为一个包括休闲社会学、休闲经济学、休闲哲学、休闲史学、休闲宗教学、休闲心理学、休闲美学、休闲人类学、休闲教育学、休闲管理学、休闲工程学等学科在内的庞大的学科群，群内的这些学科能否成为交叉学科取决于休闲学自身是否是一门成熟的独立学科。从西方的情况来看，现有的绝大部分休闲研究文献都不构成交叉学科的成果，而只能归属于其他相应的学科领域，如：凡勃伦的《有闲阶级论》应归入经济学（该书的副标题即为"关于制度的经济研究"）；约瑟夫·皮珀（Josef Pieper）的《闲暇：文化的基础》应归入宗教哲学；约翰·凯利（John Kelly）的《走向休闲——休闲社会学新论》、马克思·卡普兰（Max Kaplan）的《美国的休闲——一项社会调查》和杜马哲迪尔（Dumaezdier）的《走向休闲的社会》都是社会学著作；契克森特米哈赖（Mihaly Csikszentmihalyi）的《心流：最优体验心理学》和艾泽欧－阿荷拉（Seppo E. lso-Ahola）的《休闲与娱乐的社会心理学》实乃心理学著作……。个别著作或可视为交叉学科的研究成果，如，约翰·赫伊津哈（John Huizinga）的《游戏的人》横跨了文化史、比较语言学、比较哲学、比较神话等多门学科，但也并非休闲学与任何其他学科的交叉，而是其他学科之间的交叉。西方学者们自己也并不将这些著述看作是休闲学与其他学科交叉研究所取得的成果——严格来讲，西方目前还没有作为正式学科的"休闲学"这一概念。

汉语中的"休闲学"概念常常是对英文 leisure studies 的误译，这一误译在台湾和大陆都非常普遍。台湾的休闲研究开展得比大陆早，很多大学设有相关系所，如，台湾东华大学设有运动与休闲学系，高雄大学有运动、健康与休闲学系，暨南国际大学有休闲学与观光管理学系，等等。这些系所多是参照西方大学而设的。西方（尤其是北美）的不少大学设有休闲研究系所，如，美国宾夕法尼亚州立大学和伊利诺伊大学设有 Department of Leisure Studies, 加利福尼亚州立大学、东卡莱罗纳大学和加拿大滑铁卢大学设有 Department of Recreation and Leisure Studies, 等等。国外的这些大学系所在台湾常被译为"休闲学系""游憩与休闲学系"等；相应地，台湾各大学的休闲研究系所在将其名称译成英文时，往往把"休闲学"这几个字对应地译为 leisure studies。受了台湾学界的影响，大陆的休闲研究者们在将 leisure studies 译成中文和将"休闲学"译成英文时也往往犯同样的错误。为正本清源，笔者建议：翻译西方学术文献和机构名称时，leisure studies 应一律译为"休闲研究"；在利用汉语进行学术写作时，也应明确"休闲学"和"休闲研究"的区别，不可以将这两个名称随意混用。至于"休闲学"这一名词的英译，笔者赞成国内有些学者的做法，即采用 leisurology 作为其对应的英文名。这一译名符合英文学科名构成的一般习惯，亦能被国外学者接受。

二、休闲学成为独立学科之可能

迄今为止，国际上并未真正形成一门独立的休闲学科，国外也未见有专门的休闲学教材问世。尽管我国已出版多部《休闲学概论》之类的教材，但都很不成熟，不能据此得出结论，认为作为学科的休闲学已经诞生。那么，是否有可能从休闲研究发展出一门作为独立学科的休闲学呢？答案应该是肯定的。

首先，休闲学的产生具有实践基础。随着经济社会的日益发展，人类所拥有的闲暇时间越来越多。著名软科学家成思危先生指出：在大约一万年以前，人类进入农耕时代时，仅有 10% 的时间用于休闲；当工匠和手工业者出现时，大约能省下 17% 的时间用于休闲；到动力机器时代，人类的休闲时间增加到23%；到20世纪90年代，人们有41%的时间用于休闲；而到2015年前后，这一比率将上升到50%[1]。在中国，人们拥有的闲暇时间的数量与发达国家的差距也在不断缩小，普遍有闲正在成为现实：从2008年1月1日实施新的公休假制度以来，全年法定节假日和双休日加在一起已经占到全年总天数的1/3。另一方面，随着文化工业在社会生活领域的不断渗透，可供民众选择和消费的种种新型娱乐方式也在层出不穷地涌现。然而，闲暇时间和娱乐方式的增加并不必然带来生命的丰实。在消费主义盛行的今天，人们很容易迷失于平庸、浅薄的大众文化之中，通过各种能带来感官刺激的大众娱乐方式消磨时间，却仍然难以感受到生活的真正意义，乃至跌入"异化"的生存状态。因此，人们在闲暇时间内的种种休闲实践，无论是个人层面的，还是社会层面的，都需要有相应的学科理论进行规范和引导，这就使得积极发展休闲研究并促成休闲学的诞生与成熟具有了客观必要性。

其次，休闲学诞生的研究基础已初步具备。任何一门学科都只有在有了相当数量的研究积累之后才能产生。一百多年来，学者们已从各学科的角度围绕休闲相关问题开展了大量研究；随着社会文化进程的加速推进，休闲研究人员和相应的学术成果还将不断增多。更重要的是，一些学者如美国著名的休闲研究专家杰弗瑞·戈比（Geoffrey Godbey）的研究开始逐步摆脱其他学科既定框架的限制，初步显示出正在孕育之中的作为独立学科而存在的休闲学的雏形。

再次，从学科标准的其他方面来看，休闲学诞生的条件正在日渐成熟。一般来讲，学科地位的确立除了取决于从业者的内部认识外，还取决于学科的社会体制，即学科的制度性特征和制度化过程。学科制度化的充分性可以从学科组织的角度体现，以某些外在物质条件的存在为前提，如：有关专业研究群体的出现，大学建立相关系所并开设相应课程，颁发学位证书尤其是博士学位证书，按学科建立各种学会，编辑出版相

---

[1] 成思危. 知识经济时代与人的休闲方式变革 [J]. 自然辩证法研究, 2003 (2): 70-71.

关学术期刊,等等。目前在浙江大学亚太休闲教育研究中心已组建专门的休闲研究团队,建立了名为"休闲学"的硕士和博士学位点,并已招收多届硕博研究生,每年举办一届"中国(国际)休闲发展论坛",陆续编辑出版了多期"休闲评论"丛书……所有这些都表明,我国的休闲学学科建设已经后来居上,在国际上已处于领先地位。然而,浙大的休闲学硕博学位点还只是以自主设立的二级学科的形式挂靠在哲学一级学科之下,且还没有正式发行的休闲研究期刊,专业的休闲学教材亦尚在酝酿之中。除浙大外,全国(包括台、港、澳地区)并无第二家以"休闲学"命名的硕博学位点,更无休闲学本(专)科专业。这些又表明,真正独立的休闲学科的建成尚须假以时日。

三、休闲学作为独立学科的学科属性

关于休闲学的学科属性,2004年出版的由李仲广、卢昌崇合著的《基础休闲学》是这样认为的:"休闲学是一个综合性、跨学科,但又相对独立的研究领域,休闲学并不是现有的某一学科的更新或发展,而是一个全新的跨学科学问,具有综合性、相对性和独立性的特点。"[1] 休闲学者刘邦凡接受了这一观点并进一步认为,"休闲学既是一门人文科学、社会科学,又是一门软科学"[2]。2008年出版的由马勇和周青编著的《休闲学概论》完全采纳了刘邦凡的说法[3]。

对休闲学学科属性的这种认定貌似有理,实则含混不清、似是而非。说休闲学是"相对独立的研究领域","不是现有的某一学科的更新或发展",这没有问题,因为休闲学有自身独立的研究对象——人类的休闲现象和休闲问题,但说休闲学是综合性学科则无法成立。综合性学科是不同学科边缘交叉向综合性发展而形成的,其实质就是边缘学科、交叉学科。只有在两门或两门以上的成熟学科边缘交叉的基础上才能形成完整意义上

---

[1] 李仲广,卢昌崇. 基础休闲学 [M]. 北京:社会科学文献出版社,2004.
[2] 刘邦凡. 关于休闲学和休闲科学 [J]. 理论月刊,2005(5):79-81.
[3] 马勇,周青. 休闲学概论 [M]. 重庆:重庆大学出版社,2008.

的综合学科，而休闲学应是以其特有的研究对象为基础而存在的一门独立学科，根本不是由两门或两门以上的成熟学科交叉形成的，所以它不可能是综合性学科。当然，与其他一些学科一样，休闲学研究也可能会用到诸如哲学、心理学、社会学、经济学、管理学等其他人文或社会科学学科乃至自然科学学科的研究方法，但这些跨学科的研究方法同样不能改变休闲学作为独立学科的性质。我们不能仅仅因为在休闲学研究中需要使用其他学科的研究方法就说休闲学是一门综合性学科，正如不能因为在经济学研究和管理学研究中需要使用数学方法，就说它们是交叉学科和综合性学科一样。那么休闲学是否属于软科学呢？这涉及对什么是软科学的认识。对软科学的定义，学界并无共识，一般认为软科学侧重于研究人和社会因素在自然现象和科技项目中的作用，它致力于寻求解决问题的策略和方法，综合运用多学科知识，为不同目的服务，是自然科学、社会科学与工程技术、数学等的交叉与综合[1]。著名软科学家冯之浚认为，软科学是一门高度综合性的新兴学科，属于交叉学科的范畴[2]。如此，则说休闲学属于软科学也是不正确的，因其并非交叉学科。至于说休闲学具有"相对性"，则让人不知所云。

那么，休闲学的学科属性到底应该如何定位呢？必须联系休闲学自身的研究对象才能回答这一问题。前已论及，休闲学的研究对象是人类的休闲现象和休闲问题，简言之，就是休闲。然则，何为休闲？杰弗瑞·戈比曾给出一个被很多人认可和采用的定义："休闲是从文化环境和物质环境的外在压力中解脱出来的一种相对自由的生活，它使个体能够以自己所喜爱地、本能地感到有价值的方式，在内心之爱的驱动下行动，并为信仰提供一个基础。"[3]约翰·凯利则认为，休闲是人成为"人"的过程，是一个人完成个人与社会发展任务的主要

---

[1] 张纯成.软科学作为一个学科门类何以可能[J].河南大学学报（自然科学版），2006（12）.
[2] 冯之浚.软科学纲要[M].北京：生活·读书·新知三联书店，2003.
[3] 杰弗瑞·戈比.你生命中的休闲[M].昆明：云南人民出版社，2000.

存在空间，是人的一生中一个持久的、重要的舞台[1]。如此，则休闲学应奠定在人如何在必然中获得自由和人如何成就为人的人本论哲学基础上，它旨在揭示人的生存意义，探索人的价值和实现途径，因而毫无疑问应该归属于人文学科。

能否说休闲学也是一门人文科学和社会科学呢？笔者认为这样的说法同样存在问题。说休闲学是一门人文学科不等于说它即是人文科学。潘立勇先生曾指出，虽然"人文科学"的称谓并非不能接受，但"科学"应是理论化、系统化的，也即是成熟了的知识和学问，一门学科只有到了一定的理论成熟程度才能被称为科学[2]。既然休闲学连诞生的过程都尚未完结，更远谈不上成熟，当然就还不能称为人文科学。又由于我们已经将休闲学定性为人文学科，这实际上也已经排除了其作为社会科学的可能。人文学科和社会科学是有根本区别的。诚如汪信砚所指出的，如果说人文学科研究的是具体化的、个别化的人，其思维方式是非实证的，社会科学则研究的是抽象的人的"类"，实际上是把人当作物来研究，因此其致思方向是力图通过抽象化和普遍化来揭示社会现象的普遍规律，其思维方式是实证的[3]。当然，对与休闲有关的种种社会现象和社会问题的研究也可以从社会科学学科（如社会学、经济学、管理学、人类学等）的角度来进行，但是，笔者在此想要强调的是：这样的研究不应被称为休闲学研究，而只能被称为休闲研究；休闲研究的范围比休闲学广泛得多，前者既可以是人文学科的，也可以是社会科学的，后者则只能或只应是人文学科的。

建设作为人文学科的休闲学，这应该成为休闲研究界的基本共识。但也并非不提倡从其他类学科的角度来研究休闲问题。相反，我们所希望的是，与休闲相关的研究从各学科，包括人文学科，也包括社会科学学科和

---

[1] 约翰·凯利. 走向自由———休闲社会学新论 [M]. 昆明：云南人民出版社，2000.
[2] 潘立勇. 关于人文学科、人文科学与人文精神 [J]. 浙江大学学报（人文社会科学版），1998（4）：3-5.
[3] 汪信砚. 人文学科与社会科学的分野 [N]. 光明日报，2009-06-16（011）.

自然科学学科的角度全面展开，以期形成一个百花齐放、百家争鸣的繁荣局面。在作为人文学科的休闲学真正建成并逐步走向成熟以后，可以预期将在休闲学与其他成熟学科边缘交叉的基础上，产生一批新的真正意义上的交叉学科和综合性学科。

（原载：《湖北理工学院学报》2012年第29卷第6期）

休闲学的学科界定及使命

章辉[1]

西方的休闲学（Leisure Study）已有一百多年的历史，而在我国才刚刚起步。20世纪80年代，我国学术界的"休闲"概念主要在描述农业耕地时被使用。而在民间，"休闲"总是被联想到"无所事事""游手好闲"等贬义词。当时的意识形态更多的是崇尚劳动和工作，人们当然不太会想到如何更好地享受休闲，利用休闲去全面发展人的个性与自由本质。90年代后，随着我国经济的繁荣，人们在休闲方面的需求潜滋暗长。此外，西方丰富多彩的休闲现象亦不断为国民所了解，现代休闲学思想也日渐得到译介。于是，我们逐步开始了对休闲意义和价值的反思。当前，休闲已成为上下热议的话题，休闲学也已日益成为我国社科界的热点。然而迄今为止，学界对休闲学这一新兴学科的界定还处在理论模糊之中，它仍未得到普遍性的科学认识。在实践层面，民众常常只将休闲视为吃喝玩乐；在产业方面，"休闲"二字作为时髦的标签被商家利用为销售的幌子；而在学术界，"休闲学"至今未获得普遍认同的学科界定。这个新概念被随心所欲地做出不同理解，可谓众说纷纭而缺乏统一的逻辑贯穿其中，难以在同一层面进行交流。

美国当代哲学家约翰·凯利（John R. Kelly）指出："休闲不能降至任何单一层面的存在，它是情感、理智、意志、生理、价值、文化及行动感知领域内的一切。"[2] 在跨学科的宏大语境观照下，笔者试图为其作出合乎学理的学科界定。经过长期思考，本文认为，休闲学应当是政治之

---

[1] 章辉，西南医科大学人文与管理学院副教授，博士。
[2] 约翰·凯利. 走向自由——休闲社会学新论 [M]. 赵冉译. 昆明：云南人民出版社，2000.

学、社会之学、经济之学、游戏之学、哲思之学、伦理之学、幸福之学和审美之学。要研究休闲学，就要从以上角度去加以观照。

一、政治之学

休闲首先是一种政治自由，一种普遍、基本的人权。在此意义上，它与劳动、工作相对立。没有闲暇，人将永远是工作的奴隶，被束缚于狭隘的世界之中不得脱身。人类也就不可能有自由的思想活动，不会有科学、艺术以及构筑其上的文明。亚里士多德被西方称为"休闲之父"，也是把休闲视为人权的第一人。他主张休闲是人类天赋的意愿和要求："我们曾经屡次申述，人类天赋具有求取勤劳服务同时又愿获得安闲的优良本性"[1]。他告诫政治家在拟订一邦的法制时，要注意保障公民休闲的权利："须顾到人类生活的各个部分及其各项事业而为之分别本末和先后。我们这个城邦的公民们当然要有任劳和作战的能力，但他们必须更擅于闲暇与和平的生活。"[2] 但休闲的自由从来就不是一个既成事实，而是一种需要艰难争取的神圣理想。它作为一项政治权利而得到确立，经历了长期的发展过程。

欧洲启蒙运动思想家提出了"天赋人权"（今译"自然权利"）的思想。1776年，美国《独立宣言》第一次以国家的名义对"自然权利"做出了解释："人人生而平等，造物者赋予他们若干不可剥夺的权利，其中包括生命权、自由权和追求幸福的权利。"这个政治纲领以自由和平等为人权的本质特征，因而被马克思称为"第一个人权宣言"，但它还尚未把休闲的权利作为自由权之一明确提出。1817年罗伯特·欧文提出"八小时劳动，八小时休闲，八小时休息"的口号，直接导致了1833年英国的"八小时工作制"运动。1839年，蒲鲁东指出礼拜天对人的政治解放的重要作用："仆人可以利用这一天重获他的人性尊严，借此和主人站在同一地位水平。"[3]

---

[1] 亚里士多德. 政治学[M]. 吴寿彭译. 北京：商务印书馆，1965.
[2] 亚里士多德. 政治学[M]. 吴寿彭译. 北京：商务印书馆，1965.
[3] 约瑟夫·皮珀. 闲暇：文化的基础[M]. 刘森尧译. 北京：新星出版社，2005.

他由此开始思考休闲的立法问题:"在这些当前我们所关注的重要问题当中,比如工作和报酬,或工业组织及工厂国营等问题,由于对它们的思考,令我连带地想到另一个问题,那就是把休息理论搬上立法台面。"[1]这可以说是史上第一次把休闲权利上升到立法的高度,但它在现实政治中的艰难历程才刚刚开始。

正如张法所指出:"自从有了社会分层,闲时、闲情、闲趣就成了社会上一小部分统治富裕阶层人士的一种经常性的生活方式,而广大人民只是在一年中少数具有假日的节庆中才能体会到休闲的乐趣。"[2]为此,休闲权利的斗争首先在美国开始。1877年,美国工人为争取休闲权利举行罢工,迫使国会为八小时工作制立法。但多数资本家拒不遵守,使法律形同虚设。1886年5月1日,芝加哥工人再次举行21万人的大罢工,经过流血牺牲,终于取得胜利,并得到世界范围的响应。三年后,5月1日被第二国际宣布为国际劳动节。1948年,联合国《世界人权宣言》第24条明确规定:"人人有享有休息和闲暇的权利,包括工作时间有合理限制和定期给薪休假的权利。"这是人类首次以重要文件形式将休闲纳入人权范畴。而2000年世界休闲组织的《休闲宪章》更在第1条就规定休闲是一项基本人权。亚里士多德在两千年前的政治理想终于得到了广泛实现。

从以上角度看,休闲涉及基本人权和政治自由,人类的休闲史就是摆脱工作奴役的历史。它不能不是当今政府制定重大国策所必须考虑的因素。在前述《休闲宪章》全部八条的内容里,关于政府的义务和责任就占了六条。其要义就在于指出,政府有责任确保公民享受充分的休闲。从我国的现状来看,各级政府已逐步认识到,保障国民休闲权利是自身职能所在。国务院自20世纪90年代起先后设立双休日、五一、十一长假,增加传统节庆的公假时间,意在为国民休闲提供更多时间保障。2011年7月,山东省政府率先发布了《山东省国民休闲发展纲要》,其序言即认可国民休闲"是公民的基本权利",其"基本原则"部分的第一条就是"切实保障

---

[1] 约瑟夫·皮珀. 闲暇:文化的基础[M]. 刘森尧译. 北京:新星出版社,2005.
[2] 张法. 休闲与美学三题议[J]. 甘肃社会科学,2011(4):15.

全省人民的休闲权利",其"政策措施"部分则包括"实施休闲促进政策"的具体方案,突出"落实带薪休假制度",以期将保障休闲权利落在实处。而"国家版"国民休闲纲要也正在制订中,这些都标志着政府已将休闲问题上升至国家战略的高度。

这一切,正如季国清所总结的:"生命权力正在历史性地归还我们人类,……每有一个人就有一个生命权力的平台。这便是休闲的实质和休闲的氛围。"[1]因此,休闲学首先是政治之学,具有高度的政治属性。它从人的政治权利角度出发,以研究休闲理念和政治的关系为内容,以保障国民休闲权利为目标,为各级政府制订相关决策提供智力支持。它还进一步研讨如何在旅游、体育、文化娱乐等各方面更好地实现人的休闲权,能为政府各级相关职能部门开展工作提供理论基础和现实指导,为各类大型会展活动(如休闲博览会、旅游博览会等)提供服务。因此,它影响执政行为,关乎国计民生,与构建"和谐社会"的政治理想和"以人为本"的科学发展观高度契合,将能大显身手。

需要指出的是,在当前的休闲学研究中,尤其要注意不能把它当作为少数"有闲阶级"服务的工具,而应把休闲的社会公益性研究放在优先位置,并为健康发展公共休闲设施建设提供良策。在阶级社会,能够休闲的所谓"有闲阶级"往往是统治阶级,他们依靠剥削来享受弥漫着物质性的休闲活动。而广大被统治阶级、劳动阶级则终身辛苦劳作,与休闲无缘。从《红楼梦》里我们就可以发现,那些丰富多彩的休闲文化其实是属于贵族们的,而奴仆们则罕有休闲的权利。当然,在历史上统治阶级(尤其是上层精英)的休闲也不乏创造性的活动,它极大丰富了人类文化的各个方面。这就更加启发我们,要将休闲资源与条件赋予更广泛的大众,使大众的休闲从消除疲劳的低级阶段走向文化创造的高度。正如凯利指出:"无论一个社会是否是明显的等级社会(其中,少数人通过对大众的经济奴役可以不劳而获),自我创造的行为都可能需要那些只有少数人才有的资源

---

[1] 季国清.休闲笔谈(一组)休闲——生命的权利[J].自然辩证法研究,2001(5):58-59.

和条件。简单地将休闲视为一种难得的、大众不可能取得的生存状态的做法并没有躲开人本主义中普遍性的问题。如果休闲是成就人性的必要条件，那它就不能只归少数精英所有。"[1] 而要实现休闲资源与条件的大众化，使休闲不再成为富人、精英等有闲阶级的专利，就得运用政治手段。

总之，休闲学是政治之学："人们不必一定是个马克思主义者才能相信：当今社会的休闲包含政治因素。"[2]

二、社会之学

对于休闲，杰弗瑞·戈比（Geoffrey Godbey）有一个著名的定义："休闲是从文化环境和物质环境的外在压力中解脱出来的一种相对自由的生活，它使个体能够以自己所喜爱的、本能地感到有价值的方式，在内心之爱的驱动下行动，并为信仰提供一个基础。"[3] 而凯利指出："休闲也不仅仅是摆脱所有要求后得到的自由，休闲是以存在与成为为目标的自由——为了自我，也为了社会。"[4] 这里，凯利显示出了更为高超之处，看到了休闲同社会、休闲学同社会学的紧密关系。

凯利进一步指出："休闲对于表达、发展及共同体来说都具有中心作用。它在时间与意义上都与整个社会结构交织在一起。"[5] "休闲既然有利于个人成长与健康，有利于开发创造力、增进亲密关系，那么可以说它是有很大的社会效益的。"[6] "休闲是一种有所参与的机会，这种参与可以将社

---

[1] 约翰·凯利. 走向自由——休闲社会学新论[M]. 赵冉译. 昆明：云南人民出版社，2000.
[2] 约翰·凯利. 走向自由——休闲社会学新论[M]. 赵冉译. 昆明：云南人民出版社，2000.
[3] Geoffrey Godbey, Leisure in you life: An Exploration[M]. Philadelphia: Venture Publishing, Inc., 1985.
[4] 约翰·凯利. 走向自由——休闲社会学新论[M]. 赵冉译. 昆明：云南人民出版社，2000.
[5] 约翰·凯利. 走向自由——休闲社会学新论[M]. 赵冉译. 昆明：云南人民出版社，2000.
[6] 约翰·凯利. 走向自由——休闲社会学新论[M]. 赵冉译. 昆明：云南人民出版社，2000.

会系统的不同侧面彼此联系起来。休闲的作用是促进社会的再生产、支持社会的建制和意识结构。"[1] 而另一方面，凯利认为，休闲之花也是离不开社会土壤的："不存在非社会性的自由状态，……休闲的相对自由完全是社会性的，无论我们多么不情愿接受这种'休闲角色'的概念。"[2] 因此，休闲学必须有社会学视角："无论人们如何看待休闲，它总是嵌于社会建制结构之中的。"[3] "休闲理论必须包含一个复杂的社会建制结构"[4]。

迄今为止，衡量社会文明与进步的标准多数都显得不甚完善，因为它们都只关注客观的科学与工具理性，而忽视了主观的感受和社会发展的最终目的。我们不禁要问：机器的先进、交通的快速、钟表的精准，是否就代表了社会的进步？西方社会对闲暇生活漠然已久。欧洲修道院制度的创立者圣本笃的名言就是："去劳动吧！振作起来！"促人终日劳作的钟声响彻了整个黑暗的中世纪。而近现代以来，越来越多的先哲开始把休闲视为衡量社会进步的标尺。马克思在《德意志意识形态》中描绘未来理想社会的时候，曾把休闲作为其基本特征和内容来对待。罗素亦曾直言："运用休闲的能力是检验文明的最后的手段。"[5] 因此，我们只有把休闲这个个人权利同社会发展及人类进步紧密结合起来，才能在更高层次上理解休闲的价值所在。

休闲是和谐社会的必然要求。高度紧张劳累，缺少放松的社会，必然产生不安定的因素。正如戈比所指出："将休闲的障碍减低到最低程度可能会降低人们对他们自己、他人和世界所造成的威胁。"[6] 休闲也是社会

---

[1] 约翰·凯利. 走向自由——休闲社会学新论[M]. 赵冉译. 昆明：云南人民出版社, 2000.
[2] 约翰·凯利. 走向自由——休闲社会学新论[M]. 赵冉译. 昆明：云南人民出版社, 2000.
[3] 约翰·凯利. 走向自由——休闲社会学新论[M]. 赵冉译. 昆明：云南人民出版社, 2000.
[4] 约翰·凯利. 走向自由——休闲社会学新论[M]. 赵冉译. 昆明：云南人民出版社, 2000.
[5] Russell, Bertrand. Quoted by Godbey, Geoffrey, and Parker, Stanley. In Leisure studies and Services: An Overview[M]. Philadelphia: W. B. Saunders, 1976.
[6] Thomas Goodale, Geoffrey Godbey. The evolution of leisure: historical and philosophical perspectives[M]. Philadelphia: Venture Publishing, Inc., 1988.

地位的衡器。1991年，美国斯坦福国际研究所的一份报告列出了未来最重要的社会地位象征，其中包括：自我支配的自由时间；工作与玩乐的统一；对个人创造力的认可；非金钱的回报；对社会的回报。[1]我们发现，以上项目都与休闲有关。所以，休闲反映了社会的文明进步程度。马惠娣说得好："休闲将不断地演变为人类生活的中心内容，人类对'进步'的定义也将发生根本的变化。"[2]既然未来社会的主要特征是个人能得到更多的自由和解放，那我们就要重视休闲，赋予它社会学上的高度价值。因此，休闲学应当是社会之学。

西方学界尤其重视休闲学的社会学视角。而社会学通过定性、定量地研究社会现象，解决社会问题。其终极目的在于人类文明的健康发展与社会进步，其特点是重视群体的特征及其互动影响。因此，休闲学的使命之一就是在社会学的方法下，研究因民族、阶级、年龄、性别、人口、职业、信仰、婚姻、家庭、邻里、社区、村镇、城市、团体等等而形成的人群的休闲生活，关注各类社会组织、政治组织、商业组织、网上社区、虚拟社区中的休闲现象，解决其中的问题。事实上，许多西方现代休闲学著作就是按照这一思路来展开研究的，如斯密格尔（Erwin Smigel）的《工作与休闲》（Work and Leisure，1963），斯坦利·帕克（Stanley Parker）的《工作与休闲的未来》（The Future of Work and Leisure，1971），戈比的《你生命中的休闲》（1985）、《21世纪的休闲与休闲服务》（1997），凯利的《走向自由——休闲社会学新论》（1987）就在很大程度上显示了一种社会学的路向。社会发展日新月异，这条途径亦将常走常新。

社会学是在18世纪工业革命导致社会转型的背景下产生的。目前我国也有多重体制转轨和社会结构变迁，主要是城市化飞速发展，农业社会变为工业化社会，一些发达地区工业社会转型为后工业社会、知识社会。大量农业人口涌入城市，农村出现空巢，城市人口膨胀，中西部与东南部社会结构差异拉大。在城市就业难、交通难、住房难等社会问题日益显现的形势下，

[1] 杰弗瑞·戈比. 21世纪的休闲与休闲服务[M]. 张春波等译. 昆明：云南人民出版社，2000.
[2] 马惠娣. 休闲：人类美丽的精神家园[M]. 北京：中国经济出版社，2004.

城乡国民的休闲生活质量如何，是急待用社会学方法加以研究的课题。

如今，我国东南沿海发达地区工作节奏越来越快，加班成为家常便饭，休闲生活日益萎缩，这是最值得社会学研究的重点。如果说社会的进步史正是争取自由的奋斗史，那么这种自由首先要以自由时间的获得为保障。马克思指出："整个人类的发展，……无非是对这种自由时间的运用，并且整个人类发展的前提就是把这种自由时间的运用作为必要的基础。"[1] 当前都市休闲生活中一个主要的问题就是自由时间不足。因此可以通过宏观定性的观察、访谈、小组讨论和微观定量的发放问卷、专题调研、网络调查等社会学方法，精确地找出该问题的种种具体表现，以期为制定相关的休闲政策，改良相关的休闲服务提供指导和依据。

三、经济之学

以上说明了休闲与社会的紧密关系。但"休闲与社会密不可分，而社会中经济关系是根本。"[2] 满足休闲需求的服务性经济形态就构成了休闲产业。休闲造就了以旅游业、娱乐业和文化产业为龙头的庞大经济形式。休闲作为产业，日渐成为一个令人瞩目的经济现象，成为衡量一个国家经济发展的重要指标。休闲产业并不与人类文明相始终，而是出现在生产力发展的高级阶段。一般认为，它是近代工业文明的产物，发端于欧美发达国家，在19世纪中叶初现端倪，二战以后得到迅速发展。有人认为，是休闲而不是劳动使工业资本主义走向成熟，此言实非夸张。发达国家的休闲产业都是其经济的重要支柱。在当代美国，休闲消费约占全部支出的三分之一，是第一位的经济活动。据专家测算，休闲消费为美国创造了1990年全部就业机会的1/4。[3] 1999年雷厄姆·莫利托在《经济学家》上发表《全

---

[1] 马克思，恩格斯. 马克思恩格斯全集（第47卷）. 北京：人民出版社，1979.

[2] 约翰·凯利. 走向自由——休闲社会学新论. 赵冉译. 昆明：云南人民出版社，2000.

[3] 杰弗瑞·戈比. 21世纪的休闲与休闲服务[M]. 张春波等译. 昆明：云南人民出版社，2000.

球经济将出现五大浪潮》一文，提出下一个千年推动世界经济增长的五大引擎，其中第一个就是休闲。他预言，到2015年人类将走过信息时代而进入"休闲时代"，休闲产业将为各国提供最大的就业市场，并占据GDP的最大份额。休闲经济会给人们带来新的生活态度、观点和活动。

21世纪以来，休闲产业为我国经济发展带来了巨大活力。当前，我国已初步形成了以旅游、影视、娱乐、餐饮为主打的休闲产业链，休闲农业、休闲工业、休闲房地产等延伸产业也得到迅速发展。"休闲城市"不断涌现，城市经济主要依赖于制造加工的历史正逐渐被依赖于休闲产业的现状所改写。"黄金周"等制度更使休闲消费如虎添翼，对调整产业结构、拉动内需、解决失业、调节再分配等发挥了重大作用。据中国社科院2009年中国休闲发展年度报告的估测，我国居民休闲消费已约占GDP的5%，社会消费品零售总额的13.6%。

休闲参与经济创造这一重要事实使休闲的经济学研究已显得极为重要和迫切。西方这一研究早已开始。学界普遍以《有闲阶级论》的出版作为休闲学诞生的标志，而其作者托斯丹·凡勃伦（Thorstein B. Veblen, 1857—1929）原本就是经济学家，他自称写书的目的就是"讨论作为现代生活中一个经济因素的有闲阶级的地位和价值"[1]，故而将其副标题定为"关于制度的经济研究"。经济学家保罗·萨缪尔森也早在20世纪60年代就进行过美国人闲暇时间分配状况的调查和每周40小时工作制的论证。2008"杭州休闲发展国际论坛"的中心课题就是"休闲与经济"，也可谓与时俱进。那么，当前应当如何从经济角度进行休闲学研究呢？王琪延认为"休闲经济既体现为人们在闲暇时间的休闲消费活动，也体现在休闲产业对于休闲消费品的生产活动。"[2]因此，可以从产品生产和消费两方面来研究休闲。

如果说过去的"劳动型生产"是追求财富最大化的效率型经济，那么"休闲型生产"则是追求人生价值最大化的人性化经济，其生产目的和价

---

[1] 凡勃伦. 有闲阶级论——关于制度的经济研究[M]. 蔡受百译. 北京：商务印书馆，1964.
[2] 王琪延. 休闲经济：我国经济发展的新增长点[N]. 浙江日报. 2008-08-18.

值观念发生了根本变化。因此，从生产来说，要根据休闲消费侧重人的体验、欣赏和情感表达等特点，研究如何提供更能激发人们趣味和创造力的休闲产品与服务，并使其具有高文化含量和高附加值；思考如何将以人为本理念融入第一、第二产业，通过产品与服务的休闲化、个性化价值使传统产业结构更加合理，等等。特别值得指出的是，当今旅游业已经成为世界最大的混合产业。中国在未来将可能成为世界上最大的旅游目的地，展开休闲旅游经济研究将大有可为。传统投资驱动型经济增长模式必将被消费驱动型模式淘汰。随着休闲时间和国民收入的增加，休闲消费在我国已渐成时尚，在经济中的比重将越来越大，因此休闲消费研究极为重要。这是传统经济学范围的拓展，同时又需要营销学的介入。要思考如何转变经营模式，使市场、销售、组织、策划、服务都以人为本，如何使休闲信息业、休闲中介业起步并走向壮大；研究在传统休闲消费项目以外，如何利用会展、庆典、公共艺术来进行休闲产品推销，以及如何合理利用自然遗产和文化遗产推动休闲消费，等等。

此外，研究休闲经济还不能忽视政治、政策对休闲产业的影响。要研究政府应如何根据国民休闲实际来制定更合理的休闲消费政策，以增强消费热情；研究如何科学运营国家公园、博物馆、艺术馆、纪念馆等公益性休闲设施，并尽量发挥其在休闲经济上的作用。同时，需要研究处于不同经济地位的休闲阶层，引导他们进行健康合理的休闲消费，因为"休闲是从属于经济角色的。虽然经济地位可能无法决定或预测人们会选择哪种具体的休闲方式，但总的休闲取向却取决于人们各自经济角色的总体要求、时间安排以及生产能力。"[1]

---

[1] 约翰·凯利. 走向自由——休闲社会学新论[M]. 赵冉译. 昆明：云南人民出版社，2000.

四、游戏之学

需要提醒的是,休闲不同于简单消遣。发展休闲经济绝不能忽视休闲的文化属性。德国天主教哲学家约瑟夫·皮珀(Josef Peiper, 1904—1997)曾断言:"在构成西方文化的诸多基础上,闲暇无疑是其中之一。"[1] 马惠娣也指出:"休闲的价值不在于实用,而在于文化。"[2] 叶朗也认为:"休闲并不是无所事事,而是在职业劳动和工作之余,人的一种以文化创造、文化享受为内容的生命状态和行为方式。……休闲的本质和价值在于提升每个人的精神世界和文化世界。"[3] 从文化角度看,休闲就是指人们为愉悦身心而自愿选择的一种文化性的创造、欣赏与建构的状态和行为。

当然,文化是一个内涵和外延都过于宽泛的词语。本文所要强调的乃是休闲在文化中的游戏属性。游戏是休闲活动的主要方式之一。凯利指出:"'游戏'常用来表示作为行动的休闲,……(游戏)包含强调自发性因素的休闲活动和范围确定的轻松意义领域。"[4] 徐岱也认为:"游戏之为游戏体现了一种生命的休闲"[5]。因此,游戏是一种重要的文化现象。荷兰文化学家赫伊津哈(Johan Huizinga,1872—1945)的名著《游戏的人》其副标题就叫"对文化中游戏因素研究"。他的著名论断是:"文化以游戏的形式出现,文化从发轫之日起就是在游戏中展开的。"[6]

从西方来看,游戏对人类文化的重要性,在古希腊语中"文化"(paideia)与"把玩"(paidia)这两个词的相关性上就已露出端倪。赫伊津哈多次指出古希腊文化的游戏精神,如"希腊文化是在宛若游戏的竞赛中发展的。……游戏的成分从一开始就存在于希腊文化中并具有重大的意义"[7],

---

[1] 约瑟夫·皮珀. 闲暇:文化的基础 [M]. 刘森尧译. 北京:新星出版社,2005.
[2] 马惠娣. 休闲——文化哲学层面的透视 [J]. 自然辩证法研究,2000(1):59-64.
[3] 叶朗. 欲罢不能 [M]. 哈尔滨:黑龙江人民出版社,2004.
[4] 约翰·凯利. 走向自由——休闲社会学新论 [M]. 赵冉译. 昆明:云南人民出版社,2000.
[5] 徐岱. 艺术新概念 [M]. 杭州:浙江大学出版社. 2006.
[6] 赫伊津哈. 游戏的人 [M]. 何道宽译. 广州:花城出版社,2007.
[7] 赫伊津哈. 游戏的人 [M]. 何道宽译. 广州:花城出版社,2007.

等等。基督教文化也与游戏精神相关。根据《圣经》，上帝是一个游戏者，上帝的创世是具有"偶然性"的游戏行为，如同人们所说的"掷骰子"。赫伊津哈甚至断言："我们无须深入研究圣徒传里的言行就可以发现，神迹报告和游戏精神的关联，是确凿无误的。"[1]此外，欧洲中世纪可谓骑士的时代，在骑士文化中，骑士自学徒期便要学习六种技艺：剑术、骑术、游泳、狩猎、棋艺、吟诗，称为"骑士六艺"。我们发现，后三者完全就是休闲游戏的技艺。

中国文化思想的儒、释、道三家，也都蕴含着丰富的游戏思想。孔子赞赏射箭比赛的游戏（见《论语·八佾》），并认为从事棋类游戏，比无所事事要好。（见《论语·阳货》）徐岱认为："《论语·先进篇》孔子关于'吾与点也'的著名论述，其中就包含了对游戏精神的赞扬。"[2]在战国时代，作为射箭的一种替代，投壶成为士大夫中风靡一时的休闲游戏，并盛行了千年之久。在《黄庭外景玉经注》等道教经典中，真人的修炼被直接而反复地称为"游戏"。佛教中也极具游戏思想，《无量寿经》《维摩经》里的"游戏神通"说，指出佛菩萨以其神通为游戏，并将化人视为游戏；《景德传灯录》中的"游戏三昧"说其是倡导修炼佛法中的游戏态度。至于宫廷文化和民间文化中的游戏形式，其起源之早、品类之繁盛，都足以让人叹为观止，深深影响了国人几千年来的休闲生活。

因此，"古代文化的环境本身就是一个游戏的圈子。"[3]那么，游戏的本质内涵又是什么呢？游戏理论的建立者席勒认为，人天生同时具有互相冲突对立的感性冲动和理性冲动，而游戏就是对二者的调和。只有在游戏中，人才能同时摆脱来自感性的物质强制和理想的道德强制，才能得到自由："应在形式冲动与感性冲动之间有一个集合体，这就是游戏冲动，因为只有实在与形式的统一，偶然与必然的统一，受动与自由的统一，才会使人性的概念完满实现。"[4]因此，他提出了以下著名的论点：

---

[1] 赫伊津哈. 游戏的人 [M]. 何道宽译. 广州：花城出版社, 2007.
[2] 徐岱. 艺术新概念 [M]. 杭州：浙江大学出版社, 2006.
[3] 赫伊津哈. 游戏的人 [M]. 何道宽译. 杭州：中国美术学院出版社, 1996.
[4] 席勒. 审美教育书简 [M]. 冯至, 范大灿译. 北京：北京大学出版社, 1985.

只有当人是完全意义上的人，他才游戏；只有当人游戏时，他才完全是人。[1]

这就是说，使人成为人的不是劳动，而是游戏。参与游戏是人类文明、进步的标志。这一论断直接启发了对休闲本质的理解。

不难发现，大部分的休闲活动都具有游戏的性质。这里尤其需要指出的是艺术活动。在西方，康德最早提出了游戏与艺术的联系。他说："艺术甚至也和手艺不同；前者叫作自由的艺术，后者也可以叫作雇佣的艺术。我们把前者看作好像只能作为游戏，即一种本身就使人快适的事情而得出合乎目的的结果（做成功）；而后者却是这样，即它能够作为劳动，即一种本身并不快适（很辛苦）而只通过它的结果（如报酬）吸引人的事情、因而强制性地加之于人。"[2] 顺带指出，正是这个论断为后来席勒的游戏说提供了理论基础。尼采也赞赏游戏，尤其是艺术游戏。凯利指出：

弗里德里希·尼采主张用审美的及"酒神"的方式来理解和生活。……一个人只有通过掌握自由才能成为他自己。这种自由可以在行动和创造的"游戏"中实现。在游戏中，人会感受到"成为的永恒快乐"（"eternal joy of becoming"）。音乐与艺术是通向"沉醉于'成为'之中"这一决定性状态的载体，因为它们充满了生命中的酒神因素——情感，而非陈腐的理性。[3]

尼采甚至暗示，在开放的游戏中，自我肯定的狂喜因素更有机会得以实现。音乐尤其体现了人类情感与创造潜能。[4]

后来赫伊津哈也说："在创造和'生产'艺术品的过程中，游戏的元素绝不会缺失。"[5] 而中国艺术史上则历来有把作诗称为"文字游戏"，把书法、绘画等称为"墨戏"的说法。

---

[1] 席勒. 审美教育书简[M]. 冯至, 范大灿译. 北京：北京大学出版社, 1985.
[2] 康德. 判断力批判[M]. 邓晓芒译. 杨祖陶校. 北京：人民出版社, 2002.
[3] 约翰·凯利. 走向自由——休闲社会学新论[M]. 赵冉译. 昆明：云南人民出版社, 2000.
[4] 约翰·凯利. 走向自由——休闲社会学新论[M]. 赵冉译. 昆明：云南人民出版社, 2000.
[5] 赫伊津哈. 游戏的人[M]. 何道宽译. 广州：花城出版社, 2007.

本文认为，游戏性是休闲活动的本质属性之一。凯利说得好："休闲与游戏并不完全一致。但它是休闲的一个层面，是集中于行动的体验因素。……游戏也许是更大地实现人性的主体的一部分，有作为人及'成为人'的意义。"[1] 正是在这一点上，休闲与游戏明显有别于严肃而紧张，乃至戕害和异化人性的工作状态。热爱游戏是人类的天性，季国清这样指出人类生命的休闲游戏诉求："生命权力绝不会追求制度化，它更愿意以游戏的方式把自身稳定地固着在生命的各种独特的表演中。休闲是生命权力挣脱政治权力的束缚所创造的最伟大的奇迹。"[2] 游戏的趣味性及消除身心疲劳，使人获得解放与自由的效用是不言而喻的。近年来网络游戏"偷菜"之所以风靡全国各阶层，原因就在于此。因此，文化的健全与否可以用休闲与游戏的维度来衡量。难怪有学者认为："在今天看来，'游戏'是休闲学研究的重要对象之一，它是一种与'娱乐''旅游'等相提并论的重要休闲方式。"[3] 可以这样展开休闲学研究：研究游戏与人性解放的关系、游戏时人的心理状态（如灵活性、适应性、发散性思维等），特别是游戏与艺术创造主体的关系；在文化哲学、文化人类学、文化语言学、宗教学、艺术学等视域下考察不同时空中的游戏观念和实践；考察休闲活动所创造的超现实的"游戏时空"，研究其中的规则与表现、再现形式，并具体分析不同游戏在趣味性、创造性上的特点，并根据现代生活的方式、空间、心理特点来设计出更多适合当前的游戏。在这些研究中，将有着许多空白等待填补。

此外，在文化的层面里，与休闲和游戏都相关的重要活动是节庆。皮珀高度重视节庆，指出："闲暇的真正核心所在是'节日庆典'"[4]。他认为"节日的庆祝活动可以说正是闲暇的起源，也是闲暇最内在且是

[1] 约翰·凯利. 走向自由——休闲社会学新论[M]. 赵冉译. 昆明：云南人民出版社，2000.
[2] 季国清. 休闲笔谈（一组）休闲——生命的权利[J]. 自然辩证法研究，2001（5）：58-59.
[3] 赖勤芳. 休闲美学的内在理路及其论域[J]. 甘肃社会科学，2011（04）：20.
[4] 约瑟夫·皮珀. 闲暇：文化的基础[M]. 刘森尧译. 北京：新星出版社，2005.

最核心的根源"[1]，因此休闲的"肯定的至高形式则是来自节日的庆祝活动"[2]。而我国给予人民休闲的重要方式之一就是增加节庆时间，恢复传统节庆，这是非常明智的。从这一点上，休闲学可以考察中外传统节庆的起源、活动形式及其与休闲的关系，并为现代节庆活动提供参考。这同样也是一个很大的课题。

五、哲思之学

尽管休闲的游戏性能起到放松身心的作用，但皮珀进一步提醒我们，不能仅仅从工作的调节剂和加油站的角度来看待休闲活动："闲暇从来不会是为工作而存在。……闲暇和默观一样，都是属于比'劳动的生活'更高层次的生活"[3]。无疑，这就必须看到休闲的哲学层面。苏格拉底说，哲学家"是在自由和闲暇中培养出来的"[4]。从柏拉图、亚里士多德，以至中世纪的托马斯·阿奎那等人留下的文献来举证，我们难以否认，闲暇曾经是古代人最为珍贵的哲学概念。托马斯·古德尔（Thomas Goodale）甚至断言："休闲是哲学之母，也是发现和发明之母。"[5] 如果我们简单梳理一下西方哲学史的几大层面，我们会发现此言并非夸张。

（一）认识论层面

无疑，休闲活动培养了人们对世界的观照和认识。柏拉图这样指出默观带来的对世界的深层次认识："许多伟大真知灼见的获得，往往正是处在闲暇之时。在我们的灵魂静静开放的此时此刻，就在这短暂的片刻之中，

---

[1] 约瑟夫·皮珀. 闲暇：文化的基础[M]. 刘森尧译. 北京：新星出版社，2005.
[2] 约瑟夫·皮珀. 闲暇：文化的基础[M]. 刘森尧译. 北京：新星出版社，2005.
[3] 约瑟夫·皮珀. 闲暇：文化的基础[M]. 刘森尧译. 北京：新星出版社，2005.
[4] 柏拉图. 柏拉图全集（第二卷）[M]. 王晓朝译. 北京：人民出版社，2003.
[5] Thomas Goodale, Geoffrey Godbey. The evolution of leisure: historical and philosophical perspectives[M]. Philadelphia: Venture Publishing, Inc., 1988.

我们掌握到了理解'整个世界及其最深邃之本质'的契机。"[1]亚里士多德也认为理性认知离不开休闲："理智的活动需要闲暇，……它有着人可能有的自足、闲暇、孜孜不倦"[2]。而犬儒学派、怀疑主义、斯多噶主义、伊壁鸠鲁学派，以及西方后来的经院哲学，都主张把学问与休闲思想联系在一起。他们认为，知识总是同自由相关，自由又总是同休闲相关。古希腊至中世纪的许多思想家都认为，感官的感觉和知性的认知一样具有感受性很强的"观看"能力，是一种如赫拉克利特所说的"倾听事物之本质的能力"。早期基督教的教义中有关"默观生活"（vita contemplative）的思想，就是从柏拉图、亚里士多德的闲暇观念得到启发而建立起来的。阿奎那特别把默观和游戏拿来相提并论，指出《圣经·箴言篇》上谈到神性的智慧时有这样的神谕："由于默观的闲暇性质，所以神性的智慧一直都带有某种游戏的性质，在寰宇中玩耍绕行不止。"作为一个虔诚的天主教哲学家，皮珀也始终强调，人类的认知并非完全借由推论思考的方式而完成，因此，休闲默观必不可少："认知的本质并非取决于如前述思想的努力和劳累，而是在于能够掌握事物的本质并在其中发现真理。……认知的最伟大形式往往是那种灵光乍现般的真知灼见，一种真正的默观，这毋宁是一种馈赠，不必经过努力，而且亦无任何困难。……认知的目的乃在于探寻存在事物之本质，但不必强调费心思考或"心智工作"之努力的必要性。"[3]而赫伊津哈则将古典哲学中对世界的认知归功于休闲游戏："我们可以把哲学发展的各个阶段大致勾勒如下。首先，它滥觞于远古神圣的猜谜游戏，……在宗教这一方面，这样的娱乐产生了《奥义书》那种深奥的哲学和通神论，产生了前苏格拉底那种直觉的闪光；在游戏这一方面，它产生的是智者派。"[4]又说："断言希腊哲学的早期成果来自远古的猜

---

[1] 约瑟夫·皮珀. 闲暇：文化的基础[M]. 刘森尧译. 北京：新星出版社，2005.
[2] 亚里士多德. 尼各马科伦理学[M]. 苗力田译. 北京：中国人民大学出版社，1992.
[3] 约瑟夫·皮珀. 闲暇：文化的基础[M]. 刘森尧译. 北京：新星出版社，2005.
[4] 赫伊津哈. 游戏的人[M]. 何道宽译. 北京：花城出版社，2007.

谜问题,既不会太吃力,也不会太牵强。"[1]

因此,休闲学是认识之学。它的意义在于提醒我们去发现,人类如何在休闲之中,以或静或动的感性方式认知世界,去获得知识和真理。在这一视角下,我们可以考察休闲活动中人类认知世界的心理状态有何种特点。其中,宗教休闲方式(如基督教的默观、佛教的冥想等)对认知世界的作用与特点尤其值得注意。

(二)人性论层面

哲学即人学。现代社会使人性空前受到压抑。凯利在《走向自由》中提出一个重要观点:"休闲可能在一生的'成为'过程中都处于中心地位。生活不仅仅在于知道我们是干什么的(我们的角色),还包括去知道我们是谁(我们的身份)。"[2]即是说,休闲应被理解为一种"成为人"的过程,是人的一生中一个持久的、重要的发展舞台。"成为人"意味着摆脱"必需"后的自由。它使人超越虚假意识,获得人性的面貌。的确,在功利思想的误导下,人自幼便丧失了天性。在效率原则和技术理性的控制下,人类在工作中有沦为机器的危险。在物质追求与金钱至上的价值观熏染下,人性泯灭,不知何其所以为人。苏格拉底说:"我的朋友,请不要强迫孩子们学习,要用做游戏的方法。你可以在游戏中更好地了解到他们每个人的天性。"[3]在柏拉图看来,众神正是为了让劳碌的人恢复本性,才把休闲活动赐予人类:"众神为了怜悯人类——天生劳碌的种族,就赐给他们许多反复不断的节庆活动,借此消除他们的疲劳;众神赐给他们缪斯,以阿波罗和狄奥尼修斯为缪斯的主人,以便他们在众神陪伴下恢复元气,因此能够恢复到人类原本的样子。"[4]皮珀认为:"在闲暇之中——唯有在闲暇之中,不是别处——人性才得以拯救并加以保存"[5]。的确,在休闲

---

[1] 赫伊津哈. 游戏的人 [M]. 何道宽译. 北京:花城出版社, 2007.
[2] 约翰·凯利. 走向自由——休闲社会学新论 [M]. 赵冉译. 昆明:云南人民出版社, 2000.
[3] 柏拉图. 理想国 [M]. 郭斌和, 张竹明译. 北京:商务印书馆, 1986.
[4] 约瑟夫·皮珀. 闲暇:文化的基础 [M]. 刘森尧译. 北京:新星出版社, 2005.
[5] 约瑟夫·皮珀. 闲暇:文化的基础 [M]. 刘森尧译. 北京:新星出版社, 2005.

活动中，人摆脱了必需，以欣然之态从事心爱之事，这样才能发现属于自己的真正本性，才能维持真实而不受束缚的人性本质。

因此，休闲学是人性之学。马克思的女儿曾问他，您最喜好的格言是什么？马克思回答："人所具有的我都具有"[1]。而只有在休闲活动中，人所全部具有的丰富人性才会得到展现。因此，休闲学研究将使我们惊喜地发现越来越多属于真正人性的构成元素，哲学上的人性论也才会越来越深刻。

（三）存在论层面

两千多年来，西方总是习惯于以理性主义来把握世界。而它的一个致命缺陷就是只关注所谓永恒不变的本质规律，忽视了人这个感性个体的生存活动。存在主义的兴起，就是出于对这种思路的反拨。克尔凯郭尔抨击黑格尔的思辨哲学一味致力于建构逻辑体系却遗忘了人的存在这一重要问题，并力主把哲学核心问题转向人的生存活动。在其影响下，雅斯贝尔斯、萨特和海德格尔从理论上建构起了存在主义大厦。存在主义有一个著名的观点：存在先于本质。萨特解释说："首先是人的存在、露面、出场，后来才说明自身。……所以，人性是没有的，因为上帝没有提供一个人的概念。……人除了自己认为的那样以外，什么都不是。这就是存在主义的第一原则。"[2] 这就是说，人性不是固定僵死的，而是具有巨大的开放性。人性的概念需要我们通过自己的存在、行动来定义，并不断丰富和完善。

马克思曾经憧憬过："在共产主义社会里，任何人都没有特定的活动范围，每个人都可以在任何部门内发展，……因而使我有可能随我自己的心愿今天干这事，明天干那事，上午打猎，下午捕鱼，傍晚从事畜牧，晚饭后从事批判，但并不因此就使我成为一个猎人、渔夫、牧人或批判者。"[3] 其实，这就是一种理想的、休闲式的存在方式。它是马克思对人类生存真正目标的回答，也是存在主义所隐含的必然要求。然而当今社会，它仍然

---

[1] 马克思，恩格斯. 马克思恩格斯全集（第31卷）[M]. 北京：人民出版社，1979.
[2] 萨特. 存在主义是一种人道主义 [M]. 周煦良，汤永宽译. 上海：上海译文出版社，1988.
[3] 马克思，恩格斯. 马克思恩格斯选集（第1卷）[M]. 北京：人民出版社，1995.

受到理性主义技术崇拜、效益优先和工作至上的禁锢和压抑。"工作"作为闲暇的对立概念，已经漫无止境地控制着人类生存领域。我们遗憾地看到，单一的工作性存在方式，使很多人除了工作狂以外什么都不是。但是我们必须洞悉，人的存在并非是为了解除生理需要而拼命工作的过程。被工作占据的存在状态是片面和单向度的，为物质操劳的人生是畸形和不完整的。没有休闲，就没有健康的存在方式，人性也就无法得到健康的诠释。人需要的是丰富的"整体生存"，这种健康完满的存在状态必须由休闲赐予。正如戈比所言："显然，将休闲和生活中的其他部分结合起来是'整体生存'的一个主要组成部分。"[1] 因此，休闲学必然是存在之学。它强烈地关注人的存在，表现为对生命的存在的反思，如对现有生存状态进行批判，对理想生存方式进行探索等。

概言之，休闲历来以其在哲学认识论、人性论和存在论诸方面的意义为哲学家所长期关注。因此，休闲学不可能不是哲学。国内第一个休闲学博士点在浙江大学哲学系设立，正是有其深刻内在原因的。在哲学的殿堂中，休闲学将大有其用武之地，除了以上三个主要层面外，还可以继续考察休闲与世界观、价值观、自由观、目的论、方法论、实践论等诸多层面的关系，其学术范围极其广阔。

六、伦理之学

古代伦理学基本等同于道德、品性之学。西方传统伦理学把休闲能力视为一种应当具有的美德，而没有"游手好闲"那样的贬义。亚里士多德曾云："这是明显的，个人和城邦都应具备操持闲暇的品德"[2]。甚至说："勤劳和闲暇的确都是必需的；这也是确实的，闲暇比勤劳更为高尚"[3]。他赞赏音乐的价值，就是因为它有益于形成休闲的品德："音乐的价值就

---

[1] Thomas Goodale, Geoffrey Godbey. The evolution of leisure: historical and philosophical perspectives[M]. Philadelphia: Venture Publishing, Inc., 1988.
[2] 亚里士多德. 政治学. 吴寿彭译 [M]. 北京：商务印书馆，1965.
[3] 亚里士多德. 政治学. 吴寿彭译 [M]. 北京：商务印书馆，1965.

只在操持闲暇的理性活动。"[1] 在他看来,我们需要崇高的美德去工作,同样需要崇高的美德去休闲。有趣的是,中国传统意识形态也不乏把休闲与伦理直接挂钩的思路。古代汉语中,早在先秦就有"比德好闲"(屈原《楚辞·大招》)的用法。以后还有"音性闲良"(班婕妤《捣素赋》)、"资性闲淑"(《全宋文》卷29)、"淑性闲华"(何逊《七召》)、"闲明之德"(《全梁文》卷52)、"进止闲华"(《南史·后妃传下》),等等。这些词语的出现无非说明,在中国古代,闲被视为一种道德风范。

从伊壁鸠鲁学派的观点出发,近代伦理学突破了道德学的藩篱,把伦理学看作研究人生目的和生活方式的学问。正如伯纳德·威廉姆斯(Bernard Williams,1929—2003)所言,伦理学是研究"我应该怎样生活"[2]的学问。这样,它关注的不仅仅是人类的责任、义务,还更关注人生的目的、意义、价值和生活态度等问题。从这个角度看,亚里士多德的思维同样是超前的。他多次说:"闲暇是劳作的目的"[3],"务必以求取闲暇与和平为战争的终极目的;……我们业已反复论证和平为战争的目的,而闲暇又正是勤劳(繁忙)的目的"[4],等等。卢梭也发表过类似论点:"无所事事乃是人的最原始也最强烈的激情(仅次于自我保护)。如果仔细地观察,可以发现,甚至在我们中间,人们工作仅仅是为了得到休息:依然是出于懒惰,我们才勤快。"[5] 我国古代把休闲作为人生目的的论述同样很多,这里暂不赘述。

在此意义上,休闲学具有伦理学的品质,它启发人们在争取生存之外体悟人生和领略自我,是全面、系统思考人为何生活和怎样生活的学科。正如美国心理学家米哈里·奇克森特米哈伊(Mihaly Csikszentmihalyi,1981)所认为的那样:"正是在休闲活动中,我们产生了对日后生活的判

---

[1] 亚里士多德. 政治学. 吴寿彭译 [M]. 北京:商务印书馆,1965.
[2] 万斌,张应杭. 马克思主义视阈下的当代西方思潮 [M]. 杭州:浙江大学出版社,2006.
[3] 颜一. 亚里士多德选集(政治学卷)[M]. 北京:中国人民大学出版社,1999.
[4] 亚里士多德. 政治学 [M]. 吴寿彭译. 北京:商务印书馆,1965.
[5] 卢梭. 论语言的起源 [M]. 洪涛译. 上海:上海人民出版社,2003.

断标准。"[1] 从这一角度，我们可以观察并阐释在不同历史时期，不同地域、民族在休闲活动中诸如必然和自由、目的与手段、动机与效果、理想和现实、理智与情感、行为和环境、个人和集体等多方面的问题，为提供进步的休闲伦理做出贡献。当前的情况是，无论东西方，我们已经在技术理性下臣服于"工作神明"的脚下，只知不停运转而失去了目的感。休闲学将启发我们对此加以沉痛的反思，重新唤起失落的人文精神。

此外，还要指出的是休闲消费中的伦理问题。当前，在摆脱工作束缚之外，不少人却又陷入新的束缚。他们把手段当作目的，将休闲活动等同于盲目的消费和购物，乃至一些政府部门也简单地把提供休闲服务等同于增加购物广场和美食街的设置。戈比指出："人们必须学会用技巧性的休闲取代不加思考的消费。这并不是说消费是有罪的，而是强调人们对自身行为的后果必须有一个更为清醒的认识。"[2] 我们要把休闲的主旨上升到生活伦理的高度，才能健康地休闲，因为"休闲活动的主旨将不再是消费，而是更多地支持一种肯定的态度——肯定生活是美好的。"[3]

由于伦理学视域下的休闲学具有德育导向性，故而它又是一种教育之学，必须把休闲教育纳入自己的职责范围。"浙江大学亚太休闲教育研究中心"这个机构名称中的"教育"二字，正是高度注意到了休闲学的伦理导向性。亚里士多德曾经考问我们："那么,试问,在闲暇的时刻,我们将何所作为？"[4] 面对相当多的民众不知如何安排自己的闲暇反而为闲暇所累，面对当前国人休闲实践中的低俗活动甚至犯罪行为，我们深深感到，休闲兴趣是要激发的，休闲技能是需要学习的，休闲伦理是需要引导的。对于个人而言，休闲学将教会人们如何追求并擅用闲暇，如何培养简单的哲学思索习惯，怎样在日常生活中借由拥有闲暇去体验生命中的真实时刻。青少年应如何有意义地度过

---

[1] 约翰·凯利. 走向自由——休闲社会学新论 [M]. 赵冉译. 昆明：云南人民出版社，2000.
[2] 杰弗瑞·戈比. 21世纪的休闲与休闲服务 [M]. 张春波等译. 昆明：云南人民出版社，2000.
[3] 杰弗瑞·戈比. 21世纪的休闲与休闲服务 [M]. 张春波等译. 昆明：云南人民出版社，2000.
[4] 亚里士多德. 政治学 [M]. 吴寿彭译. 北京：商务印书馆，1965.

每年将近一百天的节假？老年人应如何积极面对退休后的漫长岁月？如何利用一些休闲活动培养勇敢、沉着、镇定等伦理品质？如何合理开发并健康引导博彩、网络游戏等休闲活动？要回答这些问题，休闲教育必须发挥作用。此外，正如凯利所言："在任何一种情况下，休闲都是政治的，是社会制度中要求人们自愿遵守建制功能的一个因素。"[1]对于整个社会群体而言，休闲教育还要责无旁贷地协助政府研究如何进行适合国情的休闲管理，以使国民休闲活动在整体上更加文明、进步。

七、幸福之学

幸福学（Eudemonics）是一门研究人类幸福的本质规律的新兴学科。它针对现代社会物质日益丰富而人类幸福感却日趋下降这一现实而诞生，以探索人生的幸福为专门目标，可以认为，它将伦理学中"我应该怎样生活"的研究课题演变为"我应该怎样幸福生活"，致力于国民幸福的"幸福产业"亦据此而兴起。当前，我们高兴地看到，人们对幸福的关注度逐年增强，各类幸福指数排行榜也频繁发布。尽管其指标的科学与否多有争议，但至少说明我们已经认识到：人类的和谐幸福乃是检验真理的唯一标准。

无论在何种情况下，追求幸福与快乐总是人类的终极目的，幸福与休闲直接相关。首先，幸福感应当是真正的休闲所表现出来的一种心理状态。前文提到，凯利把休闲理解为"成为人"也即自我实现过程，因此，休闲与幸福的关系是：

在理性指导下，自我实现的行动中可以找到的最深刻的满足感。从这个角度看，幸福就不仅是感觉好，而是从"成为"中生成的一种存在状态。而且，这种满足感不是暂时的，而是通过一生中积极争取自我实现的努力所获得的。……幸福是一种情感感知状态，是一种伴随着"人性得以完成"的状态。[2]

---

[1] 约翰·凯利. 走向自由——休闲社会学新论[M]. 赵冉译. 昆明：云南人民出版社，2000.
[2] 约翰·凯利. 走向自由——休闲社会学新论[M]. 赵冉译. 昆明：云南人民出版社，2000.

其次，幸福感只应在休闲中去获得。柏拉图说："我们应当在和平中度过一生中的大部分时间，而且要过得幸福。那么，我们的正确办法是什么呢？我们要在玩游戏中度过我们的一生"[1]。亚里士多德说："幸福存在于闲暇之中，我们是为了闲暇而忙碌"[2]，"闲暇自有其内在的愉悦与快乐和人生的幸福境界；这些内在的快乐只有闲暇的人才能体会；如果一生勤劳，他就永远不能领会这样的快乐。……幸福实为人生的止境；唯有安闲的快乐，才是完全没有痛苦的快乐。"[3] 显然，对他而言，幸福是休闲和休闲哲学的产物。而根据弗洛伊德创立的分析心理学，以游戏为代表的娱乐活动之所以对人有着难以抵御的吸引力，是由于人的生命中存在着一种趋乐避苦的本能性冲动。

"国民幸福总值指数"是评价生活质量的指数，它强调精神与物质发展的同步，比国民生产总值更具生存论意义。这个术语是由不丹前国王吉格梅·辛格·旺楚克于1972年提出并付诸实践的。多年来，在这个人均GDP仅700多美元的南亚小国，国民总体生活较为幸福。"不丹模式"引起了世界的关注。西方早期的幸福指数研究者将具体生活领域满意感作为主要考察对象，休闲活动就是其中主要指标之一。据2006年"中国城市生活质量网络公众调查"显示，我国36个大城市最令人满意的方面是休闲，而众多中小城市居民最不满意而强烈希望改变的三大领域就是房价、就业机会和文化休闲。美国罗纳德·英格哈特主持了"世界价值观调查项目"（1981—2007），结果显示，人们在那些能够自由选择生活方式的社会中感到最幸福。而作为"随心所欲，以欣然之态做心爱之事"[4]的休闲活动，无疑能给人们提供生活方式上丰富的自由选择。

正如古德尔所指出的那样："一个人的休闲哲学是自由和幸福的关

---

[1] 柏拉图. 柏拉图全集（第二卷）[M]. 王晓朝译. 北京：人民出版社，2003.
[2] 苗力田. 亚里士多德全集（第八卷）[M]. 苗力田译. 北京：中国人民大学出版社，1992.
[3] 亚里士多德. 政治学 [M]. 吴寿彭译. 北京：商务印书馆，1965.
[4] Geoffrey Godbey. Leisure in you life: An Exploration[M]. Philadelphia: Venture Publishing, Inc.，1985.

键所在。"[1] 既然闲暇是幸福之依赖和所在，那么休闲学即是一种幸福之学。时光易逝，我们当然不是为了痛苦来到这个世界，不能愁眉苦脸地生活。为了能真正品尝幸福，我们的生命中不能没有休闲意识。对休闲学加以幸福学的解读，摆正休闲与幸福的关系，探究怎样的休闲理念和休闲方式才能带给我们更多的幸福，让政府了解国民切实的休闲需求，在当今攀比GDP而忽视人文关怀的后现代社会具有重要意义。休闲学将能引导幸福人生与和谐社会的营造，切实提升"疲于奔命"的人们的生活品质，保障人们的自然权利由原来狭隘的"财产权利"上升到"追求幸福"这一新的高度。相信越来越多的人将能印证我国学人的这一论断："研究休闲……可以深化理解幸福生活的含义"。[2]

八、审美之学

休闲与审美同样有着不解之缘。关于休闲与审美的关系，叶朗有过精彩的论断："休闲文化的核心是一个'玩'字。'玩'是自由的，是无功利、无目的的。……玩很容易过渡到审美的状态。所以休闲文化往往包含有审美意象的创造和欣赏，而且休闲文化所展现的意象世界，往往是社会美、自然美、艺术美的交叉和融合。"[3] 那么，休闲之"玩"过渡到审美状态是何以可能的？笔者认为原因出自以下几种关系：

（一）休闲与自由的关系

现代休闲学总是在人类自由的层面上界定休闲这一概念。戈比将休闲的状态描绘为："以优雅的姿态，自由自在地生存"[4]，"休闲是从文化

---

[1] Thomas Goodale, Geoffrey Godbey. The evolution of leisure: historical and philosophical perspectives[M]. Philadelphia: Venture Publishing, Inc., 1988.
[2] 赖勤芳. 休闲美学的内在理路及其论域[J]. 甘肃社会科学, 2011 (04): 19-21.
[3] 叶朗. 美学原理[M]. 北京: 北京大学出版社, 2009.
[4] Geoffrey Godbey. Leisure in you life: An Exploration[M]. Philadelphia: Venture Publishing, Inc., 1985.

环境和物质环境的外在压力中解脱出来的一种相对自由的生活"[1]。潘立勇先生也指出:"从根本上说,所谓休闲,就是人的自在生命及其自由体验,自在、自由、自得是其最基本的特征。"[2] 在马克思主义理论中,自由王国只是在由必需的和外在的目的的规定要做的劳动终止的地方才开始,即在休闲中诞生。在马克思的未来理想社会中,人们有充分的自由,做他想做的事情。无疑,自由是每个劳累于工作的工作者的渴望,是真正获得休闲的休闲者的体验与感受,也是休闲最重要的价值所在。

(二)审美与自由的关系

黑格尔把自由作为人类主体的最高价值:"主体方面所能掌握的最高的内容可以简称为'自由'。自由是心灵的最高的定性。"[3] 他明确认为,人类在审美中可以获得这种最高的价值:"知解力总是困在有限的、片面的,不真实的事物里。美本身却是无限的,自由的"[4],"审美带有令人解放的性质,它让对象保持它的自由和无限,……无论就美的客观存在,还是就主体欣赏来说,美的概念都带有这种自由和无限"[5]。法兰克福学派也主张以审美来获取自由和人类的全面解放。如马尔库塞认为,在审美想象中现实对象的表象失去了内容和功利目的,"从而成为自由的存在。"[6] 在审美中,人们摆脱了"不自由社会的抑制性满足的感受",消除了"竞争性的剥削或恐怖"因素,因此,"'审美活动就是自由的需要和机能赖以获得解放的领域',造就新感性正是需要这样自由的领域。"[7] 没有自由就不会有人类的想象力和创造性,就不会有个性。

---

[1] Geoffrey Godbey. Leisure in you life: An exploration[M]. Philadelphia: Venture Publishing, Inc., 1985.
[2] 潘立勇. 休闲与审美:自在生命的自由体验[J]. 浙江大学学报(人文社会科学版), 2005(6): 5-11.
[3] 黑格尔. 美学(第1卷)[M]. 朱光潜译. 北京:商务印书馆, 1979.
[4] 黑格尔. 美学(第1卷)[M]. 朱光潜译. 北京:商务印书馆, 1979.
[5] 黑格尔. 美学(第1卷)[M]. 朱光潜译. 商务印书馆, 1979.
[6] 朱立元,张德兴等. 西方美学通史(第7卷下)[M]. 上海:上海文艺出版社, 1999.
[7] 朱立元,张德兴等. 西方美学通史(第7卷下)[M]. 上海:上海文艺出版社, 1999.

（三）休闲与审美的关系

因此，在哲学自由观的奠基下，休闲的基本特征与审美活动最本质的规定性在"自由"的层面上翩然相遇了，"玩"就这样顺理成章地过渡到了审美状态。此外，前文提到，凯利认为休闲是"成为人"的过程，而"'成为人'意味着：摆脱必需后的自由。……探索和谐与美的原则，引导行动的能量。……树立完整自我，培养美和爱的能力。""审美原则可能会帮助人们引导存在主义达到'成为'"[1]。这样看来，凯利不但指出了休闲与自由的关系，而且直接指出了休闲与审美的关系。

前文还提到，游戏性是休闲的本质属性之一，休闲活动多以游戏的形式呈现。这样，赫伊津哈就直接指出了游戏所具有的审美属性："游戏往往带有明显的审美特征。欢乐和优雅一开始就和比较原始的游戏形式结合在一起。在游戏的时候，运动中的人体美达到巅峰状态。比较发达的游戏充满着节奏与和谐，这是人的审美体验中最高贵的天分。游戏与审美的纽带众多且紧密。"[2]

休闲在给予人精神自由和人生幸福的过程中，还给人带来审美的、创造的、想象的和超越的感受。同时，在休闲活动中，主体同样也可以表现出行为美、心灵美和人格美。因此，休闲学是审美之学。目前，越来越多的学者认识到这一点。潘立勇先生断言："可以说，审美是休闲的最高层次和最主要方式。"[3] 张玉勤指出："休闲并不单纯是一个时间概念和简单的社会现象，更是一个意蕴深厚的文化范畴和美学命题"[4]，审美"无疑应成为观照和阐发休闲的重要理论视界"[5]。

凯利又指出，休闲"是美学，但不仅限于狭义的艺术"[6]。诚如所言，

---

[1] 约翰·凯利. 走向自由——休闲社会学新论[M]. 赵冉译. 昆明：云南人民出版社，2000.
[2] 赫伊津哈. 游戏的人[M]. 何道宽译. 北京：花城出版社，2007.
[3] 潘立勇. 休闲与审美：自在生命的自由体验[J]. 浙江大学学报（人文社会科学版），2005（6）：5-11.
[4] 张玉勤. 审美文化视野中的休闲[J]. 自然辩证法研究，2004（10）：96-98.
[5] 张玉勤. 审美文化：休闲研究新的理论视界[J]. 淮阴师范学院学报，2007（5）：694-698+700.
[6] 约翰·凯利. 走向自由——休闲社会学新论[M]. 赵冉译. 昆明：云南人民出版社，2000.

我们发现，旅行观光、美食养生、体育游艺和各种艺术活动等都更有可能成为休闲活动，我们可以寻找出其审美方面的内涵，对它从美学的角度来加以理论分析，这就是休闲美学。黄兴认为："休闲美学的旨归是通过审美的方式来揭示出休闲蕴涵的人本意义和人的生命价值，赋予休闲真正的含义。"[1] 这就说出了休闲美学的基本任务。具体说来，休闲美学研究还包括：1. 归纳不同时期、地域人群对休闲审美现象的认识，并用文化学、哲学、美学的理论加以比较和分析；2. 发现人们选择不同休闲方式时审美趣味的差别，并探究其心理成因；3. 对休闲活动中所呈现出来的人格美、人体美、艺术美形态进行分析，归纳出其特有的审美范畴；4. 由以上结论来探索休闲活动与自由的关系，思考什么样的休闲活动能带给人更多的自由体验和更多的美感，以指导现今社会的休闲实践。

以上笔者对休闲学的学科属性做出了界定，并指出了其所秉承的具体历史使命。希望这些文字能为有志于从事休闲的研究者提供更清晰的视野和更具体的途径。综上所述，休闲学是最典型的交叉学科研究，研究者可以根据自己的兴趣与优势选择其与传统学科所交叉的领域。

（未刊稿）

---

[1] 黄兴. 论休闲美学的审美视角 [J]. 成都大学学报（社科版），2005（1）：52-53.

休闲学的学科解读

庞学铨

内容摘要： 本文阐述了构建休闲学的必要性，对休闲学、休闲科学、休闲学科和休闲研究的概念做了明确区分。在此基础上，论述了休闲学作为一门独立学科的可能及其必要条件、休闲学的研究对象与方法，最终将休闲学定义为"关于休闲及其价值的存在与变化的理论"。文章讨论了休闲学作为综合性交叉性学科的基本特征及其具体表现，从休闲学对自身对象的研究特征、休闲学的基本内容和休闲学与相邻学科的关系等方面，讨论了休闲学的学科归属，认为休闲学是一门关于人类休闲生活的哲学，是一种生活哲学，它不是一般哲学理论在休闲生活中的实践与应用，而是重新走向生活，回到生活世界的哲学。

自1899年美国学者凡勃伦发表《有闲阶级论》开始，西方开始从学术层面研究休闲已有一百多年了，随后休闲理论的研究不断发展和深入。在国内，以于光远先生1996年发表的文章《论普遍有闲的社会》为标志，开展现代休闲研究虽仅二十年时间，也取得了不少有意义的成果，尤其是休闲事业和休闲实践更是取得了长足的发展。然而我们也看到，对于休闲学本身的理论研究和学科建设，中外研究者却没有给予充分的关注与重视。以至于我们现在仍然不能说，休闲学理论体系的形成已有一百多年了，更不能说，现在已经有成熟的休闲学理论体系了。

而建构一个休闲学的理论体系，无论对于休闲事业的发展，还是对于休闲理论研究的深入，显然十分重要。因而今天我们仍有必要继续讨论休闲学的理论建构，深入解读休闲学的学科问题。

一、构建休闲学学科的必要性

构建休闲学学科的必要性主要基于如下三方面需要：

首先，实践发展的需要。随着改革开放的不断深入和社会经济的进一步发展，人们的生活水平有了较大提高，闲暇时间有了大幅增加，对生活质量的追求也随之提升，由此释放出丰富多彩的休闲需求与休闲愿望。各级政府也进一步认识到休闲在社会经济发展中的重要作用，越来越重视发展休闲事业，沿海城市的休闲产业已达到较大的规模，特别是受到当前国家发展战略整体进入创新驱动、生态发展和消费转型的影响，发展休闲旅游业已经成为国家战略，适应了这样一种社会发展和民众需求的现状与趋势，我国休闲实践和休闲产业呈现出蓬勃发展的态势，休闲研究也引起广泛重视且已取得丰硕成果，休闲事业、产业的管理、技术和服务人才的需求也更加突出。休闲实践的发展，产生了许多新的理论和实践问题，对休闲理论的研究提出了更多的需求和更高的要求；同时，休闲事业的迅速发展，又需要有系统规范的休闲学理论的引领和指导。可是，休闲学科的建设至今仍然没有引起人们的足够重视，休闲理论研究仿佛或穿梭于应用领域，或置身于空中楼阁，没有牢固的根基，没有独立的居所。

其次，理论自身的需要。这又可以分别从中西方研究的情况来说。自西方开展休闲研究一百多年来，一些知名的学者提出了不少关于休闲的范畴、概念和原理，诸如休闲需求、休闲动机、休闲制约、休闲体验、休闲经济、休闲价值、休闲管理和休闲社会心理学等，并对有关的专门问题做了深入探讨，阐述了许多产生广泛影响的观点，为建构休闲学的理论与话语体系做出了重要贡献，他们的代表性著作也已成为西方休闲研究的经典。不过，阅读他们的著作，可以看到，其论著的主要内容往往是从某些休闲思想、观点出发，着力于讨论休闲的实践应用与推广，具有很鲜明的实践性与应用性特征，尤其是美国和加拿大的休闲研究专家，其学术倾向和研究内容有着实用主义的浓厚印记与影响。就笔者有限的资料阅读，还未见有系统的关于休闲学理论本身的专门著作，即使有专门讨论休闲问题的论著，也都只是涉及休闲的某个领域、某一方面或某些问题。国内二十来年的休闲研究，经历了以译介西方重要休闲论著为主到引进与研究相结合的发展过程，出版和发表的论文、著、译逐年增多，各地举办与休闲相关讨论会的热情高涨。但其中存在的问题也很明显：一是整体上还处于译介、引述或模仿西方尤其是美国休闲研究成果、研究路径与研究方法的阶段，缺乏具有独立话语系统和中国文化特色的研究思路与成果；二是绝大多数的成果也都立足和着力于休闲理论的应用与推广，是关于休闲实践与应用领域的研究，诸如旅游度假、运动体育、休闲消费、休闲产业等，对休闲学理论本身进行学理性的系统与探讨不多；三是参与休闲讨论会的人员来自各个领域各个行业，缺乏共同关心和感兴趣的话题，尚未真正形成休闲研究的学术共同体，更难以进行专门性的理论探讨与学术交流。

第三，休闲教育的需要。这种需要主要体现在：（1）在传统观念中，人们往往将休闲等同于吃喝玩乐，后者通常又被看作是人生的消极面甚至为常人所不齿。这种观念现在虽有很大改变，但什么是现代意义的休闲，如何认识休闲的价值，如何选择适合自身的休闲，如何让休闲成为人们体验和实现自身生命意义的过程，等等，都需要进行教育；（2）休闲将深刻影响人们的生活观念、生活方式和生存状态。但人的休闲能力不是与生俱来的，而是一种后天习得的态度、行为和意义，正如儿童有爱玩的天性，但儿童会玩、玩得好的能力，也只有通过后天的学习才能获得。休闲的内容和活动无限丰富，具有不同休闲能力的人所获得的休闲体验也即休闲质量却因休闲能力与休闲境界的不同而会有很大的区别。目前，对于休闲还存在着各种障碍，其中有些障碍涉及个人的休闲观念、精神压力、内心体验，也涉及社会观念、社会倾向、家庭、朋友甚至环境、条件的影响，通过休闲教育，形成正确的休闲观念，爱休闲、会休闲的人就会增多，从而就会逐渐缓解或消除休闲的障碍；（3）当前学校对休闲教育不但严重缺失，而且存在明显排斥的现象。从事教育和学习的人不休闲，教师如此，学生更是如此，特别是未成年的儿童，既要经历学校的快节奏学习生活，完成繁重的家庭作业，还得参加各种特长班、补习班。现行的教育过程与内容没有休闲教育的空间，甚至与休闲直接相关的体育课，也成了功利化目标化的学习活动。在西方语言学中，"学校"与"休闲"在词源上是同义（schole）的，教育本来是人类享受休闲的一种特有方式，也是人类自己创造的一种新的休闲方式。可是现在的教育，与本来意义的教育实际上已相去甚远了。在学校中恢复休闲教育，不仅是一件关乎学生身心健康的事，也是一件与恢复教育本来意义相关的事。而所有这些方面的教育，都需要有系统的休闲学理论作为依据与支撑。

二、休闲学作为一门独立的学科

在许多休闲研究者看来，休闲学作为一门独立的学科，早已是不言而喻的事了。可是我们不能不看到，在学术界，对休闲学是否能作为一门相对独立的学科持怀疑态度者并非个别。这不能归因于别人对休闲研究的不了解，或者说休闲研究者自身缺乏"理论自信"。其实，在休闲研究中，不少人往往将休闲研究与休闲学混淆起来，也没有将休闲学和休闲科学的概念清晰区分开来；在肯定休闲学可以成为一门独立学科的研究者中，对休闲学是怎样一门学科的问题，也是观点各异、语焉不详。这表明，什么是休闲学及其是否可以作为一门独立学科的问题，仍有进一步讨论的必要和解读的空间。

首先，关于休闲学与休闲科学的概念区分。

一般说来，休闲学（Leisure Studies），是关于休闲理论本身的研究，以及在此基础上形成的理论体系或系统。严格地说，它是一种关于休闲的理论、学说，用西方哲学对所谓"学"的习惯表述，可以表述成Leisurology。休闲科学（Leisure Science）则是指建立在休闲学理论基础上的、从休闲学理论出发的对相关实践和应用领域休闲现象的研究及其所形成的休闲理论及其集群，如休闲经济学、休闲社会学、休闲心理学、休闲伦理学、休闲教育学、休闲管理学、休闲美学等，即休闲学的学科群。两者可以统称为休闲学科，对休闲学科和其他休闲问题的研究，都可以叫休闲研究（Leisure Research）。

可以列表示意如下：

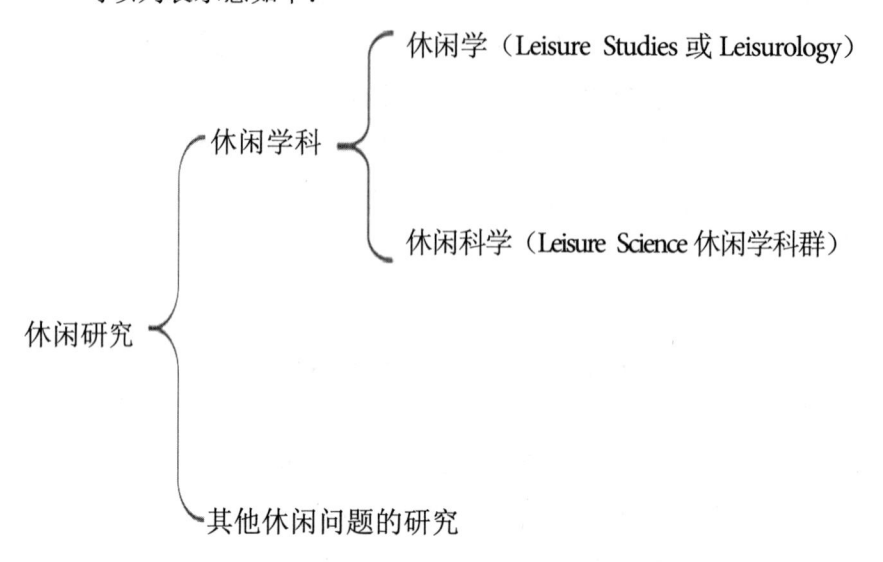

休闲研究
- 休闲学科
  - 休闲学（Leisure Studies 或 Leisurology）
  - 休闲科学（Leisure Science 休闲学科群）
- 其他休闲问题的研究

其次，进一步说，休闲学可以是一门独立的学科吗？抽象地回答，当然是肯定的，但我们对此完全可以进一步追问。通常认为，要成为一门独立的学科，必须要具备三个必要条件：有一个能与相邻学科区别开来的明确对象和研究方法；有一系列有关这个对象的范畴、原理和相对统一的范式；有一个由这些范畴和原理构成的有内在联系的理论体系。相应地，能形成一批认同这个理论体系并运用该体系范畴和术语的学术共同体。这也是一个学科得以独立存在的合法性基础。"休闲学"具备这样的条件和基础吗？西方一些休闲研究的著名学者，如德国哲学家皮普尔、荷兰学者赫伊津哈、美国学者杰弗瑞·戈比等，为建构休闲学自身的话语体系做出了重要贡献。在国内，现代意义上的休闲研究的发端，可以追溯到20世纪80年代于光远先生率先提出的关于研究玩的学问的观点上，后来经马惠娣等一批学者对西方休闲经典论著的引进与介绍，使休闲学的学科建设和理论研究在中国大陆逐渐展开并取得丰硕成果。然而毋庸讳言，从现有关于休闲学研究的资料看，对休闲学作为独立学科的合法性这个问题进行学理性的系统深入的讨论仍然较少。

先说上述提及的第一个条件：休闲学的研究对象是什么？休闲活动及其过程所涉及内容与要素很多，总的可分为物质现象和精神现象两类。大体说来，休闲方式、休闲行为、休闲设施、休闲环境和人自身的休闲条件（如身体、经济和时间）等，属于物质现象；休闲需求、休闲动机、休闲观念、休闲体验、休闲审美等，属于精神现象。当然，诸如此类的内容与要素还可以列举出很多，它们都可以归入"休闲现象"（简称"休闲"）的范畴。同时，休闲与个体的生存和成长密切相关，对社会的发展与进步具有直接作用，概而言之，对人类与社会具有多方面的重要价值。我们也看到，休闲与休闲的价值是处于不断地变化与发展之中的。因此，可以将休闲学定义为：休闲学是关于休闲及其价值的存在与变化的理论。该定义包含了休闲学研究的休闲所涉的诸种要素和休闲对人类与社会的价值这两个基本内涵。休闲价值与休闲直接相关，是休闲蕴含的内涵，休闲的直接延伸或衍生，所以，休闲就是休闲学的基本研究对象，它既是休闲学的基础范畴，又是其理论的出发点。

上述提及的第二个条件：建构以休闲为基础和出发点的一系列范畴、原理以及相对统一的范式，是休闲学必须面对的任务。西方学者的长期研究为实现这个任务做了卓有成效的工作，提供和论述了许多基本而重要的范畴、原理，诸如休闲动机、休闲观念、休闲需求、休闲方式、休闲心理及其相关的范畴（如"畅"）、休闲制约、休闲运动、休闲经济、休闲管理和休闲教育，等等，内容涉及哲学、社会学、心理学、经济学、运动学、教育学等广泛的学科领域。然而，我们也看到，这些范畴概念，多数只是宏观层面的表述，它们之间的逻辑关联怎样？休闲现象中还可能有哪些重要范畴？休闲的基本特征是什么？构成休闲的基本要素有哪些？休闲是否有内在联系的结构？休闲有哪些群体性差异？休闲与生活（质量）存在何种变量关系？等等，都仍然有待于休闲学研究去进一步思考、探索和发现。

作为一门相对独立的学科，应有一个由这些范畴和原理构成的具有内在联系的理论体系，这个理论体系在逻辑上应该是自洽的，这是休闲学作为独立学科应具备的第三个条件。从笔者所知的现有休闲研究资料看，西方学者大都从特定的领域、论题入手，阐述有创新性的观点，为建构休闲学理论做出各自的贡献，而没有把研究的重点放在建构学科性的系统理论上。国内近年来已出版了多本休闲学教材类型的著作，其体例安排各有特色，内容所涉各有重点。但阅读这些教材性著作使笔者形成两个明显的印象：一是所论内容很多是休闲学的实践和应用问题或领域，例如，关于经济、运动、健康领域，关于不同阶层、群体的休闲活动、休闲管理问题等；有的著作主要所论的更是关于休闲产业问题；而休闲学本身可能和必须讨论的范畴、原理、理论（这正是休闲学教材所必须面对的），或讨论甚少，或略有涉及而未及展开。二是范畴和原理间缺乏内在联系，也即理论的逻辑自洽性不足，这一点尤其明显。这当然是一个很高的要求，需要长期的不断探讨与研究，但它必须是休闲学理论建构应该追求的目标。这也说明，目前，依然尚未形成相对完善的具有理论自洽性的作为独立学科的休闲学理论，从学理上阐述和建构休闲学理论体系，还需要付出艰苦的不懈努力。

与上述情形相关联的是，目前尚未形成休闲学研究的学术共同体，这从各种类型休闲研讨会的参会成员结构便可以看出。休闲学学术共同体的形成，对于推进休闲学的理论研究和实践应用，具有直接的意义。学术共同体有助于形成休闲理论研究相对统一的学术规范和构建相对合理的学术秩序，学术共同体内开展的学术交流和批评能够促进共同体成员的学术意识、问题讨论，能够提供创造新思想、发展新知识的良好氛围与自由空间。而休闲学术共同体能否形成，实际上又是与休闲学学科理论的是否形成密切相关的。

三、休闲学作为一种生活哲学

作为一门相对独立的休闲学，它的学科归属是什么？换句话说，它具有什么样的学科属性？休闲学是不是一门相对独立的学科和休闲学归属于何种学科，都涉及同一个重要的问题：休闲学的学科根基何在？这也是休闲学的学科地位问题。

休闲学首先是一门综合性交叉性学科，这似乎是毋庸置疑的，也是休闲学的基本特征。所谓综合交叉，不等于不同学科、团队的联合、合作，也不是简单的资源组合、共享，就如现在大学中通行的那种联合研究平台或某些协同创新中心什么的。交叉是由不同学科从研究内容到研究方法的渗透融合而产生的一系列新的范畴、原理，形成的一种新的理论形态，它可以运用原来相关学科的一些范畴或原理，具有相关学科的某些特征或含义，但它有自己特定的研究对象、范畴原理、理论形态与特征。打一个粗俗的比喻，把马和驴关在一起，可以说它们在同一个圈栏中同吃同住，这不能叫综合交叉，也就不能形成综合交叉物，只有它们交配后生下的骡子，才可以叫交叉性动物。骡子兼具马和驴的某些秉性和特征，但它不是二者的简单相加，而是一种新的动物。从这个角度上看，目前国内出版的休闲学教材，与建构作为交叉性学科的休闲学目标，距离还很远。

休闲学科的交叉性主要表现在：一是它的研究领域是交叉的。作为休闲学对象的休闲现象，交叉渗透在极其广泛的领域而与许多传统学科相关。相应地，哲学、人类学、宗教学、经济学、社会学、心理学等不同的学科都可以从本学科的视角、观点和方法研究休闲现象，并按照不同学科的原则与要求对休闲现象做出自身的解释。但这些解释的观点或理论，只是相关学科对于自身所涉及的休闲现象、休闲问题的研究，如人类学关于休闲的观点，经济学关于休闲的理论等，它们不能称为"休闲经济学""休闲社会学""休闲心理学"等，目前的表述仍是模糊不清、表述混淆。二是从休闲学的视角出发，以休闲学的理论为基础，解释不同学科所涉领域的休闲现象和休闲问题，形成休闲学的分支学科，如休闲经济学、休闲社会学、休闲心理学等，它们构成交叉性的休闲学学科群。这与前述的各学科关于休闲的理论或观点，是不同的。三是休闲学本身是典型的交叉性学科。

在上述三种交叉性表现中，其一只是涉及研究领域，也便谈不上学科归属问题。其二的学科群，基本上都是休闲理论在各领域的实践与应用，是休闲学的应用性研究，它与休闲学理论本身一起，构成休闲学科。这样，剩下所要探讨的便是休闲学本身的学科归属问题了。这个问题可以从三个方面进行分析。

第一,休闲学对自身对象的研究特征。概括地说,休闲学对作为自身对象的"休闲"的研究具有以下特征:(1)它研究的是作为整体的一般意义上的休闲,而不是对休闲所涉及的各个领域和构成休闲的各种具体内容进行专门研究;(2)它不仅仅是确定和描述休闲这个对象,还要深入它的内部,揭示其在人们生活中存在、变化与发生作用的特征和规律,揭示它对于人和社会所可能具有的价值和意义;(3)它是运用哲学的方法和各门相关学科的知识,对休闲的各种不同形式或方面进行综合研究,由此获得休闲的完整形象,而不是对它们进行个别的具体的专门研究,后者属于休闲学的应用研究;(4)它对休闲的研究既是静态的又是动态的。就是说,不但要揭示休闲的内涵、结构、价值等,还要研究休闲存在和变化的一般形态与规律,从横向和纵向的结合上呈现休闲的整体图景。

第二,休闲学的基本内容。休闲学的对象决定休闲学的内容。休闲学的基本内容大体可包括如下方面:(1)休闲的完整图景。包括休闲和休闲赖以产生、存在、发展的条件与前提的关系,即休闲与自然环境、社会发展和人类需要的关系;休闲与人类生活及其各方面的关系;休闲的个体性与群体性及其关系;休闲的历史变化与发展;休闲差异与制约等。(2)休闲的内涵。包括休闲概念界定、休闲需求、休闲行为、休闲方式、休闲体验和休闲要素研究等。(3)休闲的价值。包括休闲的人本价值、文化价值、现实价值和休闲行为的价值选择等。(4)休闲的应用。指休闲在各个实际社会经济生活中的应用与展开。

第三,休闲学与相邻学科的关系。关于科学体系,有不同的见解。按研究对象和内容的抽象/具体角度来说,通常被分为三个层次:基础层次是具体的科学,如物理学、数学、化学、地理学等自然科学,经济学、法学、心理学、行为科学等社会科学;最高层次是关于世界观的哲学;中间层次是将哲学与专门领域或具体科学联系起来的"桥梁",通常称之为专门领域的哲学,如社会哲学、政治哲学、自然哲学、自然辩证法、美学、心理学等。根据第一、二两方面所述,休闲学研究的对象和内容,显然不属于基础层次的具体科学，当然也不是最高层次的哲学，而是属于中间层次的"桥梁"科学即专门领域的哲学。笔者认为，在中间层次的哲学中，又可以进一步区分出不同的层次，如社会哲学包括政治哲学，自然哲学包括自然辩证法，因而与政治哲学相比较，社会哲学的层次或抽象程度更高，与自然辩证法相比较，自然哲学的层次或抽象程度更高，等等。休闲学研究休闲，而休闲是人的一种具有特定内容和形式的生活，休闲的最基本要素和充分且必要条件是自由的体验与活动，而人的休闲生活涉及社会生活的各个领域、各个方面，以及人与他人，与环境，与自然等的协调关系，因而，休闲学是专门领域的哲学中最具交叉性的学科，就学科归属来说，休闲学是一种生活哲学，更确切地说，是一种关于人类休闲生活的哲学。当然，这不是说，休闲学是一般哲学理论在休闲生活中的实践与应用，而是说哲学重新走向生活，回到生活世界。在中国哲学传统中，哲学历来就是关于人自身的，与人的生活不可分离的；在西方哲学传统中，哲学在古希腊，首先是一种人的活动，而不是静态的知识；是对智慧的爱，而不是智慧本身；是一种生活方式，而不是一种专门在学院被教授的学问。古希腊的哲学家，不仅是指那些创造了哲学思想和理论体系的人，也指那些在生活中实践某种哲学观念的人。随着时间的推移，这种哲学观念发生了根本的转变，哲学逐渐演变成一种纯粹抽象的、形式化的理论活动，成为科学知识系统中的一个专业学科。直到今天，这种状况依然没有完全改变。但从20世纪中叶开始，现代西方哲学出现了向社会实践转向、重新回归生活的趋势和现象，要求关注现实、研究当代社会生活条件、人及其生存的环境、人自身的创造性活动、人生存生活的意义及现实提出的种种哲学问题，提出了生活世界现象学、生存论现象学、社会批判理论、社会伦理学、日常生活批判理论、生活艺术哲学、艺术哲学、心理分析学等。可见，休闲学与作为世界观的哲学之间是局部和整体、特殊和一般的关系，它可以借用哲学的原理，以哲学的思维来思考自身的基本问题，创立自身的范畴概念，构建自身的话语体系。但休闲学的内容一般又不涉及诸如存在论、认识论、思维与存在关系等这类哲学研究的基本问题，而是主要围绕自身的对象"休闲"及其一系列衍生范畴展开研究,并形成相关的原理和理论。由于休闲是人们生活的组成部分,休闲的最基本要素是自由的体验与活动,因此可以认为心理学、美学、社会学是与休闲学关系最为密切的相邻学科。

与此直接相关的休闲学研究方法问题,目前休闲学界的观点是多种多样的,基本的倾向则是几乎囊括了哲学社会科学的各种研究方法,这显然不是一个独立学科应取的态度和应有的方法。休闲学作为一种生活哲学,其基本的研究方法应是哲学的,即运用唯物的辩证的方法;不过,如前已指出的那样,休闲学的研究包括休闲现象的描述比较,休闲感受的体验领悟,休闲价值的分析判断,休闲观念的转变引导,休闲审美的认知升华等,因而,它同时需要使用与之相关度密切的学科例如心理学、美学、社会学等的描述、归纳和调查的方法。就是说,休闲学的研究方法也具有一定的交叉性。

(原载《浙江学刊》2016年第2期)

休闲研究的问题域和学科建设刍议

吴文新

内容摘要：鉴于休闲现象的历史和人性复杂性以及多学科多维度的研究成果，休闲研究独立为一门学科的必要性日益迫切，而且条件也已成熟。休闲学科建设必须关注时代的突出问题，比如休闲的本体性问题——健康、道德、信仰、省悟、创造、审美、幸福和自由等，及关于劳作制度、经济发展、科技学术、文化建设、国民健康和生态环境等延伸性问题，形成当代休闲研究的问题域。在此基础上，通过归纳整合，形成相对独立的休闲学科和课程体系，以便为休闲学本科专业开出充足的课程；并通过休闲的"症候阅读法"来研读和阐释马克思主义及中外圣哲先贤的人文经典，来滋养休闲学科和课程的成长，为社会发展提供"方法休闲论"的咨询。

这是一个最为忙碌的时代，这一个最为悠闲的时代；这是一个最为文明的时代，这一个最为野蛮的时代；这一个物欲横流的时代，这是一个清心寡欲的时代；这是一个只争朝夕的时代，这是一个松懒慢活的时代；这是一个人性失去生命和灵性的时代，这是一个万物获取生命和灵性的时代；……这是一个到处充斥对立和冲突的时代，这是一个无限渴求和谐共荣的时代，在这个时代，什么东西能够解决生存的危机和人性的困惑？是只顾埋头难得喘息的劳作，还是必要劳作之余或之中的休养与闲适？休闲——逐渐被这个时代大写的大问题赫然摆在人类的面前！但是很显然，这是一个创造了休闲而又剥夺了休闲的时代，也是一个有大批学者研究休闲却又难以找到学科归宿的时代。我们需要理性地对待。

一、休闲研究成为一个独立学科的现实必要性

虽然有充分的史料证明，在民国时期，学术界、思想界就有了对闲暇和休闲问题的广泛而深刻的思考[1][2]，但是，新中国的休闲研究则是伴随着改革开放和现代化建设的历史而徐徐展开的，最早是于光远关于竞赛、游戏和玩的著述，而大规模的带有一定学科性质的休闲研究则是从马惠娣在于光远指导下于1995年发表相关论文开始的，迄今仅仅23年时间。但纵观这段历史我们发现，休闲研究从无到有、从小到大、从弱到强，历经曲折，以浙江大学庞学铨、潘立勇等为代表的休闲美学研究及学科建设，以中国艺术研究院马惠娣为代表的休闲哲学和文化研究，都取得了巨大成就，但总体而言，休闲研究迄今依然未能登堂入室被主流学界所顺畅接纳，相关课题申报和著述发表依然存在明显困难。

与休闲研究步履维艰相对应的是，随着科技和生产力的发展进步，物质生产领域的劳动生产率空前提高，各种高科技、智能化的生活服务设备越来越多地进入人们的日常生活，这使得人们生命中被迫用于生理性生存的时间大量地游离出来，闲暇时间里的人们似乎越来越处于一种自由的状态。这样，生命状态相对于紧迫性生存的自由，就给人们提出了一个严峻的课题：究竟该如何度过这些闲暇，使得处于相对自由状态的生命有所安顿、心灵有所归依、精神有所追求、人性价值有所提升？这就是一个非常值得思考和探究的社会历史和人性归宿的大问题，它相对于其他的问题而言，具有相对独立性。

休闲对于人类既然是个大问题，那就应该引起足够的重视。而休闲现象的社会历史和人性的复杂性又决定了休闲研究之方法和学科领域的多维度、多方位、多层次的复杂性，而这种复杂性又决定了这些研究可能不被任何一门相对成熟的人文社会科学学科所接受；同时，任何一门成熟的人文社科学科在其创新发展中必然会遇到休闲的问题——而且可能是这些学科创新发展中必然遇到的高层次却又很边缘的问题。目前休闲研究不入学

---

[1] 陆庆祥，章辉. 民国休闲原理文萃[M]. 昆明：云南大学出版社，2018.
[2] 陆庆祥，章辉. 民国休闲实践文萃[M]. 昆明：云南大学出版社，2018.

界主流与此种状况有关系；而其研究成果又体现在各个学科领域，分布极广，似乎灿烂辉煌，也与此种状况有密切关系。正因为如此，休闲研究有着深厚的学术基础，足以成为一门相对独立的学科，同时它的碎片化、分散性、边缘性，也决定了它非常有必要聚合成一门相对独立的学科。毕竟休闲是人们所能感受到的有着许多不同于人类其他生产和生活活动的一种独特的活动，它有着一些独特的价值功用和人性与社会效益。如前所述，随着科技和生产进步，休闲总有一天会成为困扰人类的大问题，终究会被各国、各种社会组织提上紧迫的议事日程，否则人类依靠高科技在日益脆弱的生态环境中生存生产生活的意义将变得不可思议。

休闲，关乎人类的终极存在、终极价值、终极关怀、终极理想，它必须独立地被重视、被研究。

二、休闲研究的问题域

休闲是一种人性现象，更是一个复杂的社会历史和经济文化现象。但是，不管其外在运动采取什么样的社会历史和经济文化形式，休闲作为人性内在矛盾和本质运动的实质和精髓，都是一种身心和精神现象。因此休闲问题的核心就是休闲活动中主体的身心状态和精神或心灵问题。但由于活动的外部环境和条件的复杂性、随机性，主体自身的客观条件，特别是其内在的世界观、价值观和由其职业性质、生活方式等所决定的兴趣爱好、志趣追求、理想信念等因素的复杂作用，休闲往往在以下两个层面产生数个人性和社会问题——这构成了我们应该着力研究的休闲问题域。

第一层面，是内在层面亦即休闲的本体内容层面，即休闲与人性的关系问题。比如：

第一，休闲与时间。时间是休闲的第一概念，内在于休闲的时间不是自然的物理时间，而是人的生命时间。时间是生命的量，生命时间具有阶段性、周期性和不可逆性；生命时间又可以分为生理时间和心理时间，休闲的时间往往与心理时间关系更为密切。因此，休闲与生命和时间的关系问题也就是休闲的第一问题。

第二，休闲与健康。这是休闲活动中必然遭遇的最基本关系，也是体现人的生命质量的范畴。与生命的生理时间和心理时间相对应，健康包含了生理的健康和心理的健康。因此，休闲活动的健康效应及促进或伤害健康的身心机制，不同的活动内容和形式对健康的不同影响——这些研究可以为养生保健、预防治疗和康复疾病提供休闲方案（健康或养生休闲规划、咨询及管理）。

第三，休闲与道德。对待闲暇的道德态度和休闲过程中的伦理规约、休闲结果的价值导向。这应该是人的生命性质和方向的问题。不仅需要个人能够道德地对待自己越来越多的闲暇时间，而且要选择最道德的活动方式来度过闲暇，并且在休闲活动过程中遵循适当的社会道德规范，最终达到提升自身道德品质和人格境界的目的；如此便需要探讨休闲与道德的相互作用，特别是休闲对道德的影响机制和规律。

第四，休闲与信仰。一些休闲学者认为，休闲是信仰的基础；而信仰是人的生命之根、生命之"钙"、生命之梁柱，也是人生的动力和导航系统。但休闲对信仰的作用是怎样发生的呢？何种休闲与何种信仰相对应？抑或更加复杂些？闲暇和休闲无不渗透着信仰的影响，受到主体信仰的支配和规约，同时，不同的休闲活动还会增进或削弱某种特定的信仰。实际上，信仰本质上往往以主体心灵的闲暇和身心的休闲状态为基础，信仰的身心状态实际上也是休闲的身心状态，或者也是休闲所追求的最高或最理想的身心状态或人性境界，比如其心灵内在性和感官超验性以及身心合一和天人合一的高峰体验。从现实而言，由于引导不力，越来越多的社会大众在日常闲暇和农闲工余纷纷涌入各种宗教庙堂，以宗教信仰的内容和形式来充实自己的闲暇生活，从而对国家造成巨大的意识形态和政治压力。显然，休闲与信仰的关系是个大课题。

第五，休闲与幸福。幸福生活，人人之所欲也。新时代中国社会的主要矛盾转化为人民日益增长的美好生活需要与不平衡不充分的发展之间的矛盾，显然，中国人民对美好生活的需要也就是对幸福生活的需要。从美好生活的本质来说，离开身心的闲暇和生活的休闲状态，就谈不上真正的美好或幸福。幸福是内在的持久的快乐，是审美的艺术享受，是个性的展现和价值的实现，是人的生命质量特别是心理时间质量的重要体现；而休闲的直接目的和效益在于幸福。因此，人民幸福感或社会幸福指数的提高，就有赖于休闲的普及和深化。

第六，休闲与省悟。"省悟"即"反省"和"觉悟"。反省就是回头、追溯、反思、省察、返观内照、反身内求、反求诸己等，曾子所谓"吾日三省吾身"之"省"当是此意，是人生修养的重要途径。觉悟就是自觉、直觉、清醒、悟解、领悟、体悟、证悟、顿悟等，包含了逻辑性的冷静和理性，更重要的是非逻辑的直觉、顿悟和灵感等，显然，这是创造性的活水源头。这实际表明了省悟的两种形式，即修养和创造，省而修养，悟而创造；前者是哲学和宗教的心灵源泉，后者是科学和艺术的意识渊源；冥思、澄明与彻悟是二者共同的高峰体验，之于修养便是澄澈清明、明心见性、圆融无碍、大彻大悟，之于创造便是豁然贯通、径情直遂、灵感迸发、文思泉涌。[1] 显然，省悟作为休闲所特有的心理功能是非常值得深入研究的，它与道德、信仰、幸福、创造和审美等关系极为密切。

第七，休闲与创造。有人说休闲的本质在于创造，虽然有些夸大或片面，但是，创造是休闲的重要因素或显著效益，休闲中很容易出现科学发现和创造发明的心理和思维状态，则是可以确认的。我们需要探讨的是休闲的何种身心机制与想象力、灵感、顿悟、直觉等创造力或创新思维相契合或相促进，以及怎样的休闲活动和状态更容易激发创造力，这对于改造我们的教育、变革我们的人才培养方式等有着极为重要的意义。

第八，休闲与审美。审美是休闲的艺术方面，是休闲心理及其体验的重要内容，是休闲的内在要素。理论上说，任何休闲活动都是审美活动，都包含某种性质的审美意向，而且审美、创造、幸福、自由等与休闲一样具有畅爽的高峰体验。休闲既是培养主体审美能力和艺术素养的重要途径，

---

[1] 吴文新. 省悟：休闲拯救文明[J]. 湖北理工学院学报报（人文社会科学版），2014, 31 (01): 24-30.

而且也是强化休闲中的审美因素，提升休闲品味和境界的最佳方法。审美使休闲生活更富诗意和韵味。

第九，休闲与自由。人性的终极状态是自由即自己成为自己的主人，自由内在于人性，但必须通过适当的形式表现出来，又必须通过一定的实践途径来推动和促进。自由甚至可以成为是否休闲的标准，如果你在一个活动中感受到了由衷的自由——没有任何外在强制的压力和内在障碍，那就是休闲了，否则不管它采取了什么样的休闲活动形式，那它都不是休闲。

第二层面，属于外在层面亦即外部表现或形式载体的方面，也就是休闲与人性的社会历史形式的关系问题。

第一，休闲与劳作。就是整个社会劳作时间的安排或配置，是劳作方式或劳作制度问题。随着智能化高科技在物质生产领域的广泛应用，整个社会的劳动生产率在不断提高。一百多年前，在当时的生产率条件下，美国工人喊出了"三八"制生活时间安排的口号，恩格斯领导的第二国际进而提出了争取八小时工作日的斗争目标，[1] 经过半个多世纪的奋斗，终于在二战之后逐渐获得大多数国家的法定认可。今天，整个社会的劳动生产率不知比那时提高了多少倍，但我们的法定劳作时间却一点没有变化，虽然欧洲某些国家已经出现了每周35或30小时的工作制，但整体上并没有触动每日八小时工作制的基本框架，有不少国家甚至放纵加班，于是实际的劳作时间每周达到60小时左右都很常见，由于现代劳作方式的高强度性质，这样过长的劳作时间极大地损害了劳作者的身心健康和家庭幸福。因此，呼吁通过立法建立日劳作4～6小时、每周最多不超过30小时的劳作制度，就显得相当必要。同时，鉴于失业问题一直困扰着社会和谐稳定与公平，因此也呼吁探索"共享岗位"的轮班轮休工作制，一方面尽可能充分吸纳有工作能力的人们参加工作，尽可能消灭失业现象，另一方面也使得更多的劳作者能够有更充裕的时间去休养身心、和睦家庭、提升素

---

[1] 1886年5月1日美国芝加哥工人大罢工，流行一首《八小时之歌》，高唱"8小时工作，8小时休息，8小时归自己！"此后6小时工作日制便成为国际工人运动的奋斗目标。参见：冯华. 论马克思恩格斯工作日制度思想及其意义[M]. 北京：光明日报出版社，2014.

养和发展个性等。休闲需要社会劳作制度的大变革来保障、拓展和提升；使所有人都有工作，所有人的劳作时间都很短，因而所有人都平等地享有相当充裕的闲暇和自由时间[1]，在整个社会越来越智能化、信息化、网络化的时代，是完全可以预期的。

第二，休闲与经济。休闲的社会形式比如产业或事业，具有商业性或公益性。休闲活动具有个人性，休闲的外部客观条件和环境、资源和服务却必须由社会性的实体产业或事业来创造和提供。从这个意义上说，休闲的进步离不开社会经济的发展，或者说，休闲现象日益凸显，正是经济发展的必然产物。休闲与劳动生产率的关系、休闲与工作积极性和创造性的关系、员工休闲与员工工资收益和企业效益的关系、劳动群体的显性休闲与国民经济效益的关系，是此一问题的核心，或者说休闲的社会性发展的经济效益也是企业和国家所关心的大问题。因此，休闲与经济的历史性的辩证关系、相互作用机制和规律值得从理论规范和质性及量化实证等多个角度展开研究，而我们的问题是：从休闲的角度看，经济发展的目的是什么？经济增长的意义何在？经济增长多快比较合乎人性？

第三，休闲与科技、学术。无论是古代的亚里士多德还是当代的皮珀[2]都说过，文化是闲暇的产物，闲暇、休闲是科学、艺术、哲学、宗教的基础。这基础从社会意义上说，主要是有闲阶级不用为生计而劳顿，便会有充裕的自由时间和放松悠闲的心境来观察、阅读、思考、想象、研究、写作、发现和发明等，而精神性的文化就是这样被创造出来的。从个体意义上说，一个为必要生存而劳顿奔波的人除了被迫或不自觉地创造出一些财富外，真正具有精神内涵或原创性的文化产品是难以创造出来的。科学发现、技术发明、人文思想等都不是人的任何脑力和体力的机械活动所能创造出来的，它需要主体的闲暇时间和悠闲心境，特别是能够产生灵感和顿悟的身心状态，外在逼迫和实用功利都压榨不出真正原创性的学术、思想和艺术、科学成果的。这一点应该对我们的学术体制、科技体制、教育

[1] 马克思，恩格斯. 马克思恩格斯全集（第31卷）[M]. 北京：人民出版社，1998.
[2] 约瑟夫皮珀. 闲暇：文化的基础[M]. 刘森尧译. 北京：新星出版社，2005.

体制及其改革有咨政价值。

第四，休闲与文化中国。中国是一个文明型大国，中华文化历史悠久、底蕴深厚、博大精深而又多彩灿烂，但是，如何在市场经济氛围中和高科技现代化历史进程中确保这种文化大国、文明强国的形象和境界，尚需国民休闲的社会性保障。因为休闲是文化创造、传播、交流、发展的时空和环境条件，休闲的超越性需要还是文化发展的人性动力；反之，文化不仅是休闲的内容，而且是休闲的产物。[1] 或可说，休闲是文化的，文化是休闲的；特别是中华优秀传统文化，更需要国人在充裕的休闲中去研习、体会和领悟，去践行、创新和发展。一句话，没有休闲中国，就没有文化中国。

第五，休闲与健康中国。健康中国是国家战略，如何实现这一目标，恐怕很大程度上不取决于关涉健康的各种高新技术的发展和应用，而在于国民是否有充足的闲暇来健身、修心、养生及康复等。要把健康中国的战略重点放在预防性的健康促进、养生保健方面，没有充分的国民休闲是不可能的。有研究表明，目前人类70%以上的疾病属于工作和生活压力带来的慢性病，而大多数人则又处于健康与疾病的过渡地带即亚健康状态，而亚健康又是不少人猝死（多为过劳死）的深层原因。一个明晰的生命逻辑是：工作生活压力愈益增大——闲暇时间被极大压缩、悠闲心境趋近于无——身体和心灵长期缺乏休整、锻炼、恢复和养护（多属于休闲活动）——亚健康——身心综合慢性病——生命质量显著降低乃至猝死。有调查显示，中国知识分子平均年龄不足58岁，可谓英年早逝，其根本原因就是缺乏系统的休闲生活规划，身心紧张与疲劳长期得不到放松、休整和恢复。其他阶层的身心健康问题毫无疑问也跟健康的休闲缺乏有着密切的关系。因此，我们可以说，健康中国的希望在于构建休闲中国！我们的休闲研究应该在这方面下大功夫。

第六，休闲与美丽中国。美丽中国也叫生态中国、绿色中国，根据中国共产党关于生态文明建设的战略部署，我们都知道一条建设生态文明的根本之路，就是建构新的绿色生产方式和生活方式。其中，绿色生产方式

---

[1] 吴文新，张雅静．休闲学导论[M]．北京：北京大学出版社，2013．

离不开提高效率降低排放促进物能循环的高科技,而绿色生活方式则取决于人们的绿色消费动机和对原生态生存环境的追求,比如低端原生态饮食、绿色出行、简化包装、节约水电等,都需要人们培养绿色消费的价值观、生态化的思维方式,降低物质性的占有和消费欲望,养成绿色生活的行为习惯。这样低碳循环质朴简约的绿色生活方式恰恰与休闲的生活理念相吻合——休闲就是要超越物质的感性的层面而拔升到一个"形而上"的精神和心灵的层面,这显然会降低物质占有和消费的欲望、减少感官享乐的动机。推进休闲的社会普及和发展,有利于推进美丽中国的建设。

最后,还有休闲与公民民主素质的培养、休闲与素质教育、休闲与养老乃至休闲与居住等问题,都非常值得研究,限于篇幅,此不赘述。需要说明一点:当这些领域面临危机或困境的时候,休闲学应该为它们解危脱困提供价值观、思路、视角、方法论的启迪。

三、方法休闲论:休闲(学)作为一种视角和方法

目前我们有一个迫切的任务,就是如何看待人类历史面临的急剧变化或"千年未有之大变局",如何看待由智能化高科技的迅猛发展和广泛运用而带来的情思困惑和生存困境,比如,如何看待智能机器人及物联网对人类传统的生产和生活方式造成的"危机";如何看待高科技社会与资源环境的作用机制和后果。这个任务看似与休闲无关,但我们应该意识到,具有超越性的休闲可能蕴含着某种破解危机和困境的"金钥匙"。人类休闲不仅是一种社会现象、生活形态,不仅是一种研究对象,它其实还是一种观察和思考问题的独特视角和学术方法,或可称为"方法休闲论"。其要点是:

第一,以休闲为中心的思维方式。从劳作中心转向休闲中心,从生产中心转向生活中心,从生存中心转向享受和发展中心,以辛勤劳作为中心转向以愉悦幸福为中心。

第二,以休闲为目的的价值取向。生产劳作本身并非人生和社会发展

的目的,休闲价值取向就是把人的享受和发展作为人生和社会发展的目的、目标和标准。这一新的价值取向,与上述休闲中心的思维方式一样,具有创新文明的划时代意义。

第三,以休闲学的话语来描述一些相关事实。比如加班和过劳问题,压力和亚健康问题,生活节奏和身心疲惫问题,焦虑与抑郁问题,育儿和养老问题,宗教与信仰问题,创造力与创新问题,素质教育问题等。通过休闲学话语方式的描述,或许能够找到问题破解的途径。

第四,以休闲的视角解读经典。休闲学的"症候阅读法",不仅发现经典作家关于休闲的直接和间接的论述及蕴藏其中的休闲观点或思想,而且理出他们关于休闲的思想或理论逻辑。经典作家对于人的本质的深刻领悟及对人类解放和自由的终极关怀,蕴含着他们对于全人类共享休闲的孜孜追求。这一方法同样适用于古今中外古圣先贤人文经典的阅读和阐释。我们完全可以以这种方式来滋养休闲学科研究和课程建设,培养具有休闲文化素养的时代新人。

第五,以休闲的理念对经济社会改革发展提供决策咨询,或对相关领域的规划开发提出意见和建议。休闲与社会进步智库建设迫在眉睫,以人类文明的休闲智慧破解社会难题、推动历史进步、促进人的自由全面发展,是休闲研究的应有之义和使命担当。

四、中国休闲学科建设的几个方法论问题

目前看,我国尽管也有着可观的休闲学术研究成果,但基本上还是沿袭了从西方传进来的休闲研究的基本范式,尚未形成相对独立的马克思主义立场观点和方法范畴内的、具有中国文化特色的休闲研究范式和话语体系。基于上述休闲问题域,以及休闲本身的方法论价值,今后我们的休闲研究应该在马克思主义学术范式内,背靠中国传统、立足中国和世界现实、面向休闲发展之未来,构建能够体现社会主义制度属性、彰显中华文化特质、反映中华人生智慧、服务人民个性自由和全面发展的休闲学科(学术、

话语、课程等）体系。为此，我们需注意以下几点：

第一，多维实证及其综合。必须高度重视来自各个学科的对休闲现象的实证研究成果。休闲是一种客观的社会历史现象，在经济、政治、文化、社会乃至生态、旅游、医疗健康、教育、建筑等领域都有着丰富的表现。不仅人文社会科学可以涉猎，而且在休闲的环境和条件及休闲资源的配置和建设等方面，一些自然科学也可以涉猎。因此，为了全方位地了解休闲的社会历史性、心灵文化性和生态自然性等多方面表现，我们必须开展多维度的休闲研究，而且也要善于运用来自多学科的休闲研究资源。目前我们在这方面已经取得了相当丰富的成果，大多具有显著的实证性，属于休闲的"现象学""形式学"，而不是本质学、内容学。但现存最大的问题在于多维度、多学科的特点，使得每一个研究成果都深深地打上了研究者所在学科的烙印，而且使得人们对休闲理解碎片化、机械化甚至简单化、庸俗化、实用化；同时，缺乏统一的分类整理和系统综合，因而尚未梳理出一个关于休闲之独立现象的独特本质和规律。

第二，核心体察及其延伸。承上多维实证研究之不足，必须建构专属于休闲学科的规范性学术框架，便于整合各种休闲研究成果。专属于休闲学科的学术范式或知识框架，是由体现休闲独特本质的系列范畴所构成的，比如生命时间、劳作、闲暇、体验、畅爽、消遣、娱憩、玩耍、游戏、旅游、审美、快乐、自由、享受和个性发展等。这些范畴直接跟休闲的内在状态相关，应该属于休闲本质性或休闲本体的范畴，因而也可以成为休闲学科的核心范畴，一般来说没有研究者亲身浸入式的体察及"以心换心"式的推己及人，是难以精准把握的。此外，还有一些外延性的范畴，是从别的学科延伸过来的，在休闲学术范式中，予以改造加工并赋予其特定的休闲学含义，比如，社会性的健康与幸福、需要与供给、动机与效果、休闲行为与休闲方式、休闲价值与休闲功能，休闲约束与休闲规范、闲暇道德与休闲伦理等，以及处于应用层面的休闲管理、休闲规划、休闲政策、休闲法制（法治）、休闲服务等。目前，后两者的研究较为丰富，相对来说，对休闲之本质性、核心性范畴的研究还不成系统，还未形成被学界公认的相对稳定的学科核心范畴和学术框架。

第三，抓住本质分析矛盾。休闲学科核心范畴研究必须突出休闲活动的内在性、心灵性和体验性。休闲形式和现象固然重要，但是必须明白，任何外在的表现都是由内在本质决定的。从本体意义上说，休闲的内在矛盾是休闲主体之感官实在性与体验超越性的矛盾，似乎与外部环境、条件、对象等没有实质性关联；但这一矛盾在休闲的社会化形式中，则表现为休闲的社会经济形式与人性文化效益之间的矛盾。休闲学要好好地研究这两对矛盾：对个体而言，片面追求休闲中的感官实在性，就会陷入纯粹物质性感官刺激的享乐之中，而片面追求体验超越性，也有可能剑走偏锋而陷入神秘或空虚之中；在社会意义上，如果片面追求休闲的社会经济效益，必然会带来忽视人性和文化乃至牺牲生态的严重后果，但如果过于重视人性文化效益，其社会实业形式也可能由于缺乏必要的物质资源的支撑而不可持续。如何实现个体意义上感官实在性与体验超越性的适度平衡，确保休闲之社会经济形式和人性文化效益的适当张力，这既是个人休闲的智慧问题，也是国家休闲政策、制度、伦理和法规乃至休闲实业组织规范应该着力解决的大问题，我们的休闲学研究应该在突出休闲活动的内在性、心灵性和体验性的基础上，为此提供理论基础和发展建议。

第四，划分学科设置课程。学校应按照休闲学系的一级学科进行学科建设和课程设置。假设现在要制定"休闲学系"的本科生培养方案，那就要开足课程，至少形成一个休闲学一级学科的学科体系和课程体系。在休闲学一级学科的框架内，还可以设置休闲学原理、休闲学史或休闲思想史、人类休闲史（休闲实践史或中西休闲史）、休闲美学（史）、休闲心理学（史）、休闲伦理学（史）、休闲活动及策划等几个二级学科，它们对应的课程可作为休闲学专业的核心或主干课程来开设。在此基础上，开设休闲学相关或延伸性课程，比如，休闲社会学、休闲文化学、休闲旅游学、休闲健康学（或休闲养生学）、休闲生态学、休闲政治学、休闲经济学、休闲教育学等，以及休闲哲学、休闲人生学等。除了以上理论性休闲学科外，也有基于休闲学视角和方法的应用型学科（课程），比如学生休闲学、老人休闲学、康疗休闲学、创造休闲学、艺术休闲学、娱憩休闲学和幸福休闲学等，用以探讨相关问题的休闲学理论根据和解决路径。鉴于休闲活动和现象的人性和社会历史复杂性，这些学科或课程所用方法也都有各自的特殊性，但是都围绕休闲问题或方面、领域而展开，将已有的休闲学术研究成果进行分类归纳、综合整理，形成合理的休闲学科体系和课程体系。

（原载：《浙江大学休闲学设置十周年暨休闲学科发展研讨会论文集》2018年第9期）

对休闲学基础理论的初步探讨

凌平

（杭州师范大学）

内容摘要：休闲学的研究是以休闲活动的现象、结构、功能和本质规律为对象，侧重在休闲活动的过程中，研究人们的休闲意识、休闲行为、休闲消费心理的变化规律，剖析休闲活动的属性、地位、功能、价值和与各种社会文化现象之间的关系，阐明不同休闲组织的管理、策划、营销和运行的方法与手段，以提高人们的休闲满意度和生活质量。休闲学研究所涉及的领域十分广泛和庞杂，包括哲学、历史学、经济学、社会学、文化学、管理学、法学、教育学、旅游学、体育学、医学、生理学、心理学、地理学和环境科学等多学科的相关知识，本文仅对休闲学的理论基础进行一些初步探讨。

一、闲暇时间理论

如果一个人活到78岁，那么：要花大概28.3年在睡觉上，足足占据人生的三分之一；要花大概10.5年在工作上，并且很可能这份工作不尽人意；同时花在电视和社交媒体上的时间，也将占据9.5年；另外，还有吃饭、化妆、照顾孩子等，也都是不小的时间开销。算到最后，真正留给自己的岁月不过9年而已。而如何利用这9年的闲暇时间，对每个人都有重大意义。

闲暇时间是指人们从事直接生产活动以外用于休息、娱乐和发展个人才能的时间。研究个人闲暇时间配置具有非常重要的意义：首先，现代人的可自由支配时间越来越多，个人闲暇时间配置日益被人们所重视；其次，随着工资率的不断上升，时间的机会成本越来越高，因此必须尽量减少个人自由时间的浪费;第三,由于在现代社会中人们的闲暇时间很少,因此传统时间管理研究的对象只是工作时间,其相应的理论和方法难以对闲暇活动进行有效的指导;最后,工作时间的配置是由单位共同制定的,所有的个人都必须被动地接受工作时间安排,只有闲暇时间才真正属于个人。因此,传统的工作时间管理是社会时间理论,也是工作时间理论;闲暇时间配置则既是私人时间理论,也是使用和管理自由时间的理论。

时间分类是闲暇时间理论研究的基础。我们通常将时间分为生存必需时间、社会义务时间、家庭义务时间和闲暇时间。其中,闲暇时间与社会和家庭义务时间的界限能够发生移动,边界的确定取决于行为人的状态和主观感受。特别是闲暇时间还可进行延展,即将闲暇时间进行物理延展和心理延展,包括缩短工作时间、延长闲暇时间,或以休闲的心态去工作、去和家人相处,把社会和家庭义务时间部分变成闲暇时间。闲暇时间理论在休闲经济发展中有广泛的应用前景。譬如,考虑到资金和时间双重约束以及"心理延展系数"的影响,可以得出改进的闲暇消费效用最大化模型。

二、消费者行为理论——无差异曲线理论

新古典经济学中的劳动时间分配理论有效地解释了休闲需求的产生与发展。无差异曲线(indifference curve)是一条向右下方倾斜的曲线,其斜率一般为负值,这在经济学中表明在收入与价格既定的条件下,消费者为了获得同样的满足程度,增加一种商品的消费就必须放弃或减少另一种商品,两种商品在消费者偏好不变的条件下,不能同时减少或增多。若以收入与休闲为例,即是在给定效用下要获得同样满足程度时收入与休闲的组合,如果把预算约束看作是每个人每月的时间只有720小时,除却日常生活(吃饭、睡眠、家务等)以外,从理论上讲其他时间可以用于工作或休闲。假设日常生活所用时间为一定值 S、工资率为 W,

则工资率不仅是劳动的价格,也是休闲的价格,预算线斜率的绝对值等于工资率。

同一消费者在不同工资率水平下对劳动与休闲的选择如图1所示,其中 X 轴表示个人将时间用于休闲而产生的效用,Y 轴表示个人将时间用于劳动从而获得收入而产生的效用,每一条无差异曲线均表示个人在既定的工资率下将时间用于休闲和劳动的各种组合。

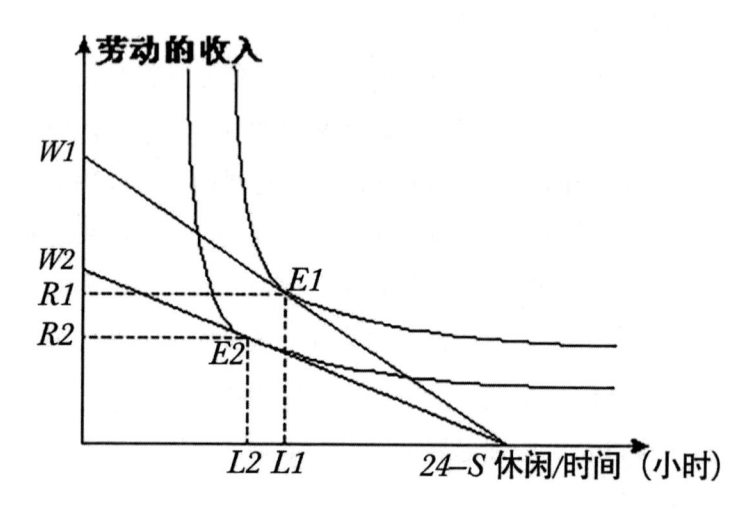

图1 同一消费者在不同工资率水平下的选择

从图1中可以看出:随着工资率的提高,一方面无差异曲线向右上方移动,满足水平提高;另一方面,如果工资率提高带来的总收入增加超过休闲时间增加所减少的收入时,闲暇时间和收入水平同时增加。在这种情况下,可自由支配收入和可自由支配时间都增加,消费者可以享受更多的休闲。

工资率提高对劳动时间和休闲时间的影响是双向的,可以用替代效应和收入效应来解释:

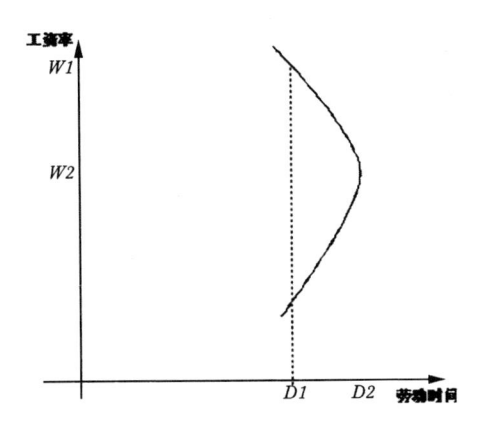

图 2 工资率与劳动时间

替代效应是指当工资率提高时，休闲的机会成本增加，会导致人们对休闲需求减少；收入效应是指当工资率提高时，会给人们的全部工作时间带来额外的收入，当人们决定把这些额外的收入用于"购买"额外的休闲时，休闲的需求增加。综合考虑这两种效应，劳动时间和休闲时间的变化呈倒弯形曲线，如图2、图3所示。

当工资率较低时，替代效应大于收入效应，工资增加将使休闲需求减少，劳动时间增加而休闲时间减少；当工资率较高时，收入效应大于替代效应，工资增加将使休闲需求增加，劳动时间减少而休闲时间增加。

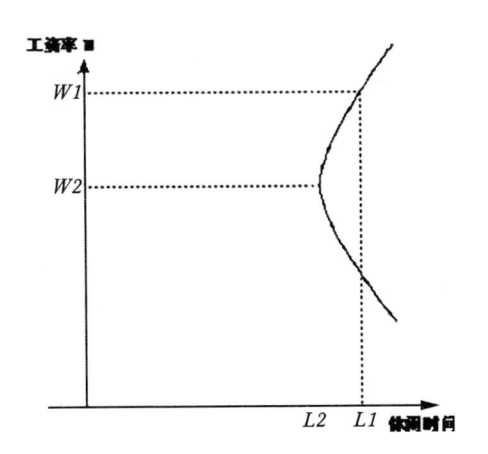

图 3 工资率与休闲时间

从时间约束意义上讲，工作与休闲此消彼长互相对立。从收入与支出角度分析，一方面工作是为了增加收入，休闲则是一种消费支出；另一方面，收入的增加又为休闲创造了条件。从心理动机来看，随着工作强度与压力的增加、节奏的加快，使得人们对休闲的渴望越发强烈；而通过休闲获得了身心愉悦与自我实现和发展的个体有可能在工作中发挥出更大的积极性和创造力。因此，工作与休闲不是简单的对立排斥关系。

由此可见，通过对劳动-休闲模型的分析，从理论上解释了休闲体育需求产生的动因，现阶段在我国人民生活水平提高后不仅具有可能性，更是一种必然选择。

三、体验经济理论

约瑟夫·派恩和詹姆斯·H.吉尔摩自1998年在《哈佛商业评论》上发表《欢迎进入体验经济》一文及1999年出版《体验经济》一书以来，体验经济的提法日益受到人们的关注。究其原因，主要是由于以下四方面的急剧变化：第一，居民收入水平的不断提高和需求层次的不断上升，要求提供的商品相应的升级，传统的商品和服务已不再能满足人们享受和发展的需要，体验消费以其更人性化的方式实现了人们的这种需求。于是，体验经济就成了服务经济发展的替代物。第二，信息技术、网络技术等新技术的不断开发和利用，为人们的体验及设计体验提供了更广阔的舞台。第三，市场竞争的加剧，使得企业仅仅提供服务已不能满足客户需求，从而也难以在市场中生存，"体验"很快成了企业的共同诉求，如何更好地提供"客户体验"成了企业在市场中生存的制胜点。第四，由于科技的不断进步，使人们从繁重的体力劳动中解放出来，拥有了更多的闲暇时间去回归大自然、欣赏大自然，这就为体验经济的到来提供了物质保障。

休闲体育是如何基于这种经济形态而产生的呢？首先，体验经济是以商品为道具、以服务为舞台、以提供体验作为主要商品的经济形态。这个概念是基于人类社会经济提供品或经济价值的演化过程提出的。从经济提供品的演化过程来看，人类社会发展基本上是沿着提供农矿产品→工业品→服务→体验的方向发展的。相应的，人类社会的经济发展可以划分农业经济、工业经济、服务经济和正在迈进的体验经济四个时代。其次，由于体验经济必将到来，休闲体育作为体验经济的产业模式，必将成为新经济时代的重要产业。体验经济要真正为大众所认同，很重要的一点是体验的场所无论是实体场所还是虚拟场所，都必须是人们真心向往的地方。休闲体育恰恰吻合了这一特征，为信息化时代的人们提供了各时代缺失的身体和精神体验，更是作为人类反抗现代化对人类机体迫害的一种回应，也是人类感性生命对理性生命的一种回补，同时也是人类理性生命对感性生活的一种呼唤。由此可见，体验经济理论为休闲体育供给的产生与发展奠定了理论基础，休闲体育必将成为第三产业发展中的支柱产业。

进入 21 世纪以来，体育在人们的社会生活中扮演着越来越重要的角色，参与体育、研究体育逐渐成为理论界的一个研究共识。2007 年，广州体育学院和武汉体育学院首次招收休闲体育专业学生，休闲体育研究也从最初的关注休闲体育的社会现象扩展至休闲体育经济、休闲体育管理、休闲体育旅游、休闲体育教育等专业化的研究层次。

四、休闲的动力机制和制约因素

（一）动力机制

人的行为理论模型主要是解释人们有什么样的动机以及是如何坚持相关行为，并试图回答人们为什么有这样的动机以及他们为什么能够坚持。与此相关的理论模型主要有以下 5 种。

1. 健康信念理论（The Health Belief Model，HBM）

Becker 和 Maiman 提出了健康信念理论（图 4），认为人们参与有益健康的身体活动有几个方面的原因：有自己易于受到健康问题的侵扰，有环境条件对健康产生的威胁，有来自身体活动的健康信息，有来自自身从事某项身体活动的能力。否则，个体不会参与到身体活动中去。

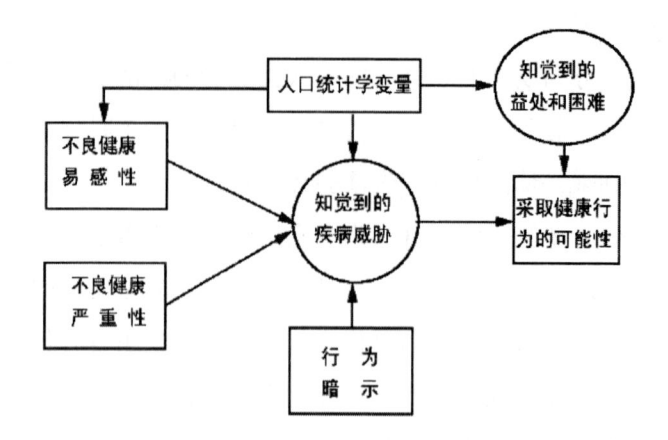

图 4 健康信念理论模型

健康信念模型研究的主体包括疾病、病人和预防性行为，并且有避免疾病的导向。所以，对于不参与锻炼的人群，健康信念理论的预测效果得到较多的支持。然而，许多人进行锻炼不是由降低患病危险的动机所激发，因此，对于锻炼或身体活动的参与和保持，健康信念理论的预测效果并不理想。

2. 保护动机理论（Protection Motivation Theory，PMT）

Rogers 的保护动机理论是一种与健康信念理论相似的模型，健康行为的意向（保护性意图）由两个评价机制来预测：对于健康威胁的评价和自我应付能力的评价。前者由个体知觉到疾病的可能性，以及疾病影响健康的严重性来决定；后者由自我能力的评估和采取行为的代价来预测（图5）。

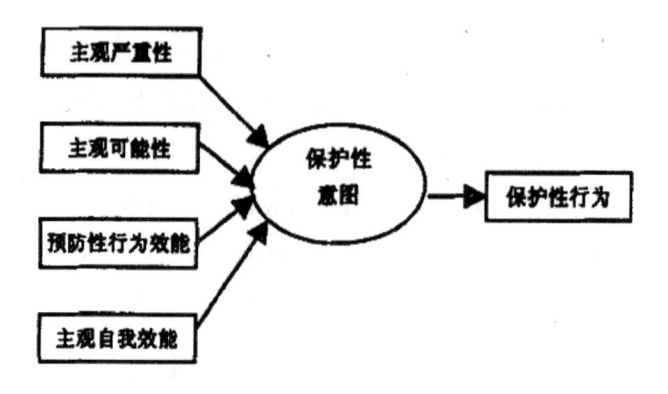

图 5 保护性动机理论

保护动机理论的研究结果在本质上更偏向于自我效能而不是健康威胁，而且人们对于以疾病恐惧或健康威胁为出发点的动机并不满意。保护动机理论的研究在一定程度上清楚地表明锻炼和身体活动动机中的某些重要结构。

3. 合理行为理论和计划行为理论（The Theory of Reasoned Action，TRA；The Theory of Planned Behavior，TPB）

Fishbein 和 Ajzen 的合理行为理论（TRA）认为，意图是行为的直接决定因素，意图由态度和主观标准两方面预测得来。态度指的是个体对活动的积极或消极评价及赋予该活动本身的价值，是由锻炼信念和对锻炼结果的评价决定的。主观标准包括人们的信念以及服从信念的程度。计划行为理论（TPB）是在合理行为理论基础上变化修改完善的，在模型中补充了"主观行为控制（PBC）"，即知觉到的行为难易程度，对意向有动机作用。这两种模型如图 6 所示。

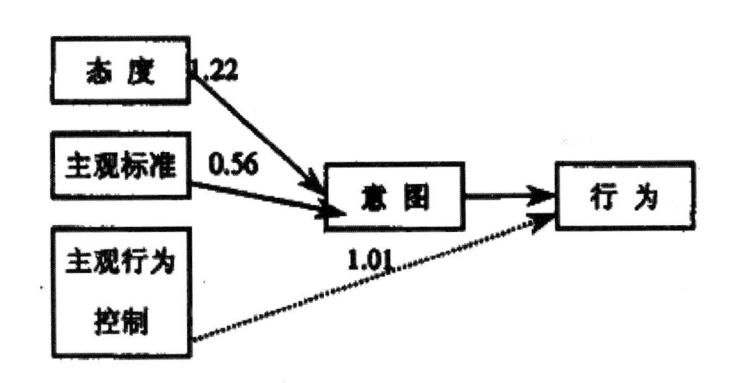

图 6 合理行为理论（无 PBC）和计划行为理论（有 PBC）

尽管两种理论模型对行为的预测效果比较弱，但在预测意图和行为方面已经取得了成功。

4. 自我效能理论（Self-Efficacy Theory，SET）

自我效能理论是班杜拉提出来的，该理论认为人类的行为既受到结果期望的影响，更受到自我效能感的左右。自我效能感是个体对实施某一行为自身能力的主观判断，并不是个体真正的能力水平，而是对自己能力的信念。其形成与变化受 4 种信息源的影响：直接性经验、替代性经验、言语说服和身心状态。直接性经验是指个体过去亲身体验的成功或失败的经验，为个体判断自身能力直接提供反馈；替代性经验是指通过观察他人的行为而获得的间接经验，当观察到与自己水平相似的个体成功时，自我效能感也会提高；言语说服是指凭借说服性的建议、劝告、解释、引导，通过改变人们的知识与态度来改变人们自我效能的方法；另外，个体对身心状态的主观评价也是影响自我效能的重要因素，以往有关成功的喜悦或失败的悲伤等记忆都会影响自我效能。

自我效能理论是运动行为领域中最为成功的理论之一，它加深和拓展了人们对行为和动机的认识。解释运动行为时，与结果期望相比，人们更支持自我效能理论。但是自我效能的结构如此复杂，很难有一个统一的测量和评价的方法。

5. 自我决定理论

自我决定论是由美国心理学家 Deci 和 Ryan 等人在 20 世纪 80 年代提出的一种关于人类自我决定行为的动机过程理论。该理论以社会认知理论为基础，认为自我决定就是在充分认识个人需要和环境信息的基础上，个体对行动所做出的自由选择。

自我决定理论主要由 4 个分支理论组成：基本心理需要理论、认知评价理论、有机整合理论、因果定向理论。基本需要理论鉴别出了 3 种人最基本的心理需要：自主需要、能力需要和归属需要；认知评价理论主要探讨了内在动机的影响因素，尤其是社会环境因素对内在动机的影响；有机整合理论主要探讨了外在动机的类型和促进外在动机内化的条件；因果定向理论认为个体具有对有利于自我决定的环境进行定向的发展倾向。

（二）制约因素

分类是认识客观事物的一种最基本的方法，客观存在的具体事物既有自身的特点，又有相互间的共性，在不同的分类标准之下，具有共同性质的事物可以归合在一起，并把不同性质的事物区分开来。在不同的标准下对休闲制约因素进行分类可以产生不同的划分类别；以形式逻辑的分类原则为依据，即分类必须只有一个分类标准，子项之和应该等于母项，子项之间不能交叉重合，因此，我们认为可以将休闲制约分为个人内部制约因素和外部环境制约因素。

1. 个人内部制约因素

个人内部制约因素主要包括以下6个方面：

（1）时间因素：个人可支配的自由时间；

（2）经济因素：个人和家庭所拥有的资产（收入、存款、有价证券、住房条件、交通工具等）；

（3）能力因素：必要的休闲活动技能；个人的信息收集和获取能力；

（4）心理因素：基本的生活态度、价值倾向、休闲意识、宗教信仰、行为方式、个人兴趣、性格特征；

（5）社会因素：生活习惯、作息时间、工作性质、家庭氛围、受教育程度、男女性别；

（6）身体因素：身体健康程度。

2. 外部环境制约因素

外部环境制约因素主要包括以下5个方面：

（1）政治法律环境：国家的政策、相关的法律条文、法定的节假日、地方的扶持政策、地方的品牌活动（西博会、休博会、慕尼黑的啤酒节、基尔周）、税收政策、管理制度和管理方式。

（2）经济环境：人均国民收入、人均可支配收入、人均的工作时间、社会的福利水平、产业结构状况、市场供求状况、资源的稀缺程度、行业的竞争强度、休闲娱乐场所的数量和质量、国家和社会的重视程度以及投资的力度。

（3）科学技术环境：网络的普及程度、通信的便捷程度、媒体影响力度、休闲娱乐设施的现代化程度、运动器材的更新换代率、交通工具的提升、道路的畅快等。

（4）人文环境：人们的休闲理念、价值观、生活方式、行为方式、社会伦理、治安秩序、"黄、色、毒、赌"的泛滥程度、饮食文化的发达程度、民众满意程度、民族传统习俗、宗教信仰、历史积淀、人文底蕴和社会遗产等。

（5）自然环境：自然禀赋、地理方位、气候条件、周边联系和资源特色等。

休闲作为人类生活方式的重要组成部分，已经成为国人参与社会生活的重要方式。随着我国社会经济和文化产业的快速发展，休闲不断地被演绎和派生出多种形式，当民众把游戏、娱乐、旅游、体育和时尚的元素融入休闲活动时，休闲所迸发的力量相当强大，游戏、娱乐、旅游、体育和时尚聚合在一起，让休闲更惬意、更快乐、更性感、更迷人，更符合人们的心理需求；而当休闲走进生活，休闲则变得更为动感、更为时尚、更具有生命力，让一种新的审美走进了人类视线，成为推动政治文明和社会文明建设的一支不可忽视的重要力量。

参考文献：

1. 牛晓彦. 中国城市性格[M]. 北京：中国物资出版社，2005.
2. 王寿春. 城市休闲经济的规模与产业结构构建研究[J]. 财经论丛（浙江财经学院学报），2005，5(3)：22-28.
3. 张顺，祁丽. 城市休闲经济特征研究[J]. 吉林师范大学学报（自然科学版），2005，5(2)：39-40.
4. 王慧，杨坚争. 我国休闲经济发展的制约因素及对策[J]. 价值工程，2005（1）：175-176+189-243.
5. 张桂华. 我国休闲产业的发展现状[J]. 生产力研究，2005(5)：.
6. 王树生. 当代中国休闲文化面临的挑战及应对策略——一种文化社会学的分析视角[J]. 黑龙江社会科学，2005(3)：108-111.

（原载：《浙江大学休闲学设置十周年暨休闲学科发展研讨会论文集》
2018年第9期）

休闲学研究的几个理论问题

庞学铨

内容提要：近30年来，国内休闲理论的研究与应用取得了丰硕成果，但要建立一门独立的休闲学，还需要正视和探讨许多重要的基础性的理论问题，形成相对准确的理论观点和比较明晰的具有自洽性的理论系统。本文认为，什么是休闲，休闲有哪些基本构成要素，休闲学作为独立学科的根基何在，休闲学的学科归属在哪里，如何认识休闲的价值，如何理解体验经济，如何进行中外休闲异同的比较，以及如何看待当下热点"休闲城市"等八个问题，都属于这类基础性的理论问题，文章对这些问题在休闲理论研究中的流行观点做出评论，并简要阐述了作者自己的观点。

从20世纪80年代末开始算起，国内的休闲研究已经走过了近三十个年头。这期间，原来一些与休闲领域有关联学科的专业人士比较自觉地转向休闲与自身学科相结合的研究方向，对休闲研究感兴趣的人不断增多，发表的论著逐年递增，一些政府官员也从经济转型的需要开始重视起休闲事业的发展，休闲研究出现了令人兴奋的态势和值得期待的前景。不过，我们也可以看到，目前绝大多数的休闲研究主要着眼于各个领域的休闲活动，更关注休闲的应用性和实用性的途径，这对于传播现代休闲观念、改善人们日常生活的休闲活动、享受有意义的休闲机会，无疑起了有力的推动作用。当然也有不少学理性的研究成果，对于推进休闲理论的深入和休闲学科的建设，起了重要作用。但回头来看，对于建立一门独立的休闲学的期待而言，还有许多重要的基础性的理论问题需要正视和探讨，本文对大体属于此类基础性的理论问题，并提出一些观点，以求教于方家，期待引起进一步的讨论。

一、休闲是什么？

这看似一个学究式的多余问题，其实不然。休闲学显然离不开"休闲"这一概念。目前对"休闲"的定义，若将大同小异的观点包括在内，有的说已近百种，无论如何，几十种肯定是有了的。不过，将这些定义进行归类，主要可分为以下几种：

（1）从时间的角度，将休闲与闲暇相关联，与劳动、工作相区分；

（2）从个体感知、体验的角度，将休闲与个体的知觉、体验简单等同起来，认为休闲纯粹是一种个人的感知或体验，一种感觉的质量；

（3）从存在状态的角度，将休闲看成不需要考虑生存问题的心无羁绊的状态，冥想的状态，优雅的存在状态；

（4）从自由性的角度，认为判定休闲只有一个依据，那便是个体的自由感，只要某种行为是自由的，无拘无束的，不受压抑的，那它就是休闲。

（5）从人的本性、生命和审美的角度进行抽象性理想性的界定，诸如，休闲是"人成为人"的过程，是生命的一种形式，是自在生命的自由体验等。

以上各种角度，从方法上说，有描述性的、规定性（定性）的和理论性的。通过一定的语义分析和证伪方法，就可以发现，它们各有一定的优点，但也都存在一些问题：

关于（1），其优点是比较直观地把握了休闲的基本条件，可是休闲还涉及人的体验、感受，这与是在闲暇时间还是工作时间并没有直接关系，一个人对自己所从事的工作进入入迷、陶醉状态时，不是休闲吗？而且，通常意义上的时间，只是一种计量单位，与作为活动、状态的休闲显然不是同一种属、同一层次的概念。关于（2），感知、体验，属于心理学范畴，休闲必然会带来心理上的感受和变化，诸如愉悦、刺激、舒适、畅快、自由等，这些心理感受，既是休闲活动的一种结果，也贯穿于休闲过程之中，是判定和构成休闲的重要因素，却不是休闲的全部，休闲不纯粹是心里的感受，还必须有客体、工具，以及主客体的相互作用。再说，畅的体验意味着忘却自我，但许多休闲却需要有清醒的主体意识和自我驾驭自我控制；

而有时候单纯的发呆,并无任何明显的感知,更谈不上畅的体验,但不能否认发呆也是一种休闲。关于(3),所列这些存在状态,当然属于休闲,但休闲范围远广于诸如此类的存在状态,用单纯描述的方法难以全面涵括休闲及其各种状态和活动形式;再说,有些休闲并非完全的心无羁绊,恰恰需要有意识地"参与""投入",有所"羁绊"。关于(4),休闲意味着主体的自由选择,包含着自由的活动,以及获得自由的体验,然而有些休闲活动恰恰需要限制,需要自控力,尤其是严肃休闲,例如孩子学习音乐,在公众场合弹钢琴并因获得成就感而心情愉悦、情绪兴奋等。关于(5),这类定义,更多的是关注和意味着休闲具有人类学和审美境界的价值指向与功能。但问题在于,一是显得太抽象,缺乏"因何如此""何以能如此"的机制分析和理论阐述;二是基于理想化、审美化的愿望,是一种(最)高境界的指向与追求,并不能涵括全部休闲,实际上,大多数人的休闲活动,并不是追求且更不易达到如此境界;三是如果再做些语义学分析,这类说法看似深刻,却抽象得有点玄妙而难以捉摸了。比如,说休闲使"人成为人",指休闲是使人区别于其他动物的标志,还是指休闲能让人实现作为本真的人性或人的本来意义?若指前者,那么,劳动、理性是人区别于其他动物的标志吗?休闲、劳动或理性三者在区别人与动物这一点上是否具有同等意义?若指后者,那么,又会有进一步的问题:按马克思的观点,本真的人性是"自由自觉"的存在,休闲因何以及如何实现之?

面对如此纷呈多样的"休闲"概念界定,休闲学想必会陷入迷惘与无措之中。休闲学研究有必要和可能取得一个简明的或至少获得大多数研究者认同的休闲定义吗?笔者认为,一个统一的具有普适性的休闲定义显然是要有的,不然,休闲研究就会失去基本的轴心、方向和路径,就会没有合逻辑对话的基础和立足点,从而会陷入混乱,而要获得这样的休闲定义,应遵循如下原则:

(1)超越工作与休闲的绝对二分法;(2)连接个人活动与社会活动;(3)融合身体感受与心灵体验;(4)超越自由与制约的对立;(5)超越目的和无目的的区分;(6)避免难以把捉的空洞和悬浮于现实之上的

抽象。上面所提到的五种休闲定义角度显然难以满足这些原则。

　　能够符合上述原则的一个概念是"生活"：工作和休闲都是生活的一种内容或形式，生活既可以是个人性的，也可以是社会性的，生活中可以同时获得身体感受与心灵体验，自由与制约共存于生活中，生活中的内容与过程可以是有目的的，也可以是无目的的，与生活相关联、属于生活的活动内容和形式，既可以是具体的可把捉的，也可以经过体验、审美、思考，升华至某种境界，成为生命的一种形式，对生命的一种体验，甚至表现为"成为人"的过程。由此可见，将休闲与生活密切联系，放置于生活之中，这应该是界定休闲概念的一个可能正确的方向。戈比教授关于"休闲是从文化环境和物质环境的外在压力中解脱出来的一种相对自由的生活……"[1]的定义，已经指向了这个方向，因而获得了广泛的认同。我倾向于将戈比教授的定义进行一些修改和简化，使之更适合于中文语言的表达和逻辑方式，得出如下关于休闲的定义：休闲是个体在相对自由的状态下，以自己喜爱的方式所进行选择的活动，并获得身心放松与自由体验的生活。这样的休闲，是生活的组成部分。人的生活离不开休闲活动，休闲是一种具有特定内容和形式的生活。当人的生活处于休闲状态，休闲便是一种生活状态；当人喜爱进行某种方式的休闲并成为自己的生活习惯，休闲就成为一种生活方式。

二、休闲有哪些基本构成要素？

　　休闲的基本要素也可以理解为休闲的基本特征。所以提出这个问题，是因为休闲的一般性定义，只是对休闲特征的最普遍最抽象的概括，要判断某种活动（状态）是否可称为休闲（状态），还必须要有可以衡量、判断哪些活动是属于休闲的基本特征和依据的进一步研究与描述。这些基本特征和依据也可以称为构成休闲的基本要素。换言之，休闲的基本要素是

---

[1]　杰弗瑞·戈比. 你生命中的休闲[M]. 康筝译. 昆明：云南人民出版社，2000.

休闲活动的主要判据；据此，也可以辨别不同时期，不同民族，不同群体间休闲的异同。这对于深入研究休闲、准确把握休闲学意义上的休闲，具有重要意义。

梳理休闲基本要素，必须采取具体的历史的分析方法，大体可以循着以下的四种途径进行：

（1）休闲的过程性。从产生休闲需求、休闲动机开始，经过休闲准备，到进行具体的休闲活动、展开相应的休闲内容，其间经历属于个体的各种休闲体验，直至休闲活动结束，休闲是一个开始与结束连续、身体和心理融合的完整过程。人们在这个过程中，有可能获得这样一些基本的身体感受和心理体验的特征。从体验的角度看，整个休闲过程中涉及和经历的主要有：身体性放松—感官性快乐—心理性体验（又可以进一步分为若干层次，如：轻松、愉悦、兴奋、舒畅、陶醉和入迷等）—精神性享受（审美快感、自由享受、忘我境界等）。

（2）休闲的群体性。不同阶层或群体有不同的休闲需求、休闲内容和休闲方式。从社会学的视角，通常可以将社会阶层划分为劳动阶层、有闲阶层和贵族阶层。各阶层的休闲感受和体验是有差异的。一般说来，劳动阶层闲暇时间只占生活的一小部分，休闲的主要目的是放松身体疲劳和心理紧张，感受感官快乐和心情愉悦，其主要特征是娱乐性；休闲的内容和形式也相对单一；有闲阶层的闲暇时间与劳动时间的分割与安排则相对自由，休闲内容和方式具有多样性、趣味性，休闲的目的和获得的体验也是多样性的，诸如身体性放松、感官性快乐、不同层次的心理性体验以及精神性享受。对于贵族阶层来说，闲暇时间已成为生活常态，所以，他们的休闲内容和方式大多以追求趣味性、雅致性为主，他们追求的休闲需求、动机和获得的休闲体验，更多的也许是追求精神性享受，尽管仍然包含身心的放松、感官的快乐和心理的愉悦体验。

这里特别要提出的是，还可以从休闲学的视角划分群体，可称之为休闲群体。所谓休闲群体，是以休闲类型作为划分的依据。不同的人，会根据自身的主客观条件与状况，如身体状况、自由时间、经济条件、拥有技能以及需要和兴趣等，选择适合自身的休闲内容和形式，从而形成不同的休闲群体。例如，主要为了放松身心的群体，叫放松型休闲群体；主要为了轻松娱乐的群体，称为娱乐型休闲群体；主要为了寻求刺激的群体，称之为刺激型休闲群体。依此类推，还可以有消费型、智力型、精神享受型休闲群体等，当然，这些类型间并非绝对分割，而是互有重叠交叉。休闲群体划分的主要依据，不是阶层、地位、身份、财富、年龄或性别，而是以不同的休闲需求、动机和所获得的休闲体验特征为基础的休闲类型。从休闲活动的内容和形式上看，不同的休闲群体会表现出不同的休闲特征，如，以快乐为导向的娱乐性，以情趣为导向的趣味性，以自由为导向的创造性，以精神为导向的雅致性。因此，总的来说，不同休闲群体的休闲活动，也离不开身心放松、娱乐刺激、心情愉悦、精神享受等这些休闲的基本要素。

（3）休闲的历史性。休闲自古以来就存在，休闲的内容、形式、要素和价值等，都会随着时代的变化而变化，呈现明显的历史性。比如，古典时代，有闲阶层较多地讲究将休闲与知识、智慧和心灵的平衡相联系，西方古希腊和中国古代春秋战国时期，大体都是如此；到了近现代，随着大工业机器生产和经济社会的发展，休闲的内容、形式和价值等与古代有了很大的不同，西方和中国的休闲出现了很大的差异。但深入分析，中外各个阶段各个时期的休闲，尽管内容和形式存在多少差异，但其所体现和包含的休闲基本要素都与身心的放松、快乐、刺激、愉悦和精神的自由等相关。

（4）休闲的道德性。休闲是有价值的，休闲的价值在伦理上表现为休闲的道德性。正常和积极的休闲应是有利于人的身心健康，有利于人的创造性，有利于人的全面发展。任何与此类要求相悖的休闲活动，都应该拒绝和抵制。因此，休闲活动也是有道德制约的，任何休闲选择与休闲建构都必须坚持正面的道德指向，防止导向负面价值的产生。

通过上述四种途径所包含的休闲要素或特征的描述，我们可以归纳出如下七种休闲的基本要素：

(1) 放松性（睡觉、歇息等身心恢复性、放松性的活动）；

(2) 娱乐性（游戏、娱乐等获得身心放松、感官快乐和心情愉悦的活动）；

(3) 体验性（获得从愉悦到陶醉等不同心理体验阶段与状态的活动）；

(4) 趣味性（形式多样、内容有趣、反映个体生活情趣的活动）；

(5) 创造性（发挥自由想象和创造性思维、导向专业、形成个性、发展个体特征甚至职业方向的活动）；

(6) 自由性（相对摆脱身体、劳动、文化等压力而达到审美体验和自由境界的活动）；

(7) 道德性（对个体、他人和社会具有正面伦理道德价值的活动）。所有的休闲，都不能超越基本的道德底线和道德标准。

具备前六种基本要素中的一种或若干种的任何活动，都可以称为休闲，而这六种要素的基本共同点则是自由的体验与活动。换言之，自由的体验与活动贯穿于休闲的全部过程。因此，自由的体验与活动是判定休闲的最基本要素，是休闲的充分且必要条件。

三、休闲学可以作为相对独立的学科吗？

目前在学术界，对休闲学是否能作为一门相对独立学科持怀疑态度者并非个别；在休闲研究中，不少人通常也没有将休闲学和休闲科学或休闲研究的概念清晰地区分开来；在肯定休闲学可以成为一门独立学科的研究者中，对休闲学是怎样一门学科的问题，也是观点各异、语焉不详。

一般说来，休闲学（Leisure Studies，也可以借用西方哲学对所谓"学"的习惯表述，严格表述成 Leisurology）是关于休闲理论自身体系的研究，休闲科学（Leisure Science）则是指建立在休闲学理论基础上的，或者说从休闲学理论出发的对相关实践和应用领域休闲现象的研究所形成的休闲理论集群，如"休闲经济学""休闲社会学""休闲心理学"等，即休闲学的学科群。[1] 两者可以统称为休闲学科，对休闲学科和其他休闲问题的研究，都可以叫休闲研究（Leisure Research）。

这里着重要关注的是：休闲学可以是一门独立的学科吗？抽象地回答，当然可以是肯定的。但一般说来，要成为一门独立的学科，必须具备三个必要条件：有一个能与相邻学科区别开来的明确对象和研究方法；有一系列有关这个对象的范畴、原理和相对统一的范式；有一个由这些范畴和原理构成的有内在联系的理论体系。相应地，形成一批认同这个理论体系并运用该体系范畴和术语的学术共同体。这也是一个学科得以独立存在的合法性基础。"休闲学"具备这样的条件和基础吗？西方一些著名学者，如德国哲学家皮普尔、荷兰学者赫伊津哈、美国学者杰弗瑞·戈比等，为建构休闲学自身的话语体系做出了重要贡献。在国内，现代意义上的休闲学科的发端，可以追溯到20世纪80年代于光远先生率先提出的关于休闲研究的观点，随后经马惠娣等一批学者对西方休闲经典论著的引进与研究，使休闲学的学科建设和系统研究在中国大陆逐渐展开并取得丰硕成果。然而，从现有关于休闲学的资料看，对这个问题进行学理性的系统深入的讨论仍较少。

休闲学的研究对象是什么？国内学者马惠娣、刘耳曾提出过一个明确的定义："休闲学，是以人的休闲行为、休闲方式、休闲需求、休闲观念、休闲心理、休闲动机等为研究对象，探索休闲与人的生命意义和价值，以及休闲与社会进步、人类文明的相互关系"[2]。笔者基本赞成这一观点，该定义包含了休闲学研究的休闲所涉的诸种要素和休闲对人类与社会的价值这两个基本内涵，但因采用了列举描述的表述方法而作为定义显得不甚简练严谨。休闲活动及其过程所涉及内容与要素很多，总的可分为物质现

---

[1] 这里需要特别指出，因为休闲涉及极广泛的领域而与许多传统学科相关，所以，各相关学科都可以从本学科的视角、观点和方法对休闲进行研究，但是这只是相关学科对于自身所涉及的休闲现象、休闲问题的研究，其提出的相关观点与理解不能称为"休闲经济学""休闲社会学""休闲心理学"等，而目前的状况则是模糊不清、表述混淆。
[2] 马惠娣，刘耳. 西方休闲学研究述评[J]. 自然辩证法研究，2001，17（05）：45.

象和精神现象两类,前者如休闲方式、休闲行为、休闲设施、休闲环境等,后者如休闲需求、休闲动机、休闲观念、休闲体验等,诸如此类的内容与要素还可以列举出很多,它们都可以归入"休闲现象"的范畴。与此类似,休闲的价值可以从不同的视角进行考察,也涵盖众多方面和内容,同时也处于变化与发展之中。由此,可以将休闲学简要定义为:休闲学是关于休闲现象及其价值的存在与变化的理论。休闲价值与休闲现象直接相关,是休闲现象蕴含的内涵,休闲现象的直接延伸或衍生。可以说,休闲现象就是休闲学的研究对象,它既是休闲学的基础范畴,又是其理论的出发点。

由此,研究和建构以休闲现象为基础和出发点的一系列范畴、原理,是休闲学必须面对的任务。西方学者的长期研究为实现这个任务做了卓有成效的工作,提供和论述了一些基本而重要的范畴、原理,诸如休闲动机、休闲观念、休闲需求、休闲方式、休闲心理(体验及其重要的范畴,如"畅")、休闲制约、休闲运动、休闲经济、休闲管理和休闲教育,等等,内容涉及哲学、社会学、心理学、体育学和教育学等广泛的学科领域。然而,我们也看到,这些范畴概念,多数只是宏观层面的表述。休闲现象中还有哪些客观存在的重要范畴?其中又存在哪些具有普适意义而且必须遵循、难以回避的原理?构成休闲的基本要素有哪些,休闲的基本特征是什么,休闲有哪些群体性差异,休闲与生活(质量)存在何种变量关系,等等,都有待于休闲学研究去进一步的思考、探索和发现。

作为一门相对独立的学科,应有一个由这些范畴和原理构成的理论体系,其中的范畴和原理应该有内在的联系,整个理论体系应该是自洽的。目前,国内已出版了多本休闲学教材类型的著译作品,其体例安排各有特色,内容所涉各有重点,但总的给人两个明显的印象:一是所论内容许多是关于休闲学的应用领域,如经济、运动、健康领域,关于不同阶层群体的休闲问题,有的主要所论的更是关于休闲产业问题,而休闲学本身可能和必须讨论的范畴、原理(这也正是休闲学教材所必须面对的),或只是其中的一部分,或略有涉及而未及展开和深入。二是范畴和原理间的内在联系也即理论自洽性的不足,尤其明显。这当然是一个很高的要求,需要长期的不断探讨与研究，不是短时间内可以完成的，但仍然是休闲学理论建构应该抱有的追求与目标。这也说明建构休闲学理论体系之艰巨和休闲理论研究空间之广阔。

四、休闲学归属于何种学科？

休闲学既然是一门相对独立的学科，又因何谈它的学科归属问题？其实这并无矛盾。学科之间可以有种属的关系，这是显然的。中国哲学、外国哲学，都是独立的学科，但又都同属于哲学学科；哲学、历史学、语言文学和艺术学，都是独立的学科，也都同属于人文学科。休闲学是不是一门相对独立的学科和休闲学归属于何种学科，都涉及同一个重要的问题：休闲学的学科根基何在？这也是休闲学的学科地位问题。

休闲学首先是一门综合性交叉性学科，这似乎是毋庸置疑的，也是休闲学的基本特征。所谓综合交叉，不等于不同学科、团队的联合、合作，也不是简单的资源组合、共享，就如现在大学中通行的那种联合研究平台什么的。交叉是由不同学科从研究内容到研究方法的渗透融合而产生的一系列新的范畴、原理，形成的一种新的理论形态，它可以运用原来相关学科的一些范畴或原理，具有相关学科的某些特征或含义，但它有自己特定的研究对象、范畴原理、理论形态与特征。打一个粗俗的比喻，把马和驴关在一起，可以说它们在同一个圈栏中同吃同住，却不能叫综合交叉，也不就能形成综合交叉物，只有它们交配后生下的骡子，才可以叫交叉性动物。骡子兼具马和驴的某些秉性和特征，但它不是二者的简单相加，而是一种新的动物。从这个角度上看，目前出版的休闲学教材，与建构作为独立学科的休闲学目标，距离都还很远。

休闲学科的交叉性主要表现在：一是它的研究领域是交叉的。休闲学的对象休闲现象，交叉渗透在极其广泛的领域。相应地，哲学、人类学、宗教学、经济学、社会学等不同的学科也都可以研究休闲现象，并按照不同学科的原则与要求对休闲现象做出自身的解释。这些解释的观点或理论，属于该学科关于休闲的理论或观点，如人类学关于休闲的观点，经济学关于休闲的理论等。二是从休闲学的视角出发，以休闲学的理论为基础，解释不同学科所涉领域的休闲现象和休闲问题，形成休闲学的分支学科，如休闲哲学、心理学、休闲社会学、休闲运动学和休闲经济学等，它们和作为其理论基础的休闲学本身构成交叉性的休闲学学科群。这与前述的各学科关于休闲的理论或观点，是不同的。三是休闲学本身是典型的交叉性学科。

在上述三种交叉性表现中，其一只是涉及研究领域，也便谈不上学科归属问题。在其二的学科群中，除休闲哲学外，基本上都是休闲理论在各领域的展开，是休闲学的应用性研究，基本上可以归入社会科学范畴。这样，剩下所要探讨的便是休闲学本身的学科归属问题了。这个问题可以从三个方面进行分析。

第一，休闲学对自身对象的研究特征。概括地说，休闲学对作为自身对象的休闲现象（以下简称休闲）的研究具有以下特征：（1）它研究的是作为整体的一般意义上的休闲，而不是对休闲所涉及的各个领域和构成休闲的各种具体内容进行专门研究；（2）休闲不仅仅是确定和描述休闲这个对象，还要深入它的内部，揭示其在人们生活中存在、变化的特征和规律，揭示它对于人和社会所可能具有的价值和意义；（3）它是运用哲学的方法和各门相关学科的知识，对休闲的各种不同形式或方面进行综合研究，由此获得休闲的完整形象，而不是对它们进行个别的具体的专门研究，后者属于休闲学的应用研究；（4）它对休闲的研究既是静态的又是动态的，就是说，不但要揭示休闲的内涵、价值等，还要研究休闲存在和变化的一般形态与规律，从横向和纵向的结合上呈现休闲的整体图景。

第二，休闲学的基本内容。休闲学的对象决定休闲学的内容。休闲学的基本内容大体可分为如下方面：（1）休闲的完整图景。包括休闲和休闲赖以产生、存在和发展的条件与前提的关系，即休闲与自然环境、社会发展和人类需要的关系；休闲与人类生活及其各方面的关系；休闲的个体性与群体性及其关系；休闲的历史变化与发展；休闲差异与制约等。（2）休闲的内涵。包括休闲概念界定、休闲需求、休闲行为、休闲方式、休闲体验和休闲要素研究等。(3)休闲的价值。包括休闲的人本价值、文化价值、现实价值和休闲行为的价值选择等。(4)休闲应用。指休闲在各个实际社会生活和经济领域的应用。

　　第三，休闲学与相邻学科的关系。关于科学体系，有不同的见解。按研究对象和内容的抽象／具体角度来说，通常被分为三个层次：基础层次是具体的科学，如物理学、数学、化学、地理学等自然科学，经济学、法学、心理学、行为科学等社会科学；最高层次是关于世界观的哲学；中间层次是将哲学与专门领域或具体科学联系起来的"桥梁"，通常称之为专门领域或科学的哲学，如社会哲学、自然哲学、政治哲学、自然辩证法、美学、心理学等。根据第一、二两方面所述，休闲学研究的对象和内容，显然不属于这里所说的基础层次即具体科学，当然也不是第一层次的哲学，而是属于中间层次的哲学。笔者认为，在中间层次的哲学中，又可以进一步区分出不同的层次，如社会哲学包括政治哲学，自然哲学包括自然辩证法；因而与政治哲学相比较，社会哲学的层次或抽象程度更高，自然哲学与自然辩证法相比较，自然哲学的层次或抽象程度更高，等等。休闲学研究人的休闲生活，而人的休闲生活也涉及社会生活中的休闲方面和内容，以及人与环境、与自然的协调关系，因而，休闲学是专门领域的哲学中最具交叉性的学科。若认同前述关于休闲的定义，即视为认同休闲是一种具有特定内容和形式的生活，休闲学是要用哲学即唯物辩证法的原理和方法研究人们的休闲生活。由此可以确定休闲学是关于休闲生活的哲学，是一种生活哲学。它与哲学有密切的联系，可以借用哲学的原理，以哲学的思维来思考自身的基本问题，创立自身的范畴概念，构建自身的话语体系。它又与哲学相区别，二者之间是局部和整体的关系，或者说，是特殊和一般的关系。因为这种区别，休闲学的内容一般不涉及诸如存在论、认识论、思维与存在关系等这类哲学研究的基本问题，而是主要围绕自身的对象休闲及其一系列衍生范畴展开研究的，并形成相关的原理和理论。如前所述，休闲是一种具有特定内容和形式的生活，休闲的最基本要素和充分且必要条件是自由的体验与活动，因此可以认为，心理学、美学、社会学是与休闲学关系较为密切的相邻学科，其中尤其是心理学和美学。

因为这种区别与联系，休闲学研究在运用唯物辩证法的方法的同时，也会使用与休闲相关度密切的学科，例如心理学、美学、社会学等的某些方法，采用归纳、描述和调查的方法，也就是说，它的研究方法也具有一定的交叉性。

五、如何看待休闲的价值？

所以要将休闲价值问题作为休闲学研究的理论问题之一专门提出讨论，并不是因为人们不重视休闲的价值，而是因为在休闲研究中遇到如下三个问题：一是目前主要重视的是休闲的显性价值即经济价值。政府制定《国民旅游休闲纲要》是"以满足人民群众日益增长的旅游休闲需求为出发点和落脚点"；许多研究者也主要着眼于休闲产业在国民生产总值中所占的高比重、休闲消费在大众日常消费中所占的高比例，强调以发展休闲产业带动、促进经济社会发展；少数研究者关注休闲的人文价值，如休闲使人"成为人"，休闲是人类精神家园等，但休闲因何具有、何以实现其人文价值等这类机制机理问题，尚需做进一步深入的理论阐述。二是休闲的边界问题。简单的如抽烟、博彩、玩牌、虚拟休闲（游戏）等。这类活动既能使人获得自由、轻松和愉悦，也能对人的身心带来损害；复杂的如餐饮、娱乐、购物等休闲消费品及消费活动。消费品作为商品，必然具有商品的特征，消费是一种交换，也必然涉及双方利益与自由的博弈，可以说，休闲产品、资源、服务和活动的商品化与理想休闲（或休闲本质）之间存在明显的矛盾，甚至包含着潜在的休闲资源利用与占有权利及是否公平这类社会、经济、政治的问题，其中有些是休闲异化造成的结果，有些则是休闲活动固有的矛盾和问题。这类休闲正负价值共存，具有价值边界模糊的情形。三是与此相关的休闲价值的双重性问题。现有绝大多数研究，着眼和注重于休闲的积极作用，这在休闲研究起步不久的阶段，对于重视和推进休闲发展，无疑十分必要。不过，休闲不但拥有正面的积极价值，也具有负面的消极价值,有"阴暗面",而且,与任何事物都有两面性一样,休闲的价值二元性也是相生相随的。这便对休闲研究提出警示:不能只看到休闲的积极价值,还要看到并重视休闲消极价值方面的研究。

笔者认为,可以从如下四个方面或层次来考察休闲的价值问题。

第一,休闲的人本价值。一些学者从休闲与人的本能,休闲与人的生活方式,休闲与自由、与审美的联系等方面肯定休闲对于人的价值与意义。休闲的这种人本价值体现在哪些方面,又是如何实现的,这需要进一步探究。大体说来,可以有如下思考途径:(1)休闲是人的基本需求之一,又是人的生活的重要内容和方式。换言之,人的自然属性和社会属性中无疑包括了休闲的内容与要素。一个完整意义上的人的生存与生命,一个人的完整属性,本身就包含了休闲生活,休闲能够满足和实现人的基本需求,也即满足和实现了人"成为人"的条件,满足和实现了作为人的完整属性。(2)休闲能够调整人的心理状态,影响人的自我认知,塑造人的人格质量,提升人的精神境界,最终使人达到自由自在的审美体验与存在状态。而拥有心理调适、自我认知、人格塑造和境界提升的能力与可能,是人作为理性动物的最显著特征,也是人与他人相区别的重要标志。(3)休闲改变人的生存生活状态。休闲可以发展个体的技能,培养特有的兴趣,形成专注的习惯,获得新的知识,经历新的经验,体验新的乐趣,拓展个体的生存生活领域,使个体生活的内容和形式拥有更多的可能性和丰富性,并从中获得自我表现、自我实现、自我满足,提升个体形象。(4)休闲与人们的健康直接相关,休闲能够缓解身体疲劳,恢复人的体力精力,缓解心理压力与紧张情绪,促进人的心理健康;休闲也与个人的幸福感有着密切关系,休闲需求、休闲动机、休闲内容、休闲体验和休闲满意度,交织综合在一起影响着人们的幸福感,其中休闲满意度又是测量人们幸福感的重要因素,一般地说,休闲满意度越高,幸福感也就越强,休闲满意度越低,幸福感也会随之降低。

第二,休闲的文化价值。休闲所蕴含和体现的那些对人发生内在性基础性影响的形态、观念和方式,可以称之为休闲文化,它与一般意义上的文化相似，具有物质、制度和精神三重结构，也有民族性、地域性、时代性、发展性和内在性、常态性的基本特征。其中内在性、常态性的特征，是指休闲文化成为人的一种无意识的人生观念、兴趣爱好、行为方式和生活习惯，甚至人的性格，内化为人自身的素质，自然而然地在人的言行过程中发挥作用。休闲文化的三重结构中可以被内在化、常态化的，主要是观念、精神层面的东西。这样被内在化了的休闲文化，与各种休闲活动、休闲产业相关，又明显地不能等同于所有这些活动，它是休闲活动、休闲产业等所折射和体现出来的那种气息、氛围、态度、习惯和精神。这个意义上的休闲文化的价值，对于个体来说，决定着他的休闲观念、休闲行为选择和为人的品格境界，提升人的生活质量，甚至决定着他的生活方式和生存状态。对于城市来说，既表现在对城市的生态环境、建筑样态、饮食习惯、服装样式、活动载体等物质形态的影响上，也表现在增强社区凝聚力、文化认同和文化自觉，化解矛盾与冲突，减少社会病态现象，促进城市及其社区的更加宜居与和谐；同时更是深刻地体现在一个城市的观念、形象、功能和境界这些精神层面上，使城市更具创新活力，更具内聚力。

第三，休闲的社会价值。休闲的社会价值表现是多方面的。最直接明显的表现当然是它的经济价值。诸如，休闲拉动消费，改善基础设施，提高劳动生产率，带动休闲产业发展，催生新兴休闲职业，扩大就业人口，增值社会财富等。休闲是人生存生活的基本权利之一，这种休闲权利，不仅体现在有机会参加大型的休闲活动，有权利共享大型公共休闲场所，更重要的是，能够保障个性化的、更合乎个人趣味的休闲机会；保障各个阶层、群体人们的休闲权利，既体现了社会的包容、公平、正义原则，也反映了政府对公民基本权利的尊重和民生的关心；这种尊重和关心，从城市规划和有机更新的角度上说，管理者在设计和改造生活环境时，既要重视大型运动场馆等建设，组织规模化的大型休闲娱乐活动，又要创造会使人们在不经意间产生休闲体验的各种休闲空间和环境条件。休闲也具有不可忽视的教育作用。休闲的相对自由、社会交往和主动创造的特征，有利于培育人的良好品格和正确价值观，对于学校的师资和学生培养、教学方法方式的改善，无疑有着直接的促进作用，对于形成人际间互助互爱、社会的和谐协调，也必然会产生积极影响。休闲需要良好的环境，良好的环境促进休闲的发展，休闲消费方式和休闲产业取代了传统的高能耗的消费方式和产业，减少了资源的浪费，传统旅游产业向旅游休闲产业的转型升级，减少了对自然景观和环境的人为干预与改造，这种休闲与环境的互动关系，表明了休闲具有保护和保持良好生态的环境价值。诸如此类的休闲社会价值，当然还可举出许多。

第四，休闲的价值选择。以上所述的休闲价值，从另一方面也为休闲的选择做了基本的价值划界。休闲的形式和内容多种多样，有"好的休闲"，自然也有"不好的"或可称为"灰色的"休闲。目前关于"灰色"休闲的讨论虽有涉及但不多，而这个问题对于休闲研究却是不能忽视的。笔者认为，界定"灰色"休闲的主要依据有两条：一是根据我国法律法规以及普适性的社会和道德规范。我们可以将内容、形式及其结果与国家法律法规和社会道德规范相悖的休闲称为失范休闲，所有失范休闲，都是"灰色"休闲，失范休闲所追求和体现的，是对个体和社会都呈现负面意义的、消极的自由；一些危及人的生命、危害公众和社会安全并造成现实结果的失范休闲，则属于违法行为。如，赌博、吸毒、酗酒和（在公共空间）飙车等。当然，不同国家的法律法规和不同文化背景对诸如此类休闲行为的法律认可度和道德容忍度是有差异的。二是根据休闲的本质或本来意义。当休闲不再是人在相对自由的状态下，选择自己喜爱的方式进行活动并获得身心愉悦时，便出现休闲异化。异化的休闲不再是肯定人、实现人，而是否定人、损害人。这样的休闲，是本来意义的休闲之外化和物化，它已不是人的属性所包含所要求，不是人的内在需求和喜爱，不是让人感到自由、快乐、幸福，而是变成了一种外在的需求，使人感到一种被迫的不自由，一种由外在力量支配的无奈，一种被强制行为的痛苦。总之，异化的休闲不再是人们获得自由和愉悦的途径，也不再是个人融入社会、个人与他人和谐相处的一种方式，而是成了一种物质性、功利性的手段，也成了人自身异化的重要标志。休闲异化的表现也是多种多样，如，简单地将休闲等同于消费的休闲消费化，将休闲变为一种刻意而为的"任务"或工作的休闲任务化，将休闲看作身份、地位、财富的象征与手段的休闲符号化等。休闲的价值选择是说，人们主动的休闲选择，应以休闲所具有的人本价值、文化价值和社会价值为基本原则和导向，应以促进人的发展、人的素质的提高、社会的进步为旨归，即要选择"好的"休闲。

六、如何理解体验经济？

由于许多研究者注重从休闲体验的视角探讨休闲问题，特别是1990年齐克森特米哈伊（Csikszentmihalyi）发表 *Flow: The Psychology of Optimal Experience* 一书中，提出"flow"（畅）的概念，将"畅"看成人们在休闲活动时产生的一种最佳体验的观点后，体验便成为休闲研究中常常使用的词语，由此也产生了将休闲经济与体验经济密切关联起来的观点，有不少人甚至将休闲经济与体验经济完全等同起来。

本文不准备讨论休闲经济与体验经济的关系问题，而是想探讨一下如何理解体验经济。因为这个问题也涉及休闲学研究的一个理论问题：如何理解休闲体验及与此直接相关的新产业形态体验经济。

中文里的"体验"一词，最早出自《朱子语类》卷一一九："讲论自是讲论，须是将来自体验。……体验是自心里暗自讲量一次。"前一个"体验"有"亲身经历、实地领会"之意，后一个"体验"则主要是指内心思量、领会。这里说的体验似乎是既有感性又有理性的心理活动。心理学所说的体验一般也是如此含义，它可以由外部原因产生，也可以发自人自身的内部原因，是由某种原因、因素引起的心理活动。"体验经济"概念是一个舶来品，1970年美国西北大学教授 Philip Kotler 强调对教育和旅游的"体验性"的观点，可视为此概念的发端，后来，Alvin Toffler 在1980年出版的《第三次浪潮》一书中再一次明确提出，1998年 B. Joseph Pine 和 James H. Gilmore 合作发表《哈佛商业评论》上的论文以及此后合著的《体验经济》一书，对体验经济做了系统阐述，"体验经济"理论由此开始引起广泛重视和研究。

什么叫体验经济？B. Joseph Pine 和 James H. Gilmore 在他们合作的一篇论文中指出："唯有当企业有意识地以商品为道具、以服务为舞台，使每位顾客都能参与其中以创造各自值得记忆的事件时，体验经济才算出现。"[1] 营销大师 Bernd H. Schmitt 教授提出"体验式营销"的理念，强调通过为顾客提供感觉（sense）、情感（Feel）、思考（think）、行动（act）、关联（relate）这五方面的体验满足以达到营销目的。这两种受到学术界普遍认可的关于体验经济的观点，实际上指的是通过提升服务质量使商品获得更多的经济效益和价值。这毫无疑问，可以称为体验经济。但这种体验经济，其核心的出售物（商品）是产品（物质的和非物质的）与服务，只是商品营销者为了推销产品而改变服务的方式（例如个性化服务）和质量（例如提高服务水平），消费者在这种改变中获得某种与通常不同的体验，而"体验"本身并没有成为核心的出售物（商品），所以，它依然属于服务经济的范畴而不是纯粹意义的体验经济。

什么是纯粹意义的体验经济？体验是一种特殊的心理活动，通过这种心理活动，人们对某种对象、行为或状态留下个性化的深刻记忆。笔者所说的纯粹意义的体验经济，就是指为消费者提供能使人产生这种个性化记忆的体验而产生或拥有的价值，消费者自愿地为获得这种体验而付费的经济活动与经济形态。换言之，纯粹意义的体验经济虽然需要一定的（物质性和非物质性）的道具（产品），但道具不是商品，其核心出售物（商品）是"体验"；服务经济则是产品+服务+体验，其核心出售物（商品）是产品。这就是体验经济与服务经济的根本区别。服务经济出售的产品，其基本价值是相对确定的，因而包括服务在内的商品总价值也是可以预期的；而纯粹体验经济出售的是体验，体验是难以预先设计或预期的，因而其价值也是不确定的。

---

[1] B. Joseph Pine, James H. Gilmored. Welcome to the experience economy[M]. Harvard Business Review, 1998.

那么，有没有完全以"体验"作为核心出售物（商品）的体验经济？换句话说就是：体验可以成为商品进入流通领域吗？这是一个值得深入思考的问题。以笔者粗浅的看法认为，大体可以循着以下的路径进行思考：首先，对体验进行适当的划分、分类。如，实体性体验和虚拟性体验，娱乐性体验和审美性体验等。在互联网高度发达，虚拟世界越来越广阔丰富的今天，虚拟体验及其作用应该予以充分重视；其次，体验所以能够作为商品，是因为体验具有个性化、独特性和不可复制性的特征，它可以作为独立存在的东西被给予消费者（体验获得者）；再次，现在，已经有了进行个性化、独特性体验设计的环境和技术；第四，当今社会，人们有获得个性化、独特性体验的迫切需求，也有将这种个性化、独特性的体验作为商品来购买消费的条件了。

七、如何进行中外休闲异同的比较

由于休闲是一种具有特定内容和形式的生活，它是一种生活状态，也是一种生活方式，任何休闲都有一种或几种共同性的基本要素，所以，不同民族、国家和地区人们的休闲活动，无论在需求、内容、形式、体验和评价上，都会有一些共同性、相似性。但是，民族特征、文化传统和社会经济发展状况对于休闲，又有着多方面的深刻影响，因而，世界各民族、国家和地区的休闲也必然会出现各种特殊性、差异性。比较这种特殊性、差异性，可以更深入准确地认识和了解它们的民族特征、文化传统、社会经济以及民俗习惯等，这也是休闲学研究的一个重要内容。

目前有关中西方休闲差异比较的讨论，有一种通行或者说默认的倾向：将中国与西方进行一般的抽象的比较。比如，认为中国休闲的基本特征是内向（静态）性的、平衡性的、放松性的、（人与自然）和谐性的，西方休闲的基本特征则是外向（动态）性的、消费性的、创造性的和（体验与意志）自由性的等。这样的比较可能会产生两种风险：一是忽略、否定西方各国的休闲差异。其实，西方国家众多，欧洲与美国的休闲差异很大；即使欧洲地区，各国各地区之间的休闲差异同样不可忽视，只是差异程度大小不同而已，更不可将美国的休闲等同或代表整个西方的休闲。同样，中国地域广袤，民族众多，各民族的文化传统也存在差异，这便自然而然地造成了休闲的差异。二是，忽略、混淆不同历史阶段的休闲特征。休闲自古以来就存在，休闲的内容、形式、要素和价值等，都会随着时代的变化而变化，呈现明显的历史性。例如在古代，有闲阶层较多地讲究将休闲与知识、智慧和心灵的平衡相联系，西方古希腊时期和中国古代春秋战国时期，大体都是如此。到了近现代，随着大工业机器生产和经济社会的发展，休闲的内容、形式和价值等与古代有了很大的不同，西方和中国的休闲也出现了巨大的差异。以有闲阶层为例，西方人的休闲呈现出以自由意志为导向的外向性、消费性和创造性特征，中国人的休闲则呈现出以情趣生活为导向的内向性、平衡性和趣味性特征；上述默认的中西方休闲差异的归纳和比较，在这一历史时期内（暂且不考虑西方各国间的休闲差异）是准确的或者说是有意义的。而到了当代，随着全球化的不断推进，各国、各地区、各种文化之间的交流进一步频繁和方便，中西方的休闲内容和形式也在不断地相互吸收，彼此借鉴、交叉运用，呈现出多元性、兼容性和互动性的特征，上述默认的休闲差别或已不明显，或已不存在，而有些基本的休闲，无论其动机、内容、形式甚至所获得的体验，则基本趋同，例如，中国当下消费性、刺激性休闲的发展与流行。

八、什么是"休闲城市"？

近年来，国内休闲研究和实践推广中有一个广泛流行的词语："休闲城市"。这表明政府、媒体和休闲研究者越来越重视休闲理论的实践应用与推广了。但是我们也发现一个明显的倾向，就是在衡量一个城市的休闲发展时，多数研究者和政府官员，主要着眼于休闲产业在国民生产总值中所占的比重和休闲消费在大众日常消费中所占比例的提升，在一些涉及休闲城市标准的讨论中，也大都集中于城市的自然环境、基础设施、休闲产业等方面。更有甚者,个别杂志每年公布的所谓"休闲城市""休闲小镇""休闲人物"等,名目之多、数量之滥、范围之广,看似推广休闲,实则混淆视听,棒杀休闲事业的正常发展。

什么是"休闲城市"?休闲城市应该是拥有高质量内涵和高质量生活的城市,它需要有优美的生态环境、丰富的历史文化资源、完善的休闲设施、发达的休闲产业、丰富的休闲活动、优质而发达的现代服务业等作为休闲城市所必须具备的基本要素。然而,一个城市仅仅拥有了这些要素,也不能称为"休闲城市",还需要生活在城市里的人们拥有现代休闲观念及其价值取向、现代休闲的生活态度和生活方式、充满活力的鲜明的城市个性等,也即是需要在政府的管理和决策、市民的活动和生活中贯穿、体现休闲文化。休闲文化才是内在地影响城市休闲发展和人们生活质量的根本要素。休闲文化的内涵是什么?它如何能够"内在地"影响城市发展和人们的生活质量?这不仅是关于休闲理论的实践推广与应用、休闲对城市发展的作用问题,更涉及休闲学理论的深层次结构和丰富蕴含,涉及休闲观念、内容和形式应以何种方式存在于人们聚居的城市中,如何对城市发展和城市质量发生内在影响的问题。因此,什么是"休闲城市"的问题,也是休闲学理论研究的深化与延伸。

当然,还有其他一些重要的理论问题,如休闲与文化的交互影响,休闲的跨文化研究及其目的等,因为篇幅的关系,这里暂不讨论。

(原载:《浙江社会科学》2016年第3期)

休闲研究面临的四个挑战

庞学铨

从20世纪80年代末开始算起，国内的休闲研究已经走过了二十余个年头。这期间，原来一些与休闲领域有关联学科的专业人士比较自觉地转向休闲与自身学科相结合的研究方向，对休闲研究感兴趣的人不断增多，发表的论著逐年递增，一些政府官员也从经济转型的需要开始重视起休闲事业的发展，休闲研究出现了令人兴奋的态势和值得期待的前景。但回头来看，休闲研究仍面临若干重要的挑战，只有正视和解决这些挑战，才可能继续深入并取得真正富有价值的成果。

一、概念性挑战

首先，有必要取得一个单一、简明和至少获得大多数研究者认可的休闲定义吗？达到这样的定义可能吗？休闲是一种复杂的多维现象，现有的研究者对休闲的定义亦是多角度多样态的，各自又都存在一定的局限；还有一种得到不少人赞同的说法：休闲是"人成为人"的过程。这个说法看似深刻，却抽象得有点玄妙而难以捉摸了：指休闲是使人区别于其他动物的标志还是休闲能让人实现人性？若指前者，那么，劳动、理性是人区别于其他动物的标志吗？休闲、劳动或理性三者在区别人与动物这一点上是否具有同等意义？若指后者（提出此观点的美国学者似乎是此意），那么本真的人性是什么，休闲何以实现这样的人性？

其次，如何理解休闲与生活的关系？休闲是生活的目的、手段，还是过程，抑或是三者的统一？若是三者的统一，它是一种生活状态、生活方式，还是生活（存）活动？戈比教授关于休闲的定义是目前广受认同的：休闲是从文化环境和物质环境的外在压力中解脱出来的一种相对自由的生活……。进一步问：凡是可以从中体验到愉悦的相对自由的日常生活，如饮食、交往、劳作、消费和精神活动等，都可以称为休闲吗？一方面，戈比提出的定义指向一种理想的休闲，不包括在这种理想休闲范围内的生活（活动）方式都不是休闲吗？另一方面，这又回到休闲与工作、生活的关系问题了。

再次，在实践中，休闲的认知与国家、民族和文化的差异具有明显的相关性，有可能突破西方对休闲的理解而形成融合中西方独特要素的休闲概念吗？换言之，有否可能形成超越工作与休闲的绝对二分法、连接个人活动与社会活动、融合身体感受与心灵体验、融合中西方休闲理解与实践基本要素的休闲概念？

一般的休闲定义显然是要有的，不然，休闲研究就会失去基本的轴心、方向和路径，就会没有合逻辑对话的基础和立足点，从而会陷入混乱。

二、价值性挑战

价值性挑战涉及两个层面的问题。一是休闲活动的边界问题。简单的如抽烟、博彩、玩牌、虚拟休闲（游戏）等，这类活动既能使人获得自由、轻松和愉悦，也能对人的身心带来损害。它们属于休闲（活动）吗？复杂的如餐饮、娱乐、购物等休闲消费品及消费活动，消费品作为商品，必然具有商品的特征，消费是一种交换，也自然涉及双方利益与自由的博弈，可以说，休闲产品、资源、服务和活动的商品化与理想休闲之间存在明显的矛盾，甚至包含着潜在的休闲资源利用与占有的公平和权利等社会、经济、政治的内容，其中有些是休闲异化的结果，有些则是休闲活动固有的矛盾和问题。这类消费活动应该属于休闲活动，但这样的休闲活动显然与理想的休闲不能等同。二是与此相关的休闲价值的双重性。现有的研究，着眼和注重的基本都是休闲的积极作用，这在休闲研究起步不久的阶段，对于重视和推进休闲发展，无疑十分必要。不过，休闲不但拥有正面的积极价值，也具有负面的消极价值，有"阴暗面"，而且，与任何事物都有两面性一样，休闲的价值二元性也是相生相随的，尤其是休闲消费活动。这便对休闲研究提出警示：不能只看到休闲的积极价值，还要看到并重视休闲消极面的研究；休闲定义也不能只涵括理想的状态和积极的价值，而应考虑现实的状态及其价值的二元性。

三、学科性挑战

人们常说，休闲学是顶天立地的学科。立地，是指休闲与实际生活密切相连，最接地气，具有极广泛的应用领域和实践价值；顶天，自然是指其理论研究的可能和空间。根据休闲这一特殊的"立地"特征，提出了休闲研究的学科性挑战问题。因为其极广泛的应用领域，所以，相关的学科都可以从本学科的视角、观念和方法对休闲进行研究，形成哲学、经济学、社会学、管理学、心理学、教育学、体育学等对休闲的理解，有的把这种相关的研究成果称为"休闲经济学""休闲社会学""休闲心理学"等，这就同时产生了一个问题：可能构建一个作为休闲学的学科理论体系吗？作为独立的学科，必须有其独特的研究对象和研究方法。休闲涉及的领域如此广泛，休闲学显然是一个与如此广泛领域相交集的真正交叉的学科，但又绝非相关学科对于休闲理解内容的集合或拼凑，也非一些休闲理论在某些专门领域专门行业的应用或与它们的结合。因此，这一学科性挑战的问题在于：其一，休闲学的独特研究对象究竟是什么，是休闲现象还是别的什么？适用于建构和论证其理论的方法又是什么，是某一个学科的方法为主，或是多学科方法的结合？也就是说，可以形成作为独立学科的休闲知识体系吗？其二，作为学科，休闲学应该有自身独特的自洽的理论体系。那么，它的出发点和基础是什么，换言之，其作为起始的基础范畴应该是什么？构成这个理论体系的基本环节和要素有哪些？在何种程度上可以说已经基本建构了其自洽的理论体系？其三，与上述问题相关，构建这样的理论体系，应该从什么学科的视角入手，是哲学的还是社会学的，或者是二者视角的综合？相应地，应该采用哪一个学科方法，是哲学的思辨批判还是社会学的田野调查，或者是别的什么方法？这些方面的问题，共同构成了休闲学作为学科的特征及其合法性的问题，说白一点，便是：构建哲学视野的休闲学，可能吗？如果可能，那就可以形成独立的休闲学科，和以休闲学理论为基础的休闲学应用学科群，如上述的"休闲经济学"等。由此可见，休闲研究的空间之广阔，道路之漫长。

四、时序性挑战

一般地说，不同民族、国家和不同时代的人们，都可以进行和享受休闲活动。但研究者又有个共识：当国民生产总值达到人均××美元以上时，才可说进入休闲时代，那些尚在为生计辛劳的发展中国家和地区，不可能把休闲作为优先目标。这样自然便提出了这类问题：休闲究竟是个体性的还是社会性的，或者以何者为主，何者为辅？休闲的制约因素主要在于个体自身还是社会原因，或者主要原因在于何者？这两个问题又归结到休闲的私人性和公共性（集体性）关系上。从私人性和公共性则牵涉到休闲研究的其他许多理论和实践问题，诸如休闲资源的利用，休闲设施的建设，休闲活动的开展、内容和形式等，甚至又会回到何为休闲的问题。恰当地回答这一时序性问题并不困难，但由此挑战引发的一系列理论和实践问题，却是休闲研究中必须予以充分重视的。

当然，还有别的一些有着同样重要性的挑战，如休闲与文化的双向交互影响，休闲的跨文化研究及其目的等。

休闲学从理论阐释和话语系统上看，基本上仍处于引进与模仿西方成果的状态，从所涉面和内容上看，也大多侧重于实证领域与实践应用的层面。休闲理论、休闲文化研究的领域和内容究竟该如何界定"休闲"？休闲是人生追求的终极目标、最高理想状态，还是存在于现实生活之中？若是后者，它是生活的目的、手段，还是过程，抑或是三者的统一？若是三者的统一，它是一种生活状态、生活方式，还是生活（存）活动本身？这类发问，同样适用于一些国内休闲研究者出版的论著，也是休闲理论研究所必须面对和回应的。

根据详细的语源学、词义学考察，得出这样的看法："休闲作为一种美好的生活状态与人生境界，体现着时间与空间的统一，人（主体、主观）与物（客体、客观）的统一，身（身体感受）与心（心理感受）的统一，休闲本身具有内在的正向价值，尤其重视道德涵养与休闲的内在一致性，氤氲着审美、艺术与诗性的气质，蕴有丰富的哲学文化意义。"这种理解是否合理却当另作别论，但我们由此可以看到，在中西方不同的语境和话语系统中，"休闲"一词的内涵与意蕴是有明显差别的，这便为我们如何构建中国话语系统的休闲学理论提出了问题，颇具启发性。

（2015．2未刊稿）

转换休闲研究的思维范式 [1]

庞学铨

内容提要：国内二十多年来的休闲研究和实践推广，对于我国休闲事业和休闲产业的发展发挥了十分重要的作用。与休闲实践推广和休闲产业发展相比较，休闲理论的研究明显滞后，这不但表现在休闲学作为一门独立学科的理论建构尚未引起真正重视上，也表现在休闲学基本范畴和重要观点上的纷呈多样且鲜有共识上。出现此种情形的原因可以举出多种，思维范式的问题应是其中值得引起重视的原因之一。本文对目前休闲研究中通常所遵循和运用的三种思维范式进行了反思，提出要在休闲概念界定上从片段论向超越论转换，在休闲本质认识上从体验论向存在论转换，在思考方向与方法上从对象性向切身性转换，认为这对于在休闲学基本范畴和重要理论观点上取得共识、建立规范的休闲学理论、推进休闲理论研究与实践应用的深入具有重要意义。

国内二十多年来的休闲研究和实践推广，对于我国休闲事业和休闲产业的发展发挥了十分重要的作用：引入了西方现代休闲观念，人们的生活观念和生活方式发生了显著变化；吸引了不同学科学者对休闲问题的关注与兴趣，休闲理论的研讨交流十分活跃；促进了休闲活动的广泛开展和休闲产业的快速发展，休闲的多样性价值越来越被人们所认识和重视。但毋庸讳言，与休闲实践推广和休闲产业发展相比较，休闲理论的研究显然是滞后的，这不但表现在休闲学作为一门独立学科的理论建构尚未形成甚至尚未引起真正重视上，也表现在休闲学基本范畴和许多重要理论观点纷呈多样鲜有共识上。休闲研究的此种情形，究其原因，自然可以举出多种；在笔者看来，思维范式的问题恐怕是其中值得引起重视的一个原因。

[1] 本文是在深圳、郑州和九江举行的几次休闲理论讨论会上所作报告的基础上修改而成。

范式（paradigm）一词源自希腊文，动词原义为"用例子来显示""以……作例子"，作名词用时表示模式、模型、范例、图样等义。[1] 按美国著名科学哲学家托马斯·库恩的观点，作为哲学概念和理论的"范式"，是指常规科学所赖以运作的理论基础和实践规范，是从事某一科学的研究者群体所共同持有的理论和方法的信念与框架，所共同遵从的研究和把握对象的理论模式与传统，它本质上是一种理论体系和方法原则，如天文学上的托勒密地心说、哥白尼日心说。所谓思维范式，则是指具有（相对）稳定性、范例性特征的统摄和解释研究对象的思维模式或传统，也即人们通常所遵循和运用的具有模式或传统意义的思维方式，如哲学上的身心二元论、理智主义等。

就目前休闲研究状况来看，西方休闲学者在下述四个问题上通常所遵循和运用的思维范式，值得我们反思与考察。[2] 转换这样的思维范式，对于在休闲学基本范畴和重要观点上取得共识、建立规范的休闲学理论、推进休闲理论研究与实践应用的深入具有重要意义。

一、休闲概念：从片段化向超越性转换

"休闲"是休闲学研究的对象，休闲范畴应是休闲学理论建构的基础范畴，对"休闲"概念是否有一个确定的、具有相对普遍意义的界定，显然直接关系到休闲学理论是否有一个确定的基础和出发点。然而，就西方休闲学者关于什么是"休闲"的回答来看，有人说，若将大同小异的各种说法计算在内，已有上百种之多，无论如何，数十种肯定是有的，我们面对的仿佛是休闲概念的丛林与迷宫。即使从理解休闲的视角和切入点来看，大致也有如下7种：

---

[1] 罗念生，水建馥. 古希腊语汉语词典 [M]. 北京：商务印书馆，2004.
[2] 本文所反思讨论的，主要是西方学者所通常遵循和运用的思维范式。目前国内休闲研究所遵循的思维范式，基本上也是如此。

1. 从哲学视角理解休闲

从哲学视角理解休闲，是从古希腊哲学家开始的。古希腊人构思休闲的方式，首先是将休闲看成是一个积极的观念，认为它是达成生活目的，过上好的生活的必要条件。好的生活就是一生追求智慧、德性，而休闲是寻找生活智慧，或是以拥有有价值和有德性的生活方式从而导向愉悦的第一原则。因此，哲学视角理解的休闲，是人在世界上的一种生存方式，关乎人的美好生活，与人的智慧和德性。

2. 从自由角度理解休闲

美国休闲研究专家戈比的定义具有代表性："休闲是从文化环境和物质环境的外在压力中解脱出来的一种相对自由的生活，它使个体能够以自己所喜爱的、本能地感到有价值的方式，在内心之爱的驱动下行动，并为信仰提供一个基础。"[1] 这个角度理解的休闲，是将主体选择的自由、感觉和思想的自由、行为和体验的自由作为判定休闲的根本特征，乃至唯一依据。这里的自由，又有多种理解和含义。

3. 从时间角度理解休闲

将休闲与闲暇相关联，而闲暇指的是非生产性时间、解决生存问题后剩下的可自由支配的时间，甚至是不用于工作、不负有任何责任和不创造任何价值的时间。这个角度理解的休闲，与劳动、工作相分离相对立。这是一种比较普遍的也是大众化的理解。当然，也有一些休闲学者不赞成休闲与工作对立的观点。

4. 从存在角度理解休闲

这里说的"存在"，在西方休闲学者那里，实际上有两种含义：一是表示人处于从容、宁静、忘却时光流逝的"生存状态"（state of existence）；二是表示人的一种取向与未来发展的"成为状态"（state of becoming），即所谓"人成为人"的过程。因此，休闲具有筹划、行动的特征，是一种可能和创造。这是从行为取向而不是单纯以动机、时空等来

---

[1] 杰弗瑞·戈比. 你生命中的休闲[M]. 康筝译. 昆明：云南人民出版社，2000.

界定休闲的。

5. 从心理学角度理解休闲

心理学角度理解的休闲，包含着两个意思：一是休闲是一种直接的心理体验，而非具体的活动或特定的时间。体验的高峰状态便是奇克森特米哈伊（Csikszentmihalyi）说的"畅"（flow）。二是休闲是一种精神状态，一种内在的宁静、无为或默观态度。这样的精神状态当然不是静止的，而是包括接收感官感知、形成和选取信息印象的过程，实际是存在一种信息处理和评价的过程。一个人参与的休闲活动类型、休闲活动的物质环境与社会背景结合在一起，构成了一个独特的"休闲空间"。休闲主体在此"空间"情景中所获得的心理感受，即是他的休闲体验。上述二者都是这样的体验。所以，从根本上说，休闲是一种有益于个人健康发展的内心体验。有的休闲学者还将是否获得某种（愉悦的）体验作为区分休闲与工作的标准。

6. 从精神角度理解休闲

从精神角度理解休闲，一方面是强调休闲的动机，将休闲与强烈的内在动机、追求高尚的精神生活相联系，认为休闲应是有积极意义的活动，而不等同于通常的消遣、娱乐；另一方面，将休闲看成不需要考虑生存问题的存在状态、心无羁绊的心灵状态、平和宁静的精神状态。

7. 从活动和生活的角度理解休闲

休闲是由具有某些特性的特定活动构成，由于这些特性，使它们与其他的活动区别开来。这些活动可以是被组织的，也可以是完全出于自愿的。不仅如此，就其本身而言，休闲是各种元素交织并存的日常生活的一部分。欣赏大自然，逃离日常的生活和责任，体育锻炼，创造性的发挥、放松，社会交往，有机会遇到不同的人，结识异性，家庭活动，社会权力，利他主义，寻求刺激，发挥个人潜力、提高个人修养并得到某种反馈成就、挑战、竞争，消磨时间、避免无聊，求知性的审美活动，等等，都是参与和构成休闲的日常因素。因此，从"休闲最大限度地使人们从一个被管制的、循规蹈矩的世界中解脱出来，为我们提供机会，去追求自我表现，追求智力与身心的全面发展，追求千姿百态的美"这个含义上说，"我们可以将休闲视为生活的一部分。"[1] 包括那些提高别人和自己生活质量的富有成效的努力，乐在其中而不是为获取经济报酬而进行的工作。

就我有限阅读的资料所见，西方学者虽然也有谈到休闲与审美的关系问题，但较少从审美的角度界定休闲。国内有学者认为休闲是一种自在生命的自由体验，如潘立勇教授。

可见，西方学者对休闲的理解和定义可谓多种多样、莫衷一是。更有学者干脆认为，休闲在本质上和概念上都是一个难以把握的现象。它在各种文化内部以及不同文化之间存在着多样化的差异。它既不像苹果那样的产品，也不像美发那样的服务，并不是所有的"休闲"产品都会让使用者付出金钱的代价。例如，乡村漫步、海滩日光浴、花园翻土。因此，对"休闲"的需求分析同对苹果或美发等涉及金钱需求的经济学分析迥然不同。无论如何，休闲的概念都难以明确定义。[2] 从逻辑上看，这些界定具有两个明显的特征：一是将休闲与工作分离/对立起来，可称之为对立论；二是以休闲的部分/片段与休闲的整体/全部等同起来，暂且称之为片段化。通过一定的逻辑和语义分析，我们可以发现，它们各有一定的优点，但也都存在明显的问题。

休闲与工作的关系复杂多样，人们对这种关系的认识也经历了逐渐变化的过程。远古时期，人们对生存活动和休闲活动没有明确的区分认知。在古希腊人眼里，有闲是劳动的目的，它本身没有别的目的，就是为了它自身，是真正纯粹的生活。随着早期基督教的出现，闲暇与劳动才被对立了起来，并被赋予了贬义。到了近代，随着大机器生产的推广，工作成了社会经济的基础，也成了资本主义精神和新教伦理推崇的价值观，休闲于是成了工作的对立面，成了懒惰、无所事事的同义词。实际上，工作中同时也蕴含和充满着休闲，正如荷兰休闲学者斯特宾斯所说：喜爱的工作本质上就是休闲。休闲与工作不是相互对立，而是彼此渗透增益。

[1] 查尔斯·K.布赖特比尔.休闲教育的当代价值[M].陈发兵，刘耳，蒋书婉译.北京：中国经济出版社，2009.
[2] 伊安·威尔逊.休闲经济学[M].方颖译.北京：机械工业出版社，2009.

这里不准备展开关于对立论问题的讨论，主要想说一下片段论的问题。

片段论的主要问题是截取休闲的某个阶段或某种特征来理解、界定休闲，并由此而代替或忽视了其他阶段或特征。这是将休闲的阶段／特征等同于休闲的整体／全部。从实际休闲状况出发对上述列举的理解休闲的视角稍加辨析，便可知其片面性。

第一，休闲是一个连续的过程。休闲是在主体与客体互动过程中实现的，它是一个开始与结束绵延接续的过程。整个过程由休闲需求、休闲动机、休闲活动、休闲内容、休闲体验以及休闲回忆等构成。无论是长时间的还是短暂的休闲活动，休闲的发生和实现都是过程性的。在此过程中，休闲的需求、动机、活动、内容和体验及回忆的发生是连续的变化的，呈现出某种阶段性／层次性。以休闲体验为例，这种连续性的变化可以是递进的：在休闲过程的开始，也许只是身体的放松，继而达到感官的愉悦，再进入心理性体验；心理性体验又可以分成多种层次，如舒适、畅快、兴奋、入迷、陶醉，陶醉也即是所谓的"畅"；如果进入自由自在的体验阶段，那便是达到了一种审美意义上的圆满的人生境界，或者说达到了一种至善的伦理生活层次，这又是哲学意义上对自由自在体验的表述了。我们可以说，某次休闲获得了某种或几种体验（实际上不同阶段／层次的体验也不是清晰地区分开来的），却不能说休闲就是某种或某几种体验。

第二，休闲又是多种因素组合的复杂过程。休闲过程也并非只是由休闲的需求、动机、活动、内容和体验及回忆等简单的线性的构成，而是多种因素综合构成的复杂过程。休闲行为不可能是纯粹的私人行为，而是必须与他人与环境打交道。与他人打交道时，休闲就与社会交往相关，实际上成了社会交往本身；与环境打交道时，休闲就实现了与环境的互动；休闲还受到所使用工具（促进／制约）的影响。这一切因素相互关联与纠缠，又自然而然地影响着休闲过程的实现和休闲体验的获得。仍以休闲体验为例。体验既贯穿于休闲过程中，也是休闲活动的一种结果，是判定和构成休闲的重要因素，却不是休闲的全部。因为，没有主客体的相互作用，没有具体的休闲活动和内容，就谈不上休闲体验；获得的不同体验层次又与休闲过程的不同阶段，与休闲群体、环境与工具等相关。

第三，休闲更是一种多样性内容对立统一的辩证存在。比如，休闲需要自由也体现了自由，但任何自由都是相对的，而许多休闲活动恰恰需要某种限制，需要自控力，尤其是严肃休闲，例如孩子学习音乐等，便是自由与限制之间的竞争与协调。又如，许多休闲实际上并非"心无羁绊"，而是恰恰需要有意识地"参与""投入"，要有所"羁绊"。同样，休闲的确是一种追求高尚的精神生活的活动，是"人成为人"的过程，或一种圆满的人生境界、自在自由的生命体验。但这类定义休闲的角度，关注的是休闲的人类学和审美价值指向，意味着休闲具有此类终极意义的功能，并不能涵括全部休闲。实际上，大多数人和大部分的休闲活动，并不是为了追求高尚的精神生活而且也不易达到如此境界。

可见，上述列举的休闲概念界定的角度，都具有各自的合理性，但又都是片面的。正是定义休闲的不同视角及由此产生的片面性，导致了目前休闲研究中出现的一些矛盾现象。如：浪漫主义休闲观与现实休闲状态的矛盾，休闲对生活如此重要而实际上生活中却被普遍忽视，休闲研究的碎片化与研究领域连贯性统一性要求的矛盾。休闲研究方法、途径和观点的多样性乃至混沌状态，也与此有关。

作为一门独立的学科，必须有一个明确的学科聚焦点，也即基本的核心概念，而如此纷呈多样的"休闲"概念，不但很难形成休闲学的聚焦点，建立休闲研究的集体认同感，更可能使休闲研究失去基本的轴心、方向和路径，没有了合逻辑对话的基础和立足点。休闲的内容和形式，对休闲的感受和体验，都极其丰富复杂，对休闲的界定，不能用简单的逻辑阶段或分段取义的方法。要获得一个相对普适性的休闲定义，必须转换上述那种界定休闲的习惯性思维范式，从片段论／对立论向超越论／过程论转换，其基本要求和特征是：

1. 超越工作与休闲的绝对二分法；
2. 连接个人活动与社会活动；
3. 融合身体感受与心理体验；
4. 超越自由与制约的对立；
5. 超越目的和无目的的区分；
6. 综合现实可能与理想期望。

在笔者看来，将休闲置于"生活"的范畴下来对它作界定，有可能使"休闲"成为符合上述要求与特征的概念：工作中有休闲，喜爱的工作本质上就是休闲，一定意义上说，工作也是休闲生活的一种内容或形式；生活既可以是个人性的，也可以是社会性的；生活中既可以获得身体感受也可以获得心理体验；自由与制约共存于生活中；生活的内容与过程可以是有目的的，也可以是无目的的；与生活相关联、属于生活的内容和形式，既可以是具体的可把握的，也可以升华至某种审美境界，成为生命的一种形式和自由的体验。可以说，将休闲与生活密切联系起来，应该是界定休闲概念的一个可能正确的方向。戈比教授关于休闲是一种相对自由的生活的定义已经指向了这个方向，因而获得了广泛的认同。笔者倾向于将戈比教授的定义进行一些修改和简化，使之更适合于中文语言的逻辑和表达：休闲是个体在相对自由的状态下，以自己喜爱的方式进行选择的活动，并获得身心放松与自由体验的生活。这样的休闲，是一种具有特定内容和形式的生活。当人的生活处于休闲状态，休闲便是一种生活状态；当人喜爱进行休闲并成为自己的生活习惯，休闲就成为一种生活方式。

二、休闲本质：从体验论向存在论转换

笔者从所阅读的休闲研究文献中得到一个比较深刻的印象是，大多数研究者特别重视休闲的心理体验，认为休闲与体验二者具有最普遍的联系。他们或者将休闲与个体的感知、体验等同起来，认为休闲从根本上说是一种有益于个人健康发展的体验；或者认为体验既是构成休闲的主要部分，

也是休闲实现的基本特征；或者将和休闲活动、事件相关的体验、满意度或意义，作为界定休闲或非休闲的标准；或者认为休闲像宗教默观那样，是一种自然平静与放松或忘情与沉醉的精神状态。可以说，将体验看作休闲的根本，这也是休闲研究者通常接受和运用的一种思维范式。这种思维范式所带来的问题是，以休闲具有的体验特征将休闲生活局限在心理学或社会心理学的范畴内。结果造成对休闲本质的误解和休闲价值的贬抑。休闲不仅贯穿着知觉、感受，会给人带来兴奋、快乐和畅的体验，还是一种具有积极的心理学价值的活动，更是人的一种生存活动、生活内容，是人的生活世界的内在构成部分，会给人自身和他人、他物带来改变，具有存在论的意义。因此，为了回归休闲的本质，重新认识休闲的价值，必须在思维范式上实现从体验论向存在论的转换。

所谓存在论，顾名思义，即关于"存在"的理论，是关于存在是什么以及存在如何存在的理论。那么，怎样从存在论上理解休闲？换言之，为什么说休闲具有存在论的意义？简明地说，包括两个内涵：一是指休闲不是人们想不想、要不要的东西，而是谁都无权选择也不能逃避，休闲是人生存和生活世界结构的一部分，人生在世，就得休闲。二是如何看待休闲以及如何休闲，与人是否和能否良好地生存生活有着内在的不可分割的影响。

1. 休闲是人现实生活结构的重要组成部分

根据时间的最基本用途，我们可以把人一生的生活区分为三种不同的时间：[1] 一是生存时间（existence time），指的是一个人维持身体机能的运转所花费的时间，即吃饭、睡觉、打理或装扮自己的时间；或者用马克思恩格斯的说法是人类自身生产和再生产的时间。二是维生时间（subsistence time），即为满足人的生活需要而进行生活资料生产的工作、劳动时间；三是闲暇时间（free time），人们通常把它看作是一种没有任何外在强制因素干扰的时间，在这些时间里，人们可以随其所愿去做自己喜欢的事。这三种时间实际上代表着人的现实生活世界结构的三个组成部

---

[1] 克里斯多夫·爱丁顿，陈彼得. 休闲：一种转变的力量 [M]. 李一译. 杭州：浙江大学出版社，2009.

分：生产性生活、维生性生活和休闲生活。这里说的"休闲生活"在内容上比通常理解的"休闲"更广泛，包括意识、宗教、精神、艺术、文学等活动，但无疑包括了我们通常理解的"休闲"。因此，休闲生活是人的现实生活世界的三个基本构成部分之一，人的生命、生存与人的生产性生活、维生性生活和休闲生活不可分离。当然，休闲生活与另外两个部分的区分又不是界限分明、完全分离的，而是存在着诸多交叉与重合。如：休闲式的工作，工作中的休闲；休闲与家庭生活密切联系。但一般而论，休闲既是人类生理心理的客观需要，更是满足了基本生活需要以后产生的新的需要，从价值与发展的意义上说，又是展示和发展个性与能力，实现个人价值，促进人的全面发展的生活与活动，是比生产性生活和生理性生活更高层次的生活。

2. 休闲是一种社会现实

作为存在论的休闲，是一种社会现实，具有明显的社会属性，主要表现在：

第一，休闲是在主体与对象（他人和他物）互相渗透、不可分割的联系与互动中实现的。在此过程中，一方面，休闲的主体、对象、资源、条件、工具和技能等，都是客观存在；另一方面，休闲主体作为在世存在，必须与这些客观对象照面，与它们打交道，即进行社会交往，形成某种社会联系，从而成为社会现实的重要构成部分。

第二，休闲在一定的自然空间中，通过主体与他人他物的互动关系形成特定的社会空间。在这一社会空间中，人们打破和改变了原有那种由贫富、地位、工作性质、年龄和性别等所形成的阶层与群体区分，而按不同的休闲兴趣、爱好、身体条件和技能、能力等组合和形成新的群体，可称之为休闲群体，这是在休闲生活中形成的新的社会关系，同样是现实的存在，也是人的社会属性的体现。

第三，休闲必须对时间、对象、资源、条件、器具和技能以及社会环境等进行选择与保留。选择与保留是一种自由，实际上是既选择与保留满足休闲需求的可能性，也选择与保留面对可能的制约，是试图挑战和突破制约，因而休闲过程中自由与制约是共存互动的。选择与保留其实就是面向未来的筹划、创造，具有多种可能性，实现了其中的某种或某些可能性，也就形成了相应的休闲活动，实现了休闲生活。显而易见，休闲活动、休闲生活具有现实存在的特征和品格。在现代化城市中，休闲的时间、对象、资源、条件、器具和技能以及休闲内容与方式等，还受到城市的社会经济发展水平及生活方式的直接影响和制约，又使休闲包含和体现着广泛的现实的社会关系。

第四，休闲主体在处理与他人、他物的关系中，还必须遵守一定的规则、习俗和要求，它们或者是人们习以为常的集体无意识的约定，或者是流传下来的传统习惯和道德规则，或者是打破这些传统制约后形成的新规则、新习俗和新要求。它们存在于休闲的全过程，直接或间接地影响着休闲需求、休闲动机的实现和休闲体验的获得，影响着休闲的品质和质量。

3. 休闲贯穿于人的基本生存状态。

笔者认为，吸取和借用德国哲学家海德格尔关于人的生存论观点，应该有助于讨论和说明这个问题。

何谓人的生存或生存状态？要了解这个问题，得先明白人的本质是什么。按照西方近代哲学的传统观点，事物是先有本质后有存在的，比如，一张桌子，总是先有它的样式、形式、理念，也即本质，然后才能做出符合这个本质的桌子实物，这叫作本质先于存在；人也是类似，本质先于存在。海德格尔则认为，人不是一种现成的事物，人没有现成的固定的抽象的本质，人的本质不是通过综合和总结"人"这种生物获得，而是和他自己生成变化的可能性相联系，只有待他成为他能够所是的那样时，才能确定其本质。所以，人的存在先于本质。这个生成变化的过程是通过人自身的筹划、选择实现的。筹划、选择就是对人自己的出离、超越，也即趋向可能性，实现某种可能的存在。从筹划、选择到实现某种可能性的过程就是从"无"到"有"、从可能性到现实性的过程，其本质是自由，自由"本身是展开着的，是绽出的。"植根于这样的自由，"人乃以绽出之实存的方式存在。"[1] 这就是人的生存或生存状态。

按海德格尔的看法，人有两种生存状态：本真状态和非本真状态。我们可以看到，休闲始终贯穿于这两种生存状态中。

所谓本真状态是指人作为具有筹划、选择的自由与能力的人而存在。自由是休闲追求的目标，也是休闲得以实现的前提，又是休闲者在休闲过程中的一种感觉或某种条件下所处的状态，自由使人成为人。显然，休闲与人的本真性状态密切相关，休闲的过程是人走向本真状态的过程。非本真状态是指人生在世的生存状态。

按照海德格尔的观点，人生在世，就得"操心"。这里说的"操心"，不是某种心理意义上的人的活动或认识，即为何操心、操什么心；也不是人生在世过程中具体为某个事某个人操劳的活动，而是为人生在世本身操心。这样的操心看起来似乎完全没有什么具体内容，是无所操心，但它所操心的是人生在世的整体，是全部在世人生。人生来就处于这样的操心状态，这也是人之为人的规定。所以，操心是人生在世的原始状态、最现实的存在状态，人无权选择要不要它，也不能以任何方式逃避它。这样的操心便具有存在论的意义。

操心在人生在世的日常生活中表现为两方面：一方面，是人与万事万物打交道。或者把某物当作具有固定特质的现成的东西，比如一个喝水的茶杯，它就是一个茶杯而不是别的，是个"死"东西。或者把某物看作"用具"，看谁用它，可以显现和了解主体世界：看怎么用它，用它喝茶，它就是一个茶杯；用它盛水，它就是一个（盛水）的容器，由此可以构建和展开它与其他事物的关系。这样，人在与物打交道的过程中，就构成了人与物的共在世界。另一方面，是人在与事和物打交道的同时还必须与其他的人打交道，打交道的态度、内容和方式是多种多样的；在这样的打交道过程中，与他人一起构成人与人的共在世界。人与物的共在世界和人与人的共在世界这两方面的各自展开和交叉结合实现了人与世界（他物他人）的共在，这是一个主体与客体彼此交互共在而不是相互对立分离的世界。

---

[1] 海德格尔. 路标 [M]. 孙周兴译. 北京：商务印书馆，2014.

休闲存在和贯穿于上述两方面的过程，休闲活动正是在与他物和他人打交道的过程中实现的。就是说，休闲属于操心在日常生活中的表现，休闲与操心在人的其他日常生活中的表现一起构成和实现了人与他物他人的共在世界。因此，休闲也存在和贯穿于人的非本真状态中。

休闲既属于人的本真生存状态，又贯穿于非本真状态的全部过程。由此可见，休闲不只是人的一种体验，更属于人的一种存在、生存状态。人生在世，不是你要不要、想不想或能不能休闲的问题，这是个你无权选择也无可逃避的问题。人只要存在和生存，就必须休闲，不能不休闲。休闲是人生在世的一部分，是人的生存和生命的一部分。

4. 休闲促使人向自身的回归

向人自身的回归也即所谓"使人成为人"。何谓"成为人"？近代以来，由于受强大的市场和资本力量以及为之辩护的意识形态的影响，一些人成为只注重经济和消费的单向度的畸形发展的人。"成为人"也就是从这种单向度的人成为"真正的人"。真正的人不是自然生长的，而是人为造就的，人为造就的过程就是"成为"的过程，而且是成为"应成为"的人。对于"应成为"哪种人，有着不同的看法。以笔者愚见，一是能尊重他人。黑格尔曾说，人间最高贵的事就是成为人。在他看来，人格内在地包含着"权利能力"，要成为一个人，就必须尊重他人成为人，也即要尊重他人的权利和自由。按康德的说法，这是因为人是目的，都追求自由。同时，人又是一种社会存在，一个人要作为自由的存在，也只有使社会中所有的人都拥有自由权利，都成为人，才可能做到。二是要过"真正的人"的生活，也就是上面说的人存在的本真状态，要超越感性欲望满足而有更高追求，形成与之相应的人格。成为人是一个终生的过程，这个过程的本质是自由的。影响"成为人"的因素很多，起决定作用的因素是个人修为，即个人的筹划、选择和不断自我完善。休闲便属于个人修为的重要方面。休闲的过程充满着自由，包括筹划、选择、体验的自由等。一个人对未来的筹划、选择，决定他/她会成为什么样的人。同样，喜欢和选择什么样的休闲，也表明和认同了你是什么样的人。当然，自由总是相对的。筹划和选择的自由也都要受到现实的制约。人实际上是在这种自由与制约的对立协调过程中成为具体的那个人的。

5. 休闲是生存活动与创造新生活世界的统一

前面说过，休闲是人生在世的一部分，属于人的生存活动即生活的一部分。休闲又会发现和创造新的生活世界，是生存活动和创造新的生活世界的统一。主要表现如：休闲不断发现和揭示对象世界。休闲活动是一种筹划，所筹划的实际上是未知的可能领域和内容；休闲活动完成和实现的过程，就是这些可能领域和内容的不断被发现被揭示被变成现实的过程。因此，休闲在实现主体的自我规定和价值的同时，也发现和揭示了周围世界的新领域新内容。休闲创造新的生存、生活条件与风情。以城市为例：休闲需要的不断增长，促进了生态环境的保护和改善、基础设施的建设和改造、休闲空间的增加和维护；休闲消费的不断提升，促进了经济转型、休闲产业和现代服务业的发展；市民跨出家门休闲，不只是为了健身，也为了满足扩大交往、了解社会、结识朋友等心理与情感的需求，因而形成了广场舞等不同类型的休闲活动，同时也形成了新的城市风情，赋予城市以新的活力。休闲改变了私人空间和公共空间的绝对分割，催生了新社会关系，丰富了城市的社会性和公共性的内容。城市休闲活动看似只是关心私人生活和健康，但作为新型交往模式，又是具有充分参与感的社会活动，催生了新型的社会关系。目前的城市休闲活动没有过去那种整齐划一的集体活动，在各个休闲空间，也找不到单位强制的健身锻炼和刻意编排的文艺活动，人们完全是自由地选择符合自身兴趣和条件的活动，实际上也改变了传统的熟人、家族模式，形成了陌生人之间的开放式社交模式和彼此尊重，由此形成了一种健康的城市生活，也创造了一种新的城市习俗与文化。

三、思考方向：从对象性向切身性转换

实证的自然科学有一种习惯性的思维范式，就是对象性地思考和讨论相关科学问题。实证科学说某事实是客观的，某事实是什么，是将该事实作为与陈述者（主体）对立的对象来认识和陈述，结果使所陈述对象的丰富内容变得干瘪苍白。这叫对象性思维范式。哲学与实证科学主要区别在于：自然科学所证明和表述的客观事实也包括人，但并不能包括许多人类生存生活的问题，哲学则把关于人类生存及其实质问题，把人本身及其与周围世界的关系问题，作为自己研究的主要任务。但是，从古代到近代的西方哲学包括一些现代重要哲学家，都是以人为研究中心，却并没有真正认识人、回到人自身，而是将人（主体）看成抽象的意识性的存在。这是为什么？在当代德国新现象学家施密茨（Hermann Schmitz）看来，其根本原因在于，以往哲学家们一直将思维与存在、主体与客体看成是分离的二元世界，实际上是坚持了自然科学那种对象性思维范式，只有消除二元论观念，将这种对象性思维范式转换为切身性的思维范式，才可能真正认识人，认识主体的丰富性。

施密茨新现象学关于转换上述思维范式的观点和相关理论，为休闲研究提供了有益的启发。对象性思维范式也一直贯穿在休闲研究中，导致了对休闲现象及相关问题的认识概念化简单化。同样，在休闲研究中吸取施密茨新现象学的观点与方法，放弃这种思维范式，遵循和运用切身性思维范式，我们便有可能对休闲的许多问题获得不同于目前流行的看法。

这里以休闲主体和休闲体验为例来说明这种转换的必要性与重要性。

先说休闲主体问题，如何揭示和表达休闲活动中休闲主体实际状况与丰富内容？换言之，怎样才能真正回到人自身，真正"认识你自己"？施密茨认为，主要是如何揭示主体性的问题，而这里的关键是要在思维范式上从对象性转向切身性。按对象性思维范式，是把某种东西作为对象来陈述，不论它是客观存在还是主观感觉，只要有一定知识和表达能力的人都可以对它做出陈述，陈述的结果是客观事实。所谓切身性，顾名思义，就

是"切身"之事必须"切中"我自身,而非"切中"别的某个对象或我的某个部分,否则就不是在强调直接牵涉到我这一意义上的我的事,不是"这是你的事!"这一呼唤所指的东西。切身、牵涉、触动都属于一种直接与我相关涉的纠缠状态,就是人在现实遭际中当下所处的状态。切身性思维范式,就是要直接描述、陈述在自己身上当下真实发生着的知觉、感受。这种当下发生着被感知着的知觉、感受,叫"主观事实",而以往哲学则将它们看成是主观意识或心理经验,否定了它是一种"事实"。主观事实与客观事实是很不一样的。为了通俗地说明二者的区别,施密茨常用"我悲伤"和"赫尔曼·施密茨悲伤"这两种表述为例。假设"我悲伤"的表述为事实(a),"赫尔曼·施密茨悲伤"的表述为事实(b)(此时不考虑"我"就是赫尔曼·施密茨,即也可以是别的人做这个陈述)。只有我(施密茨)本人能够说出事实(a)("我悲伤"),别人若想表述同一情形,只能选择(b)。在我的确是悲伤的情形下,(a)与(b)表述的不是同一事实。(a)表明:我(施密茨)正经历着悲伤,悲伤正袭击把捉着我,我正感受着悲伤。这时,悲伤是我自己身上正在发生着的事实,这是事实(a)的根本特征。事实(b)则只是陈述者对我(施密茨)悲伤这个事实的陈述,其中显然不包含"我就是施密茨"这一信息,因而也无从表明:我正经历着感知着悲伤。(b)所陈述的是客观事实,(a)所陈述的是主观事实,"主观事实是那些可以自己的名义说出的事实。"[1]。在这里,(a)的表述便属于切身性思维范式,(b)的表述则是对象性思维范式。施密茨指出,(a)意义上的主观事实,是真实的、生动的、丰富的,而(b)意义上的客观事实,则是干巴巴的、干瘪苍白的、空洞抽象的。所以,主观事实在真实性程度上超过实证科学所说的客观事实。建立在主观事实基础上的主体性,称为具体主体性或严格主体性,而不是以往哲学的那种抽象的意识的主体性。施密茨认为,对主观事实以及由主观事实所构成的具体主体性的揭示,才能真正认识人,真正回到人本身。

---

[1] Hermann Schmitz. Was ist Neue Phänomenologie？[M]. Rostock, Ingo Koch Verlag, 2003.

施密茨上述关于主观事实和具体主体性的观点,是从对象性思维转换成切身性思维所导致的结果。目前的休闲研究中,通常将主体仅仅看成是具有休闲动机和需求、进行休闲活动、能够获得休闲体验的抽象的意识性主体,而看不到主体当下所经历和遭际的主观事实,也即休闲过程中所获得和感知到的体验。而在谈到休闲体验时又将它归结到心理学上,认为它是内心世界的心理性的东西。

我们如果进一步问:作为主观事实的这些休闲体验是心理性的吗?按照施密茨新现象学的切身性思维范式,回答是否定的。

施密茨认为,人之为人,根本上在于他是"身体的"。他所说的身体与肉体有着严格的区别。"肉体"是由器官、皮肤、骨骼和肌肉来维系的,它具有相对的空间性,其边缘和内容可以作明确界定,感官处于躯体的一定位置,与其他感官有可以测量的距离,叫作"相对位置"。"身体"是人能在肉体上感觉到、又不限于肉体皮肤边界的知觉经验,诸如激动、疲劳、振奋、紧张、舒适、恐惧、疼痛、欲望等。这些知觉经验可以不必依靠五官的帮助,不能为肉眼所见,也无须通过理性的思考与推论,是人自身所能直接感知到的,它们所处的位置和空间没有确定清晰的边界,即"绝对位置"和"绝对空间"。这样的身体知觉是原初性的知觉经验,对某个人来说是当下的真实的,即具有切身性,在其中没有心理-物理的二元区分。当然,这种身体知觉是在肉体上发生,并没有与肉体相脱离的"身体"。施密茨把这种人自身直接感知到的原初性的切身经验,称为身体的情绪触动状态,也叫作身体性。

构成身体性的基本要素是窄和宽及介于二者之间的身体方向。窄和宽同样不是物理学的概念,它们不可量度,不具有三维空间的特征,方向也不是通常所说的线条的延伸与指向,三者都是原初性的身体知觉特征。所谓体验和感觉,就是身体的窄和宽之间的"对话"即竞争,这就是施密茨所说的身体动力学,也是身体性的基本特征。例如,沉闷压抑时胸部会有压迫感紧张感,焦虑烦恼时胸部会有沉重感,这是在窄与宽的对话中窄占了主导;当人突然受到惊吓而感到惊恐时,就只是窄,没有宽。当人感到舒畅、愉悦时，身体会感到放松、轻松，这是在窄与宽的对话中宽占了主导；当处于心醉神迷，也即畅爽状态时，就只是宽，没有窄的阻力。当窄与宽的对话处于平衡状态时，人也便处于正常（运转）状态，如顺畅平静的呼吸。这类情形，我们或许都遇到过。比如，上班的时间到了，却被堵在路上，一焦急，胸部马上出现明显的压迫感沉重感；当遇到快乐的事开怀大笑时，便自然会感到浑身轻松舒畅；当特别兴奋或激动时，会情不自禁地跳起来。这都与身体的窄与宽的对话状态相关。

施密茨的这种身体及身体性理论，与中国古代中医以经络、气血和阴阳为核心内容的身体理论颇为相似。[1] 例如，中医藏象学说讲的"五脏六腑"，指的是人的肉体在心神指挥下的系统功能状态，而不是解剖学上肉眼可见的器官。同样，遍布身上的穴位也是肉眼所不能见的。再例如，中医认为，人不仅有肉眼可见的血在血管里流动，还流动着一种无形的肉眼不可见的能量，即"气"。气的流动是有规律的，有着各自的节奏、方向、时间和路线。"气"流动的路线称为"经络"，"经"为大路，"络"为小径，人身体上有"十二经脉，三百六十五络，其血气皆上于面而走空窍。"（《灵枢·邪气脏腑病形》）气又分先天之气和后天之气。先天之气由精化生，积蓄于丹田，流动于大小经络中，经最重要的任督二（经）脉最终流入大脑，营养神明；后天之气聚于中焦，由水谷生化兼并呼吸之精气而成，由肺开始，逐次按时运行于十二经脉，循环往复，并散布于所有络脉之中，由此渗透全身。我们通常所希望的"康泰"，就是人体的经络上下畅行、五路通达；若是经络通畅，神魂得归，能藏于心中，便是"安宁"。如果经络不通畅，人的气血运行就会停滞，轻则出现疼痛，重则出现麻痹，久而积聚成患，便可能成为癌肿。所谓"通则不痛，痛则不通"便是此理。中医以经络与阴阳理论来解释身体的健康、疾病与情绪，而不是用对象性和二元论的思维范式来思考它们，实在是奥妙无穷、妙不可言，可以说是中国古代文化特色的典型标示。施密茨曾在一次演讲中说道：在超越所遭

---

[1] 中国古代中医的身体理论蕴藏着丰富的辩证哲学观念，是一个很值得深入挖掘的文化宝藏，与西方身体理论的比较研究，也一定是一个很有意思的领域。

际现实的文化努力中，"除了欧洲道路外，完全有可能还存在着别的道路，而且也形成了他们自己的文化特色。譬如，古代中国文化的世界观本质上就是由气氛的相似和类比决定的。其中最著名的就是阳和阴，即创生者和孕育者，天穹和男性或者大地和女性。中国医生根据这种类比，考虑什么病用什么药，以及在什么时辰服什么药。"[1]

用这种切身性的身体理论来解释休闲体验，就会将通常把体验看成是心理状态的不可捉摸的东西，转换成在身体上可直接感受到的知觉，这些知觉也就是发生在休闲主体身上的主观事实。同一种休闲活动，在不同的人身上会产生不同的知觉体验，同一个人在休闲的不同阶段也会产生不同的知觉体验，它们都可以在身体上被直接感受到。因此，原初性的身体知觉呈现了作为主观事实的休闲体验的丰富性、多样性和可感受性。这与对象性思维所陈述的体验和从心理学上理解的体验之不同，是显而易见的。

2018.8.5
（原载：《哲学分析》2019年第2期）

---

[1] 赫尔曼·施密茨. 新现象学[M]. 庞学铨，李张林译. 上海：上海译文出版社，1997.